Combattre l'obscurantisme avec Robert Redeker

Patrick Gaubert

COMBATTRE L'OBSCURANTISME
AVEC ROBERT REDEKER

Éditions Jacob-Duvernet

Fondée par Bernard Lecache en 1927, la Ligue contre la racisme et l'antisémistisme (Licra) est une des plus anciennes associations militant à travers le monde contre les discriminations. Blum, Einstein, Malraux, Kessel et bien d'autres ont accompagné son histoire. Plus près de nous, Jacques Chirac, Laurent Fabius, Lionel Jospin, François Bayrou, membres d'honneur, témoignent et illustrent, s'il le faut, l'éclectisme revendiqué par la Licra. Poursuivre inlassablement la quête de la reconnaissance humaine, sans restriction religieuse, sociale, d'origine ou philosophique, afin que chacun puisse prétendre à l'égalité des chances et des droits, voilà un objectif ambitieux. C'est celui de la Licra. Laïque, attachée aux valeurs républicaines, la Licra est tout simplement et sans ambiguïté universaliste.

L'éditeur remercie particulièrement Martine Benayoun, Richard Séréro, Alain Seksig, Pierre Fournel et Frédéric Hosotte Seillier pour leur contribution à l'édition du présent ouvrage.

À mon ami Richard Séréro,
sans qui rien ne serait possible.
Patrick Gaubert

Sommaire

Introduction
Penser, s'exprimer, dialoguer librement

Robert Redeker, professeur de philosophie dans un lycée de la région de Toulouse, signait dans *Le Figaro* daté du 19 septembre 2006 une libre opinion intitulée : « Face aux intimidations islamistes, que doit faire le monde libre ? » Accusé d'avoir offensé le Prophète, Robert Redeker se trouvait alors menacé de mort par des intégristes, contraint de se cacher et de vivre sous protection policière. La menace relayée dans le monde entier par des sites islamistes allait faire de Robert Redeker la cible des islamistes.

L'enjeu du présent ouvrage ne porte pas sur l'approbation ou la désapprobation de la tribune du professeur Redeker dont le contenu, comme toute opinion, doit pouvoir être discuté. Ce n'est pas le respect des religions qui est en cause dans ce qu'on a nommé l'affaire Redeker, mais tout simplement la liberté, cette liberté d'expression chèrement acquise dans un État de droit démocratique.

L'intolérable menace qui pèse sur Robert Redeker s'inscrit dans une suite déjà longue de violences fanatiques. Ainsi, ces réactions aussi haineuses qu'obscurantistes qui ont suivi la diffusion des déclarations, détachées de leur contexte, tenues par le pape Benoît XVI en septembre 2006, à Ratisbonne, en Allemagne, dans un discours intitulé « Foi, raison et université ». Tragique effet collatéral de ce déchaînement de haine, en Somalie, une religieuse était sauvagement assassinée. Ainsi, ces réactions d'une violence inouïe à la publication de caricatures de Mahomet dans un quotidien danois voici un peu plus d'un an : ambassades incendiées, particuliers pris à partie, morts par dizaines au cours de manifestations en Libye, au Nigeria ou encore au Pakistan. Ainsi, de l'assassinat du réalisateur et écrivain néerlandais Theo Van Gogh, le 2 novembre 2004, qui n'a pas suscité en Europe la vague d'indignation que l'on eût été en droit d'attendre. Ainsi, de la mise à prix de la vie de Talisma Nasreen, en 1993, après la publication de son livre, *La Honte*. Ainsi également, ne l'oublions pas, voici près de vingt ans, de cette affaire « fondatrice » que fut la fatwa lancée contre Salman Rushdie, après la publication de son roman *Les Versets sataniques*, en 1988. Ainsi enfin, plus récemment, du sort fait à la députée néerlandaise Ayaan Hirsi Ali, connue pour ses critiques sans détours sur l'islamisme, obligée de fuir aux États-Unis pour échapper aux menaces des intégristes.

Le sort réservé au professeur Redeker dans ce climat d'intolérance a poussé la Licra, association que je préside, à réagir en réunissant de nombreux intellectuels lors d'un colloque organisé le 16 novembre 2006 à la Maison du Barreau de Paris : « Penser, s'exprimer, dialoguer librement ; à propos d'un article du philosophe Robert Redeker ». Y faisant suite, la publication du présent ouvrage s'inscrit dans le combat que je mène, tant à la Licra qu'au Parlement européen, contre l'intolérance et la volonté hégémonique de certains fanatiques de dicter aux consciences individuelles ou collectives ce qu'il est licite de croire ou de penser. Le propos n'est donc pas de stigmatiser une religion mais de refuser le diktat de ceux qui l'instrumentalisent pour décréter exclusions du genre humain, anathèmes ou menaces de mort au nom de conceptions politico-religieuses d'un autre âge.

Depuis 1905, par le vote de la loi de séparation des Églises et de l'État, et jusqu'à l'orée des années 1990, les tensions liées à cette loi n'avaient cessé de décroître dans notre pays, l'Église catholique dans son ensemble, à quelques très rares et marginales exceptions près, ayant souscrit au principe de laïcité. Naïvement, on avait oublié peu ou prou la violence par laquelle elle était passée, les affrontements qu'elle avait suscités. L'histoire de la laïcité en France, jusqu'à la fin du XXe siècle, fut bien celle d'une progressive et parfois douloureuse acculturation des mœurs mais dont le bénéfice est sans égal : la paix religieuse entre les citoyens dans l'espace public.

1989 serait le marqueur historique du début de la croissante remise en cause de la loi de 1905 : cette année-là eut lieu la première affaire dite du « foulard islamique » dans un collège de Creil. Fait inédit dans l'histoire de France, les familles de deux jeunes collégiennes, judicieusement conseillées par des avocats proches de mouvements islamistes, ont exigé que le collège les autorise à garder leur voile pendant les cours. Les pouvoirs publics commirent alors l'erreur de sous-estimer la portée symbolique d'une telle revendication. Pensant la République capable de la digérer, ils crurent candidement qu'une transaction à l'amiable était possible. Or, cette tolérance dont l'État fit preuve a été considérée par tous les adversaires de la laïcité comme une marque de faiblesse. Au fil des années 1990, l'intégrisme a progressivement avancé ses pions sur un échiquier dont l'État ne soupçonnait pas l'existence. Son but ? Tester la capacité de résistance des valeurs républicaines.

Au bout de quatorze ans, l'État réagissait enfin de manière ferme à ces agressions répétées. Après le timide répit permis par la circulaire Bayrou en 1994, la création de la commission Stasi en 2003-2004 a marqué le moment où la République s'engageait vraiment à endiguer la percée intégriste ressentie par de nombreux professeurs au fil des ans dans leurs établissements scolaires. Rappelons que la majorité des membres de cette commission étaient, au moment de sa création, défavorables à l'idée d'une loi spécifique qui interdise explicitement le port de signes religieux à l'intérieur des établissements scolaires. Ce n'est qu'après enquêtes de terrain, entretiens nombreux avec des acteurs de l'Éducation nationale et des services de santé notamment, qu'ils se sont prononcés à l'unanimité, moins une abstention, pour l'adoption de cette loi.

Pour dire ici la vérité, la Licra n'était pas favorable à l'adoption d'une telle loi. Nous estimions, à tort, qu'elle aurait des effets stigmatisants, en particulier sur les musulmans. Lors de notre audition devant la commission, les membres de la délégation et moi-même pensions que réaffirmer le principe de laïcité suffirait. Celui-ci n'avait-il pas démontré sa validité avec les religions présentes depuis longtemps sur notre territoire ? Face à l'ampleur des atteintes à l'intégrité de ce principe, mise en lumière par le travail de la commission, nous devions nous rendre à l'évidence : sa réaffirmation devait passer par la loi – et, à travers elle, l'attachement collectif au vivre ensemble républicain. Notre mauvaise appréciation d'alors, nous qui nous donnions la mission de lutter contre l'intolérance, montre à quel point les intégristes avaient su avancer masqués. Aujourd'hui, la loi s'impose à tous, nous l'avons faite nôtre et en réclamons la stricte application. La Licra demande, qui plus est, l'élargissement du cadre de la loi à tous les lieux où le personnel administratif est en contact avec le public.

UNE VALEUR À ENSEIGNER ET À TRANSMETTRE SANS RELÂCHE

Comment en est-on arrivé là ? Pourquoi cette remise en cause en apparence du principe de laïcité français à la fin des années 1980 ? Un des éléments de réponse tient sans doute au manque de clairvoyance d'une société en voie de libéralisation. Dans les années 1970, on a cru que le principe de laïcité était accepté par tous les citoyens, qu'inscrit dans les mœurs, il n'était plus nécessaire de l'enseigner. Cela était sans doute largement vrai pour les générations d'après-guerre, mais cette vision ne faisait pas cas des nouvelles générations. Je vois en l'occurrence à la fois une baisse inquiétante de l'esprit civique et une carence de notre pédagogie. Il eût fallu pouvoir et savoir se tourner vers ces enfants qui étaient venus d'horizons et de cultures où la laïcité n'existait pas, vivant ici en recherche d'identité. Il eût fallu pouvoir et savoir leur offrir à eux – c'est-à-dire à nous-mêmes, du reste, car ils sont dorénavant nos enfants – cette identité laïque et républicaine.

La laïcité est un principe complexe de vie en collectivité, qui demande d'être pensé individuellement et collectivement, réfléchi, compris. La laïcité en France n'est pas l'acceptation de l'expression publique de la religion dans la vie citoyenne du quotidien. Elle balise un nécessaire espace de liberté et de neutralité qui accepte l'expression de toutes les religions, à condition qu'elles n'empiètent pas sur la sphère publique.

Mon propos n'est pas de condamner l'après Mai 68, qui a apporté d'incontestables évolutions sociales ; il est d'expliquer comment on a rangé la laïcité avec les dossiers classés, en oubliant que la mission éducative est un travail perpétuel, qui est remis sur l'ouvrage à chaque nouvelle génération. Il ne faut pas baisser les bras : de même que rien n'est jamais acquis, rien n'est jamais perdu. Tout militant de la lutte contre le racisme, l'antisémitisme, les intolérances est habité de cette conviction.

De la fin des années 1960 au 19 septembre 2006, date de la parution de la tribune de Robert Redeker dans *Le Figaro*, le temps a passé, et les signes avant-coureurs de la montée de l'islamisme et de l'intégrisme en France ont été nombreux, à commencer par la première affaire de voile islamique dans un collège, évoquée plus haut. N'y a-t-il pas eu chez certains un aveuglement volontaire, voire une complaisance objective, vis-à-vis des avancées islamistes ? Ne serait-ce pas d'ailleurs l'explication d'une partie des silences, voire des marques d'hostilité à Robert Redeker, ayant suivi la parution de sa tribune ?

C'est en effet l'un des points singuliers de l'affaire Redeker : l'absence de réactions de personnes qui, pourtant, auraient pris fait et cause pour lui si les attaques le visant étaient venues de l'extrême droite ou d'une frange intégriste de l'Église. Les menaces contre Robert Redeker ont réveillé les inhibitions que nous, Français, avons du fait de notre complexe d'anciens colonisateurs. Certains commettent cet amalgame simplificateur, réducteur qui leur fait confondre musulman et ancien colonisé. Les ressortissants actuels de pays anciennement territoires coloniaux français et, ce qui est plus grave, leurs enfants, sont assignés à un statut de victime *ad aeternam*. N'est-ce pas une vision essentialiste un peu courte de notre rapport à l'autre ? Certes, les populations des anciennes colonies françaises ont été les victimes de la colonisation, mais le passé est le passé, seul le travail historique peut aider à apaiser les mémoires et rapprocher les peuples raisonnables dans la reconnaissance réciproque des crimes commis. Je ne pense pas que ce soit respecter ces hommes et ces femmes que de les enfermer dans un statut de victime, les empêchant ainsi d'être sur un pied d'égalité avec leurs concitoyens.

Cette démarche malhonnête sous-entend qu'en tant que victimes, ils seraient bons par nature, quand nous-mêmes, Occidentaux, anciens bourreaux, descendants d'esclavagistes, serions mauvais par nature. Ce n'est pas en adoptant une attitude repentante pour les uns, infantilisante pour les autres, postures franchement néocoloniales, que nous accueillerons de la meilleure manière ces nouvelles générations au sein d'une République qui aspire d'abord à traiter ses enfants en citoyens égaux.

Quand le principe républicain a été mis à mal par des attaques venant de l'extrême droite ou d'associations fondamentalistes de respect de l'identité chrétienne, à propos de supposés blasphèmes sur des affiches, dans des films, des publications ou des caricatures, la mobilisation et la condamnation ont été – je m'en réjouis – unanimes. À l'heure où les mêmes attaques viennent d'une part extrémiste et minoritaire de cette population assignée à résidence victimaire, on réagit mollement. Il faut « mettre des gants », pour ne pas « mettre de l'huile sur le feu ». Je tiens que c'est une erreur teintée de racisme. Car la force de la République est de traiter tout le monde de manière égale. D'où que vienne l'attaque, la République se doit de réagir et de défendre la laïcité avec la même vigueur. Respecter nos concitoyens de culture musulmane exige de les considérer comme nous considérons nos concitoyens chrétiens, juifs, agnostiques ou athées. C'est ce qui fait que la France est la France.

Je veux bien croire que les intellectuels qui attaquent Redeker sont de bonne foi, mais est-il sûr que le regard qu'ils posent sur ces catégories de population qu'ils jugent incapables de comprendre notre subtile laïcité soit exempt de toute condescendance ? Est-il sûr qu'il ne contienne pas encore une nuance de ce racisme, un reste de ce néo-colonialisme ? Levinas enseignait que la responsabilité devait aller jusqu'à la responsabilité pour la responsabilité de l'autre : n'est-ce pas alors une erreur absolue, une faute, que de laisser croire à ceux que l'on veut traiter seulement en victimes qu'ils seraient exempts de leurs devoirs et de leurs responsabilités, civiques et humains ?

Sans doute les médias ont-ils parfois contribué, par le passé, à donner une image négative des Français de confession musulmane ? Pendant l'affaire du voile, en pleine polémique, quand les esprits s'échauffaient, un grand hebdomadaire français publiait une photo de trois jeunes barbus, à la mine patibulaire, au cœur d'un quartier sensible. La photo était un montage, les barbes avaient été rajoutées. L'image systématiquement négative des musulmans, alimentant peurs et fantasmes, n'a évidemment pas aidé à leur intégration, et a même encouragé le prosélytisme de certains entrepreneurs identitaires et communautaristes particulièrement actifs et bien organisés.

Cela dit, depuis la fin 2001 puis les débats autour de la commission Stasi, les médias ont commencé à montrer des intellectuels, croyants ou non, des chefs d'entreprise issus des banlieues, mais en leur accolant toujours le qualificatif de « musulman modéré ». Il y a quelques années, les intellectuels laïques de culture musulmane étaient peu sollicités. Force est de reconnaître que ce n'est plus tout à fait le cas aujourd'hui. Et c'est heureux, car, aujourd'hui, ce sont leurs voix que nous avons besoin d'entendre, qu'il nous faut soutenir, accompagner et propager.

POUR LA LAÏCITÉ

Au-delà de ces avancées, l'affaire Redeker nous a rappelé combien il est urgent d'agir. Dans le monde entier, l'islamisme gagne du terrain – et d'autant plus insidieusement qu'il progresse souvent masqué, en particulier en Europe où il bénéficie de la protection d'un État de droit qu'il sait abuser. Pour montrer que la menace n'est pas surfaite, j'aimerais revenir sur un événement important, qui a eu lieu quelques jours avant les attaques du 11 septembre 2001, et qui n'a toujours pas été apprécié à sa juste mesure. Cet événement, ce fut la conférence de Durban.

Cette conférence mondiale de lutte contre le racisme et la discrimination raciale avait été organisée en 2001 par l'Assemblée générale des Nations unies. L'Afrique du Sud, pays qui avait réussi à sortir de l'apartheid, semblait être le lieu idéal pour la tenue d'une conférence sur ce thème. Soixante-quinze États devaient participer à cette conférence, ainsi que de nombreuses ONG accréditées.

Or, de nombreuses ONG présentes avaient été créées pour l'occasion par des États islamiques, la Libye et l'Iran pour citer les plus importants. Ces associations n'ont pas cessé d'attaquer Israël et, au-delà d'Israël, les juifs accusés de comploter à l'échelle mondiale au profit du grand Capital et de l'État juif : les poncifs de l'antisémitisme le plus traditionnel. Des manifestations quotidiennes assimilaient pêle-mêle la politique de l'État hébreu à une politique d'apartheid, Ariel Sharon à Adolf Hitler, sans souci de la contradiction quand certaines banderoles proclamaient que « Hitler n'a[vait] pas terminé le travail ». Des placards affichaient ce slogan : « *One jew = one bullet* »… Le logo de la conférence fut massivement utilisé pour vendre entre autres des livres négationnistes. Cette conférence a été ainsi marquée par un dévoiement de l'antiracisme, par des efforts incessants d'assimilation de l'Intifada à la lutte contre le racisme. C'est sans doute le moment où est apparue le plus clairement l'habileté des fondamentalistes à pervertir, pour leur cause, les notions de respect et de tolérance, qui fondent les démocraties occidentales.

Il faut avoir à l'esprit la conférence de Durban, et le mal que peut faire à nos démocraties cette avancée insidieuse de l'islamisme, pour comprendre tout l'enjeu de la défense à apporter à Robert Redeker. Cet enjeu est de ne pas se laisser intimider par ceux qui dévoient nos idéaux de tolérance et de respect, les travestissent, nous les jettent à la figure, au moment même où ils font preuve de l'intolérance la plus absolue en programmant l'assassinat d'un homme.

La publication du présent ouvrage coïncide également avec le procès engagé contre *Charlie Hebdo* par plusieurs associations islamistes (et, malheureusement, aussi par la Mosquée de Paris), pour avoir publié les caricatures de Mahomet, en geste de soutien à leurs confrères danois. C'est encore un indice de l'impérieuse nécessité à réaffirmer et proclamer les valeurs de la République. La démarche de la Licra s'inscrit dans un travail d'éveil, d'éducation et de respect, qui regarde vers l'avenir, car nous croyons que la laïcité fonde la nation. C'est l'une des rares valeurs qui puissent lui servir de ciment. En un temps où les références identitaires sont incertaines, où beaucoup se réfugient dans de dangereuses identités de substitution, la laïcité doit être l'un des piliers de la réaffirmation d'une identité nationale spécifique ; elle est une valeur universelle pour tous les Français.

J'espère que, dans dix ans, le principe de laïcité ira à nouveau de soi pour les générations passées par l'école républicaine, que les enseignants l'auront à nouveau assimilé et auront à cœur de le transmettre. La rédaction de cet ouvrage participe de ce processus. Car plus que de religion, c'est bien de vivre ensemble qu'il s'agit.

La laïcité est un principe de concorde, l'histoire de la France contemporaine l'a prouvé. Il faut l'appliquer pour tous, à tous. Refuser à qui que ce soit, et en particulier aux Français de culture musulmane, d'être partie prenante de ce principe serait une démarche raciste, de nature à favoriser la discorde. Il ne faut pas laisser les musulmans à l'écart du pacte laïque. À l'instar de tous les Français, ni plus, ni moins, ils ont pleinement leur place dans la République.

Patrick Gaubert
président de la Licra

Première partie

Entretien de Robert Redeker

avec Dominique de Montvalon

Robert Redeker, nous voici aujourd'hui face à face à Paris. Comment avez-vous gagné Paris ? Êtes-vous toujours un homme sous protection ?

Je ne voyage plus comme je pouvais le faire encore il y a six mois. Aujourd'hui, je ne peux voyager qu'en avion ou en voiture, sous certaines conditions, en étant constamment suivi. Le train m'est interdit. Selon les services qui sont en charge de ma protection, l'avion est le moyen de transport le plus sûr. C'est un espace dans lequel il n'y a pas d'armes. Pour y accéder, il faut franchir de multiples barrières. Concrètement, à l'aéroport, j'ai été pris en charge par la PAF – la police de l'air et des frontières – qui s'est occupée de mon billet, puis de mon embarquement. C'est elle qui m'a accompagné jusque dans la cabine. Là, et là seulement, je suis resté seul. À l'arrivée, la PAF m'a repris en mains avant de me confier aux RG, les renseignements généraux. Ils sont toujours trois ou quatre membres des RG – en moto et en voiture – à suivre mes déplacements. Ils connaissent mon emploi du temps. Cela signifie que je ne peux pas improviser. Cela ne m'est pas interdit, mais on m'a fait comprendre le danger qu'il y aurait à sortir, à flâner dans les magasins, les librairies. Cela m'est impossible.

Votre maison est gardée jour et nuit. Pour faire le moindre déplacement, vous devez toujours demander une autorisation ?

J'ai l'autorisation de faire ce que je veux. On ne va pas me refuser quoi que ce soit mais, si je veux être protégé, il faut que je prévienne à l'avance de mes faits et gestes. Il faut que je dise quand je vais partir, où je vais, combien de temps les choses vont durer, et ainsi de suite.

Je vous cite un exemple vécu, qui a été pour moi particulièrement douloureux. Mon père est décédé il y a une dizaine de jours. La douleur que nous avons ressentie – nous, sa famille – a été considérablement accrue du fait que nous n'avons pas eu le droit d'annoncer le décès dans la presse locale, ni même d'afficher l'avis de décès à la mairie. En réalité, l'employé de mairie avait spontanément affiché cet avis, mais la gendarmerie m'a conseillé de le faire enlever. Pour des raisons de sécurité. Nous avons donc été obligés d'enterrer notre père dans une sorte de semi-clandestinité. Il habitait un petit village, les gens le connaissaient, ils seraient sans doute venus aux obsèques. Mais, au jour dit, l'église était vide. Seuls les proches, au courant parce qu'on les avait personnellement appelés, étaient présents. Je dois ici remercier Jean-Luc Moudenc, le maire UMP de Toulouse : informé par notre ami commun, Stéphane Baumont, de la mort de mon père, il a fait porter une gerbe tricolore signée de son nom. C'était pourtant hors de sa commune, dans un village fort éloigné de Toulouse. Dans la douloureuse clandestinité de ces obsèques, la gerbe de Jean-Luc Moudenc sauvait l'honneur de la France tout en nous disant que nous n'étions pas seuls dans cette tourmente. Ce que je veux signifier en racontant cette anecdote, c'est que la pression des gens qui me menacent me met dans une situation inacceptable. Des islamistes m'empêchent de dire publiquement que mon père va être enterré tel jour, à telle heure, dans tel cimetière. C'est une incroyable privation de liberté.

Cette mesure a été prise, m'a-t-on dit, pour protéger ma famille car elle aurait pu être repérée aux obsèques et subir des menaces et même des représailles. Mes frères et sœurs ont donc été contraints de s'installer dans l'anonymat : ils ne sont plus dans l'annuaire. Cela montre, je crois, la gravité de la situation.

Diriez-vous que vous avez le sentiment d'être innocent et en même temps prisonnier ?

Pour me protéger et protéger ma famille, mon degré de liberté est restreint, mon droit de circuler est restreint alors que – vous avez raison d'employer ce mot d'innocent – je n'ai commis ni crime ni délit. J'ai été condamné par des gens qui résident hors des frontières françaises pour un délit d'opinion ou de blasphème qui n'existe pas dans le droit français. La souveraineté nationale est blessée par ce genre de condamnation puisque d'autres lois que les lois françaises, en contradiction avec celles-ci, tentent de s'appliquer à l'intérieur de l'Hexagone.

La solidarité de votre famille vous est-elle acquise ?

Oui, totalement.

Quand vous racontez ce que vous vivez, quels sentiments, au juste, éprouvez-vous ?

Je suis stupéfait. Il me semble d'abord que toute cette affaire se déroule dans un climat de capitulation. Comment pareille situation est-elle possible en France ? Il y a eu peu de réactions. Il n'y a pas eu de montée générale au créneau de la classe politique. Nicolas Sarkozy a eu, dès le début, une réaction parfaite. Il m'a encore récemment écrit une belle lettre empathique. Certains ont été, eux aussi, sans ambiguïté : Philippe de Villiers, le communiste André Gérin, François Bayrou, Dominique Strauss-Kahn, Vincent Peillon ou encore le maire UMP de Toulouse, Jean-Luc Moudenc.

Il reste que, au conseil municipal de Toulouse, lorsqu'il s'est agi de voter une subvention de 1 000 euros pour aider le Crif qui souhaitait organiser un meeting de soutien en ma faveur, seuls deux élus de l'opposition municipale de gauche ont accepté cette subvention, que proposait l'UMP : la socialiste Yvette Benayoun-Nakache et le chevènementiste Thierry Cotelle. C'est révélateur…

J'insiste : quels sont vos sentiments ? Au-delà de la pudeur, dites-le nous…

Je suis révolté par cette capitulation. Je n'en veux pas aux islamistes : ils sont dans leur rôle. Leur jeu se résume à l'intimidation, au terrorisme. Ils sont en quête de puissance, et veulent affaiblir les défenses immunitaires des démocraties. Ma révolte est surtout motivée par le climat de capitulation dans lequel nous vivons.

LA TRIBUNE

Vous est-il arrivé de regretter d'avoir écrit la tribune que vous avez confiée au Figaro *?*

Non. Je n'ai commis aucune faute, donc je n'ai aucun sentiment de culpabilité. Si je disais regretter ce geste, cela voudrait dire, au fond, que j'approuve les idées de censure et d'autocensure, que j'approuverais implicitement l'idée d'une condamnation à mort pour délit d'opinion. Les gens qui, en France, me disent que je suis allé trop loin approuvent implicitement la censure. Ils approuvent le fait qu'il puisse y avoir des condamnations à mort pour délit d'opinion. Dans notre pays qui vient d'inscrire dans sa Constitution l'abolition de la peine de mort, c'est stupéfiant. Mais ce qui est peut-être plus stupéfiant encore, c'est que les plus graves accusations portées contre moi dans ce pays viennent de la gauche. Ce sont des associations marquées à gauche qui, en m'attaquant, apportent de l'eau au moulin des islamistes. Comme si cette gauche-là qui a imposé l'abolition de la peine de mort pensait qu'au fond une condamnation à mort pour délit d'opinion n'est pas quelque chose d'absolument injustifié. Cela me révolte.

Comment vous est venue l'idée de cette tribune ? Vous souvenez-vous du moment où vous l'avez écrite ?

J'y pensais depuis des mois, si ce n'est plusieurs années. Je réfléchis à ces sujets, au travers de mes lectures, depuis plusieurs années. À la fin de l'été dernier, devant le lâchage par les élites européennes – en particulier les élites françaises – du pape Benoît XVI après son discours de Ratisbonne, au mois de septembre, où l'on a mis en exergue ce qu'il disait de l'islam et de la violence, j'ai décidé d'écrire. Car, alors, on a traîné le pape dans la boue, en revenant sur le fait que, dans son enfance, il avait porté l'uniforme des jeunesses hitlériennes, en oubliant qu'il avait alors huit ans, en ignorant ce que c'est que d'avoir huit ans dans un pays totalitaire. J'ai voulu dire avec vigueur ce que je pensais de tout cela et révéler le climat d'auto-intimidation qui se développe dans notre pays autour de l'islam.

D'où vous vient votre connaissance de l'islam ?

Essentiellement de ma pratique philosophique et de mes lectures. En particulier mes lectures de mystiques musulmans – les persans surtout, en particulier Sohravardi, sur la voie de qui j'ai été mis par Henri Corbin, auteur de recherches magnifiques sur l'islam iranien – et aussi de mes lectures du Coran.

Avec le sentiment, chez vous, que l'islamisme trahit l'islam ?

C'est une question très compliquée. Pour se rassurer, on trace une sorte de cordon sanitaire entre islamisme et islam, comme si les deux n'avaient pas de rapports. Lorsqu'on lit les historiens de l'islam, on s'aperçoit que l'islamisme n'est pas un extrémisme, mais un fondamentalisme, comme l'explique très bien Christian Delacampagne dans son dernier livre, *Il faut croire en la politique*. Ce fondamentalisme est un retour aux sources, et non pas un extrémisme en général, un retour à ce que l'islam a de plus originel historiquement et de plus tranchant dans ses proclamations. L'idée de l'islamisme, la voici : ce qui a été écrit dans le Coran au VIIe siècle est parole divine, et est valable aujourd'hui et demain. Le problème de l'islam, c'est, en fait, le statut du Livre, car l'islam est la seule vraie religion du Livre. Un Livre qui est divinisé, increé, c'est-à-dire communiqué directement par Dieu à Mahomet. Ce n'est pas le cas dans le judaïsme, où le livre est considéré comme une histoire, ni dans le christianisme, qui n'est pas une religion du livre, mais une religion de la révélation, de la parole, de l'esprit (où l'esprit est tenu pour plus important que la lettre).

Mais aujourd'hui, ne doit-on pas distinguer islam et islamisme ?

Bien sûr, on peut distinguer islam et islamisme, mais la cloison entre les deux n'est pas étanche, le Livre ayant ce statut increé, étant tenu, j'insiste, pour parole directement divine.

J'ai été interrogé sur RMC (Radio Monte-Carlo) dans une émission matinale qui laisse la parole aux auditeurs. Est intervenu dans l'émission un musulman modéré. Il a dit désapprouver les menaces de mort proférées à mon encontre. Mais il voulait que l'on interdise ce que j'avais dit sur le Prophète et le Coran. Or, en République laïque, aucun prophète n'est au-dessus de la critique ou de la raillerie. Il faut considérer que les religions peuvent être des impostures. Je ne le dis pas en tant qu'athée : je suis croyant. Le musulman modéré qui me parlait n'accepte pas la moindre critique du prophète, du Coran, des rites religieux. Des gens que l'on dit « modérés » ne le sont pas en réalité. On a vu la réaction de Dalil Boubakeur au procès de *Charlie Hebdo*. Lui aussi n'accepte pas l'idée que l'on puisse critiquer de manière virulente le prophète. Pourtant, cette affaire était une chance pour les musulmans de montrer qu'ils ne sont pas obscurantistes, qu'ils ont intégré les idéaux républicains. En ce sens, les musulmans qui se proclament « modérés » auraient dû me soutenir sans réserve, comme ils devraient soutenir sans réserve Philippe Val dans le procès de *Charlie Hebdo*.

Après les déclarations du pape à Ratisbonne, comment les choses se sont-elles passées pour vous ? Au travers de cette tribune, quel était votre véritable objectif ?

J'avais plusieurs objectifs mais, contrairement à ce que certains ont affirmé, pas le moins du monde l'intention de provoquer les musulmans. Mon premier objectif était de nourrir la réflexion de mes concitoyens et de l'ensemble des Européens en les incitant à s'interroger sur notre attitude face à la pression de l'islam. Une attitude qui se résume à des reculades quotidiennes. Tous les jours, des gens reculent : ces professeurs qui ne peuvent pas parler de la Shoah, ces médecins qui ne peuvent pas examiner des patientes…

Votre premier objectif était donc de provoquer une prise de conscience des citoyens ?

C'est cela. Il fallait réaffirmer clairement les valeurs républicaines. La religion est un droit, c'est quelque chose que nous protégeons, à la seule condition qu'elle reste une affaire privée, et ne tente de modifier ni la législation ni les mœurs. Le deuxième objectif, c'était de nous sortir de la repentance. La timidité de nos réactions face à l'islam vient de ce que nous pataugeons dans la mauvaise conscience, la honte et la repentance permanentes. La honte d'être ce que nous sommes, la honte de ce que, peut-être, nous possédons de meilleur. Je voulais dire que nous ne sommes pas pires que les autres civilisations, comme l'a démontré, sur l'esclavage, Olivier Pétré-Grenouillot dans son livre *Les Traites négrières*. Après tout, ce que nous essayons de défendre, c'est un modèle valable. Mon troisième objectif, c'était de réveiller la gauche, de plus en plus attirée par le communautarisme, comme la suite des événements l'a prouvé.

Avez-vous écrit cette tribune d'un trait ?

Non. Je l'ai écrite en deux ou trois étapes d'une heure. Je l'ai envoyée au *Figaro*, qui m'a répondu rapidement qu'elle serait publiée.

QUI EST ROBERT REDEKER ?

Quand la tribune paraît, beaucoup se demandent qui est Robert Redeker. Que pourriez-vous nous dire de vos racines, de vos passions, de ce qui vous a modelé ?

Mes parents sont Allemands tous les deux. Mon père (qui vient de décéder, début février 2007) s'est engagé à dix-sept ans dans l'Afrika Korps, a été fait prisonnier par les Anglais en Libye, livré aux Américains, amené avec d'autres prisonniers de guerre allemands à Saint Louis dans le Missouri, dans une sorte de pénitencier, où il estime avoir vécu une des plus belles périodes de sa vie. Elle a duré trois ans. Il en est resté pro-américain jusqu'à la fin de sa vie. Il refusait de croire à Guantanamo : dans son esprit, les Américains traitaient bien les prisonniers. Il a été ramené en Europe à la fin de la guerre. Il y avait alors des camps de travail pour prisonniers allemands dans le Sud-Ouest de la France. Ces prisonniers travaillaient gratuitement : ils étaient ouvriers agricoles. Une fois libéré, mon père est resté dans ce sud-ouest pyrénéen – ce « doux royaume pessimiste », comme l'appelait René Char (en pensant sans doute au catharisme) – en tant qu'ouvrier agricole, puis en tant que vacher, et cela jusqu'à la fin de sa vie. Il a apprécié les paysans chez qui il travaillait, en Ariège. Il a rencontré là ma mère, qui avait vécu la fin de la guerre dans la clandestinité en France, tout en étant Allemande. Elle avait déserté la Luftwaffe pour rejoindre son père, un homme politique séparatiste rhénan qui avait résisté au nazisme, qui avait été emprisonné plusieurs fois en forteresse avant de s'évader. Il était francophone, issu d'une famille de huguenots français émigrés en Allemagne au XVIIIe siècle, puis convertis au catholicisme au XIXe siècle.

Combien d'enfants vos parents ont-ils eu ?

Ils ont eu quatre enfants. Je suis l'aîné. Enfant, durant cette seconde partie des années 1950, j'ai vécu dans la misère : mes parents avaient très peu de ressources. J'ai appris la langue française en entrant à l'école. Car mes parents, entre eux, parlaient allemand ou occitan. Cette langue des troubadours, au charme singulier, a baigné mon enfance.

Quel était le climat politique de la famille ?

Mon grand-père était issu de la droite catholique, mes parents étaient plutôt à gauche. À partir de dix-huit ans, j'ai longtemps été de gauche. À Toulouse, j'ai été très proche des anarchistes. Je connaissais les gens de la CNT, le milieu des anarcho-syndicalistes espagnols.

Comment avez-vous vécu 1968 ?

J'avais treize ans. On habitait près de Condom dans le Gers. 68, pour moi, c'était un peu *Milou en mai*. J'allais à la pêche, je traînais dans les bois, je lisais des livres. C'était ma période François Mauriac.

Votre premier livre sérieux ?

La Peste, de Camus. Je l'ai lu à onze ans. Un instituteur me l'avait donné parce que je passais en 6e, à une époque où il était rare, à la campagne, de passer en 6e. On était quatre dans la classe de CM2 à connaître ce sort. Pour nous récompenser, il nous a emmenés tous les quatre à la mer, à la dune du Pyla pour être précis, dans sa 2CV, et il nous a donné un livre à chacun. Pour moi, *La Peste*. Je l'ai lu.

Et la passion du vélo, d'où vous vient-elle ?

C'est une vraie passion. Je suis toutes les courses cyclistes. J'aime tous les champions. Je peux vous dire le nom des vainqueurs de toutes les courses cyclistes. Un de mes camarades se battait avec moi aux cris de « Je suis Fausto Coppi, je suis Fausto Coppi. » Ce nom me fascinait. C'est à partir de ce champion que je me suis intéressé au vélo.

Comment le petit garçon que vous étiez est-il devenu enseignant, puis professeur de philo ?

Je n'en ai jamais eu le projet. Les choses se sont passées naturellement. Tout jeune, j'adorais lire. À partir de douze ans, j'ai découvert les poètes : Francis Jammes, Verlaine, Hugo, Ronsard. Aujourd'hui, j'aime Rilke, Char. Et, vers quinze ans, j'ai découvert par hasard Kierkegaard. J'ai lu, de fil en aiguille, un grand nombre de philosophes. Parallèlement, à l'école, je suis devenu un cancre. J'ai passé le bac après avoir triplé ma première. J'ai été exclu de tous les lycées. J'avais acheté les livres de philosophie pour préparer l'examen. J'ai fait quarante kilomètres en vélo pour aller passer les épreuves à Toulouse, et je l'ai eu. Je me suis ensuite inscrit en philosophie. J'ai eu la chance d'avoir comme professeur Gérard Granel, un génie de la philosophie, l'un des traducteurs de Heidegger. En même temps, c'était la période gauchiste, dans laquelle j'ai plongé.

Vous avez laissé entendre que vous étiez turbulent. Étiez-vous tête brûlée ?

J'étais à la fois sage et tête brûlée. Sur le fond, l'anarchie ne me convainquait pas vraiment. Ni les gauchistes, d'ailleurs. J'étais simplement tombé dans ce bain. Je ne croyais les anarchistes et les gauchistes qu'à moitié ou au tiers.

Êtes-vous violent ou doux ?

Je suis un doux.

LES CONSÉQUENCES DE LA TRIBUNE

Quand vous envoyez votre tribune, avez-vous le sentiment d'avoir écrit un brûlot ?

Je trouve que c'est une tribune anodine. Mon premier titre était : « Le monde libre sous l'œil du Coran », par référence à l'œil de Moscou. Le titre final est : « Face aux intimidations islamistes, que doit faire le monde libre ? » Je pense à ce moment qu'il n'y aura aucun problème. Lévi-Strauss, dans *Tristes tropiques,* est plus virulent. Bernard Lewis aussi. De surcroît, ce n'est qu'un article de journal. La suite est d'autant plus hallucinante.

Quelles sont les premières réactions ?

Ce sont des amis qui me téléphonent pour me donner leur avis. Il est positif. Le soir même, Claude Lanzmann me téléphone pour me féliciter. Il me dit qu'il est d'accord avec moi, alors que son honnêteté ne le rend jamais complaisant. Mais il ajoute : « Ils vont chercher à te tuer. » Je croyais qu'il exagérait. Il avait raison pourtant. Les menaces de mort sont arrivées peu après, via internet. Deux types de menaces de mort. D'abord, des e-mails, du genre : « On te tuera. » Plus grave, sur alhesbah.com, canal historique du djihadisme, par lequel al-Qaida diffuse un certain nombre de ses informations, je suis condamné à mort. On me présente comme un « porc », condamné à avoir la tête tranchée par un « lion » comparable au « lion » qui a liquidé Theo Van Gogh. Il y a en ligne ma photo, mon adresse, la photo de ma maison, l'adresse des lieux où je travaille, le plan des environs de ma maison. J'ai été averti de cette menace par un e-mail envoyé par une organisation américaine de veille contre le terrorisme qui me donne le code pour accéder à la page qui me concerne. Car, sur ces sites, l'information est cryptée. La DST me téléphone ensuite. Je suis effrayé. C'est l'époque où j'ai eu vraiment peur. Puis la DST m'apprend que le parquet de Toulouse est dessaisi de l'affaire, et que c'est le juge Bruguière qui s'en occupe. C'était deux ou trois jours après la publication. Il a fallu alors que je détale littéralement de chez moi.

Quelles étaient vos responsabilités à ce moment-là ?

À ce moment-là, j'enseigne à l'École nationale de l'aviation civile au lycée Pierre-Paul Riquet, à Saint-Orens-de-Gammeville, dans la banlieue de Toulouse. Je préviens mon proviseur, lui signalant que je vais devoir m'absenter, mais uniquement, à mon sens, pour cinq ou six jours. Je suis persuadé que les choses ne dureront pas, que je vis dans un pays où les lois républicaines me protègent. À ce moment-là, mon proviseur est plus lucide que moi : je ne l'ai su que récemment. Une femme qui échangea des propos avec lui ce jour-là l'a, en effet, entendu dire : « Il n'enseignera plus jamais. » Lui avait tout de suite compris que les parents d'élèves et l'institution ne prendraient jamais le risque que je revienne en classe. Rendez-vous compte du scandale national pour un ministre en place si une bombe me visant explose dans une classe !

Vous êtes donc obligé de fuir…

J'ai pris la fuite, comme Jésus et Marie en Égypte, changeant tous les jours de domicile, hébergé par des amis qui avaient un peu de courage. C'était à moi de trouver les domiciles : ce n'est pas la police qui s'en est chargée. Il fallait être discret, ne pas être suivi, ne pas sortir des endroits où je me trouvais. C'était une vie de bandit. Pourtant j'étais protégé : c'est paradoxal. Cet état de choses a duré, grosso modo, entre un mois et un mois et demi. Pendant tout ce temps, les menaces me visant se sont accumulées.

En recevez-vous encore aujourd'hui ?

Elles existent toujours, mais je n'en reçois plus directement. Pour l'instant du moins. J'ai simplement reçu, il y a une semaine, un message d'un homme me disant qu'il ne voulait pas ma mort mais que, si je mourais de mort naturelle, le monde n'aurait rien perdu, et ne me regretterait pas.

Après le mois et demi où vous changez de domicile tous les soirs, vous revenez chez vous ?

Oui. La police a jugé que la bonne solution était que je retourne chez moi, en faisant croire que j'étais ailleurs. Cela a duré pendant un mois et demi. Ma maison et la rue étaient très protégées. Mais les habitants ont pétitionné en se plaignant de la présence permanente de la police dans la rue. La police a dû partir. À la place, elle a installé un système de câbles de liaison avec le commissariat, puisque les voisins ne supportaient pas la police. Et moi, j'ai dû prendre une boîte postale anonyme à quarante kilomètres de ma maison.

Et vos enfants ?

J'ai deux fils. L'un a seize ans : il est en internat. L'autre a déménagé : il vit en colocation sous le nom de son colocataire. Ma fille va se marier, donc changer de nom.

Et pour vous maintenant ?

J'ai déménagé, ce qui a été difficile dans ma vie à moitié clandestine. Tout est chamboulé. Cela me pose de gros problèmes financiers. Les gens qui veulent acheter ma maison ont peur quand ils découvrent mon nom. Il a fallu que je vende nos voitures – repérées – pour en racheter de nouvelles.

Vous êtes-vous dit, au cours de ces dernières semaines, que vous étiez en danger ?

La DST m'a expliqué qu'il faut que je me sente en danger tout le temps. Ce qu'il y a de plus dangereux, en effet, c'est de ne plus être sur ses gardes.

Des gens vous reconnaissent-ils ?

Récemment, je suis parti sans prévenir acheter des timbres à la poste. Un acte banal. Là, on m'a reconnu. Une femme m'a dit qu'elle me soutenait, mais je n'ai pas trouvé cela rassurant. Il doit être plaisant pour une star du show business d'être reconnu dans la rue : pour moi, c'est le contraire. J'ai aussi été reconnu dans un supermarché par deux jeunes filles qui m'avaient vu à la télévision. Elles n'étaient pas agressives, mais elles auraient pu être des agresseurs potentiels. Oui, dans mon cas, c'est une catastrophe d'être reconnu. J'ai aussi été reconnu à l'aéroport. Tant que je suis reconnu, je ne suis pas revenu à la vie « normale ». C'est signe que je pourrais être reconnu par un agresseur. De fait, je n'aime pas être reconnu puisque j'essaie d'être invisible.

Il y a quelques semaines, un homme a été arrêté au Maroc. Il est accusé d'être l'un des auteurs des menaces contre vous. En savez-vous plus ?

C'est l'un des auteurs des appels au meurtre du site alhesbah.com. C'est un djihadiste international, qui rentrait de Libye et s'apprêtait à partir pour l'Irak. Il a été arrêté grâce à la coordination des services français, américains et marocains.

L'avez-vous rencontré ?

Non, je ne le connais pas. Dans un premier temps, son arrestation a été, pour moi, un soulagement. Je me suis d'abord dit que l'affaire était finie : j'avais tort. Ensuite, au début de l'affaire, j'avais été victime d'une vraie campagne de dénigrement. Une certaine presse et certains milieux associatifs et politiques ont tenté d'accréditer l'idée que j'avais inventé toute cette histoire, comme la jeune femme qui avait inventé une agression sur la ligne du RER D. Soit j'étais mythomane, soit je voulais me faire un nom et de l'argent en écrivant un livre, soit j'étais manipulé par Sarkozy qui voulait démontrer l'existence d'un danger islamiste pour récupérer des voix d'extrême droite aux élections présidentielles. On a lu des articles de cette farine dans *L'Humanité*. En ce sens, l'arrestation d'un djihadiste professionnel a cloué le bec à ces critiques.

Mais cela s'est révélé à double tranchant, parce qu'on m'a fait comprendre, devant la perception concrète du danger que je courrais, que je ne pourrai plus donner de cours. Ni à l'École nationale d'aviation civile ni à l'Université des sciences sociales. Prenant conscience que ma situation était vraiment dangereuse, on a eu peur de me laisser enseigner. Aujourd'hui, je suis écarté de tous mes enseignements, de toute intervention publique. Je continue à percevoir mon traitement de professeur, mais sans pouvoir enseigner. Un peu comme si j'étais en congé maladie.

LES RÉACTIONS

Et le ministre de l'Éducation nationale, que pouvez-vous nous dire de son attitude ?

Elle a changé. Dans un premier temps, je crois que Gilles de Robien n'a pas compris ce qui se passait. Il trouvait que j'avais exagéré. Je l'ai vu en janvier. J'ai eu un long et franc entretien avec lui. Il n'est plus sur la même ligne. Il a affiché sa « solidarité complète » avec moi. « Solidarité » est un mot très fort, qui implique une communauté de destin. M. de Robien a compris que je voulais une réhabilitation après la campagne de dénigrement dont j'ai été victime : je ne veux pas être mis sur la touche par l'Éducation nationale. Il m'a dit qu'il était impossible que j'enseigne, du moins pendant un certain temps. En langage administratif, on sait que cela signifie « jamais plus ». Donc, il me propose une mise à disposition au CNRS.

Et vos collègues, comment ont-ils réagi ? Ont-ils manifesté de la solidarité ? Sont-ils restés à distance ?

Des centaines d'enseignants ont signé les différentes pétitions proposées par *Les Temps Modernes*, *Le meilleur des Mondes*, *Res Publica* ou des associations de professeurs, mais il faut bien dire que ce fut loin d'être un mouvement général. On a plutôt assisté dans les salles des profs à un véritable lâchage, quand cela ne tenait pas du lynchage. On était pourtant en droit d'attendre du corps professoral dans son ensemble un soutien immédiat, spontané à l'un de leurs collègues menacé de mort pour fait d'opinion. Au lieu de quoi on m'a davantage accusé de racisme ou d'islamophobie, ce piège linguistique inventé en Iran.

Êtes-vous réactionnaire ?

C'est possible, surtout maintenant... Pour tous ou presque, j'ai été le pestiféré. Les exceptions ont été rares.

Et vos étudiants ?

Ils étaient partagés. Les médias ont interviewé les classes dont j'avais alors la responsabilité, mais la rentrée avait eu lieu deux semaines plus tôt : ils ne me connaissaient pas. De la part de ceux qui me connaissent, j'ai reçu, en revanche, des mails de soutien touchants.

Le cas de Gilles de Robien s'est-il répété ? Y a-t-il eu des gens qui, après vous avoir attaqué, se sont ravisés ?

Le cas de Gilles de Robien n'est pas un cas isolé. Oui, j'ai reçu des lettres et des coups de téléphone de personnes qui se sont montrées *a posteriori* solidaires. Elles avaient réagi de manière un peu spontanée, m'ont-elles dit, sans comprendre l'ampleur du défi.

Aviez-vous déjà été sur les marges, un franc-tireur en quelque sorte ? Avez-vous le sentiment que le destin a fait de vous quelqu'un dont le drame peut être utile à la collectivité ?

Sur le plan personnel, ma vie intérieure et mon regard sur la vie ont changé. C'est sans doute la défaite absolue des islamistes : il y a eu en moi une sorte de conversion. J'accorde de l'importance à chaque instant de la vie, à toutes les choses de la vie, un peu comme quelqu'un qui est mort et qui revient de la mort. Comme après une résurrection. Mon attitude devant la vie est devenue lazaréenne ! C'est à la fois matérialiste et mystique. C'est la défaite des prêcheurs de mort car c'est un amour (pas un amour hédoniste, un amour vrai) de la vie dans l'instant qui a surgi. D'un autre côté, peu à peu et à mes dépens, je prends conscience de la gravité de l'affaire. Et ce n'est pas fini. Les autres m'aident à comprendre. Parfois encore, je déréalise. J'ai la tentation profonde d'oublier le côté ahurissant, impensable, inimaginable de ma situation. À mes dépens donc, cette affaire révèle deux choses. Elle révèle l'état de crise idéologique et morale profonde d'une partie de la société française, où l'on ne réagit pas à ce qui m'arrive, ou bien on dit que je suis allé trop loin. En même temps, chez beaucoup, il y a une prise de conscience de la situation. J'ai reçu des milliers de lettres de Français anonymes que l'affaire a réveillés.

Comment a-t-il été techniquement possible aux islamistes de trouver votre adresse, votre photo ?

Les photos étaient sur mon site web. Mais, sur le fond, ce qui a compté, c'est l'époque que nous vivons. J'aurais écrit ce texte, il y a dix ans, il serait passé inaperçu.

Qu'écririez-vous aujourd'hui si vous vous adressiez aux tenants de l'islam modéré ?

Je leur dirais qu'ils doivent saisir la chance de l'affaire Redeker et de l'affaire *Charlie Hebdo*, pour s'inscrire dans le courant démocratique et républicain des valeurs occidentales. La naissance d'un islam de France passe par un islam marié et mêlé à ces valeurs. Les musulmans doivent donc nous soutenir sans réserve, Philippe Val et moi, pour montrer le chemin aux fidèles. Je voudrais aussi leur proposer une réflexion sur le sens de la foi. Ceux qui me menacent – ceux qui disent que l'on ne peut pas caricaturer le prophète – n'ont pas la foi. Ils ont simplement le savoir. Ils savent – ou s'imaginent savoir – que le Coran est vrai. Ils savent (au sens scientifique et positif du verbe savoir) que le prophète est le prophète. Et c'est à partir de cette position de savoir qu'ils m'attaquent. Or, Kierkegaard m'a appris dans mon adolescence que croire, ce n'est pas savoir, c'est ne pas savoir. Donc, on ne peut pas tuer l'autre parce qu'il critique avec virulence ce que je crois. J'ai envie de leur dire : « Ayez la foi, c'est-à-dire acceptez que vous ne savez rien. » Ayez la foi, c'est-à-dire l'ignorance. Quant à la différence que certains suggèrent entre critiquer et critiquer violemment, c'est un distinguo faussement subtil car il y a des critiques feutrées plus violentes que des gros mots. La critique est essentielle à la foi religieuse. Le croyant doit se nourrir des caricatures faites de sa foi. Cela renforce sa foi en l'interrogeant. Et surtout, cela empêche la confusion entre foi et savoir. S'il est incapable de dépasser critiques et caricatures, le croyant ne croit pas. Il est dans quelque chose de clos, où le doute n'a pas sa part. Il stationne dans un processus mégalomane et paranoïaque qui tourne en rond.

Votre engagement et votre combat sont-ils politiques ?

Tout dépend de ce que l'on appelle politique. J'aimerais que les candidats à l'élection présidentielle se prononcent tous nettement sur mon cas. Certains l'ont fait – Sarkozy, Bayrou, Villiers – pas tous… Quant à l'avenir politique de la France, c'est un combat de civilisation. Non pas un choc de civilisations, mais un combat *pour* la civilisation, *pour* le développement de la laïcité et de la liberté d'expression. Et cela vaut à l'intérieur du monde musulman. C'est aussi un combat pour la religion, au sens où l'on en a parlé. Je suis vraiment très profondément croyant, et je crois qu'une civilisation sans religion, c'est impensable ou impossible.

Donc, vous dites aux islamistes qu'ils peuvent vivre différemment leur foi ?

C'est ce que je leur dis quand je leur parle d'un combat de civilisation.

À vos yeux, il n'y a pas de raison pour que la gauche ne se prononce pas, elle aussi, nettement ?

La gauche, historiquement, c'est le parti de la laïcité, le parti de l'opposition à la peine de mort, le parti de la défense de la liberté d'expression. La gauche a lutté contre le délit de blasphème. À quelques exceptions notables près, cette gauche est aujourd'hui muette. Son silence face au fondamentalisme islamique n'est-il pas une des raisons de sa faiblesse dans l'opinion ?

Vous suspectez, dites-vous, une partie de la gauche d'avoir des tentations communautaristes. Pourquoi ?

Historiquement, la gauche est universaliste, mais les choses sont en train de changer depuis que la révolution du prolétariat a déclaré forfait, c'est-à-dire depuis une quinzaine d'années. En même temps, il y a eu la disparition d'une alternative historique, politique, universelle au capitalisme. Alors, face à l'effacement du prolétariat et du socialisme, l'islam joue, dans certaines structures de gauche, un rôle de mythe révolutionnaire de substitution, non pensé, non théorisé. Pour certains, il donne utilement des coups de boutoir vengeurs au capitalisme. De là sans doute le fait qu'après l'attentat contre les *Twin Towers*, certains, à l'extrême gauche, ont laissé entendre que les Américains l'avaient bien cherché. Dans l'imaginaire en toc d'une certaine gauche, le musulman serait le nouveau prolétaire et l'islam, un nouvel horizon anticapitaliste. Et puis un autre effet joue. Cette gauche-là a toujours rêvé d'ailleurs : de Pékin, de Tirana, de Moscou, de Cuba. Il y a toujours ce mythe consolant pour l'extrême gauche (mais aussi, dans une moindre mesure, pour la gauche) de croire à l'ange révolutionnaire. Et, aujourd'hui, il y a un amalgame entre l'ange révolutionnaire vengeur et l'islamisme.

Qu'est-ce que ce qui vous arrive dit, selon vous, sur l'état de la société française ?

Cela dit qu'elle ne pense plus clairement les valeurs dont elle affirme qu'elles sont fondamentales : la laïcité, la solidarité, la liberté d'expression. Ensuite, cela dit que la gauche n'a plus de contenu idéologique. Qu'elle ne pense plus rien. Il y a donc deux crises qui se conjuguent : la crise de la République et la crise idéologique de la gauche. C'est elle qui est absente d'un combat à la pointe duquel elle aurait probablement été il y a trente ans.

Comment voyez-vous votre avenir ?

Les dix ou quinze ans qui me séparent de ma retraite, je pense les passer en clandestin, sauf si la situation géopolitique change.

BILAN DE L'AFFAIRE REDEKER

De votre œuvre et de votre travail d'enseignant, de quoi êtes-vous aujourd'hui le plus fier ?

Contrairement à ce qu'ont dit certains, j'ai donné, avec ma tribune, une leçon de philosophie, une leçon d'engagement, de résistance. J'ai emprunté le style des matérialistes français du XVIIIe siècle, à commencer par La Mettrie. Le fond est spinoziste : celui qui lit l'appendice au livre I de *L'Éthique* de Spinoza trouvera mes propos tendres, comparés à la violence de ceux du philosophe d'Amsterdam dont la tête a été, il est vrai, mise à prix à cause de cela. Je crois donc avoir eu un comportement philosophique.

En somme, vous vous êtes surpris vous-même. Vous n'avez pas vu venir ce qui vous est arrivé, mais vous en découvrez le sens profond…

Ce sont les événements qui, peu à peu, nous aident à découvrir le sens de ce que l'on est, de ce que l'on fait.

À qui vous fait spontanément penser votre destin ?

Spinoza a été forcé de vivre caché dans un quartier d'Amsterdam. On reprochait à son panthéisme d'être un athéisme. Je n'ai pas le génie inventif de Spinoza, mais je vis caché. Comme lui.

Aujourd'hui, faire de la philosophie, c'est se mettre en danger ?

La philosophie commence par la mort de Socrate. En 1600, à Toulouse, vingt ans avant Bruno, le philosophe Vanini, condamné par l'inquisition, est brûlé vif pour avoir parlé d'Épicure dans ses cours. Auguste Comte, qui passe aujourd'hui à tort pour un barbon conformiste, a été exclu de l'enseignement, et il a été obligé de vivoter. Et je n'oublierai jamais la grande mystique Marguerite Porete, auteur du *Miroir des âmes simples*, brûlée vive en place de Grève, au tout début du XIVe siècle, sur le conseil des philosophes de la Sorbonne qui avaient jugé ses thèses scandaleuses. Oui, la philosophie a toujours été dangereuse.

Avez-vous le sentiment d'avoir été condamné par des inquisiteurs islamistes ?

Oui. Et la République, globalement, a été bien silencieuse. Elle survit dans une sorte de climat de renoncement à elle-même. Elle ne défend pas ses fils et ses filles.

Vous allez maintenant repartir vers Toulouse encadré par des policiers...

J'en aurai trois autour de moi. Ils me mettront dans un taxi, puis dans un avion. Je ne peux plus prendre le métro, je ne prends que des taxis…

Le jeune garçon qui pêchait et lisait pouvait-il imaginer ce qui vous arrive aujourd'hui ?

Non. Mais mon grand-père maternel a eu beaucoup d'ennuis. Il enseignait le français au lycée de Cologne durant l'entre-deux-guerres. Il avait laissé le Christ au-dessus de son estrade au lieu de le remplacer par le portrait d'Hitler, disant aux nazis qu'il n'y avait que le Christ au-dessus de lui. Il a organisé une journée ville morte à l'occasion de la grande visite d'Hitler en Rhénanie. Nous avons peut-être dans ma famille le désir de ne pas accepter les choses.

Entretien mené par Dominique de Montvalon,
directeur adjoint du *Parisien*
le 13 février 2007 à Paris

Deuxième partie

Les soutiens à Robert Redeker

Les manifestations de soutien à Robert Redeker, exprimées lors d'un colloque organisé par la Licra à la maison du Barreau à Paris le 16 novembre 2006, ont été nombreuses. Une vingtaine de personnalités issues des mondes intellectuel, universitaire, journalistique, sont intervenues. Si elles ont toutes eu en commun d'offrir un soutien sans réserve, un soutien inconditionnel à Robert Redeker, au nom de la liberté d'expression, si toutes insistent sur l'importance qu'il y a à défendre, à travers Robert Redeker, la liberté d'expression, c'est-à-dire la République française, toutes n'usent pas des mêmes arguments pour justifier leur prise de position.

Certaines des personnalités qui se sont exprimées ont un discours théorique, d'autres une approche empirique, fondée sur l'observation d'événements minimes en apparence, mais chargés de sens ; certaines ont une approche philosophique, d'autres une approche historique ; certaines ont un avis qui rejoint celui que Robert Redeker avait exprimé dans la tribune qui lui a valu de se cacher, d'autres ne partagent ni son analyse, ni ses conclusions.

Mais toutes les argumentations ici réunies ont un seul et même but, celui d'attirer l'attention d'un peuple sur les dangers qu'il y aurait à rester indifférent à la situation d'un homme tenu de se cacher pour avoir exprimé son opinion. Ainsi, peu importe l'ordre dans lequel on lit ces textes, le dessein en est le même. S'ils sont ici regroupés de manière thématique, c'est parce qu'il convient plus que jamais, face à la menace obscurantiste, de structurer notre pensée pour analyser, de ramasser notre intelligence pour comprendre et d'affûter nos esprits pour agir.

Chapitre 1
Être croyant, c'est aussi soutenir Robert Redeker

Les manifestations de soutien à Robert Redeker qui proviennent de personnes affichant clairement leur foi constituent le symbole le plus éclatant de la défaite des islamistes à diviser le monde entre les athées et les croyants. Ainsi, Abdennour Bidar, philosophe musulman, Soheib Bencheikh, ancien mufti de Marseille, Mohamed Sifaoui, journaliste et écrivain musulman, Guy Coq, philosophe catholique, Florence Taubmann, pasteur sont aux côtés de Robert Redeker. Par leurs discours sans ambiguïté, ces intellectuels qui revendiquent leur foi montrent que la religion peut être caricaturée, critiquée et doit même parfois l'être. Et ce fût-ce au prix de souffrance pour les croyants !

ISLAM ET LIBERTÉ

Lettre d'un musulman humaniste à Robert Redeker

par Abdennour Bidar

Philosophe et écrivain français, Abdennour Bidar est l'auteur de deux ouvrages, *Self islam* (Seuil, 2006) et *Un islam pour notre temps* (Seuil, 2004), dans lesquels il articule l'islam à la question de l'individu. Tout en manifestant son désaccord avec les idées de Robert Redeker, il rappelle que c'est par le dialogue seul que l'on peut venir à bout des différends, quels qu'ils soient. Ce texte est également paru dans *Libération* le 27 octobre 2006.

Cher Monsieur Redeker, permettez-moi d'abord de me présenter : comme vous, je suis professeur de philosophie. Je suis, en même temps, indissociablement, musulman. J'essaie de transmettre à mes étudiants la pratique de l'esprit critique et l'attachement à une liberté d'expression totale. Mais l'usage d'une telle liberté n'est pas facile. Certains l'utilisent à mauvais escient, allant parfois jusqu'à exprimer une haine xénophobe. Au lieu de leur imposer le silence, j'essaie alors de leur montrer l'inacceptable de leur propos. Dans ces cas-là d'ailleurs, le reste de la classe réagit et m'aide spontanément à faire valoir nos valeurs.

Vous comprendrez donc qu'il ne me vient pas une seconde à l'esprit de demander la moindre restriction à votre liberté d'expression. Votre droit d'opinion est inconditionnel. Que vous ayez écrit cet article sur l'islam par conviction ou par provocation, que vous soyez compétent ou incompétent sur ce sujet, que vos propos soient responsables ou irresponsables, juridiquement condamnables pour incitation à la haine ou parfaitement compatibles avec notre cadre légal, ce sont là pour moi des considérations secondes, et rien ne m'empêchera jamais de vous considérer comme un interlocuteur à part entière, comme un homme dont j'ai le devoir d'écouter la parole. C'est pourquoi je m'adresse aujourd'hui à vous de façon aussi directe et publique, en vous exprimant tout d'abord ma profonde compassion pour votre situation actuelle. Je suis scandalisé par ce qui vous arrive.

La première chose que j'aimerais vous dire, c'est qu'à la lecture de votre article, je me suis senti très atteint, comme si vous me disiez que je n'existais pas, que mon existence même est une impossibilité. En effet, selon vous, l'islam est une religion de « haine » et de « violence », dans laquelle vous ne trouvez aucune place pour la raison, le dialogue, l'humanisme. Or, je suis musulman et français, musulman et philosophe, musulman en qui foi et raison se questionnent et se fécondent depuis que je suis enfant, musulman qui passe sa vie à réfléchir, lire, donner la parole à l'autre, l'écouter, encourager et fortifier son esprit critique. Humaniste, je le suis dans l'âme, humaniste musulman, et non pas « humaniste mais musulman ». Cette année, l'un de mes cours s'intitule « Histoire de l'humanisme européen : origines, crises et métamorphoses ». Je n'y parle pas d'islam, mais j'y mets toute ma sensibilité mélangée d'humaniste musulman et d'humaniste français. Aurais-je donc une personnalité totalement dissociée, Docteur Jekyll et M. Hyde, philosophe humaniste le jour et musulman haineux la nuit ? Certains me diront, j'en ai l'habitude, que je suis l'exception qui confirme la règle, le « gentil musulman de service » en rupture avec une communauté réactionnaire.

Combien de temps encore ce préjugé d'un islam majoritairement conservateur va-t-il fausser le débat et empêcher que s'expriment de nouvelles voix ? Pourquoi faudrait-il que ce soient encore et toujours les imams, les recteurs de mosquée, autrement dit tous les dignitaires d'un islam exclusivement religieux, qui soient considérés comme les plus représentatifs ? Question décisive, éminemment politique ! Face à cela, les femmes et les hommes de culture musulmane, ici en France, sont infiniment plus différents les uns des autres qu'on se l'imagine, très loin par conséquent de l'uniformité de cette « représentation » religieuse ! Croyants, athées, pratiquants scrupuleux ou occasionnels, etc. Les représentants du culte eux-mêmes, très majoritairement pacifiques, ne le sont pas de l'islam entier… Comprenons bien ce qui se joue ici : ce sont la représentativité et la légitimité qui sont en train de changer de mains parmi les musulmans, à mesure de leur propre diversification.

Voilà ce dont je voudrais le plus débattre avec vous, M. Redeker, le jour où la haine fondamentaliste ne vous poursuivra plus. De cette image « essentialiste » que vous vous faites de l'islam, comme s'il n'était qu'un bloc de religion archaïque.

Vous colportez sur Mohammed les préjugés les plus éculés et insultants, vous l'appelez un « maître de haine ». Au passage, combien de temps encore va-t-on devoir attendre que Mahomet soit appelé par son vrai nom, Mohammed ? Les musulmans français disent Jésus, Moïse, pas Jusés, Miose. Au lieu de cette image délirante du Prophète, j'aurais souhaité que vous fondiez votre perception de l'islam sur l'observation des individus de culture musulmane que vous rencontriez certainement tous les jours autour de vous avant votre tragédie, et qui peuplent aujourd'hui la communauté française : ceux de vos élèves de lycée qui sont Maghrébins ou Turcs, l'épicier tunisien ou marocain, le travailleur africain qui pose le bitume de nos routes, le grand professeur de médecine venu du Moyen-Orient, et tous les autres à tous les étages du corps social, l'avocat, le commercial, le chômeur, le syndicaliste, etc. Le musulman qui est devenu notre beau-frère, le musulman français converti, le musulman qui parle avec l'accent du Sud comme n'importe quel Marseillais, etc.

Pour moi, c'est le sens de cette lettre : quoi que vous ayez dit, vous êtes un homme, c'est-à-dire une parole, une raison, une dignité qui méritent l'écoute et la réponse. Autrement dit, ne plus s'adresser à vous dans ces circonstances, ce serait laisser le champ libre et la victoire au silence que la barbarie veut dresser autour de vous.

Alors, je continue à vous questionner : ces musulmans avec lesquels nous vivons au quotidien, la plupart aussi laïques, citoyens et consommateurs que nous, ressemblent-ils vraiment à ce « Mahomet » que vous imaginez comme un barbare de série B, je vous cite, « chef de guerre impitoyable, pillard, massacreur de juifs et polygame » ? Les avez-vous vus se livrer dans l'effectuation de leurs rites, je vous cite encore, à la « violence » et à la « haine » ? Avec quel « moulin à vent », M. Redeker, confondez-vous l'islam ? Je suis toujours interloqué par la puissance d'autosuggestion de tous ceux qui croient voir les armées du Prophète derrière chaque Arabe, faisant de l'extrémisme islamique l'activité « naturelle » du musulman, sa pratique aussi généralisée que clandestine ! Que gagne la société française à enfermer le débat entre les positions hystériques de l'islamophobie (« l'invasion de la France », « l'humiliation de la République », « l'intimidation de l'Occident ») et de l'islamisme (« L'islam ne fait pas de concessions sur ses principes », « Il est interdit de critiquer l'islam », « Nous voulons des espaces réservés pour les musulmans dans tel et tel lieu public ») ? Comme si réellement la situation française était celle de l'islamophobie contre l'intégrisme… Ne nous laissons pas fasciner par ces représentations fantasmatiques.

Regardons-nous les uns les autres, dans notre société française : regardons ces immigrés, ou fils d'immigrés, qui sont des nôtres, et soyons attentifs à leurs efforts et à leurs progrès pour contribuer au bien commun. Qu'ils soient fils de Mohammed et quand bien même celui-ci a été un chef de guerre en fait-il pour autant des guerriers ? En cette fin de ramadan, il suffisait de visiter ces enfants du Prophète, d'entrer dans l'un de leurs foyers, n'importe lequel, et l'on aurait trouvé l'éducation au partage, à l'accueil, le sens de la générosité, la culture de l'exigence morale envers soi dans une épreuve, le jeûne, particulièrement difficile, la pratique d'une spiritualité douce et vivante… Même si, attention là encore aux généralités, tous les musulmans d'origine ne font pas nécessairement le ramadan !

Mon souhait le plus cher est que vous sortiez le plus tôt possible du danger et que vous ayez à nouveau l'opportunité, comme vous l'avez certainement déjà fait, d'aller discuter de l'islam avec les immigrés de votre quartier, de vous enquérir de leurs conditions de vie, de leurs difficultés matérielles, de la complexité de leur rapport à la France. Si l'on veut se donner la moindre chance de trouver l'humanité chez l'autre, et de se rendre compte qu'il est aussi humain que nous notre semblable, il faut aller le rencontrer dans sa parole, dans sa chair, dans sa famille, dans sa maison… Du fond du cœur, je voudrais vous rapporter pour terminer cette parole d'Ibn Arabi, immense sage de l'islam : « Quand l'autre te manifeste son incroyance, son incompréhension vis-à-vis de ta foi, considère que c'est encore une louange qu'Allah s'adresse à lui-même, une louange étrange mais qui vaut autant que ton propre discours. À égalité, toute parole humaine vaut d'être dite, entendue, et discutée. »

***

ON A LE DROIT D'ÊTRE HOSTILE À L'ISLAM

Laissez-le parler

par Soheib Bencheikh

Ancien grand mufti de la mosquée de Marseille, Soheib Bencheikh est directeur de l'Institut supérieur des sciences islamiques. Auteur de *Les Grandes Religions* et de *Marianne et le Prophète : l'islam dans la France laïque* (Grasset, 1998), il veut représenter un islam ouvert à la démocratie et à la laïcité, et combat le fondamentalisme. (Article paru dans *Le Parisien* le 3 octobre 2006.)

Il faut critiquer l'islam comme on a critiqué le christianisme pendant les Lumières. L'islam est un message destiné à l'humanité entière, il n'est donc pas la propriété des musulmans. Chacun a le droit d'être fasciné, adhérent, critique, ou même hostile à cette religion. Aujourd'hui, blasphémer Dieu et le Christ n'entraîne pratiquement aucune réaction alors que quelques caricatures de Mahomet ont embrasé le monde musulman ! Ne pas critiquer est une forme de ségrégation. Or, il faut le dire : Mahomet est un humain. Il est faillible et son message est interprétable.

Concernant Robert Redeker, je dis : « Laissez-le parler ! » Ceux qui ne sont pas d'accord avec lui n'ont qu'à lui répondre par écrit, en argumentant. Cette liberté d'expression qui a permis la publication des caricatures nous offre aussi la possibilité de défendre le Prophète. Pour l'avenir, je suis optimiste. La première génération de musulmans qui est arrivée en France ne voulait pas s'adapter au mode de vie français. Leurs enfants vivent aujourd'hui à l'occidentale. Ils ont compris que l'ange Gabriel (ange qui révèle le Coran à Mahomet) n'était pas descendu pour imposer aux hommes de porter la djellaba.

LES MUSULMANS LAÏCS DOIVENT S'EXPRIMER

Pourquoi je soutiens Robert Redeker

par Mohamed Sifaoui

Mohamed Sifaoui est un journaliste et écrivain français engagé contre l'islamisme. Il est l'auteur de *Combattre le terrorisme islamiste* (Grasset, 2007).

Théoriquement, étant dans un cadre laïc, je ne devrais pas mettre en avant mes croyances personnelles. Mais le contexte national et international illustré, entre autres, par la désormais « affaire Redeker » mais encore par le procès intenté à *Charlie Hebdo* par des « institutions musulmanes », me poussent, voire m'incitent à m'exprimer aussi en tant que musulman, croyant et pratiquant.

Le citoyen que je suis a depuis longtemps fait savoir sa position à l'égard de l'intégrisme, tous les intégrismes. En tant que journaliste et écrivain, j'ai également fait connaître mon opinion à travers divers travaux. Mais qu'en pense le musulman que je continue d'être ? La question mérite d'être posée. Elle doit être posée.

Je peux être en total désaccord avec Robert Redeker – et ce n'est pas le cas – et le soutenir. C'est d'abord pour moi une position de principe. Mais au-delà, il y a une autre raison, de fond celle-ci, qui me conforte dans le fait qu'il est nécessaire, impératif, vital et peut-être surtout pour un musulman, de soutenir Robert Redeker ainsi que l'hebdomadaire satirique *Charlie Hebdo*.

Dans son article publié par *Le Figaro*, le philosophe pose une question fondamentale : « Face aux intimidations islamistes, que doit faire le monde libre ? » Fondamentale, cette question l'est parce que les sociétés, musulmanes ou occidentales, rejetant l'islamisme ainsi que les dirigeants des pays musulmans ou ceux des pays démocratiques ne savent toujours pas quelle attitude adopter face à ce fascisme qu'est l'islamisme. Force est de constater, en effet, que lorsqu'ils ne sont pas pétrifiés par le phénomène, les dirigeants européens notamment, mais aussi certains « intellectuels », s'accommodent assez facilement de l'intégrisme musulman alors qu'habituellement, pour la plupart, ils rejettent en bloc toute forme de cléricalisme.

Depuis les attentats du 11 septembre 2001 se propage, par différents canaux médiatiques, un débat complètement surréaliste sur le thème : « L'islam légitime-t-il la violence ? Réprouve-t-il le meurtre ? Le Coran appelle-t-il au terrorisme ? Mahomet est-il un pacifiste ou un barbare sans foi ni loi ? », etc.

Or, qui pourrait imaginer un instant un débat similaire sur l'interprétation littérale de la Bible ou de la Torah ? Si n'importe qui, aujourd'hui, se faisait l'écho d'un tel raisonnement, il serait impitoyablement renvoyé à l'enfer de son obscurantisme et aux abîmes de son ignorance. Mais à l'évidence, ce qui est valable pour les uns ne l'est pas pour les autres. Et les « autres », ce sont les musulmans, inaptes, aux yeux de quelques courants de pensée, de s'affranchir du fait religieux et de vivre comme vivent les laïcs, les agnostiques ou les incroyants. Pour eux, ceux qui portent un prénom à consonance musulmane doivent rester musulmans, ou, dans le meilleur des cas, sont certainement musulmans.

En effet, ce discours de soumission totale à une « vérité totale et absolue », qui serait contenue dans un « livre unique et saint » que nul n'aurait le droit de critiquer ou d'en discuter à la fois le contenu et le message, est considéré comme inconcevable, irrecevable et inadmissible venant d'un adepte d'une autre religion, mais devient tout à fait acceptable venant d'un musulman. En clair, ceux qui considèrent qu'un chrétien ou un juif fait acte de modernisme lorsqu'il déclare son athéisme vont considérer qu'un musulman est atteint d'une profonde pathologie mentale lorsqu'il fait de même. Lorsqu'un dessinateur caricature Jésus, il est moderne, lorsqu'il le fait avec Mahomet, il se transforme en salaud ! Coluche aurait été assassiné dix fois s'il vivait encore aujourd'hui.

C'est exactement ce qui se passe dans le cadre de « l'affaire Redeker » ou dans le procès intenté à *Charlie Hebdo*. On a le droit – on salue même ceux qui le font – de critiquer le pape, de traîner Jésus dans la boue, de cracher sur Moïse, de dessiner tous les pères, les fils et tous les saints-esprits mais l'islam : « Pas touche ! »

Faute de quoi, on commettrait un crime de « lèse-musulman », c'est-à-dire un crime d'« islamophobie », un concept ridicule créé de toutes pièces par les intégristes et leurs alliés, pour mieux s'attaquer aux principes de la liberté d'expression et se prémunir de toute critique.

Pour peu qu'il soit jugé, par certains courants, comme « modéré », l'intégriste musulman ne pose alors plus aucun problème. Pour peu qu'il taille sa barbe, laisse tomber la djellaba pour le costard cravate et pour peu qu'il prétende honnir Ben Laden, l'intégriste musulman, ce pourfendeur des principes laïcs, devient respectable. Et pour peu qu'il prétende lutter contre « l'islamophobie », son action devient citoyenne. Foutaise !

Lorsqu'un islamiste « modéré » exige d'un maire l'aménagement de plages horaires pour les femmes dans les piscines, il tente de saper les fondements même de la République. Et lorsque le maire accède à sa demande, il se rend forcément complice d'un acte ignoble contre la laïcité : faire passer la « loi de Dieu » avant celle des hommes. Lorsqu'un responsable politique soutient une attaque en justice contre la liberté d'expression – comme cela a été le cas lors de l'affaire des caricatures –, il se rend complice, là aussi, d'un travail de sape visant un principe fondamental d'une démocratie : la liberté de la presse et le droit – oui, le droit – de critiquer les religions et les dogmes, toutes les religions et tous les dogmes.

Ainsi, de ce point de vue, Robert Redeker avait raison de poser sa question à l'opinion publique. Et *Charlie Hebdo* avait raison de reproduire les caricatures danoises et de stigmatiser, sur sa couverture, ces intégristes qui caricaturent l'image de Mahomet.

Mais on nous dira qu'ils n'avaient pas à « insulter » le Prophète et faire des « amalgames ». Où est l'insulte contre Mahomet ? Le critiquer, quand bien même d'une manière injuste voire erronée, et le dessiner sous des traits grossiers ou bien tuer au nom de ce même Prophète ? Où est l'insulte contre le Coran ? Dire que le livre sacré des musulmans est d'une « inouïe violence » ou tuer, lapider et excommunier au nom de ce même Livre pour le rendre d'une inouïe violence. Où est l'insulte contre l'islam ? Dire que le pèlerinage à La Mecque met « en scène une foule hystérisée flirtant avec la barbarie », ou faire de La Mecque la base de lancement de cette idéologie barbare et fasciste qu'est le salafisme ? Où est l'insulte contre les musulmans ? Leur ouvrir le débat qu'ils n'osent pas aborder eux-mêmes, ou constater la violence et la sauvagerie qui s'abat sur les sociétés devant le silence assourdissant des « dignitaires musulmans », très prompts à se soulever contre de simples dessinateurs ou des intellectuels. Où est l'insulte ? Une tribune d'un professeur de philosophie ou les menaces de mort qui ne cessent de s'abattre sur lui mais aussi sur tous ceux qui osent aujourd'hui critiquer l'islam, condamner l'islamisme et dénoncer le terrorisme ?

Où est l'insulte ? Dans les caricatures danoises ou dans les menaces extrémistes relayées sur le net ? Où est l'insulte ? Où ?...

Et qui insulte les musulmans ? Les satires de *Charlie Hebdo* ou les textes salafistes ? Qui stigmatise ces mêmes musulmans ? Les textes de Robert Redeker ou les fatwas d'Oussama Ben Laden ? Qui ?...

J'aimerais bien que les musulmans, notamment les religieux, qu'ils soient ceux de la Mosquée de Paris, dirigés par le pouvoir algérien, ceux de la Ligue islamique (intégriste) mondiale financés par les monarques saoudiens ou ceux de l'UOIF, inspirés par l'idéologie des Frères musulmans et les Qaradhaoui et consorts, qu'ils soient en djellaba ou en costard cravate, qu'ils parlent arabe ou français, j'aimerais bien qu'ils me donnent une explication claire, cohérente et logique qui me permettrait de dormir (et peut-être de mourir) en paix et de comprendre leur silence au lendemain des attentats de Londres, Madrid, New York, Charm El-Cheikh, Istanbul, Alger, Casablanca, Bali, Djerba, New Delhi, Tel Aviv, Paris et j'en passe. Pourquoi sont-ils si silencieux lorsque des « illuminés », nous dit-on, menacent Redeker et si prompts à poursuivre en justice *Charlie Hebdo* pour un simple coup de crayon ? Pourquoi organisent-ils, ou laissent-ils s'organiser, des manifestations pour le voile et deviennent-ils subitement boiteux lorsqu'il s'agit de manifester contre la barbarie terroriste qui s'applique au nom de l'islam, donc en leur nom aussi ? Pourquoi s'attaquent-ils à la caricature montrant une « bombe dans le turban » et ne disent-ils rien devant l'emblème saoudien, celui des Frères musulmans, ceux des organisations terroristes qui arborent fièrement l'épée, donc une arme, aux côtés des symboles de la religion musulmane ?

Trêve d'hypocrisie et de mensonge. Trêve de manipulation et de mauvaise foi. Il est temps de rompre avec les thèses bien-pensantes. Les « musulmans modérés » ou plutôt les musulmans laïcs existent. Mais ils n'existeront vraiment que lorsqu'ils exprimeront leur condamnation claire et limpide, sans aucune ambiguïté, à l'égard de l'intégrisme qui tue, menace, lapide, harcèle, intimide, viole, pille, violente, décapite, manipule, tout en préférant l'obscurantisme à la lumière, l'archaïsme à la modernité et la mort à la vie.

Si je devais faire un reproche à Robert Redeker, il n'y en aurait qu'un et il n'y en a qu'un. Je pense que le philosophe n'a pas le droit de se cacher, n'a pas le droit de délaisser son travail et n'a pas le droit d'avoir peur. Robert Redeker est dans son droit, ce n'est pas à lui de se cacher, c'est aux criminels islamistes. Robert Redeker n'a pas à avoir peur, ce sont les tueurs fanatiques qui devraient comprendre, une fois pour toutes, que les femmes et les hommes libres, les musulmans laïcs et tous ceux qui restent attachés aux principes démocratiques et républicains ne comptent pas céder devant leurs lâches intimidations. Des Redeker, il y en a et il y en aura partout. Il y en a en Algérie, il y en a au Maroc mais aussi en France, au

Danemark, en Grande-Bretagne, au Pakistan ou en Égypte. Et la résistance à l'obscurantisme ne doit pas cesser. Elle ne cessera d'ailleurs pas.

Voltaire nous incitait à écraser l'infâme, faisons-le avec les idées humanistes et les valeurs universelles avant que l'infâme ne nous écrase…

***

DES CATHOLIQUES AVEC ROBERT REDEKER

Des caricatures à Robert Redeker

par Guy Coq

Philosophe, catholique, Guy Coq est membre de la rédaction de la revue *Esprit*. Auteur de *Démocratie, religion, éducation* (Mame, 2002), il défend la compatibilité entre la laïcité et la religion. Il reproche aux catholiques de n'avoir pas assez fait entendre leurs voix au moment de la polémique qui a suivi le discours du pape à Ratisbonne.

L'affaire Redeker est le point culminant d'une chaîne d'événements où l'esprit des Lumières, la liberté d'expression, notamment en matière de foi et d'incroyance sont l'objet d'une remise en cause radicale.

Les caricatures de Mahomet, la lâche reculade de l'Opéra de Berlin, les réactions sanglantes au discours de Benoît XVI à Ratisbonne, les graves menaces contre Robert Redeker sont les divers aspects d'une même agression.

On pouvait certes ne pas approuver les caricatures en elles-mêmes, et regretter leur reproduction de divers côtés. Telle était ma position. Mais dans le même temps, on devait constater que la volonté des extrémistes qui menaient le combat visait à remettre en cause la liberté d'expression dans les démocraties. Et aujourd'hui, derrière la querelle faite à Benoît XVI, c'est le même combat contre la liberté d'expression qui se prolonge. L'objet est précis : il s'agit d'interdire toute libre discussion sur l'islam et son histoire. Toute attitude critique, même raisonnée, vis-à-vis de l'islam se voit frappée d'un interdit et celui-ci s'accompagne de menaces de mort, voire d'assassinat. À terme, l'idée est de contraindre les médias occidentaux à refuser toute prise de parole sur l'islam qui pourrait déplaire à la minorité fascisante des musulmans. Le danger est terrible, car déjà la violence s'est exprimée. Car déjà la menace de mort a visé le pape. La situation s'est en un sens aggravée par rapport à l'affaire des caricatures : il s'agit de tenter de dissuader les intellectuels et les responsables d'exprimer la moindre position critique, par rapport à l'islam, et au regard de tel de ses moments historiques. Bref, l'intention est clairement l'interdit de tout exercice de l'intelligence sur l'histoire de l'islam. La situation s'est aggravée aussi parce que les chrétiens en terre d'islam sont désormais exposés à payer de leur martyr l'exercice de la liberté de conscience en Europe.

L'affaire Redeker a ensuite confirmé l'intention liberticide des islamistes et de leurs amis.

La comparaison avec l'affaire des caricatures révèle autre chose. Peut-on dire que le texte même du pape est plus grave en lui-même que l'affaire des caricatures ?

Sa « faute » serait-elle si grave qu'elle occulte le terrible enjeu de l'offensive qu'elle suscite ?

Or, dans le cas des caricatures, la presse a massivement réagi sur la menace contre la liberté, et relégué au dernier rang le débat sur le message désastreux des caricatures. Ici, avec le discours de Ratisbonne, on a assisté à une réaction inverse. Les médias ont mis en avant une « faute » « grave » du pape et totalement négligé l'autre enjeu : le prétexte à un combat contre la liberté. Il est vrai que dans le cas des caricatures ce sont les médias eux-mêmes qui étaient visés par l'islamisme, alors que dans le discours de Ratisbonne, il ne s'agissait que… d'un pape. Mais c'est bien notre droit de critiquer des religions, droit de chacun d'entre nous en conscience, qui est menacé.

Les défenseurs de la démocratie et de la laïcité ont commis une grave erreur en ne réagissant pas de la même façon qu'au moment de l'affaire des caricatures.

Cette différence d'attitude a eu d'emblée de graves conséquences. Quand on examine la plupart des commentaires – je compte parmi eux ceux qui émanent d'intellectuels –, sur la « leçon » du pape publiés au plus fort de la querelle, on constate que nombre d'entre eux ont tout d'abord lu le texte avec les lunettes des islamistes, en le réduisant à la fameuse phrase de Manuel II identifiant l'islam et la violence. Beaucoup de commentateurs se sont dispensés de lire le texte entier, pourtant disponible.

Rares sont ceux qui ont signalé que la critique du pape contre ceux qui opposent Dieu et la raison porte également sur le catholicisme « au cours du Moyen Âge tardif » quand « se sont développées en théologie des tendances qui ont fait éclater cette synthèse entre le Grec et le chrétien ».

Plus largement, on a assisté une fois de plus à une lecture non rigoureuse des textes émanant du pape. Ici, ce qui est grave, c'est qu'en adoptant l'hypothèse de lecture des extrémistes musulmans, on a complément déséquilibré le sens de l'intervention du pape. Non seulement on a réduit ce qu'il dit de l'islam à la formule inacceptable de Manuel II, mais on a oublié sa citation de 256 II dans le Coran : « Point de contrainte en religion. » Est-il si fréquent qu'un pape cite et s'appuie sur un verset coranique ? On a aussi résumé le texte du pape comme opposé aux Lumières !

Or, enfin lisons, si nous savons encore lire, ce qui s'appelle simplement lire : « L'essai d'autocritique de la raison esquissée selon laquelle il faudrait revenir en deçà de l'*Aufklärung* et congédier les vues de la modernité. Pour la première fois, un pape dit clairement que les Lumières sont un acquis. Suit un éloge de la science et de l'éthique de la scientificité. »

Et en complément, le pape demande à la raison moderne de ne pas se réduire à la seule scientificité positive.

À la vérité, on devrait relire la conférence de Joseph Ratzinger comme un essai d'analyse des conditions nécessaires à tout dialogue interreligieux.

Le propos est ambitieux, le texte mérite par sa qualité intellectuelle, sa rigueur, d'être pris comme base, par-delà les polémiques, d'une discussion constructive.

Je veux espérer que le véritable tabou dont les islamistes ont réussi à frapper cette proposition de dialogue ne durera pas.

L'argument de certains selon lequel puisqu'il y a l'islamisme avec ses menaces, il faudrait s'interdire sur l'islam des propos tels que ceux du pape, conduit précisément à donner raison aux extrémistes violents. Condamner les propos de Benoît XVI parce que les islamistes en prennent prétexte pour menacer, c'est entrer dans leur stratégie. En l'occurrence, il ne faut pas se tromper d'ennemi et accuser ainsi celui qui exerce sa liberté d'être la cause de la barbarie de ceux qui veulent la lui ôter, et à nous aussi.

On parle beaucoup de dialogue et de la « faute » contre celui-ci que constituerait le texte de Benoît XVI. Mais enfin, peut-on s'expliquer sur ce qu'est un dialogue ? Est-ce que cela consiste à ne se dire que ce qui fera plaisir à l'autre ?

Puis-je dialoguer si je dois craindre que l'autre réagisse à ma parole en me tuant ? L'esprit du dialogue interreligieux implique au moins deux règles de base.

Je sais que je peux dire des choses qui ne plaisent pas à l'autre, que le désaccord sera respecté, que les menaces sont exclus.

J'accepte que l'autre dise sur ma propre foi des choses que je ne puis accepter, mais que je consens à essayer de comprendre dans un radical respect de l'autre.

L'affaire Redeker représente comme une confirmation de ce qui précède. Les graves menaces qui pèsent sur lui auraient dû soulever une vaste protestation dans notre société laïque… et avachie. Elles n'ont pas non plus suscité de réactions chez les chrétiens, pourtant alertés.

Elles devraient pourtant susciter la révolte du chrétien. Celui-ci fait appel à ses frères musulmans ici en France pour qu'ils se désolidarisent publiquement de ceux qui portent de telles menaces. L'ensemble de la mouvance chrétienne devrait sans délai exprimer sa solidarité avec la victime des menaces. Les chrétiens souvent eux-mêmes atteints par des attaques injustes et infondées contre la personne du Christ, insultes reproduites d'autant plus facilement qu'ils se refusent toute menace contre ceux qui insultent le Christ, savent d'expérience quelles sont les souffrances du croyant quand sa foi est injustement mise en cause. Mais, dans une société civilisée, la vraie réponse à l'éventuel blasphème n'est pas de s'en prendre à la vie du blasphémateur.

C'est de proposer le dialogue, d'exprimer au blasphémateur combien il fait souffrir le croyant. C'est de lui parler, car la virulence de l'attaque verbale de la religion est souvent l'expression d'une souffrance subie à cause des religieux. Les croyants devraient se souvenir que l'esprit révolté contre une religion, celui qui dénonce l'imperfection des croyants, est parfois plus proche de la foi véridique que l'être indifférent et sans convictions.

Il y a urgence à ce que les chrétiens s'expriment. Déjà, ils ont été insignifiants à propos du discours de Ratisbonne. C'était la même affaire que pour les caricatures : l'essentiel n'était pas de profiter d'une éventuelle maladresse du pape, mais l'interdit porté par ceux qui l'ont attaqué, sur la liberté de parole dans la question des religions.

Et d'ailleurs dans l'affaire des caricatures, parce qu'il s'agissait d'elle-même, la presse eut la bonne réaction : protester au nom de la liberté. Et maintenant, comme avec le discours de Joseph Ratzinger, comme avec les caricatures, c'est à une remise en cause majeure de la liberté d'expression dans les démocraties elles-mêmes qu'on assiste. Il faudrait d'ailleurs allonger la liste des lâchetés devant cette menace avec l'opéra de Mozart, avec l'attitude pusillanime déjà de certains journaux n'osant plus continuer le débat sur le sujet central : religions et violence, etc.

Au nom de leur engagement vis-à-vis de la démocratie et de la laïcité, les Églises chrétiennes devraient lancer un message clair, si possible en union avec les responsables musulmans et juifs. Il y va de la crédibilité des croyants dans leur adhésion au principe de la liberté des consciences et de la parole.

On peut demander au blasphémateur de s'excuser pour la souffrance créée chez le croyant par un propos extrême, mais le menacer de mort est un nouveau blasphème sans commune mesure avec le premier, contre le Dieu d'amour et de miséricorde.

Je suis chrétien, croyant, j'espère l'être, mais je suis athée du dieu au nom duquel on menace de mort le professeur Redeker. Des caricatures à Redeker, les commentateurs qui ont voulu nuancer voire diversifier leurs réactions ont eu tort. Quel que soit le propos tenu sur l'islam, le but des islamistes est de répandre le peu de la liberté en matière de religion et d'opinions sur la religion. Compte tenu du terrible manque de courage dont témoignent ces incidents, on peut craindre la suite. On peut imaginer que Maxime Rodinson, auteur des phrases citées par Redeker, disparaisse de l'*Encyclopedia universalis*. On peut craindre aussi pour le dialogue islamo-chrétien, s'il lui est interdit de revisiter l'histoire réelle.

Pour moi, la seule voie spirituelle qui mérite de survivre est celle qui n'a pas peur de la liberté de parole et de critique des humains.

***

LE PROTESTANTISME ET L'ESPRIT CRITIQUE

Les religions peuvent être critiquées

par Florence Taubmann

Florence Taubmann est pasteur à l'Oratoire du Louvre à Paris. Elle avoue ici sa peur devant l'esprit « munichois », ce mélange d'aveuglement et de lâcheté, devant les menaces de l'islamisme.

Ce qui arrive à Robert Redeker est effrayant. Vivre sous la menace et voir ses proches en danger est terrible. Et nous devons tous compatir avec lui. D'autant plus que ce qui le menace nous menace tous : c'est la haine de la liberté de parole et de pensée, c'est-à-dire l'âme de notre société démocratique.

Ce qui arrive à Robert Redeker fait que l'inquiétude se transforme en peur. Comme s'il y avait une sorte de cristallisation. Mais déjà l'inquiétude était là. À cause d'un climat général, de toutes les nouvelles qu'on peut lire sur internet, entendre à la radio, à la télévision. Tout ce qui atteste qu'une haine à la fois sourde et violente est en train de se propager à partir des foyers de l'islamisme radical : haine antisémite, haine antichrétienne, haine contre l'Occident et ses valeurs.

Nos réactions ici en France ont aussi quelque chose d'effrayant. L'aveuglement, ou encore ce qu'on appelle l'esprit munichois, tente de nous faire croire que tout est de notre faute, et que nous pourrons gagner la paix dans le monde avec de l'humilité, c'est-à-dire le contraire de l'arrogance américaine. Plus loin encore, on entend parler d'islamo-progressisme, autrement dit d'une connexion qui se fait entre une ultra-gauche altermondialiste et l'islamisme militant. Cette connexion est fondée sur une critique radicale de la société marchande et du libéralisme. Mais elle fait l'impasse sur beaucoup de questions de société, et notamment sur celles de la liberté individuelle, de l'égalité des femmes et des hommes, etc. Est-ce que cela veut dire qu'existent de véritables affinités idéologiques entre le progressisme altermondialiste et l'islamisme ? Ou bien que leur rapprochement n'est que stratégique ? Difficile à dire ! Ce qui se fait sentir derrière tout cela, et qui est très inquiétant, est une véritable maladie de la pensée. Vient-elle de notre culpabilité face à l'histoire et face aux peuples pauvres de la planète ? À moins que ce ne soit, à l'inverse, la maladie de la pensée qui nous pousse à entretenir notre culpabilité comme une nouvelle raison d'être ?

Ce soir, j'ai entendu parler de la liberté de pensée, de la liberté de conscience. En tant que protestante, j'y suis particulièrement attachée car la Réforme protestante a joué un rôle essentiel dans la naissance et l'évolution de l'individu moderne, libre dans sa conscience. J'ai entendu aussi le beau mot de tolérance et ces notions sont nées en même temps. Cette année se déroule le tricentenaire de la mort de Pierre Bayle, un des premiers grands apôtres de la tolérance, c'est-à-dire de ceux qui ont fait passer l'idée de tolérance du sens négatif (ce que l'on supporte car on ne peut faire autrement) au sens positif (le respect de la liberté de conscience de tout individu). Là où je vois aujourd'hui une maladie de la pensée, c'est quand justement, au nom de la tolérance on renonce à défendre la liberté de conscience et d'expression. Et c'est ce à quoi nous assistons quand, par exemple, notre ami Robert Redeker, au lieu d'être défendu, est accusé d'intolérance vis-à-vis de l'islam. Il est donc soupçonné d'être coupable de son propre malheur. Mais le mettre en cause sous la menace, c'est tolérer l'intolérable. Dans cette tolérance-là, il y a sûrement de la lâcheté, mais aussi une confusion des valeurs, cette maladie de la pensée.

Robert Redeker a critiqué l'islam. Peut-on critiquer les religions ? Pour moi, les religions font partie du patrimoine mondial de l'humanité, ce sont des biens symboliques, spirituels, culturels qui appartiennent à tout le monde et pas seulement à leurs adeptes. Aussi, critiquer une religion peut aller dans le même sens que visiter une religion, à partir du moment où on s'y intéresse de bonne foi et avec respect. Et même si, en néophyte, on commet des erreurs d'appréciation, cet intérêt invite au dialogue. Ainsi, l'article de Robert Redeker a suscité dans la presse des réponses très éclairantes et positives sur l'islam de la part de penseurs musulmans, qui eux-mêmes dénoncent l'islamisme comme une perversion de la religion. Mais il ne faut pas se voiler la face : le mot Dieu est toujours susceptible de devenir dangereux, au cœur de chaque religion. Car il touche à nos cultures, à nos affectivités, à nos mémoires, à nos héritages, à nos vérités, à nos identités profondes. Il touche la part sensible de l'humain et des inconscients collectifs. Et dans les crises graves que connaissent toutes les sociétés humaines, le religieux en nous peut se réveiller, pour le meilleur et pour le pire. Ne nous privons pas du meilleur pour éviter le pire, car cela signifie laisser le mot Dieu aux mains des extrémistes et des fanatiques. Au contraire, aujourd'hui plus que jamais, un travail réel est nécessaire entre les différentes religions, mais aussi entre la théologie et la philosophie. Il est grand temps de dépasser la séparation, voire l'ignorance mutuelle de ces deux univers de la pensée, si on veut faire face aux énormes défis du siècle.

Chapitre 2
L'affaire Redeker dans l'histoire contemporaine

Certaines des personnalités qui ont voulu parler ou écrire pour défendre Robert Redeker ont fait des événements qui sont arrivés au professeur de philosophie de Toulouse une analyse marquée au coin de l'histoire, histoire de la France des trois derniers siècles pour Michel Laval, histoire de la France des quinze dernières années, pour Jean-Claude Sommaire, histoire géopolitique des trente dernières années pour Dominique Sopo. Deux personnes, Élisabeth Badinter et Élisabeth de Fontenay, voient dans l'affaire Redeker un palier historique.

APRÈS L'AFFAIRE CALAS ET L'AFFAIRE DREYFUS

La séduction des tyrannies

par Michel Laval

Michel Laval est avocat. Il est l'auteur de *Brasillach ou la Trahison du clerc* (Hachette Littératures, 1992). De même que dans l'affaire Calas on a défendu la tolérance, que dans l'affaire Dreyfus on a défendu la justice, de même pour Michel Laval, l'affaire Redeker restera attachée à la liberté d'expression.

Le plus inquiétant dans la persécution dont le professeur Robert Redeker fut au cours de ces derniers mois la malheureuse et solitaire victime, est l'extraordinaire contre-réaction de ceux qui ont préféré y voir une intolérable injure à la religion plutôt qu'une insupportable atteinte à la liberté d'expression. On peine à comprendre comment un tel mouvement a pu se former, quelles forces obscures, quelles raisons inavouées, ont pu ainsi conduire certains à abdiquer les valeurs les plus essentielles, à renoncer aux principes les plus élémentaires, pour accabler le publiciste, fustiger le philosophe et, en définitive, abandonner l'homme, au moment même où, dans l'ombre d'un nouveau fanatisme, une voix invisible et insaisissable jurait sa perte et le menaçait de mort. On ne parvient pas à réaliser que dans la « Frankrom » de Voltaire raillant l'obscurantisme religieux dans son inénarrable texte sur « l'horrible danger de la lecture », un citoyen ne puisse plus exprimer son opinion, qu'il ne puisse plus afficher ses convictions, sans s'exposer à l'anathème et se trouver dans l'obligation de se terrer dans l'indifférence quasi générale de l'opinion et le silence des pouvoirs qui ont le devoir de le protéger. On frémit de lire sous certaines plumes égarées par on ne sait quelle passion confuse, ces condamnations sans appel et ces jugements lourds d'injures, qui, au nom de la tolérance, cautionnent la pire des intolérances et l'accompagnent du concert assourdissant de leur vindicte. On craint qu'une ère commence où des nouveaux totalitaires bardés de dogmes s'avancent flanqués de leurs compagnons de route et leur interminable litanie de justifications.

La question ne devrait pourtant pas poser problème. Elle ne devrait soulever aucune difficulté, non plus qu'alimenter la moindre controverse. La réponse devrait être évidente. Ce qui est arrivé à Robert Redeker est devenue « une affaire ». Une affaire est dans l'histoire française le moment particulier où le sort d'un seul incarne la cause de tous. Calas et la tolérance, Dreyfus et la justice. Le nom de Robert Redeker sera désormais associé à la liberté d'expression. Son affaire est notre affaire. Sa cause est notre cause. Nous savions, avant que Robert Redeker soit contraint à une odieuse clandestinité, qu'un péril menaçait. Nous en avions reconnu les signes et perçu les symptômes quand Mozart ne pouvait plus être représenté à Berlin, que des caricatures soulevaient un début de guerre sainte, que des élèves protestaient contre l'enseignement de la Shoah dans des lycées de banlieue et, plus avant, comme la nuée avant l'orage, un écrivain était déjà condamné à une perpétuelle errance sous prétexte de profanation. La menace est là, désormais accomplie. Ceux qui ont décidé de s'acharner contre Robert Redeker, à l'heure où chaque soir il changeait d'asile pour échapper à la main qui voulait le tuer, ont fait un mauvais choix. Ils ont pris le mauvais parti. Mais peut-être en va-t-il ainsi de l'éternelle et obscure séduction des tyrannies.

***

LA MATRICE DES QUINZE DERNIÈRES ANNÉES

Histoire immédiate de la France

par Jean-Claude Sommaire,

Jean-Claude Sommaire, ancien secrétaire général du Haut Conseil à l'Intégration est spécialiste de la question de l'immigration et de l'intégration. Il diagnostique ici une montée de l'intolérance islamiste en France, dont il cherche les origines dans les quinze dernières années de l'histoire de France.

Je suis venu à cette rencontre-débat à la demande d'Alain Seksig avec une certaine hésitation, non pas en raison d'une quelconque réticence à l'égard du soutien à apporter à Robert Redeker, bien au contraire, mais parce que je voyais mal ce que je pourrais ajouter d'utile aux propos qui allaient être tenus ce soir par d'éminentes personnalités du monde intellectuel.

Suite à son amicale insistance, je me trouve donc maintenant parmi vous, mais cela va être seulement pour vous faire part, très modestement, de quelques réflexions liées à mon parcours professionnel, effectué essentiellement au ministère des Affaires sociales, qui m'a conduit, de près ou de loin, à suivre, depuis une trentaine d'années, l'évolution des questions liées à l'immigration et à l'intégration.

Ainsi, ayant été conseiller technique au cabinet de Claude Évin sur ces questions, pendant les trois années du gouvernement de Michel Rocard, j'avais sympathisé avec le journaliste et écrivain Christian Jelen, décédé il y a maintenant quelques années, dont j'avais beaucoup apprécié, à l'époque, l'ouvrage *Ils feront de bons Français* dans lequel il évoquait l'avenir des jeunes issus de l'immigration maghrébine. En conclusion de cet essai, il affirmait, avec réalisme et conviction, deux idées fortes qui invitaient à regarder l'avenir avec optimisme.

D'une part, il admettait qu'il y avait, à l'évidence, une relative surdélinquance de ces jeunes Franco-Maghrébins, mais il invitait aussitôt à ne pas s'en inquiéter outre mesure car, pour lui, ce ne pouvait être qu'un mauvais moment à passer dans le cadre d'un processus irréversible d'intégration. Une sorte de parenthèse inévitable résultant des conséquences du classique conflit de normes entre société d'origine et société d'accueil.

D'autre part, il évoquait l'islam mais seulement pour dire que, selon lui, une poignée de responsables politiques irresponsables jouaient inutilement à se faire peur avec cette religion car, évidemment, il était absolument impensable que des jeunes filles ayant été nourries des valeurs émancipatrices de la République puissent succomber, un jour, aux tentations de l'obscurantisme religieux.

Évidemment, quinze ans après, cet optimisme n'est plus tout à fait de mise et lui-même, peu de temps avant sa mort, l'avait pressenti puisque son dernier ouvrage s'est intitulé *La Guerre des rues*.

Aujourd'hui, la délinquance et les violences urbaines sont devenues les manifestations tangibles d'une grave crise de l'intégration qui entraîne, au quotidien, une sérieuse détérioration des conditions de vie des habitants des quartiers populaires. Dans ces zones, dites sensibles, des personnes qui n'ont pas la notoriété de Robert Redeker sont aujourd'hui contraintes à des formes d'enfermement qui, elles non plus, ne sont pas très drôles et méritent notre attention. Quant à l'islam, on sait, bien évidemment, qu'il progresse, dans ces mêmes quartiers, sous des formes qui peuvent légitimement susciter interrogations et inquiétudes.

À ce sujet, on peut évoquer le rapport Obin, en regrettant que des suites ne lui soient pas apportées, mais je peux dire que les problèmes qu'il expose au niveau de l'école se retrouvent également dans le secteur social et médico-social, que je connais mieux, sauf que, jusqu'à maintenant, aucune mission d'inspection générale n'est venue mener d'investigation à leur sujet.

Il y a quelques mois la responsable de l'action sociale d'un département de la Région parisienne m'expliquait ainsi que, dans son département, dans certains quartiers, les associations musulmanes prenaient progressivement la place de ses travailleurs sociaux en faisant preuve d'une plus grande disponibilité pour les populations et peut-être même d'une plus grande efficacité. Ainsi, dans ces quartiers, depuis des mois, il n'y a quasiment plus de signalement d'enfants en danger alors que la situation sociale générale ne s'y est pas améliorée. Cette personne me faisait également part de son profond désarroi devant le peu d'écoute qu'elle recevait de la part de ses interlocuteurs ministériels lorsqu'elle venait à évoquer ces questions.

Voilà donc ce que, pour ma part, je souhaitais exprimer, très brièvement, ce soir à propos de la nécessaire solidarité dont nous devons faire preuve à l'égard de Robert Redeker. Il y a, aujourd'hui, dans notre pays, des questions difficiles qui se posent vis-à-vis desquelles nous ne pouvons plus être dans l'évitement. Il nous faut donc les aborder franchement en sachant développer à leur sujet une véritable éthique de la discussion car les réponses à apporter ne vont pas de soi.

Notre pays devient progressivement pluriethnique, pluriculturel et pluriconfessionnel, ce qui nous oblige à actualiser les modalités pratiques de notre vivre ensemble au regard des valeurs humanistes auxquelles nous sommes attachés.

***

LA RESPONSABILITÉ IRANIENNE

L'héritage iranien

par Dominique Sopo

Dominique Sopo est président de SOS Racisme. Il fait ici remonter la frilosité occidentale devant l'islamisme à l'arrivée au pouvoir en Iran de l'ayatollah Khomeyni, en 1979. Il est l'auteur de *Manifeste pour l'égalité* (First, 2007)

Nous sommes dans une période de mauvais temps pour la liberté d'expression, du fait d'une offensive soutenue et régulière des islamistes. On l'a vu il y a quelques mois, lors de l'affaire des caricatures, on l'a vu en Allemagne, quand la représentation d'un opéra a été annulée. On l'a vu il y a déjà quelques années en France, quand une représentation de *Mahomet* de Voltaire a été déprogrammée, dans l'Est de la France. Je dois dire que l'affaire Redeker est dans cette droite ligne. Par rapport à ce que nous avons vécu, il y a encore quelques années seulement, elle souligne combien notre capacité de résistance a baissé par rapport à ce type de pression.

En 1989, lorsque Salman Rushdie a écrit *Les Versets sataniques*, une immense majorité de la société française – sa quasi-unanimité même – lui a apporté un large soutien face à la fatwa édictée à son encontre par l'ayatollah Khomeyni. C'était un honneur que d'être pris en photo à ses côtés. Dans le livre que j'ai écrit l'an dernier, je disais que si Rushdie publiait ses *Versets sataniques* aujourd'hui, ceux qui étaient ses avocats en 1989 seraient les premiers accusateurs. Malheureusement, cette prédiction semble se confirmer grâce à un tour de force admirable réussi par les islamistes. Les islamistes ont vu en 1989, au moment de l'affaire Rushdie, qu'attaquer directement sur le thème du blasphème était bien trop réactionnaire et archaïque en Europe. Ils ont alors déployé une stratégie extrêmement intelligente, consistant à saper la capacité de résistance que j'évoquais en prenant appui sur les thèmes et les mots de l'antiracisme. Ainsi, dans les années qui ont suivi la publication des *Versets sataniques* et la réprobation de la fatwa de Khomeyni, les islamistes ont remis au goût du jour le concept d'islamophobie. Il ne s'agissait pas d'interdire le blasphème, ont-ils commencé à dire, lorsqu'ils portaient des critiques envers des gens interrogeant l'islam et ses excroissances intégristes. Non, il s'agissait de combattre une « islamophobie », dont ces critiques étaient censées être la marque évidente et la preuve irréfutable.

Rappelons d'ailleurs que c'est Khomeyni qui a le premier réactivé le concept d'islamophobie, une islamophobie dont il accusait les femmes iraniennes refusant de porter le voile dans les années 1980.

Cette « stratégie » est typique d'une volonté, chez les oppresseurs, d'employer le langage et d'utiliser la posture de l'opprimé. Le mode de pensée des gens qui accusent Robert Redeker d'avoir provoqué les personnes qui aujourd'hui le menacent de mort est le même qui pousserait un juge d'instruction enquêtant sur un viol à mettre en examen la minijupe. On assiste à un renversement total des logiques.

On nous dit que ce n'est pas la même chose, que le texte de Robert Redeker est violent, que le contexte n'est pas le même qu'en 1989. Pourtant, rappelons-nous qu'en 1989, le contexte international était très tendu : on sortait d'une vague de terrorisme et Khomeyni était au faîte de sa gloire. Mais expliquer par le contexte le fait qu'il faudrait refuser à Robert Redeker le droit d'affirmer ce qu'il a dit, qu'il faudrait faire attention, cela signifierait que lorsque les ennemis de la liberté passent à l'offensive, il faudrait mesurer nos propos.

Or, c'est l'inverse qu'il faut faire : ces ennemis de la liberté nous poussent à être extrêmement fermes, à être intransigeants sur les principes qui ne se négocient pas. Malheureusement, aujourd'hui, beaucoup sont prêts à transiger sur ces principes.

Pour conclure, j'insisterais sur le fait que l'affaire Robert Redeker ne concerne pas simplement Robert Redeker. L'offensive ne concerne pas simplement l'individu, mais elle concerne l'idée même de liberté, de liberté d'expression. Si l'idée même de liberté est tuée, alors seraient abolies toutes idées de démocratie, de développement, de confrontation d'idées, partout dans le monde, y compris dans le monde musulman, et plus particulièrement dans le monde arabo-musulman. Parce qu'en l'occurrence, ce qui est visé à travers Redeker, ce sont ceux qui, dans les pays musulmans, critiquent les obscurantistes et se battent pour la démocratie et pour le progrès social.

Pour ces raisons, il est terrible qu'il n'y ait pas de clarté du soutien à Robert Redeker en France. Beaucoup de gens qui se battent pour la liberté dans le monde regardent vers la France, et lorsque la liberté semble vaciller dans notre pays, c'est un coup terrible donné à ces personnes car, pour elles, il y a alors le constat qu'une lumière est en train de s'éteindre.

***

UN ÉVÉNEMENT JAMAIS VU

L'inédit historique

par Élisabeth Badinter

Pour la philosophe Élisabeth Badinter, nourrie par les Lumières et le féminisme de Simone de Beauvoir, l'affaire Redeker est un marqueur historique.

Robert Redeker fait l'objet d'une menace de mort pour avoir exprimé une opinion. Il y a là une attaque à la fois contre la liberté d'expression et contre la souveraineté nationale, qu'il s'agit d'abord de défendre : chaque citoyen français doit pouvoir s'exprimer librement sans la moindre menace. Je n'avais jamais vu cela : quelqu'un est obligé de se cacher parce qu'il a reçu des menaces de mort. Sa photo, sa maison et son adresse sont sur internet. Robert Redeker est un homme en danger. C'est intolérable ! Le précédent, en Hollande, de l'assassinat de Theo Van Gogh, n'est d'ailleurs pas de nature à nous rassurer.

Il faut également refuser énergiquement toute notion de l'autocensure. On peut penser ce que l'on veut du papier de Robert Redeker. Il est critique du Coran, mais on pourrait critiquer de la même façon les autres religions. Son article n'est pas un appel à la haine. En appeler à la responsabilité des intellectuels cache en réalité un appel à se taire. Voyez cet opéra de Mozart suspendu à Berlin parce qu'il y a eu des menaces : qui ne mesure qu'on met ici le doigt dans un engrenage fatal ?

À l'époque de Voltaire, ceux qui critiquaient l'Église risquaient une lettre de cachet, pas d'être assassinés. Nous retombons dans l'obscurantisme le plus total. Je redoute un retour à la notion de sacrilège. Je pense que toutes les religions doivent être critiquées, comme toutes les idéologies.

Quant au reproche parfois adressé aux intellectuels français de ne s'être pas également mobilisés en faveur de la liberté d'expression après l'affaire Dieudonné et ses propos sur Israël, je répondrai d'abord que Dieudonné a perdu ses procès. Ensuite, je prendrai un autre exemple : il y a eu à Téhéran une exposition de caricatures sur la Shoah, sur laquelle la presse française a d'ailleurs été très discrète. Eh bien je n'ai pas vu de manifestations hostiles dans les rues. Même l'horreur et l'ignominie n'excusent pas la menace de mort, pour laquelle il ne peut y avoir aucun prétexte.

UN PALIER FRANCHI

Rappelons-nous Mai 68

par Élisabeth de Fontenay

Philosophe et professeur à la Sorbonne, Élisabeth de Fontenay rappelle à la distinction sacrée entre violence des propos et violence des pratiques.

Dans la période de féconde effervescence qu'ont été les années d'après 68, on a assisté, dans les universités du moins, à des déchaînements de grandes violences verbales et même parfois physiques : injures envers des tenants de la droite, attaques grossières contre le christianisme, outrages aux principes de la République, au suffrage universel, par exemple, et même au chef de l'État. Des intellectuels de haut niveau pouvaient tenir des propos tout à fait inacceptables, usant et abusant de leur autorité de professeurs ou d'écrivains. Les victimes de leurs diatribes et les représentants des institutions qu'ils couvraient de boue ne portèrent jamais plainte contre eux, et jamais ils ne reçurent de menaces de mort.

Or, on constate avec épouvante qu'aujourd'hui un professeur de philosophie, Robert Redeker, se voit menacé de mort, à cause d'une opinion libre qu'un grand journal a accepté de publier, et qu'il est forcé de vivre dans une clandestinité qui fait de lui un condamné. Parce que nous vivons encore, jusqu'à nouvel ordre, dans un régime démocratique et républicain, j'appelle mes collègues, et particulièrement les philosophes, à condamner inconditionnellement ceux qui font régner la terreur et à comprendre que la radicalité de la réflexion n'a rien à voir avec la radicalisation des pratiques et les règlements de compte.

Chapitre 3
Le risque de la démission

Les causes sont une chose, les responsabilités en sont une autre. Car il a bien fallu que quelqu'un favorise le délitement observé par Jean-Claude Sommaire, que quelqu'un soit complice, fût-ce inconsciemment, de la propagande de Khomeyni et de ses successeurs.

S'il y a « inédit historique », ainsi que l'affirme Élisabeth Badinter, c'est qu'il y a eu des innovateurs.

La responsabilité est celle de l'Occident en général, mais surtout de la France, nous disent Patrick Kessel et Jean-Philippe Moinet. Patrick Kessel voit dans le comportement de l'Occident le signe d'une certaine lâcheté, quand il s'agirait plus d'une démission, de l'avis de Jean-Philippe Moinet. À en croire Christian Delacampagne, c'est un certain courant de pensée qui est la cause du biais que nous autres, citoyens français, avons quand nous tentons d'analyser le monde.

UNE CONFRONTATION NÉCESSAIRE

La bataille des Lumières contre la barbarie

par Patrick Kessel,

Journaliste et écrivain, président d'honneur du Comité Laïcité République, Patrick Kessel est entre autres l'auteur de *Marianne, je t'aime* (Bruno Leprince, 1996).

En tout premier lieu, qu'il me soit permis de préciser qu'en dépit de mes anciennes responsabilités à la présidence du Grand Orient de France que je m'exprime en mon nom propre. Je rappelle tout de même que la principale obédience maçonnique française a publiquement annoncé son soutien à Robert Redeker.

Mes premiers mots visent à remercier la Licra pour l'initiative qu'elle a prise en organisant cette réunion associant de nombreuses personnalités diverses pour affirmer notre attachement commun à la liberté de conscience, à la liberté de penser, de s'exprimer et de dialoguer, liberté qui, ce soir, a pour nom Robert Redeker.

Je le fais avec d'autant plus de force que n'étant pas membre de la Licra, je suis parfaitement libre pour souligner que sans elle il eût été difficile de réaliser un tel rassemblement.

Je dois d'ailleurs dire que j'ai un peu honte de constater que quelques intellectuels de gauche, quelques militants d'associations de défense des droits de l'homme dont la place était ici avec nous semblent avoir dans cette affaire le regard de Chimène pour certains intégristes plutôt que pour leurs victimes, Redeker en tête.

Je souhaite transmettre un message sans ambiguïté d'amitié, de solidarité, de fraternité républicaine et laïque à Robert Redeker en mon nom et en celui du Comité Laïcité République que je représente ici.

La menace qui pèse sur Robert Redeker, injuste et terrible, devrait démontrer à chacun la gravité de l'instant que nous vivons. Calas a été évoqué il y a quelques minutes. Pour ma part je citerai le chevalier de La Barre refusant d'ôter sa coiffe au passage d'une procession religieuse. Il fut exécuté en place de Grève et écartelé. Que ne s'était-il décoiffé, plutôt que d'affirmer sa liberté pourraient dire aujourd'hui ceux qui tergiversent et censureraient Voltaire pour provocation plutôt que l'Inquisition à laquelle on trouverait bien quelques « bonnes raisons » !

Au-delà de cette « affaire », c'est une nouvelle bataille de la guerre entre les Lumières et l'obscurantisme qui se met en place. Ces valeurs que nous avons eu tort de considérer comme acquises, celles de l'humanisme républicain, de la liberté, de l'égalité, de la fraternité, de la laïcité sont aujourd'hui fortement menacées. Par leurs ennemis héréditaires mais aussi par notre apathie.

Ce que nous vivons avec l'affaire Redeker, c'est le symptôme de la déchirure profonde de notre société. Si nous n'y prenons pas garde, il peut arriver à l'histoire de bégayer. Comment ne pas songer au travers d'événements et de déclarations charriées par l'actualité à la banalisation du totalitarisme quand les fascistes se livraient aux autodafés, que des femmes et des hommes étaient menacés, humiliés, molestés, battus pour ce qu'ils pensaient, pour ce qu'ils étaient, quand la peur s'installait en règle de la vie quotidienne ?

Ces derniers mois, une succession de faits nous interpelle rudement : l'assassinat de Theo Van Gogh, des menaces de mort sur les caricaturistes, des ambassades qui flambent, les affaires du voile.

Que n'a-t-on pas dit au moment où, courageusement, la représentation nationale votait une loi prescrivant hors de l'école publique tous les signes ostentatoires d'appartenance religieuse. La France allait être à feu et à sang si on se mettait en tête de faire respecter la laïcité !

Il y eut ces dernières semaines ce rapport réalisé par Jean-Pierre Obin, et une dizaine d'inspecteurs généraux de l'Éducation nationale témoignant de la dégradation de la situation dans de nombreux établissements scolaires. Pressions contraignant des professeurs à ne plus pouvoir enseigner la littérature, l'histoire, la philosophie, les sciences, conduisant dans certaines écoles à une gestion de plus en plus communautarisée, tel ce cas caricatural d'un établissement mettant en place des robinets séparés, certains enfants étant considérés par d'autres comme « impurs ». Et le rapport d'indiquer que dans certains établissements de la Région parisienne il a fallu regrouper des enfants juifs pour les protéger d'un racisme ouvert d'autres enfants.

Dans ce contexte d'extrême tension, l'affaire Redeker dépasse le cadre de ce professeur et témoigne de la menace que font peser l'obscurantisme et les communautarismes sur l'universalisme des valeurs républicaines et sur la République laïque elle-même, la concorde et la paix civile.

C'est notre responsabilité de républicains, que nous soyons de droite ou de gauche qui se trouve interpellée.

Disant cela, je ne confonds pas les communautés et le communautarisme, les communautés dans lesquelles des femmes et des hommes font le choix de partager une culture, une langue, une mémoire, un engagement politique, philosophique ou religieux dans le cadre de la *Res publica*, avec le communautarisme qui, au nom d'une origine ou d'une appartenance communes, revendique d'abord des dérogations à la loi commune, puis des droits spécifiques. Cette politique, c'est le différencialisme qui a servi à légitimer l'apartheid en Afrique du Sud et toutes les formes de ségrégation dont les femmes sont toujours les premières victimes.

C'est l'idée selon laquelle « toutes les femmes et tous les hommes, quelles que soient leurs origines, leur couleur, leur sexe, naissent et demeurent libres et égaux en droit », idée portée par les Lumières, qui a nourri la Révolution et enfanté la République, idée que nous sommes loin d'avoir totalement concrétisée et qu'il nous faudrait porter plus loin, qui est aujourd'hui menacée.

Dans ce contexte, je le dis clairement, le climat de culpabilité ambiante, de repentance n'est plus supportable. Il n'est plus acceptable qu'on en vienne à suspecter de racisme et à traiter de « réactionnaire » celui qui ose affirmer que les droits et les devoirs de la citoyenneté s'appliquent à tous. Ceux qui croient pouvoir justifier par l'histoire ou par le social des comportements identitaires obscurantistes, qui rejettent l'universalisme des valeurs républicaines au nom de particularismes se trompent lourdement. Ils jouent avec le feu. Leur politique ne combat pas le racisme, ellc l'entretient indirectement en ouvrant la voie à la réaction populiste.

Aucune raison, fut-elle sociale, ne saurait légitimer la moindre complaisance à l'égard de menaces barbares. La classe ouvrière allemande en 1933, pour misérable et désespérée qu'elle était, a eu tort de porter Hitler au pouvoir. La politique du pire n'a jamais donné que le pire.

Ce soir à l'occasion de ce rassemblement de soutien à Robert Redeker, je souhaite que nous adressions également un message de solidarité aux victimes de tous les intégrismes et principalement aux femmes qui constituent le plus souvent l'avant-garde du combat de la liberté et de la dignité.

Dans la perspective de l'élection présidentielle, je formule le vœu que, par-delà nos appartenances politiques diverses, nous nous mobilisions pour défendre la laïcité et la loi de 1905 de séparation des Églises et de l'État. C'est là un rempart face aux menaces du choc des civilisations et de la guerre des communautés. C'est le meilleur moyen pour défendre l'éthique qui nous rassemble tous ici ce soir.

***

LA PEUR DE PRENDRE POSITION

Le neutralisme de l'Occident

par Jean-Philippe Moinet

Ancien secrétaire général du Haut Conseil à l'intégration, Jean-Philippe Moinet est le fondateur de l'Observatoire de l'extrémisme. Il dénonce ici les méfaits d'un « neutralisme » aveugle et destructeur.

Extrémismes politiques, extrémismes religieux… Le danger est à l'évidence le même quand la violence des idéologies – et des actes – est à l'œuvre. Les extrémismes se ressemblent, ils peuvent aussi s'assembler : il est des liaisons particulièrement dangereuses, et très actuelles se dit-on, quand on voit par exemple le soi-disant humoriste Dieudonné rendre visite au leader du plus important mouvement d'extrême droite d'Europe, le Front national.

Ce préalable pour dire que « l'affaire Redeker » reflète, et masque aussi, plusieurs problèmes actuels, sédimentés. Dans cette « affaire », la liberté, valeur fondatrice de la République française, est bien sûr directement en cause. Et cette mise en cause est à la fois redoutable et répétée, en Europe. L'épisode des caricatures danoises a été symptomatique d'un problème qui nous arrive tout droit, en Europe, espace de vieilles démocraties, peut-être plus fragiles qu'on le croit. Au vu d'événements récents et cumulés, les signes de fragilité sont en effet clairs : montée des nationalismes et des populismes, à l'est comme à l'ouest de l'Europe ; montée des communautarismes religieux et du terrorisme – intellectuel ou non – du fondamentalisme islamique, pour partie d'apparence islamique d'ailleurs. Car ce fondamentalisme violent, fasciste et en fait politique, frappe aussi de plein fouet les tenants d'un islam tolérant, les partisans d'un islam des Lumières, ouvert sur la société et les différences. La grande majorité des musulmans de France et d'ailleurs, à commencer par des dizaines de millions de femmes, subissent trop souvent, tous les jours, le diktat des « fous de Dieu », le terrorisme moral, politique, social et physique parfois, de régimes ou d'« autorités » qui ont fait de la soumission humaine à la divinité une loi impérieuse et impériale.

Par la mondialisation des échanges, cette menace nous arrive tout droit en Europe, par un curieux phénomène d'importation de sujets devenus tabous, tout d'un coup qualifiés de « blasphématoires ». Curieux phénomène d'importation d'un cadre de pensées sur les religions, où des points de vue légitimes deviennent impossibles à écrire, impossibles à dessiner… La critique directe d'une religion – l'islam, le Coran, le Prophète – deviendrait-elle impossible, sous peine de mort ? Certains aspects, et méfaits, de la vie de Mahomet, persécuteur de juifs, polygame à qui fut « donnée » une très jeune fille, seraient-ils indicibles ? Cette impossibilité de dire l'histoire devrait être impossible en démocratie. Et pourtant, nous assistons bien à une redoutable importation de méthodes d'intimidation, que l'on croyait d'un autre âge : avec l'islam radical, le Moyen Âge est redevenu d'actualité…

Bien sûr, les démocraties ont de grandes ressources, des solidarités fondamentales, des capacités de résistances, des capacités nouvelles de vigilance aussi. Il ne faut donc pas sombrer dans le pessimisme total, aussi désespérant qu'aveugle. Mais le pessimisme relatif est de bonne vertu aujourd'hui : sans dramatiser, il faut être clairvoyant et mettre en alerte quand il le faut – et il le faut – pour remettre en éveil des consciences endormies, parfois hypnotisées, par exemple par le flot d'images (de violence) qui finissent par « neutraliser » les consciences.

Ce neutralisme de la pensée est l'un des problèmes à traiter. Car ce neutralisme, ou le relativisme des valeurs, rend parfois difficile la préconisation de choses aussi simples qu'une promotion active de la laïcité et des valeurs de la République, y compris dans les arcanes de certaines sphères de pouvoirs.

Dans l'affaire Redeker, comme dans l'épisode des caricatures danoises – ces simples et sans doute idiots dessins de presse qui ont déclenché foudres mortelles et fatwas insensées –, ce qui est frappant, et peut-être le plus inquiétant, ce sont les impressionnants embarras, ces assourdissants silences, ces étonnantes contorsions, y compris dans de hautes sphères de notre République, qui ont abouti à une situation où la menace de mort est, finalement, acceptée dans notre bel espace démocratique. Où sont les manifestations de rue contre les colporteurs de violence ? Où sont les grands rassemblements républicains ?

Cette banalisation du Mal n'est pas un phénomène nouveau dans notre histoire. Mais elle est active et très présente dans le cas Redeker, professeur de philosophie qui doit supporter les tentatives d'étouffement, ciblées, de la liberté de pensée.

C'est pourquoi le mot d'un célèbre prix Nobel de la Paix me revient, au moment de conclure : « Le contraire de l'amour, ce n'est pas la haine ; c'est l'indifférence. » Faisons en sorte, aujourd'hui en France, d'être plus nombreux demain, de toutes sensibilités et de toutes religions, à faire reculer la marche de l'extrémisme, qui avance rapidement parfois sur les terres de l'indifférence. C'est à quoi nous invite le beau combat pour la liberté, qu'il faut sans doute activement mener.

UNE RÉFLEXION AMPUTÉE

Le biais de la pensée française

par Christian Delacampagne

Philosophe et écrivain, Christian Delacampagne a passé une grande partie de sa vie aux États-Unis. L'auteur de *Les Religions peuvent-elles être tolérantes ?* (Louis Audibert, 2004) tient pour responsable une certaine élite universitaire, qui entretiendrait un antisémitisme latent, relayé dans le monde politique, depuis l'échec de l'opération Mousquetaire en 1956, par une posture anti-israélienne constante de la politique étrangère française.
Ce texte, directement écrit en anglais, a d'abord été publié dans le numéro de janvier 2007 de la revue américaine *Commentary*, qui a bien voulu nous autoriser à en reproduire une version française. (Traduction : Frédéric Hosotte Seillier.)

[...] En tant qu'ami de longue date de Robert Redeker, j'ai été, bien sûr, profondément troublé par ces événements, et inquiet pour sa famille et pour lui. Mais mon inquiétude a été aggravée par la façon de réagir des autorités françaises. Le Premier ministre, Dominique de Villepin, a été pratiquement la seule personnalité à adopter une position irréprochable, lorsqu'il a déclaré que cette fatwa lancée contre un intellectuel français était « inacceptable ». Un groupe d'intellectuels français comprenant entre autres Pascal Bruckner, Alain Finkielkraut, André Glucksmann et Bernard-Henri Lévy, a également lancé un appel pour soutenir Redeker et défendre les « libertés les plus fondamentales de la France ».

Mais la grande majorité des réactions à cet appel, même sous la forme d'une défense du droit à l'expression, ont été en réalité hostiles au professeur de philosophie. Le maire communiste de Saint-Orens-de-Gameville et le chef de l'établissement où enseignait Redeker ont déploré le fait qu'il ait mentionné à la fin de son article son statut de professeur et le nom de l'établissement où il travaillait. Les deux plus grands syndicats français d'enseignants, tous deux socialistes, ont souligné qu'ils ne « partageaient pas les convictions de Redeker ». Les principales organisations de défense des droits de l'homme de gauche ont été encore plus loin, dénonçant des « déclarations irresponsables » et des « idées putrides ». Un de ses collègues, également professeur de philosophie, Pierre Tévanian, a déclaré sur un site islamiste que Redeker était « un raciste », qui devait être sévèrement puni par l'administration de son établissement. Le ministre de l'Éducation nationale lui-même, Gilles de Robien, a critiqué Redeker parce que celui-ci avait agi « comme s'il était un représentant du système éducatif français », une accusation étrange contre l'auteur d'un article clairement défini comme une opinion personnelle.

Parmi les personnes travaillant dans les médias, Redeker a été réprimandé pour avoir exprimé ses idées aussi imprudemment. Sur la chaîne de radio Europe 1, Jean-Pierre Elkabbach a invité le professeur assiégé de toutes parts à exprimer « ses regrets ». Les éditorialistes du *Monde* ont qualifié le texte de Redeker d'« excessif, erroné et insultant ». Ils vont jusqu'à qualifier ses remarques sur Mahomet de « blasphème », laissant ainsi entendre que le fondateur de l'islam devrait être traité – même par les non-musulmans dans un pays non-musulman – non pas comme un objet d'investigation, mais de vénération.

Il est certain que le discours de Redeker n'a pas été tendre, mais depuis quand faut-il l'être dans le discours intellectuel en France ? On trouve un langage aussi musclé dans *Les Temps modernes*, revue créée par Sartre et à la rédaction de laquelle Redeker collabore de longue date. Cependant, à en juger par les réactions à cette « insulte », de nombreuses personnes appartenant à l'*establishment* intellectuel ou politique en France ont fait une exception à cette tradition de discussions libres, elle-même fruit d'âpres luttes : comme si, quand il était question d'islam, la liberté d'expression devait respecter certaines limites.

Comment la France en est-elle arrivée là ? La première explication, de prime abord, est que le pays est sur le point d'entrer dans une importante période électorale, avec les élections présidentielles et législatives prévues en mai 2007. Cinq millions de musulmans vivent sur le territoire français, dont la plupart sont des citoyens à part entière, bénéficiant du droit de vote. Aucun parti politique ne peut donc se laisser entraîner dans une confrontation sérieuse avec cette communauté dont l'importance ne cesse de croître. Chacun a encore présentes à l'esprit les émeutes qui ont embrasé les banlieues de la plupart des villes françaises à l'automne 2005. Une violence semblable, à défaut d'être aussi spectaculaire, demeure un problème persistant dans ces quartiers dont la population est composée en grande partie de jeunes musulmans nés en France, d'origine maghrébine ou africaine ; et la crainte de nouvelles flambées de violence pousse la classe politique à éviter soigneusement d'évoquer tout sujet qui aurait un quelconque rapport avec l'islam.

Ce qui est plus surprenant, c'est la complicité des médias français. Ils veulent naturellement éviter d'être perçus, eux aussi, comme des ennemis de la communauté musulmane. Mais, pour ce faire, ils vont au-delà de la simple prudence. Au moment des émeutes, les grands quotidiens, les hebdomadaires et les journaux télévisés ont manifesté peu d'intérêt pour décortiquer la réalité sociologique de l'islam en France et, en particulier, l'influence grandissante de la propagande islamiste. Ce n'est pas un journaliste mais un homme politique d'extrême droite, Philippe de Villiers, qui a attiré l'attention sur l'islamisation d'une partie du personnel de l'aéroport de Roissy-Charles-de-Gaulle. Ce phénomène est loin d'être un secret – l'aéroport est situé dans un département peuplé en majorité de musulmans, la Seine-Saint-Denis, et recrute du personnel habitant à proximité – mais aucun journal respectable n'a jugé ce fait digne d'une enquête. Face au militantisme islamiste, les journalistes français en tant que groupe agissent comme s'ils avaient perdu leur sang-froid ou leur professionnalisme.

Pour ce qui est du monde universitaire, l'explication est un peu plus compliquée. Travailler sur des sujets sensibles, liés à la race ou à la religion, n'a jamais été chose facile pour un universitaire français, en particulier s'il a un point de vue différent de celui de la « gauche universitaire ». Pendant les années 1950, le grand historien Fernand Braudel a essayé de décourager Léon Poliakov de consacrer sa thèse de doctorat à l'antisémitisme, un sujet sur lequel Poliakov devait écrire par la suite nombre d'ouvrages importants. Des années plus tard, des gens bien intentionnés qui s'inquiétaient de mes perspectives de carrière ont tenté à leur tour de m'éloigner de ce sujet sensible. Ayant fait fi de leurs conseils et publié en 1983 une thèse intitulée *L'Invention du racisme*, je ne suis pas parvenu à trouver un poste universitaire en France. Heureusement, j'ai été mieux accueilli par l'Université américaine.

Aujourd'hui, en France, la recherche sur les sujets très controversés de race et de religion est taboue, à moins de s'en tenir à la façon politiquement correcte de penser. Pour pouvoir participer à des colloques ou pour postuler à des postes importants, un universitaire doit être prêt à décrire l'époque coloniale française comme une période génocidaire et à dénoncer la politique américaine au Moyen-Orient comme une cruauté barbare. Ceux qui refusent d'agir de la sorte se retrouvent éjectés du système.

Un bon exemple de cette manière d'agir, datant de 2004, est celui d'un universitaire qui avait sollicité l'octroi d'un poste de trois ans auprès du prestigieux Collège international de philosophie. Ses références étaient excellentes, mais quand l'un des membres du jury a eu vent de ses prises de positions pro-américaines (le postulant, semblait-il, ne s'opposait pas totalement à la guerre en Irak), cela a déclenché une campagne discrète mais efficace pour l'empêcher d'obtenir ce poste. Les détails de cette affaire ont été rapportés dans *L'Express*. Le nom du candidat qui a été traité aussi injustement est… Robert Redeker.

On peut avancer de nombreuses explications à ces actions incroyablement partiales et choquantes. Pour ma part, je suis convaincu qu'elles découlent de la relation étroite et particulière qu'entretiennent la France et le monde arabe depuis cent cinquante ans. L'élément le plus important de l'histoire de cette relation découle, bien sûr, des efforts divers déployés par la France pour imposer sa domination outre-mer.

Le colonialisme français a commencé en Algérie en 1830 et a plus tard gagné le Maroc, la Tunisie, puis la Syrie et le Liban lorsque, après la Première Guerre mondiale, le traité de Versailles a fait de la France la puissance mandataire dans ces deux pays nouvellement créés. En Algérie, la période coloniale a été la plus longue. Elle a duré jusqu'en 1962 et a été la plus acerbe. Elle a été entachée au cours des dernières années par une guerre sanglante d'indépendance au cours de laquelle les religieux musulmans ont joué un rôle fondamental, non seulement en soutenant les opérations militaires du Front de libération nationale mais encore en faisant de l'islam le ciment idéologique de la guerre.

On pourrait penser qu'un contexte aussi tendu aurait entraîné la persistance d'un antagonisme fort et durable entre l'ancienne puissance coloniale et ses anciennes colonies. Mais étrangement, c'est le contraire qui s'est produit. À l'exception de l'expédition de Suez (1956), durant laquelle la France s'est alliée à la Grande-Bretagne et à Israël contre l'Égypte, et qui s'est soldée par un échec retentissant, les gouvernements français qui se sont succédé ont maintenu des relations remarquablement amicales avec les divers pays arabes. S'il y a eu, en effet, une tendance durable dans la diplomatie française de Charles De Gaulle à Jacques Chirac, en passant par François Mitterrand, c'est la position pro-arabe de la France.

La base de cette alliance a été jetée par De Gaulle. À la fin de la guerre d'Algérie, il a décidé qu'il était vital de restaurer de bonnes relations avec les dirigeants arabes, notamment avec le régime égyptien qui avait fortement soutenu le FLN. Pour atteindre cet objectif, il lui fallait donc rompre le partenariat diplomatique et militaire qui existait depuis 1948 entre la France et Israël. La guerre des Six Jours lui a précisément offert le prétexte qu'il cherchait.

L'épisode le plus éclatant de ce réalignement (et certainement le plus célèbre) est la remarque faite par De Gaulle en novembre 1967, au cours d'une conférence de presse, selon laquelle les juifs formaient un « peuple d'élite, sûr de lui et dominateur ». L'importance de cette remarque a été relevée par le politologue Raymond Aron, qui y a vu un exemple classique d'attaque antisémite contre la présumée soif de pouvoir des juifs. Elle a également constitué le signal donné par De Gaulle pour signifier le nouveau tournant de la politique internationale française, qui devait aller bien au-delà de relations cordiales avec les Arabes pour adopter la cause antisioniste.

Le changement de posture de De Gaulle a aussi renforcé d'autres tendances idéologiques au sein de la société française, qui étaient déjà marquées à l'époque et qui restent importantes aujourd'hui. La première est la longue résistance des catholiques français à l'idée de voir la Palestine – la Terre Sainte – revenir sous le contrôle des juifs, qu'ils perçoivent comme les ennemis du Christ. Dans les faits, l'Église a toujours entretenu de bonnes relations avec les régimes musulmans dans le but de protéger les intérêts chrétiens dans la région. La sympathie qu'avait commencé par montrer la France pour l'État d'Israël avait perturbé ces efforts, mais De Gaulle leur a donné un avantage diplomatique décisif.

Un autre élément important a été le soutien apporté au revirement de De Gaulle par les partisans idéologiques des « pays non-alignés », pour reprendre le nom que l'on donnait alors au tiers-monde. Pour ces éléments de la politique française, le sionisme était une simple forme de colonialisme occidental, appuyé dorénavant par la force brutale des États-Unis impérialistes. Au fil des années, cette idée est devenue quasi universelle au sein de la gauche française, sans parler des intellectuels bien-pensants partout en Occident. En effet, l'une des tristes ironies de la politique française est que la gauche, par sa haine irréfléchie d'Israël, est devenue plus antisémite que l'extrême droite, avec sa longue histoire bien connue d'animosité à l'égard des juifs.

L'influence de la communauté universitaire française des « orientalistes » est un dernier facteur, souvent sous-estimé, expliquant l'attitude des élites françaises à l'égard du monde arabe. Revenons en arrière : un des résultats de la colonisation a été que les universités françaises ont été parmi les premières à développer des programmes d'études de l'Afrique du Nord et du Moyen-Orient. Mais ce domaine, malgré ses nombreux succès, s'est trouvé rapidement perturbé par quelques-uns des sous-courants idéologiques les plus malsains de la société française.

Le premier des grands orientalistes a été Louis Massignon (1883-1962), un intellectuel catholique qui a publié ses premiers livres il y a un siècle et qui, quand la France s'est embourbée dans l'affaire Dreyfus, a rejoint les cercles antisémites. Lui a succédé un fameux trio composé de Jacques Berque (1910-1995), Maxime Rodinson (1915-2004) et Vincent Monteil (1913-2005). Expert de l'Indonésie, Monteil s'est converti à l'islam et, après la Seconde Guerre mondiale, a souscrit à diverses théories niant la réalité de la Shoah. Pour ce qui est de Berque, qui a grandi dans le Maroc colonial, il a vécu pendant tellement d'années dans les pays arabes, tant en Afrique du Nord qu'au Moyen-Orient, qu'au bout d'un certain temps il est devenu progressivement incapable de maintenir une distance critique par rapport à son sujet.

Lorsque j'ai travaillé dans la section culturelle de l'ambassade de France au Caire, en 1988, Berque m'a régalé un jour, à déjeuner, d'anecdotes sur sa complète assimilation à la culture arabe. Au cours d'un voyage en Irak au début des années 1970, il avait prétendu être Marocain et avait été invité en tant que tel par l'imam d'une grande mosquée à commenter un verset coranique pendant le sermon du vendredi. Si l'imposture avait été démasquée, il aurait risqué la mort. Mais son arabe était si parfait (il était le seul membre non-arabe de l'Académie égyptienne des langues arabes) et sa connaissance des rites si étendue qu'aucun Irakien n'a pu déceler qu'il était français.

L'identification de Berque avec la culture arabe n'était pas seulement culturelle. En examinant ses déclarations politiques, on trouve un schéma clair. Il a qualifié la naissance d'Israël d'acte illégitime et insisté sur le fait que l'État juif ne survivrait pas plus de quelques années. En 1967, il a prédit que Nasser rayerait Israël de la carte. À la fin des années 1980, il a déclaré que Saddam Hussein était un grand socialiste, un chef d'État laïque qui apporterait la démocratie au Moyen-Orient, et a exigé que la France le traite comme un bon ami. Dans les dernières années de sa vie, il a fréquemment assuré que si l'islamisme pouvait faire des percées çà et là, il n'aurait jamais une prise solide sur les élites d'un pays comme l'Égypte.

Malheureusement, les héritiers de cette tradition orientaliste en France ont aujourd'hui les mêmes préjugés et ne sont pas plus fiables dans leurs jugements politiques. Gilles Kepel a affirmé, dans *Fitna : guerre au cœur de l'islam* (Gallimard, 2004), que l'islamisme était un échec et al-Qaida une force qui s'essoufflait, allant jusqu'à décrire les attentats du 11 septembre comme un acte de pur désespoir. Olivier Roy, auteur de *L'Islam mondialisé* (Seuil, 2004), voit dans l'islamisme un programme révolutionnaire qui répond à des aspirations populaires même quand il s'exprime en termes réactionnaires. Un autre universitaire, François Burgat, affirme dans *L'Islamisme en face* (1995, La Découverte) que les pays occidentaux devraient, au lieu d'affronter les dirigeants islamistes, engager un dialogue amical avec eux.

Rien de tout cela ne vise à laisser entendre que ces universitaires manquent de connaissances sur la situation politique du monde arabe. Mais ils donnent une image déformée de la situation, et ils le font à mon avis de propos délibéré. Désireux de dissiper tout sentiment de menace que l'Ouest pourrait ressentir, venant de l'islam ou des Arabes, ils minimisent à la fois l'importance de l'islam radical et la menace qu'il pose pour la paix internationale et la liberté. Nonobstant ce que disent les islamistes eux-mêmes, les orientalistes de France insistent sans relâche, par exemple, sur le fait qu'il n'y a pas de « choc des civilisations ».

L'effet que produisent ces points de vue sur le débat politique français dans son ensemble est profond. La génération actuelle des orientalistes est omniprésente dans les médias français, incontournable à la radio et à la télévision. Ils assurent au pays que l'islamisation progressive des banlieues, que chacun peut constater par soi-même, ne pose aucun problème. Ils laissent entendre que le seul problème d'Israël est son existence même. Ils inspirent la sympathie ouverte pour le Hamas, le Hezbollah et l'Iran que l'on trouve dans *Le Monde* ou *Libération*. Ils encouragent encore l'utilisation du terme « islamophobie » (une invention des religieux iraniens) dans le but d'ôter toute légitimité à tous ceux qui pourraient être tentés d'être en désaccord avec eux – à commencer par des individus comme Redeker.

Je ne suis ni un orientaliste, ni un expert sur la question de l'islamisme. Mais j'ai passé plusieurs années de ma vie au Moyen-Orient ainsi que dans d'autres pays musulmans, et je sais que la situation dans le monde musulman correspond très peu aux vœux formulés par tant d'universitaires, de journalistes ou de dirigeants politiques français. Un coup d'œil rapide sur la carte mondiale, de la Tchétchénie à Israël et à l'Autorité palestinienne en passant par le Liban, l'Iran, l'Irak, l'Afghanistan, le Soudan, la Somalie, le Cachemire, le sud de la Thaïlande et le sud des Philippines suffit d'ailleurs pour révéler que les guerres les plus destructrices de la planète sont actuellement celles qui sont menées au nom du djihad. Elles sont toutes alimentées par l'islamisme.

Je sais aussi que la montée de l'antisémitisme que l'on rencontre en France, associée à la tendance des élites de ce pays de parler de plus en plus d'Israël comme d'un État « provisoire », n'est pas seulement dangereuse en soi mais néfaste pour la France. Une République fondée sur les principes de liberté et d'égalité ne peut pas facilement s'accommoder d'idées aussi nauséabondes. La corruption est difficile à confiner, et les compromissions morales et intellectuelles qui permettent à un peuple éduqué de nier la nature et la réalité de la lutte contre l'islamisme – une lutte à laquelle l'Occident fait face dans son ensemble – risquent de gagner d'autres aspects de la vie publique.

Quand j'ai finalement réussi à joindre Redeker par courriel quelques semaines après qu'il soit parti se cacher avec sa famille, il était encore sidéré par ce qui venait de lui arriver. « Je n'avais jamais pensé qu'une telle chose pourrait arriver dans notre vieille République de France », m'a-t-il écrit dans un message court et stoïque. Moi non plus. Mais les choses ont changé. Ce qui était autrefois impensable a fini par se produire.

Chapitre 4
Des élites à la dérive

Le texte de Christian Delacampagne mettait en évidence la manière dont un climat intellectuel peut façonner une politique. C'est, disent Bernard Teper, Alain David, Pascal Bruckner, Antoine Spire et Alain Finkielkraut, à une part importante de nos élites qu'il faut reprocher la situation de Robert Redeker. Ces élites, qu'elles appartiennent au monde politique, au monde associatif, ou au monde intellectuel, n'ont pas voulu le défendre, et l'ont même condamné par opportunisme, aveuglement ou lâcheté.

L'IRRESPONSABILITÉ DE CERTAINS POLITIQUES

Pourquoi Voltaire doit être notre boussole

par Bernard Teper

Président de l'Union des familles Laïques (UFAL) et membre du groupe de travail Laïcité d'ATTAC, Bernard Teper considère que les premiers responsables de la situation de Robert Redeker sont certains hommes politiques, responsables de garantir en France la liberté d'expression.

Le philosophe Robert Redeker fait l'objet d'une atteinte scandaleuse de la liberté d'expression l'obligeant à vivre caché face à des menaces de mort relevant de la barbarie intégriste.

L'UFAL rappelle que les principes laïques et républicains placent dans l'ordre des raisons le respect intégral de la liberté d'expression avant toute autre considération du contenu du message écrit ou oral. Et que tout discours ou écrit (de Robert Redeker ou de tout citoyen) peut être réfuté dans un débat démocratique en présence de son auteur ou porté devant les tribunaux en cas de diffamation ou d'infraction à la loi. Il est symptomatique de voir qu'aucune plainte n'a été déposée devant les tribunaux sur cette affaire. Comment alors accepter que l'on qualifie de raciste un texte qui ne l'est pas et que personne ne le porte devant les tribunaux alors que le délit de racisme est condamné par la loi ?

Force est de constater qu'à côté de l'urgence sociale et politique qui caractérise notre société, il y a une urgence citoyenne à proclamer face à l'absence de réaction unanime de l'arc politique démocratique. Nous sommes habitués à voir le non-respect des principes républicains et laïques de la part de l'extrême droite. Mais dans cette affaire, du gouvernement de droite, à la gauche et à l'extrême gauche, des réactions scandaleuses ont été notées.

La transformation d'une victime en coupable

Dans tous les cas, un gouvernement républicain doit d'abord défendre la liberté d'expression et de conscience, principe premier dans l'ordre des raisons, ainsi que protéger tout citoyen de la barbarie intégriste en respectant l'article 2 de la Déclaration des droits de l'homme et du citoyen qui assure le droit à la sûreté pour tout citoyen.

Au lieu de cela, le ministre Gilles de Robien – puis récemment un autre ministre, Renaud Donnedieu de Vabres – semble estimer qu'une autocensure qu'il appelle « devoir de responsabilité » doit s'appliquer aux élites intellectuelles. Honteux !

Un exécutif républicain ne doit pas se soumettre à des oukases de la barbarie intégriste ou laisser supposer que les responsabilités sont partagées lorsqu'un principe de la République, qui doit toujours rester premier dans l'ordre des raisons, est bafoué.

Comme dans l'affaire des caricatures, une seconde attaque s'abat sur Robert Redeker. N'aurait-il pas, tout de même, tenu des propos racistes, islamophobes ? Cette fois-ci, cette diatribe provient de la gauche et de l'extrême gauche. À une première opération qui transforme la victime en coupable s'ajoute un dispositif prétendument altruiste : l'islamo-progressisme.

Transformer la victime en coupable est une figure connue : c'est comme transformer une femme violée en coupable. Elle l'a bien cherché diront les hommes et les femmes qui restent dans un état de nature ! Et les bonnes âmes en appelleront à une autocensure pour ne pas provoquer les violeurs comme il ne faut pas provoquer la barbarie islamiste. On voit bien dans cette comparaison le scandale de ce processus intellectuel. S'y ajoute une nouvelle forme apparemment plus raffinée, basée sur un processus supposé moral : l'islamo-progressisme qui, contrairement au violeur qui ne veut que se sauver lui-même, serait censé sauver les autres et donc toute l'humanité.

Cette nouvelle forme provient d'un syndrome post-colonial où de nombreux militants de gauche ou d'extrême gauche, sans doute parce qu'ils se sentent coupables, à tort, des pratiques de la génération de leurs parents ou de leurs grands-parents pendant la colonisation, ont mis au point ce processus moral pour constamment donner des circonstances atténuantes à la barbarie islamiste censée résister à l'impérialisme américain et à ses alliés. Et cet islamo-progressisme, appliquant l'adage que « les ennemis de mes ennemis sont mes amis » peut même pour certains se transformer en appel à l'alliance de l'altermondialisme et de l'antilibéralisme avec le communautarisme en général et l'intégrisme islamiste en particulier. Au mépris de tout principe émancipateur. Cette figure de l'islamo-progressisme est en fait une figure de soumission *in fine* à l'exploitation et à la domination car elle refuse de soutenir par ailleurs tous ceux qui, dans les pays arabes et musulmans, luttent pour la laïcité, pour le droit des femmes, pour les droits sociaux (y compris ceux qui luttent en plus contre la présence états-unienne au Moyen-Orient d'ailleurs), comme nous devons le faire dans tous les pays du monde sans exception. Ainsi, lorsque l'UFAL et l'association Algérie ensemble organisent une réunion laïque internationale pour les 10 et 11 février 2007 en mairie de Montreuil à la demande des combattants antilibéraux, laïques et féministes des pays arabes et musulmans, les islamo-progressistes refusent le soutien à cette manifestation.

Cette figure de l'islamo-progressisme néglige le fait que l'intégrisme islamiste ou islam politique, comme tous les communautarismes et intégrismes, sont en fait un allié du néolibéralisme. Vouloir combattre ce dernier en s'appuyant sur les premiers est en fait comme se tirer une balle dans le pied pour courir plus vite ! Tout ce qui segmente l'humanité ou qui segmente les principes émancipateurs doit être combattu.

Cette figure complaisante pour l'islam politique juge très durement le christianisme, la religion des oppresseurs, mais l'islam politique, censé être la religion des pauvres, est du bon côté de la barrière ! Outre qu'il y a dans cet amalgame un souverain mépris pour les musulmans – car il s'efforce de coaliser les musulmans autour d'une minorité dogmatique et intégriste à laquelle ils sont sommés de s'identifier –, comme s'ils devaient, du fait même de leur religion, être plus sensibles et plus réactifs que d'autres, comme s'il fallait faire exception pour eux, comme s'il n'y avait pas chez les personnes de culture musulmane des athées, agnostiques ou musulmans laïques respectant la séparation de la sphère publique et de la sphère privée. Comme si, issu de culture musulmane, on n'avait pas le droit de lui être indifférent ou hostile. De plus, cette division en deux entre riches et pauvres est une reprise de la doctrine sociale de l'Église voulant supprimer la division entre exploiteurs et exploités d'une part et dominants et dominés d'autre part. Ce dispositif de la pensée rappelle bien sûr d'autres moments historiques dans d'autres parties du monde, tout aussi tragiques.

Ainsi l'islamo-progressisme, comme naguère d'autres dispositifs de conscience politique, n'est pas un parti, ni même un corps de doctrine, mais un dispositif de pensée qui, au prétexte de secourir une figure emblématique de la souffrance qu'on a qualifiée et unifiée *a priori*, s'érige en valeur morale inquisitoriale et forme autour de lui un rempart de bonnes opinions.

Du texte de Robert Redeker

Une fois dit ce qui est écrit plus haut, qui revient à soutenir sans réserve Robert Redeker, à l'instar du grand Voltaire, pour le droit de chacun de dire et de proclamer tout ce qui n'est pas raciste et attentatoire aux libertés, ces derniers délits étant condamnables par toute loi laïque et républicaine, il est possible de dire :

1) que le texte de Robert Redeker n'est pas raciste et n'est qu'une opinion ;

2) que je ne partage pas cette opinion notée dans le texte incriminé tant il absout les autres ouvrages des religions du Livre de critiques qui auraient pu être les mêmes que ceux qu'il réserve au Coran.

Cela dit, je conclurais en répétant ce que j'ai dit en début d'exposé, que l'on ne peut pas mettre au même niveau une critique d'une opinion avec les menaces de mort de la barbarie de l'islam politique. Quand on en vient à vouloir attenter à la liberté d'expression par la peur et la violence physique et morale, cela demande une insurrection des consciences pour combattre, avant toute autre chose, toutes les figures de la barbarie.

CONFUSIONS ET LÂCHETÉS INTELLECTUELLES

Comment peut-on être de si mauvaise foi ?

par Alain David

À l'irresponsabilité des politiques répond celle d'intellectuels, dont Alain David fustige le refus dogmatique d'affronter la réalité. Professeur de philosophie, directeur de programme au Collège International de Philosophie, membre du Bureau exécutif de la Licra, il est l'auteur de *Racisme et Antisémitisme ; essai de philosophie sur l'envers des concepts* (Ellipses, 2001).

Dans sa livraison de novembre, la revue *Esprit* publie, sous la plume d'Olivier Roy, un article concernant Robert Redeker. Cet article engage-t-il *Esprit* ? Quoi qu'il en soit, par son prestigieux lieu d'édition, par la personnalité de son auteur, il ne saurait être sous-estimé. Il est symptomatique de quelque chose en France dont il est important de prendre la mesure et, si j'ose dire, qu'il faut affronter. Olivier Roy énonce plusieurs thèses, enchevêtrées, que je résume ici en 8 points :

1) Ce n'est pas l'islam qui menace la vie de Redeker.

2) Celui qui menace Redeker, c'est n'importe quel individu, sur la toile, dont les élucubrations ressemblent aux rodomontades du vicomte de Villiers.

3) À défendre Redeker contre l'islam, on ne fait que conforter l'image déformée qu'on a soi-même de l'islam.

4) Au-delà de Redeker, et de façon plus essentielle, c'est du sort de la liberté d'expression qu'il s'agit.

5) Celle-ci est en effet instrumentalisée par ceux qui

prétendent la défendre, réclamant le droit au blasphème quand ça les arrange, le contestant par tribunaux interposés sinon.

6) La judiciarisation de la mémoire, et non les actions de quelques fanatiques, est le vrai danger qui guette la liberté d'expression.

7) Redeker s'est placé dans une position symétrique à celle de Dieudonné, celle du racisme.

8) Oui, il faut défendre Redeker au nom de la liberté d'expression, qui inclut le droit à la bêtise, mais ce droit n'est pas un devoir.

Je voudrais affirmer ce soir devant vous – en ma qualité de philosophe, de militant, de citoyen et d'homme – d'homme et de citoyen – comme l'ami de Redeker que j'ai été et dont je me plais à me souvenir ce soir qu'il m'a dédié un livre – que chacune de ces thèses est fausse. Je veux dire par là d'abord que chacune blesse profondément ce que je crois être, les unes et les autres des identités que je viens de décliner. Car, enfin, les individus qui menacent Redeker ne sont peut-être pas l'islam, mais c'est bien au nom de l'islam qu'ils le menacent, il suffit de lire leur prose pour être édifié. Ces menaces ne seraient-elles, comme le prétend Olivier Roy, que des rodomontades de personnalités isolées ? À nouveau, rien ne permet de le dire ; et quand bien même, il faut se souvenir que les attentats de Londres n'ont été commandités par personne, non plus que le meurtre de Theo Van Gogh. Si demain Redeker est assassiné, je souhaite à Olivier Roy de garder cette même équanimité qui lui permet d'affirmer que tout cela ne fait pas problème et n'est en fin de compte qu'une affaire de police. Enfin, je voudrais surtout insister sur un autre argument, qui représente à mes yeux le comble de la confusion, car il s'agit bien de confusion – à moins qu'on ne cherche sciemment à égarer les esprits – que de mettre côte à côte d'une part la menace contre Redeker, ou la menace contre la représentation en Allemagne d'*Idoménée*, et, d'autre part, les procès menés contre Bernard Lewis, contre Edgar Morin, contre Petré-Grenouilleau. Les procès à mon sens ne menacent pas la liberté d'expression, ils la garantissent, tout au contraire : imaginons seulement que ses adversaires, au lieu de décréter sa mort, aient fait un procès à Redeker ! On serait revenu à l'humanité. Militant de la Licra, je peux éventuellement juger inopportunes les poursuites engagées contre tel ou tel (par exemple contre les trois personnages cités) mais je ne trouve pas choquant qu'au moment où quelqu'un, qui que ce soit, a le sentiment d'être blessé dans sa mémoire ou dans son identité, il puisse se tourner vers le juge pour lui demander de vérifier le droit ; je trouve inquiétant en revanche qu'un intellectuel s'offusque du recours au droit, qu'il y voie même un danger, au même titre que les menaces criminelles contre la liberté d'expression.

Et puis – la flèche du Parthe – Redeker serait raciste. Je voudrais répondre d'abord, comme n'importe qui le ferait dans un tel cas, en apportant ici, avant même de donner des raisons, ma caution personnelle : Redeker raciste, je le jure, c'est absurde, c'est odieux ; en apportant en outre la caution de tous ceux qui l'ont connu, qui le connaissent, qui témoignent par leur vie même de l'impossibilité de l'allégation : par exemple tous ses amis des *Temps modernes* ; en apportant encore, dans ce registre du témoignage, le souvenir d'une lettre de Deguy, où au Collège international de philosophie, dans des circonstances semblables (mais infiniment moins dramatiques), ce dernier nous avait réunis dans une même déclaration chaleureuse d'amitié. Cependant, il s'agit aussi, de plus, d'argumenter : au-delà de l'intime conviction, jusqu'à quel point peut-on reprendre l'argument d'Olivier Roy ? Je dirai simplement que remplacer le mot « musulman » par le mot « juif » pour mettre en exergue le mot de racisme est un bien mauvais argument, un argument qui en dit sans doute d'abord trop long sur quiconque se risque à l'avancer, car « musulman » n'a pas joué dans l'histoire contemporaine un rôle comparable à celui du « signifiant juif » – ou pour le dire dans les avant-derniers termes à la mode, la judéophobie est peut-être devenue le symétrique d'islamophobie, mais l'antisémitisme – l'antisémitisme qui a une longue et terrible histoire, et qui affecte directement, dans sa complexité l'identité occidentale – n'est pas une espèce particulière d'un genre qui serait le racisme. Lorsque Redeker s'en prend à l'islam, il vise la violence de ceux qui, aujourd'hui, se réclament de l'islam pour mener leur guerre, et qui ont pour ennemis à anéantir « les Juifs et les Croisés » – tout cela dans les termes d'un antisémitisme qui a pignon sur rue dans la plupart des pays musulmans. Je ne cherche pas ici à discuter le fond de l'article de Redeker, je dis qu'il n'essentialise personne, que ce n'est pas une entité ethnique, « vraie ou supposée » (comme le dit cette loi de 1972 qu'Olivier Roy, selon sa logique, pourrait récuser), que Redeker met en cause, mais une idéologie, accompagnée de pratiques.

Voilà. Je me suis senti, je l'ai dit, blessé par ce qui arrive de la sorte, en France aujourd'hui, et j'ai voulu contester les arguments blessants, ce qui en l'occurrence n'était pas très difficile. Je terminerai sur une question qui, me semble-t-il, derrière tout cela, doit nous donner à réfléchir : pourquoi, comment se fait-il, que des gens si intelligents, si cultivés, produisent, lorsqu'il s'agit d'une affaire comme celle qui nous réunit ce soir, des raisons aussi faibles ?

DES ASSOCIATIONS ANTIRACISTES QUI SE FOURVOIENT

Soutien inconditionnel et discussion critique

par Antoine Spire

Antoine Spire est ancien membre de la Ligue des droits de l'homme et directeur du département recherche en sciences humaines et sociales de l'Institut national du cancer. Il s'affirme à la fois inconditionnellement aux côtés de Robert Redeker et en profond désaccord avec ses propos.

La vie de Robert Redeker a basculé le 19 septembre 2006 lorsque *Le Figaro* publia son article qui dénonçait violemment l'islam, cette religion qui « exalte violence et haine » et Mahomet, « ce chef de guerre impitoyable, pillard, massacreur de juifs et polygame ».

Dès le lendemain, il était désigné à la vindicte publique par un influent prédicateur musulman sur la chaîne Al Jazeera comme l'islamophobe du moment et submergé de courriels et de messages de plus en plus violents, et enfin menacé de mort sur un site internet dont la proximité avec al-Qaida est avérée.

Immédiatement, à la demande des autorités de police, le voilà contraint de quitter son domicile avec sa femme, de mettre à l'abri ses enfants, de renoncer à son enseignement et aux conférences qu'il devait assurer, de changer de refuge en permanence et de vivre en paria, protégé au point d'être privé de liberté.

Lorsque le comité central de la Ligue des droits de l'homme décida de traiter de cette « affaire », la direction, le bureau (politique !) avait déjà pondu son communiqué. Au lieu de défendre avant tout la liberté d'expression d'un philosophe menacé de mort pour avoir critiqué l'islam, la Ligue a d'abord fait état de son rejet « d'idées nauséabondes » avant de concéder : « Quoi que l'on pense des écrits de Monsieur Robert Redeker, rien ne justifie qu'il subisse un tel traitement… » Mais l'ambiguïté et la timidité de ce soutien s'accommodait mal avec l'intransigeance qu'exige le combat pour la liberté d'expression. La Ligue a également refusé d'évoquer le nom de Salman Rushdie pour faire comprendre la situation de Robert Redeker, car elle estime que le fait d'être menacé par des organisations terroristes et non pas par des États change du tout au tout la perspective. Pourtant, tous les observateurs sérieux s'accordent à dire que le terrorisme islamique fonctionne désormais principalement en dehors des États. Et d'oublier évidemment le sort que d'autres islamistes firent subir au cinéaste Theo Van Gogh, assassiné pour ses idées « nauséabondes ».

Ce fut pour Cédric Porin et moi-même la goutte d'eau qui a fait déborder le vase de nos désaccords et nous a conduits à quitter la LDH. Mais ces faits m'incitent à m'interroger sur la façon dont on peut totalement se solidariser avec Robert Redeker – victime de terribles menaces sur sa vie et sur celles des siens – et en même temps discuter, voire critiquer ses idées sans pourtant atténuer sa solidarité. Le langage de la LDH était clair. Elle condamnait d'abord les idées nauséabondes avant de défendre mollement la liberté d'expression. Pour nous, la défense des droits d'expression de Robert Redeker est l'essentiel. Mais, pour autant, est-il possible de taire les désaccords qu'on peut avoir avec son article du *Figaro* ?

Cette question fut relancée par l'utilisation du mot « inconditionnel » par certains défenseurs de Robert

Redeker. En quoi peut-on parler d'inconditionnalité ? On ne peut marchander notre soutien à un homme qui est menacé de mort pour ce qu'il exprime. Mais, pour autant, on peut dire son désaccord avec le contenu de son point de vue. Précisons même qu'il ne peut y avoir aucune symétrie entre la violence d'une menace de mort et celle d'un texte polémique. Mais ce texte peut appeler la critique, non pas l'accusation stupide de « racisme » comme l'ont affirmé des militants du Mrap, de la Ligue des droits de l'homme, mais des critiques sur l'absence de partage entre l'islamisme et l'islam et sur la qualification de « violente » pour la seule religion musulmane.

Difficile de ne pas trouver dans la Torah comme dans les Évangiles des passages où la violence n'a rien à envier à celle du Coran. Dans le Deutéronome, Moïse appelle à combattre « les étrangers » qui se mettraient en travers du chemin. « Vous détruirez leurs autels, vous briserez leurs stèles, vous couperez leurs pieux sacrés, et vous brûlerez leurs idoles. » Dans les Évangiles, Jésus renverse avec énergie les étals des marchands du Temple et proclame par exemple : « N'allez pas croire que je suis venu apporter la paix sur la terre. Je ne suis pas venu apporter la paix mais bien le glaive. »

Cela dit, il est une question de conjoncture. C'est au nom de l'islam qu'un terrorisme débridé se répand sur toute la planète et c'est au nom de l'islam qu'on opprime les femmes en leur contestant le droit à l'égalité civique et citoyenne. En France, la pointe agressive de l'offensive catholique contre les libertés est pour le moins émoussée. Si dans les pays de l'Est ou au Portugal, les chrétiens continuent à interdire l'avortement et la liberté de disposer de leur corps au genre féminin, ils ne sont plus que minoritaires dans l'Hexagone. Quant aux intégristes juifs, ils sont bien trop peu nombreux pour risquer d'imposer leur orthodoxie à toute la société. Aussi Robert Redeker aurait-il pu expliquer que tous les intégristes sont liberticides et violents mais que, conjoncturellement, le plus menaçant dans le monde et en France était l'intégrisme islamique, au lieu de vouloir expliquer que la violence du terrorisme islamique puisée dans le seul Coran qualifié de livre « d'une inouïe violence ».

Qui ne sait aujourd'hui que ceux qui ont détruit le World Trade Center avaient une lecture pour le moins distante du Coran ? L'idéologie dont témoignent, par exemple, les documents retrouvés dans le coffre de la voiture de Mohamed Atta est un salmigondis qui mélange quelques préceptes coraniques avec des textes dont l'origine musulmane n'est pas confirmée. Les appels politiques à la violence sans source religieuse évidente voisinent avec des sourates sélectionnées malgré leur ambiguïté.

Enfin, Robert Redeker oppose « le monde libre » au monde musulman... Pourtant, il sait comme chacun d'entre nous que l'injustice sociale altère parfois profondément la liberté de certains de nos concitoyens et que la liberté en Turquie n'a rien à voir avec le climat liberticide de l'Arabie Saoudite ou du Soudan. Alors, ne peut-on s'affirmer inconditionnellement aux côtés de Robert Redeker contre les menaces insupportables qu'il subit, mais en même temps en franc désaccord avec une critique trop partisane du seul islam ?

DES COLLABOS
DANS DES HABITS DE RÉSISTANTS

Une fatwa au pays de Voltaire

par Pascal Bruckner

Le romancier et essayiste français dénonce ici une « double fatwa » : celle des islamistes, et celle de la communauté intellectuelle française. (Ce texte a également paru dans *Libération* le mardi 21 novembre 2006.)

L'affaire Redeker constitue la régression d'un principe fondamental de la France : la liberté de l'esprit. Ce professeur de philosophie dans un lycée des environs de Toulouse, objet d'une fatwa pour un article paru dans *Le Figaro* début septembre, n'a jamais bénéficié du soutien unanime d'un Salman Rushdie, condamné lui aussi à mort pour blasphème par les religieux d'Iran en 1989, à la suite de la publication des *Versets sataniques*. Au contraire. La gravité de la chose aurait dû entraîner une solidarité inconditionnelle, quoiqu'on pense de l'article incriminé. Mais lâché par ses collègues de l'Éducation nationale et son ministre de tutelle, oublié par la quasi-totalité des politiques, Redeker a dû en plus subir les prêches et les sarcasmes de ceux qui prétendaient l'aider. Feignant de protester contre son sort, ces derniers, avec une rare bassesse, s'empressèrent d'ajouter qu'il l'avait bien cherché. L'islamologue officiel de l'État français, Olivier Roy, après avoir dénoncé le « tissu d'imbécillités » du texte de Redeker, accusait ce dernier d'avoir « chatouillé la fatwa », manière d'avertir quiconque écrit sur l'islam qu'il doit s'autocensurer sous peine d'encourir le châtiment suprême ; le Mrap, égal à sa réputation, avertissait Redeker que, s'il était mis à mort un jour, il n'aurait à s'en prendre qu'à lui-même ; quant à l'historien Jean Beaubérot, il comparait notre philosophe ni plus ni moins au pamphlétaire antisémite de la fin du XIXe siècle : Édouard Drumont !

C'est donc bien, au pays de Voltaire, une double fatwa qui a frappé Redeker : celle des tueurs qui l'ont désigné à la vindicte, celle de la bien-pensance qui a redoublé le verdict par un discrédit unanime. Tous ces défenseurs acharnés de la liberté d'expression cachaient mal l'envie de liquider le trublion, au moins par les mots. Terrible solitude du proscrit, privé de son salaire, contraint de vivre reclus sous protection policière et désavoué par ceux-là même dont il attendait un geste.

Redeker serait donc un idiot doublé d'un raciste, un obscur qui a voulu s'élever à la lumière publique en commettant un brûlot indigne. Sans nous prononcer ici sur la teneur de son article, notons tout de même que pour avoir souligné le lien, à ses yeux consubstantiel, entre l'islam et la violence, Redeker fut immédiatement condamné à mort. Quel lapsus ! « Nous sommes tolérants, disent les islamistes, et si vous soutenez le contraire, nous vous tuerons. » Mais depuis quand une religion est-elle une race ? Depuis que les mollahs iraniens, à la fin des années 1970, pour préserver la révolution de Khomeyni de toute critique, ont forgé le terme piégé d'islamophobie. Calqué sur celui de xénophobie, il rend impossible toute attaque contre la religion du Prophète, sauf à être taxé de racisme. Géniale invention : elle permet de tarir le débat intellectuel en le confondant avec le combat antiraciste, place le premier sous l'égide du second, refuse la confrontation des idées au motif qu'elle relèverait du mépris, voire de la haine. L'islam rassemble des individus de toutes origines, Arabes, Perses, Turcs, Africains, Asiatiques, Européens et ne se réduit pas à une ethnie précise ou à une essence immuable. Mais pour les intégristes, il s'agit bien sûr de le sacraliser, d'en faire un objet intouchable, de le soustraire à toute relecture moderniste. Autant le racisme s'attaque aux personnes, le Noir, le juif, l'Arabe, le Chinois, le Blanc en tant qu'elles sont ce qu'elles sont, autant l'exégèse religieuse porte sur des textes historiques toujours susceptibles d'interprétations nouvelles, d'éclairages inédits. Une croyance n'est pas une race, une opinion non plus. Parlera-t-on un jour de « christianophobie » parce qu'on est en désaccord avec Rome ou le Nouveau Testament, de « bouddhophobie », d'« hindouophobie » ?

Face à l'extrémisme religieux, il n'est au fond que trois attitudes. Il y a ceux qui, athées, musulmans, juifs, chrétiens, agnostiques, ont décidé de résister aux délires des barbus par la réfutation, les écrits, l'étude des textes et tentent de refroidir l'ardeur meurtrière de la foi ; il y a les sceptiques qui ricanent, tournent la tête et ne veulent rien savoir de la menace ; il y a enfin, minoritaires mais très influents, les amis du fanatisme, à droite, à gauche ou à l'extrême gauche, qui flattent ce dernier, l'encouragent, le parent des plus beaux atours, le respect d'autrui, le dialogue des cultures, l'antiracisme. Les collabos d'aujourd'hui ont besoin de se déguiser en résistants. C'est l'honneur de Redeker que d'avoir démasqué ces militants de la servitude volontaire. Le meeting en son honneur organisé, le 15 novembre à Toulouse, sous l'égide du Crif est apparu comme une étrange combinaison d'entêtement et de fragilité. Ému, presque embarrassé par l'hommage qui lui était rendu, cet homme timide, aux allures effacées, n'en a pas moins réaffirmé sa volonté de se battre, jurant qu'il ne regrettait rien ni du texte écrit ni des épreuves traversées. Ceux qui le lisent depuis de nombreuses années avec admiration savent que ce membre du comité éditorial des *Temps modernes*, issu du monde ouvrier, républicain convaincu et philosophe acéré, n'a jamais cédé sur ses convictions, que ce soit dans la lutte contre l'injustice sociale, les dérives du sport, l'effondrement de l'école. Robert Redeker mérite notre soutien et notre respect.

***

VOLTAIRE ÉCRASÉ PAR L'INFÂME

La blessure de la liberté

par Alain Finkielkraut

Le philosophe et écrivain français Alain Finkielkraut dénonce ici l'immunité morale dont semble jouir aux yeux de nombreux intellectuels français le monde arabo-musulman.

La France était le pays de Voltaire écrasant l'Infâme. Elle n'était heureusement pas que cela, mais elle était cela aussi. Ces dernières semaines, je me suis anxieusement demandé si la France ne devenait pas le pays où l'Infâme pouvait écraser Voltaire, comme si de rien n'était ou, du moins, avec des circonstances très, très atténuantes.

Pour avoir mis en cause, sans prendre de gants, la violence de l'islam, le philosophe Robert Redeker a perdu la liberté d'enseigner et celle d'aller et venir. Menacé de mort par des fanatiques sans frontières, il vit protégé, c'est-à-dire prisonnier. Cette séquestration épouvantable, cette menace Internet, cette intimidation de la vie de l'esprit, cet affront sans précédent à la souveraineté nationale ont suscité certes des réactions, mais des réactions embarrassées, des réactions timides, un soutien du bout des lèvres à l'homme traqué. On l'a défendu avec les pincettes du dégoût. Tout le monde ou presque a répété que la liberté d'expression était un droit imprescriptible, mais le premier réflexe du ministre de l'Éducation nationale, bientôt relayé par son collègue de la Culture, a été de rappeler à ce fonctionnaire effervescent son devoir de réserve, tandis que la Ligue des droits de l'homme jugeait ses idées « nauséabondes », que *Le Canard enchaîné* se déchaînait contre lui et que l'islamologue Olivier Roy écrivait dans la revue *Esprit* qu'« on ne peut pas distinguer un mauvais racisme (l'antisémitisme de Dieudonné) d'un bon comme serait celui de Redeker », et surenchérissait en déclarant au journal *Libération* que « ceux qui s'amusent délibérément à chatouiller la fatwa » ne doivent pas s'étonner des réactions suscitées par leur provocation débile. Quant au journaliste et romancier Gilles Martin-Chauffier, il a lâché la bride au dégoût et écrit ceci : « Il faut être d'une malhonnêteté intellectuelle stupéfiante pour signer une chronique aussi haineuse que celle de Robert Redeker. Et c'est cracher à la figure de la liberté de pensée que de prendre la défense de ce simplet qui ne songe qu'à acquérir la notoriété ouvrant la porte des grands éditeurs. » Afin de ne pas jeter de l'huile sur le feu, on a jeté, à pleines poignées, le discrédit sur le fauteur de troubles.

Moins d'un an après l'affaire des caricatures, on n'a rien trouvé de mieux, de tous côtés, que de lui faire grief d'être caricatural. Il est donc temps et plus que temps de libérer le oui à Redeker du mais qui l'entrave, qui l'étouffe et qui finalement le bâillonne. Si nous ne voulons pas laisser s'instaurer dans l'espace public le règne de l'autocensure, notre soutien doit être inconditionnel. Il n'y a pas de mais qui tienne, car ce mais conduirait demain à expurger les librairies et les bibliothèques d'œuvres aussi islamiquement incorrectes que *Jusqu'au bout de la foi*, de Naipaul, ou *Tristes tropiques*, de Lévi-Strauss.

La critique de l'islam esquissée par Redeker est-elle pertinente ? Ce n'est pas l'invalider, en tout cas, que de vouloir, au nom du Coran, punir de mort celui qui affirme que le Coran est violent. Et quand bien même il aurait tort, son argument n'est pas raciste, contrairement à ce que disent Olivier Roy, la direction actuelle du Mrap et les mouvements vigilants armés, pour nous faire marcher droit, du gourdin de la lutte contre l'islamophobie. Redeker ne s'en prend pas à une communauté, il dénonce ce qu'il croit être l'intolérance et le bellicisme d'une doctrine. Aux esprits férus de justice sociale que sa véhémence indigne parce que cette doctrine est la religion des pauvres, rappelons que la même logique compassionnelle faisait dire à Sartre, en pleine glaciation stalinienne : « Tout anticommuniste est un chien. » Si nous voulons empêcher la victoire de l'Infâme, il faut en finir avec l'idée que ceux qui ont le label de l'humilié, du dominé, du damné de la terre, sont innocents même quand ils sont coupables, et que les « dominants » sont coupables même quand ils sont innocents.

Et puis, on l'oublie trop souvent : la liberté d'expression n'est pas une sinécure. Ce droit de l'homme n'est pas seulement mon droit. L'homme, c'est moi, mais ce n'est pas que moi. L'homme, c'est aussi les autres hommes et leur droit insupportable de dire des choses que je n'ai pas envie d'entendre, des choses qui m'énervent, qui m'effraient, qui me blessent, qui m'accablent, qui m'écorchent vif, qui me font mal. Dans une société ouverte, aucune conviction n'est souveraine, ce qui fait qu'elles sont toutes en colère. « Ma liberté n'a pas le dernier mot, je ne suis pas seul », écrit Emmanuel Levinas.

Voilà sans doute pourquoi la liberté d'expression est si fragile. Il y a des gens qui ont envie d'être seuls ou, plus exactement, d'être seuls à être. Il nous incombe d'inhiber ce désir, de le vaincre en nous et hors de nous. C'est visiblement une question de vie ou de mort.

Chapitre 5
Il ne faut pas confondre islam et islamistes

Si une certaine lâcheté et un certain neutralisme menacent le milieu intellectuel français, il ne faut pas tomber dans le travers symétrique. Pour cette raison, un certain nombre d'intervenants tient à mettre en garde contre les dérives essentialistes qui, selon eux, menacent en partie notre climat de pensée. Oui, il faut défendre la liberté d'expression, mais il ne faut surtout pas, ce faisant, stigmatiser une religion. Ce serait jouer le jeu des détracteurs de cette liberté de pensée, qui n'ont qu'un désir, créer deux blocs caricaturaux, l'un occidental et judéo-chrétien, l'autre oriental et musulman, que leur essence pousserait à un inéluctable affrontement total.

Ainsi, Caroline Fourest tient à rappeler qu'islam et islamisme ne sont pas des synonymes, et que l'exercice d'un regard critique permanent sur l'islam est la meilleure façon d'en faire des antonymes absolus. Catherine Kintzler insiste, quant à elle, sur la nécessaire distinction à faire entre pieux et fanatique. Les religions sont ce qu'en font les croyants, et rien d'autre, affirment à l'unisson Laure Adler et Marc Lefèvre. Il ne faut pas que les musulmans soient discrédités par les actions et les discours d'une poignée de fanatiques dont le discours n'a pas de légitimité. Car enfin les musulmans – en particulier les femmes, rappelle Chahla Chafiq – souffrent de l'amalgame, et ce n'est certes pas les aider que les infantiliser.

***

PAS DE RELIGION SANS CRITIQUE

De la nécessité de critiquer pour discerner

par Caroline Fourest

Féministe et journaliste, fondatrice de la revue *Prochoix*, Caroline Fourest est l'auteur de *La Tentation obscurantiste* (Grasset, 2005) qui a reçu en 2006 le prix du livre politique de l'Assemblée nationale, et du *Choc des préjugés : l'impasse des postures sécuritaires et victimaires* (Calmann-Lévy, 2007). Elle rappelle ici que l'évolution des religions est toujours passée par la critique et qu'il faut tâcher de trouver un équilibre entre le relativisme culturel et la capitulation.

L'affaire Redeker n'est ni le premier ni le dernier soubresaut d'une époque où prendre sa plume sur l'islam peut susciter un retour de flamme. Non pas des « un milliard de musulmans » dont aiment à se revendiquer les fanatiques. Mais de la part de quelques hommes-grenades dégoupillés par l'endoctrinement, sur fond de foules soigneusement encadrées par des États tyranniques. Les deux soufflant sur les braises du complot ourdi par « les ennemis de l'islam » pour entretenir une vision paranoïaque propre à masquer leur part de responsabilité dans ce chaos. En Europe, le risque est moins de mourir pour ses convictions que de céder à la panique et à l'autocensure sous prétexte de ne pas « mettre de l'huile sur le feu ». Au moment de l'affaire des caricatures, des gardiens supposés de la liberté d'expression ne nous ont-ils pas ordonné de respecter l'« extrême sensibilité des musulmans ». En leur épargnant l'exigence démocratique ? Cette forme de relativisme culturel ressemble à une capitulation. Elle ne peut que donner raison aux partisans de l'intimidation. Alors même que l'islamisme et même l'islam ont plus que jamais besoin de se frotter à l'esprit critique. En particulier en Europe. Les musulmans éclairés du monde entier nous envient ce degré de liberté et de laïcité dont ils ne bénéficient pas ailleurs pour résister aux intégristes. Pour eux, pour nous, pour l'avenir, il faut continuer à parler. Sans céder à la peur panique ni aux raccourcis. Sans confondre islam et islamisme. Ni accuser le moindre esprit critique d'« islamophobie ».

L'AMALGAME EST UN DANGER

Les réserves des redresseurs de torts

par Catherine Kintzler

Catherine Kintzler est professeur de philosophie. Elle a notamment publié *Qu'est-ce que la laïcité ?* (Vrin, 2007). Elle en appelle ici à la nécessité urgente de la distinction, de la nuance, de la mesure, contre toutes les théories du choc des civilisations.

Il ne suffit pas que la tête de Robert Redeker soit mise sous contrat meurtrier, il ne suffit pas que, au motif légitime de sa protection, il soit placé en état de réclusion hors droit. Dans le silence qui lui est ainsi imposé, il lui faut encore endurer de doctes « réserves » qui, en maintenant l'espace critique comme s'il ne s'était rien passé, esquissent déjà une forme d'oraison funèbre : n'aurait-il pas, tout de même, tenu des propos de café du commerce, « indignes d'un professeur de philosophie » ? Manière civilisée mais féroce qui, invitant à regarder ailleurs, s'aveugle au consentement, donné le temps d'une incise, à ce qui n'est rien d'autre qu'une peine de mort prononcée par une juridiction d'exception. L'étourdi qui, du fond de son salon hyperprotégé, scrute son texte comme si rien n'avait eu lieu traite en réalité Redeker, de fait soustrait à l'espace critique vivant, comme s'il était mort.

Mais il y a plus fort. Comme dans l'affaire des caricatures, une véritable peine infamante, opprobre des temps modernes, se déchaîne sur lui à travers l'expression de « soutiens » qui viennent l'achever comme la corde soutient le pendu : n'aurait-il pas, tout de même, tenu des propos excessifs, « racistes », « haineux », « islamophobes » ?

Transformer péremptoirement en délit ce qui relève de la simple opinion n'est ici qu'une façon de convertir la victime en coupable. On reconnaît l'argument du violeur : « elle l'a bien cherché ! » Mais, à la différence du violeur qui vise à se sauver lui-même, l'opération de conversion prend ici les oripeaux de l'altruisme : n'est-il pas hautement salutaire de pourfendre le racisme et la xénophobie ? Loin d'être de vulgaires accusateurs, les procureurs qui lancent sur Redeker une véritable « fatwa morale » sont des chevaliers redresseurs de torts qu'il est mal vu de ne pas rejoindre. Et d'élargir l'opprobre à tous ceux qui, comme moi, soutiennent Redeker « sans réserve » : comment peut-on être assez intolérant pour critiquer une religion ? Passe encore pour le christianisme, mais l'islam, « la religion des pauvres » !

Comme si « les musulmans » devaient s'identifier à une ultraminorité fanatique, comme s'il fallait faire exception pour eux, comme s'il n'y avait pas des musulmans laïques et comme si, issu de culture musulmane, on n'avait pas le droit de lui être indifférent ou même hostile. Ce mépris coalisant n'est autre qu'une discrimination : a-t-on vu un seul bien-pensant jouer les vertus outragées au sortir d'un film de Scorsese ? Bien au contraire, il manifestera contre l'intégrisme catholique qui veut l'interdire. Voilà l'essence de l'islamo- « progressisme » : face au fascisme brun, de droite ou du Nord, on est lucide et très ferme, mais le fascislamisme a droit à toutes les indulgences.

Au lieu de coaliser « les musulmans » et ceux qui partagent la culture musulmane autour de ce qu'une immense majorité d'entre eux rejette, au lieu de les étouffer dans une identification forcée, on serait mieux avisé de favoriser les débats qui les traversent et surtout de soutenir les combats laïques qu'ils ont le courage de mener.

LES DEUX FACES DE LA RELIGION

L'ouverture ou la carapace

par Laure Adler

Journaliste et écrivain, Laure Adler distingue ici deux façons de vivre la religion.

Je lis depuis longtemps les articles de Robert Redeker dans la revue *Les Temps Modernes*, et ils m'apportent toujours une ouverture d'esprit et une possibilité d'esprit critique. Pour autant, je ne souscris pas au manichéisme des propos qu'il a tenus dans *Le Figaro*.

Mais mon opinion, ici, n'importe pas. Je serai jusqu'au bout avec Robert Redeker, au nom de la liberté d'expression, et ce parce que je crois au bien commun, à l'espace public, je crois à l'agora et aux partages des idées, et à la possibilité de faire et refaire du dialogue, même s'il est toujours controversé.

Or, on constate aujourd'hui que Robert Redeker est exclu de ce monde, qu'il est situé en ce moment dans un échiquier d'horreur, il est décrié, abandonné à la vindicte publique, il est menacé de mort. Mais on constate aussi que, s'il est poursuivi au nom de la religion, des croyants le défendent.

Quelque chose me frappe dans cette histoire, quelque chose d'étrange, qui est la différence qui existe entre deux catégories de croyants. D'un côté, on trouve ceux qui ont une religion qu'ils perçoivent comme une appartenance au monde, comme un moyen de s'ouvrir aux hommes. Ceux-là croient au dialogue, et ils dialoguent. De l'autre côté, existent des gens qui conçoivent la religion comme une carapace, comme une armure censée les protéger de l'évolution et les préserver de la réflexion qui accompagne la modernité. À ceux-là, au contraire, le dialogue fait horreur, car il demande de s'exposer, il demande de courir le risque d'être mis face à ses contradictions, voire – et c'est sans doute pis encore – il demande de courir le risque d'être convaincu.

***

TOUTES LES RELIGIONS PEUVENT ÊTRE INSTRUMENTALISÉES

Robert Redeker et les pouvoirs religieux

par Marc Lefèvre

Marc Lefèvre, physicien et porte-parole de l'association La Paix Maintenant, considère le respect de la laïcité comme notre meilleure chance de paix.

C'est au titre de représentant du mouvement israélien La Paix Maintenant (Shalom Akhshav) que je suis amené à m'exprimer sur les menaces dont est victime le philosophe Robert Redeker, suite à son expression d'opinions sur l'islam et son fondateur Mahomet.

La Paix Maintenant lutte depuis plus de 20 ans pour que le conflit israélo-palestinien trouve sa solution dans la reconnaissance et la mise en application du droit légitime des deux peuples à vivre dans la paix et la sécurité, chacun dans un État où ils puissent exercer leurs droits nationaux.

Qu'aurions-nous là à dire de spécifique vis-à-vis de ce qui arrive à Robert Redeker ? Plusieurs choses en fait.

Même si des hommes et des femmes de foi, qu'ils soient juifs, musulmans ou chrétiens, affirment courageusement des credo de paix et de reconnaissance mutuelle, force est de constater qu'ils vont rarement au-delà des affirmations de principe. S'ils vont plus loin et prennent des positions de nature plus politiques, sur l'occupation, sur les fanatismes de tous bords ou sur l'usage du terrorisme, ces prises de position sont très rarement expliquées ou justifiées par leurs croyances religieuses respectives. Face à cela, il faut reconnaître que les institutions religieuses sont loin de nous faciliter la tâche :

• Le Vatican a toujours beaucoup de mal à reconnaître une légitimité juive sur la terre d'Eretz Israël.

• Les diverses Églises chrétiennes fondamentalistes américaines ont mis leur influence politique et leurs moyens financiers au service des partisans les plus acharnés du maintien et de l'expansion de la colonisation des territoires occupés depuis 1967.

• Les rabbinats officiels en Israël sont des institutions essentiellement rétrogrades, prises en otage par des fractions parmi les plus sectaires du judaïsme religieux.

• Ne parlons pas du rôle nocif des institutions musulmanes qui passent plus de temps à attiser des haines qu'à favoriser la compréhension entre les peuples.

Ce ne sont pas quelques manifestations publiques de dignitaires religieux et leurs déclarations de bonnes intentions qui sont capables d'infléchir ces tendances lourdes.

Alors, nous ne pouvons que reconnaître que le combat politique pour la Paix entre Israéliens et Palestiniens est majoritairement un combat laïque. Pendant des décennies, ce conflit était un conflit entre mouvements nationalistes antagonistes. Depuis, il a été investi par la sphère religieuse, depuis le Goush Emounim[1] jusqu'au Hamas, sans oublier les amis à distance du Hezbollah et leurs sponsors iraniens.

Les jusqu'au-boutistes fanatiques religieux mobilisent de plus en plus leur Éternel respectif. Les considérations et perspectives apocalyptiques ne les font pas reculer dans leurs provocations, mais au contraire les inspirent.

Nous n'avions pas assez de combattre les haines, les préjugés et les peurs qui empêchent Israéliens et Palestiniens de s'écouter et de se reconnaître pour arriver aux compromis nécessaires pour vivre côte à côte. Il nous faut aussi combattre les mêmes que ceux qui ont menacé Robert Redeker. Il nous faut nous confronter aux radicalismes, aux intolérances et aux fanatismes que chacune des religions monothéistes présente sur cette Terre entretient en son sein sous des formes et des intensités diverses.

Majoritairement, les militants de la paix israéliens et palestiniens refusent que leur conduite individuelle et leur devenir en tant que peuples soient dictés par des pouvoirs religieux largement autoproclamés.

Aussi, nous trouverons-nous toujours à côté des hommes et des femmes de liberté, que des fanatiques religieux menacent et essaient de faire taire.

C'est ce qui a coûté la vie à Anouar el-Sadate, c'est ce qui a fait que Itzhak Rabin a perdu sa dernière bataille. C'est ce qui tue les femmes qui refusent le voile en

1. Goush Emounim (Bloc de la Foi) : organisation créée après la guerre de Kippour en 1973 et qui regroupe la tendance la plus radicale et la plus active du mouvement colon israélien national religieux.

Afghanistan, en Iran et ailleurs, c'est ce qui assassine les médecins pratiquant des avortements aux États-Unis.

Ce qui est intolérable ailleurs ne peut pas être toléré sous quelque forme que ce soit, ici.

Les « infâmes » veillent et doivent savoir que nous sommes toujours prêts à les écraser pour vivre, comme nous le rappelle Voltaire.

Par nature, un corps de doctrine qui se prétend détenteur d'une vérité révélée porte en lui les germes de l'intolérance envers celui qui cherche à garder sa liberté par rapport à cette vérité. Seule notre capacité de résistance fait que ces germes ne se développent pas au-delà de certaines limites.

C'est pourquoi le droit d'examen et d'expression d'une opinion libre vis-à-vis d'une croyance religieuse, quelle qu'elle soit, est aussi fondamental pour garantir une société libre et démocratique.

Robert Redeker a toujours manifesté son soutien à notre combat, et a toujours été disponible quand nous l'avons sollicité. C'était aussi une marque de reconnaissance et d'amitié que d'être à ses côtés quand on cherche à l'empêcher de rester un homme libre.

LA PLACE DES FEMMES DANS L'ISLAM

Le fascisme vert et le feu rouge

par Chahla Chafiq

Chahla Chafiq est sociologue et écrivain. Elle a notamment écrit *La Prison politique en Iran* (Félin, 2002). Contre la terreur de l'islamisme, elle plaide « pour la liberté de blasphémer ».

En défendant Robert Redeker sans réserve aucune, je veux contribuer au combat contre les propagandes liberticides des mouvements politiques islamistes. Ce combat, pour moi en tant que femme et écrivaine, est essentiel et existentiel. Parce qu'en réalité, interdire la critique des religions et bannir le blasphème sacralise les convictions des personnes et des groupes au détriment des droits des êtres humains à devenir et à faire évoluer le monde. Ne résulte de cette interdiction qu'un grand soutien aux mouvements politico-religieux qui, au nom de Dieu, fabriquent des idéologies totalitaires dont les effets et conséquences affectent nos vies ici-bas. En effet, pour étendre leur règne sur le monde, ils procèdent à une fusion et confusion entre l'ordre sacré et les lois humaines, en passant par la hiérarchisation des sexes fort utile pour garantir le contrôle communautaire. Dans cette optique, l'idéologisation de l'islam en tant que source des lois et des normes sociales va de pair avec la sacralisation de l'inégalité des sexes et le bannissement de la liberté des femmes, considérée comme cause de désordre. La diabolisation de la sexualité des femmes s'allie ainsi à la négation de leur individualité au profit de l'ordre communautaire fondé sur la famille patriarcale. Donc, au sein de ces idéologies, un lien dialectique relie la dénégation des droits des femmes au rejet de la liberté et de l'autonomie de tous les individus.

À ce propos, une réflexion comparative entre les cas de Salman Rushdie, écrivain anglais et de Taslima Nasreen, écrivaine bangladeshi, condamnés à mort par les islamistes en raison de leurs propos blasphématoires et irrespectueux envers l'islam, s'avère fort instructive[1].

Les islamistes condamnent Rushdie à mort pour les « insultes et injures » extraites des rêves d'un personnage de son roman, *Les Versets sataniques*. Le but principal de ces scènes, souligne Rushdie, « n'est pas d'injurier ni de désapprouver l'islam, mais de peindre une âme en crise »[2]. Taslima Nasreen, quant à elle, est condamnée à mort par les islamistes pour avoir affirmé ses convictions en dénonçant les lois patriarcales religieuses et revendiqué la libération des femmes de leur joug. Dans ses critiques, Taslima Nasreen ne vise pas uniquement la loi islamique, mais s'en prend à tout le système économique, social et politique qui perpétue la domination masculine. Elle critique aussi franchement les femmes complices de cet ordre inégalitaire par leur acceptation.

En effet, si les islamistes condamnent Rushdie à mort pour des doutes qu'exprime son personnage romanesque envers les « vérités » et les « dogmes » religieux, ils menacent de mort Taslima Nasreen en raison de « convictions » qu'elle affirme en tant que « femme libre » qui lutte pour la liberté des femmes.

1. J'ai abordé cette question en 1995, dans *Femmes sous le voile, face à la Loi islamique* (Félin, 1995).
2. Voir Salman Rushdie, « De bonne foi », in *Parties imaginaires*, Paris, Christian Bourgois, 1991.

Avec la condamnation de Rushdie, les islamistes bannissent l'art du roman dans l'univers duquel, comme le dit Milan Kundera, « la vérité unique est sans pouvoir » et « la satanique ambiguïté tourne toutes les certitudes en énigmes ». Ils condamnent aussi le romancier, l'individu qui se donne le droit d'imaginer, de douter et de créer. Tandis qu'en ciblant Taslima Nasreen, ils condamnent la femme libre qui revendique son autonomie en tant que sujet.

Mais n'est-il pas vrai qu'aussi bien les personnages romanesques que le romancier lui-même ne peuvent vivre ou survivre, tout comme la femme qui revendique d'être sujet autonome, que dans la liberté ?

Voilà le point commun de l'affaire de Rushdie et de celle de Nasreen. Nous y retrouvons d'une part les liens évidents et pourtant ignorés entre les droits des femmes, la démocratie et la laïcité. D'autre part, cette comparaison nous conduit à une interrogation de première importance eu égard aux débats causés par l'épreuve que traverse Robert Redeker.

Quelles sont les limites au-delà desquelles on risque de se présenter aux yeux des intégristes comme blasphémateur ? Est-il possible de définir ces limites, alors que les islamistes eux-mêmes réagissent suivant leurs propres capacités d'interprétation qui, elles, sont bien sans limites. Les crimes commis par les islamistes dans les divers pays ne nous démontrent-ils pas clairement l'absence de telles limites ?

À ce sujet, je reviens à un exemple tragiquement significatif : dans mon pays d'origine, l'Iran, le régime islamiste a massacré au cours de l'été 1987 plus de 5 000 prisonnier(e)s politiques après des interrogatoires sommaires où les principales questions posées aux condamné(e)s portaient sur leur croyance ou non en l'islam et sur leur adhésion ou non au pouvoir islamiste. De simples « non » ont suffi à sélectionner et mettre à mort des milliers de détenu(e)s, majoritairement des jeunes étudiant(e)s. Parmi ces dernier(e)s, il y avait aussi bien des musulman(e)s que des personnes non-croyantes ou appartenant à d'autres croyances. La réalité des pays comme l'Iran nous renseigne clairement sur le fait que les premières victimes de l'islamisme sont bel et bien les musulman(e)s.[3]

Il est urgent de désacraliser les débats sur l'islamisme pour le reconnaître en tant qu'idéologie politique porteuse du fascisme vert qui a fort besoin de dresser la liste noire des blasphémateurs pour mobiliser les passions des foules, manipuler l'opinion publique et avancer vers la conquête du pouvoir. Il est impératif de lui opposer le feu rouge via la défense sans réserve de la liberté de blasphémer.

3. Voir Chahla Chafiq, *Le Nouvel Homme islamiste, la prison politique en Iran*, Paris, Félin, 1995.

Chapitre 6
L'éducation à la liberté

Élément évoqué en filigrane dans la plupart des textes précédents, l'éducation a un rôle central à jouer en France dans une promotion inlassable des vertus de la laïcité et de la liberté d'expression. Car c'est bien à l'école que s'apprennent la vie en collectivité, le respect, l'écoute de l'autre. C'est-à-dire la liberté d'expression. C'est sur ce point qu'ont voulu insister Hélène Roudier de Lara et Martine Storti. L'école est bien un baromètre, on y trouve en gestation les comportements de demain. Or, le constat que dressent les deux intervenantes, familières de l'univers des classes de lycée, c'est que le respect de l'autre, qui passe par le respect de sa parole, n'apparaît pas à tous les lycéens comme une évidence, loin s'en faut. Quant à Blandine Kriegel, elle revient sur l'importance de la philosophie.

TOUT SE JOUE À L'ÉCOLE

Témoignage d'un professeur de philosophie

Hélène Roudier de Lara

Cela fait un certain nombre d'années qu'Hélène Roudier de Lara, agrégée de philosophie, enseigne en classe de terminale. Elle rend compte ici de ce qu'elle perçoit comme une dégradation progressive de la valeur « liberté d'expression ».

J'ouvrirai ces quelques éléments de réflexion par deux histoires. Elles concernent la place de la valeur « liberté d'expression » chez les élèves des lycées de France.

La première se passe dans la cour de récréation d'un lycée parisien : la scène se passe en 2005. Deux élèves de première discutent ensemble, du Coran. Le premier est un jeune juif laïque de « gauche », son copain est un jeune « musulman » ne pratiquant pas plus que le premier. Un troisième élève, de la même classe, « pratiquant » version « islamo-progressiste », les entendant, les interpelle brutalement en déclarant à l'un, qu'il ne pouvait, étant juif, parler du Coran et à l'autre qu'il ne le pouvait pas non plus puisqu'il mangeait du porc.

La seconde histoire s'est passée l'an dernier dans une de mes classes de terminale. Pendant un cours sur la liberté, j'évoquais l'exemple des lois de mémoire que le

Parlement s'était avisé de voter. Pour la loi sur l'enseignement des aspects positifs de la colonisation, personne ne broncha : cela allait de soi, il fallait en effet abroger cette loi. Lorsque j'en vins à la loi Taubira et à l'affaire Pétré-Grenouilleau, un élève, au demeurant pas mauvais élève, m'interrompit et me demanda, je cite : « Madame, on ne pourrait pas parler de sujets "moins chauds" ? » !!

De telles réactions eussent été impensables au début des années 1980, lorsque j'ai commencé à enseigner en grande banlieue. Mes élèves étaient dans leur immense majorité, même lorsqu'ils se disaient ou se croyaient marxistes, fermement attachés à la liberté d'expression et il me fallait plutôt intervenir de temps en temps pour calmer leurs ardeurs critiques, anticléricales tout particulièrement. Non point pour les censurer, mais pour leur apprendre qu'un minimum de distance et de calme était nécessaire pour réfléchir sérieusement.

Nous sommes loin de cette ambiance aujourd'hui, dont j'ai vu la dégradation progressive mais sûre. Pour paraphraser Montesquieu, il n'est pas nouveau que les jeunes gens confondent la licence et la liberté. Mais, aujourd'hui, à cette confusion typiquement démocratique s'ajoute une sensibilité à première vue inverse, en vertu de laquelle la liberté d'expression des uns s'arrête là où commence l'opinion des autres. Parce que dès que cela touche à des sujets « sensibles », cela leur apparaît comme un manque de « respect » (une valeur devenue folle, un terme dont ils usent à tort et à travers), alors qu'il ne s'agit que de mettre en discussion des opinions ou des croyances. L'autocensure intérieure se fait très puissante, gênant leur possibilité de réfléchir. Triste paradoxe : on aurait pu croire que l'individualisme libertaire hédoniste garantirait au moins l'esprit de tolérance, que le démocratisme, quoi qu'on ait à lui reprocher, serait à tout le moins « cool ». Il n'en est rien. Certes, les jeunes générations ne sont pas plus bêtes qu'avant, mais elles sont victimes d'une crise de l'instruction, de l'éducation et de la pensée dont les causes et les ramifications sont multiples et complexes. Plus encore que d'une fracture sociale, il me semble qu'il faudrait parler de cassures morales dont la réparation me semble d'autant plus difficile qu'elles ne sont pas bien reconnues et nommées. La frilosité ou la tartuferie de bien des réactions à l'affaire dont Robert Redeker est la victime trouvent là leurs racines.

Il ne faut pas désespérer de l'éducation à la liberté, mais se souvenir qu'elle est justement une éducation. Ce que j'ai appris, c'est qu'en tant que professeur, il est impératif de faire front : ne rien céder à nos peurs munichoises, pas un iota, non, rien. Cet éveil à la liberté, plus qu'avec des discours moralisateurs s'effectue dans et par une pratique effective de la libre discussion : des élèves qui ont pu dire et écrire ce qu'ils essayaient de penser acceptent d'autant mieux la critique réfléchie et sans concession. Avec les jeunes gens, cela marche plutôt bien. Même s'il y a de trop nombreux échecs qui se manifestent d'ailleurs par un retrait du dialogue. Je suis cependant bien plus inquiète pour ce qui est des adultes.

Permettez-moi de finir par ce qui n'est pas seulement une boutade. J'exigerai du prochain président de la République que la peine d'enfermement dans une caverne de Robert Redeker soit ramenée à son maximum hebdomadaire de service soit 15 heures (et non 35) pour que le reste du temps, il puisse humer l'air des Idées et corriger ses copies dans la lumière de son jardin.

LE TRAVAIL DE L'ÉDUCATION NATIONALE

L'école doit assumer pleinement son rôle

par Martine Storti

Inspectrice générale de l'Éducation nationale, Martine Storti a contribué au rapport « Signes et manifestations d'appartenance religieuse » (remis au ministre François Fillon en juillet 2004). Elle s'interroge ici sur ce qu'elle ressent comme un silence ou un abandon sur les questions liées à la montée de l'islamisme.

J'ai signé l'une des pétitions de soutien à Robert Redeker, celle qui émane de *Respublica*. Je veux préciser ce que signifient à mes yeux les expressions « soutien sans réserve » ou « soutien inconditionnel ». Elles signifient que Robert Redeker a le droit d'exprimer ce qu'il pense à propos de l'islam et que cette expression ne doit pas susciter menaces de mort, condamnation à mort. Ces menaces sont insupportables, intolérables, inadmissibles, elles sont à la fois contraires à la liberté d'expression (et je suis d'accord avec ce que les pétitions et les divers textes parus sur le sujet disent quant à la laïcité, au droit de soumettre un texte religieux à la critique, au droit au non-respect des religions, etc.), et contraires à ce qui fonde la possibilité de discuter, de débattre, de penser, de vivre avec d'autres êtres humains, de vivre en société. Et il est insupportable aussi que ce soutien « sans réserve » soit par certains assimilé à de l'islamophobie.

Mais je veux préciser aussi qu'à mes yeux les termes « sans réserve » ou « inconditionnel » n'interdisent pas une prise de distance avec le contenu de l'article publié par *Le Figaro* et j'aimerais que cette prise de distance ne soit pas considérée par certains comme une caution apportée aux lanceurs de fatwa.

La montée de l'intégrisme islamiste est une réalité, et il faut rappeler qu'elle a des effets terribles pour pas mal d'hommes et de femmes du monde entier et d'abord pour celles et ceux qui vivent dans des pays musulmans ou qui sont musulmans. L'objectif est bien de savoir comment endiguer son développement.

Je ne prétends évidemment pas avoir la réponse (d'autant que les paramètres d'analyse sont multiples) et je tâtonne, sans doute comme beaucoup. Cependant, dans ce tâtonnement, je crois qu'il faut garder quelques balises. Au niveau modeste où je me situe, sur la scène française, j'en vois au moins trois : être vigilant dans les alliances politiques et/ou idéologiques, faire cesser ce qui aide les intégristes à passer pour des sauveurs (le racisme, l'exclusion, l'enfermement, le mépris, etc.), ne pas confondre fermeté et stigmatisation.

Mais ferme, très ferme, évidemment, il faut l'être. Encore faut-il se donner les outils de la fermeté. Le fait-on ? Pour m'arrêter un instant sur un domaine que je ne connais pas trop mal, celui de l'institution scolaire, j'en doute. Comme cela commence maintenant à se savoir, le port du voile – très réduit dans les lycées et collèges depuis le vote de la loi l'interdisant – n'était que la plus visible des manifestations mettant en cause la laïcité. D'autres existent, maintenant bien répertoriées, mais dont l'ampleur, elle, n'est pas mesurée, comme la difficulté – et parfois l'impossibilité – à traiter, en classe, certains auteurs, certains textes, certaines périodes ou événements historiques. Ou encore le refus de participer à certains enseignements (éducation physique et sportive, sciences de la vie et de la terre, notamment). Ou encore l'exigence que soient respectés certains interdits religieux liés à la nourriture. Ou encore le refus de certaines mères de famille d'être reçues par des enseignants du sexe masculin. Ou encore l'intimidation qui s'exerce à l'égard de ceux qui, musulmans, ne respectent pas, ou pas assez, certains rites religieux. Ou encore – ou surtout – les pressions qui pèsent sur les jeunes filles (impossibilité de porter une jupe, un pantalon moulant, mise sous surveillance, contrôle moral...).

Ces phénomènes, désormais évoqués dans un certain nombre d'enquêtes ou d'ouvrages, j'ai eu à les connaître lorsque j'ai contribué avec d'autres au rapport de l'inspection générale de l'Éducation nationale, « Signes et manifestations d'appartenance religieuse », rapport remis au ministre François Fillon en juillet 2004 et qui n'a été rendu public par le ministère de l'Éducation nationale que plusieurs mois plus tard.

Ce rapport, outre ce qu'il décrit des phénomènes observés dans certains établissements, souligne l'espèce de silence, presque d'omerta qui règne sur ces questions, l'isolement des personnels, leur désarroi, leur difficulté à en parler et surtout à y répondre. Pour ma part, j'ai été étonnée, lors de visites d'établissements, de constater que des professeurs parlaient pour la première fois entre eux de ce qui se passait dans leurs classes – pour prendre conscience que tels ou tels élèves interpellaient de la même manière le professeur d'histoire, de français ou de science – et qu'il fallait que je sois là à les interroger pour que cette prise de conscience s'opère et que le dialogue s'instaure.

Ce rapport aussi fait un certain nombre de propositions de bon sens, destinées précisément à aider ces personnels (mutualisation des expériences, échanges de pratiques, armement intellectuel, traitement de cette thématique dans les formations initiales et continues des professeurs, des chefs d'établissement, des CE, des inspecteurs…) et surtout à organiser une réponse de l'ensemble de l'institution.

Bref, les phénomènes sont identifiés, l'alerte est donnée, quelques solutions sont esquissées. En fait-on quelque chose ? Non. Je veux souligner qu'aucune mesure véritablement à la hauteur du défi n'a été prise, aucune impulsion n'a été décidée pour un traitement collectif, organisé et piloté de ces questions, et aucune veille n'a été mise en place, si bien que personne n'est en mesure aujourd'hui de dire exactement ce qu'il en est.

Pour être franche, je ne saurais même pas à quoi attribuer cet abandon. À la paresse ? À l'inconscience ? À l'indifférence ? À la lâcheté ? Agissons cependant pour que le réveil et l'action ne soient pas trop tardifs.

LE RÔLE DE LA FORMATION

Réagir par la philosophie

par Blandine Kriegel

Blandine Kriegel, agrégée de philosophie, est présidente du Haut Conseil à l'Intégration. Tout en soutenant Robert Redeker au nom de la liberté d'expression, elle rappelle que le temps est peut-être venu de reconnaître l'importance des religions dans notre histoire, et le rôle de certains penseurs musulmans, comme les moutazilites, sur notre culture.

Je suis très heureuse d'être avec vous ce soir, et je manifeste ma solidarité avec mon collègue, le philosophe Robert Redeker. Lorsque l'on dit que la libre expression est un des biens les plus précieux de l'humanité, cela ne concerne pas tant les pensées avec lesquelles nous sommes en accord, les pensées correctes, que les pensées « incorrectes ». Lorsque Mirabeau a traduit l'année 89, l'*Aeropagitica* de Milton en français, il a livré l'argumentation philosophique qui fondait cette libre expression ; et quel était l'argument de Milton, connu de tous les philosophes ? Il n'y a pas de vérité première, il n'y a que des erreurs premières, c'est l'argument de la finitude, nous sommes dans le noir, dans le bleu, et la recherche de la vérité est comme la quête d'Isis, la construction bricolée du corps morcelé d'Osiris, c'est seulement par le dialogue et la rectification, par l'errance, que l'on arrivera à la vérité. On peut ne pas être d'accord avec Robert Redeker, c'est mon cas, on peut contester cette conception de la religion et de l'islam, mais lorsqu'il est comme aujourd'hui condamné à mort et au silence, eh bien la seule conduite, c'est de se regrouper pour défendre cette libre communication des pensées.

Donc ce premier point, une solidarité inconditionnelle, deuxième point si nous avions la possibilité, mais on peut uniquement le faire si nous sommes garantis que cette solidarité de la liberté d'opinion existe ; je dirais pour ma part que le moment est peut-être venu de décaler légèrement par rapport aux combats du XVIIIe siècle l'idée que nous nous faisons des rôles des religions dans la société, non seulement avoir une conception plus tolérante de la religion mais d'examiner le rôle que les religions ont joué dans le développement de la liberté.

Je voudrais donner un exemple, l'argumentation qui a fondé la possibilité des droits de l'homme, la possibilité de la libre expression, c'est une argumentation qui au Moyen Âge exprimait la limitation de la toute-puissance divine, le refus de considérer que Dieu est despote, et qu'il peut tout. Cette argumentation a été formulée par les philosophes de l'islam, les moutazilites, et c'est pourquoi elle compte pour les partisans de l'islam de la liberté, et c'est cela que je voudrais dire à Robert Redeker : ceci est vrai comme disait Montaigne, jusqu'au gibet exclu, on a condamné Redeker au gibet, et il faut faire groupe derrière Robert Redeker.

Chapitre 7
L'affaire de tous

Tous ces textes, au-delà des différentes personnalités de leurs auteurs, au-delà des différents points de vue qu'ils reflètent, sont au service d'une même cause, la défense de la liberté d'expression, cause vitale s'il en est, « question de vie ou de mort », comme l'affirmait Alain Finkielkraut.

Pour conclure, il faut rappeler – et il faut le faire avec force – que c'est bien à nous d'agir. S'il est scandaleux que certains hommes politiques, ainsi qu'un grand nombre de leaders d'opinion, n'aient pas apporté un soutien franc et massif à Robert Redeker, leur jeter la pierre et se laver les mains n'est pas acceptable. Il nous appartient à tous, citoyens, de nous battre pour que vive notre liberté d'expression, de nous battre pour la liberté. Christian Charrière-Bournazel, Anny Dayan Rosenman, Philippe Val et Jacques Tarnero nous disent, chacun à leur manière, l'importance de notre rôle à tous dans la lutte contre les intégrismes.

GARDIENS DE LA LIBERTÉ D'EXPRESSION

La « purge amollissante »

par Christian Charrière-Bournazel

Christian Charrière-Bournazel est vice-président de la Licra, bâtonnier désigné de l'Ordre des avocats de Paris. Ce texte est la retranscription du discours de clôture du colloque du 16 novembre 2006.

La liberté d'expression est une norme absolue et universelle, qui fonde la démocratie. Lamartine disait : « Je suis concitoyen de tout homme qui pense : la liberté, c'est mon pays. »[1]

En face d'elle, le fanatisme religieux doit rentrer dans la sphère de la vie intérieure et n'en sortir que pour des manifestations mesurées et limitées. Rappelons-nous Montaigne : « Qu'est-il plus vain que de vouloir deviner Dieu par nos analogies et conjectures ? Le régler et le monde à notre capacité et à nos lois ? Nous servir, aux dépens de la divinité, de ce petit échantillon de suffisance qu'il lui a plu départir à notre naturelle condition ? Et parce que nous ne pouvons élever notre vue jusques en son glorieux siège, l'avoir ramené çà-bas à notre corruption et à nos misères ?[2] » Je voudrais vous livrer, en terminant sur la nécessité du courage, deux autres références littéraires.

La première fait terriblement penser à notre époque. C'est un propos qu'a tenu Bernanos en 1940 : « À la voix du vieux maréchal, comme sous l'effet d'une purge amollissante, les consciences bien-pensantes, jusqu'ici comprimées par la double terreur de la révolution et de la guerre, se relâchèrent toutes ensemble comme des ventres. »

La seconde, c'est la méditation de Ionesco sur la « fascisation » des systèmes politiques dans *Rhinocéros*. En Europe de l'Est ou dans l'Allemagne nazie, on ne reconnaissait plus l'ami d'hier avec qui l'on ne pouvait plus désormais parler.

Nous devons tous avoir présente à l'esprit la conviction que ce n'est pas la liberté qui nous garde, mais que c'est nous qui gardons la liberté.

***

DE L'EXEMPLARITÉ

Nous devons être exemplaires

par Anny Dayan Rosenman

Maître de conférences à l'université Paris 7, Anny Dayan Rosenman souligne l'importance pour tous de prendre la parole et de prendre position.

Je suis venue, comme tous ceux qui se trouvent ici, exprimer ma solidarité totale avec Robert Redeker. Une solidarité qui s'adresse à un individu en chair et en os, vivant semaine après semaine une situation insupportable, sur le plan humain, familial, professionnel. Solidarité qui s'exprime, de façon indissociable, en défense d'une liberté de pensée et de parole qui, sans aucun doute possible, sont menacées à travers lui.

Sur de nombreux points, je ne suis pas d'accord avec l'article qu'il a écrit. Mais je voudrais dire d'une part que cet article ne saurait résumer sa pensée et son œuvre et, d'autre part, que ces réserves ne doivent en aucun cas empêcher d'affirmer et de défendre son droit absolu d'énoncer son point de vue et de le publier sans être menacé, persécuté. Elles n'entament en rien la nécessité pour nous de nous engager fermement à ses côtés.

Car il s'agit de nous engager fermement, publiquement, fidèlement, c'est-à-dire sur le long cours, dans la mesure où c'est à une longue épreuve que sont confrontés ceux qui sont l'objet de menaces de mort, qu'elles viennent d'individus anonymes ou de groupes organisés. Et lorsque l'actualité tourne la page et que l'indignation publique retombe, ils risquent de se retrouver seuls à affronter une situation qui est de plus en plus difficile à supporter avec le temps, de plus en plus dangereuse aussi parfois, à mesure que le regard et l'attention s'en détournent.

Ce que l'on appelle désormais l'affaire Redeker nous concerne tous directement. Elle concerne notre société. Cette liberté d'expression que l'on veut récuser est le résultat de longues luttes et il nous faut la défendre, sans ambiguïté. D'abord pour nous-mêmes, car c'est un de nos héritages les plus précieux. Mais aussi pour ceux qui regardent avec espoir vers cette libre expression possible, ou qui luttent avec courage pour cette liberté. Ces femmes qui se battent pour ne pas mettre le voile en Algérie, cel-

1. Lamartine, Poésies diverses, « La Marseillaise de la paix », 1841.
2. Montaigne, *Essais*, Livre 2, Apologie de Raymond de Sebond, 1595.

les qui ne peuvent déjà plus se battre en Iran, les intellectuels qui sont accusés de blasphème. Car s'il y avait un recul de la laïcité et la libre expression ici, les conséquences en seraient graves ailleurs, il y aurait une forme de désespoir chez tous ceux qui espèrent y accéder.

Mais je voudrais aborder une autre dimension de cette situation et m'adresser à nos camarades musulmans ou de culture musulmane qui sont dans la salle ; m'adresser aussi paradoxalement à ceux qui ne sont pas là, justement parce qu'ils ne sont pas là.

Je voudrais leur dire que je sais par expérience, et comme beaucoup d'entre nous ici, à quel point il est difficile, quand on appartient à une minorité qui, à tort ou à raison, se sent menacée ou stigmatisée, de prendre des positions susceptibles d'entraîner une rupture avec une partie du groupe ou avec son opinion majoritaire. Je sais à quel point il est difficile d'afficher son opposition à une politique, ou de condamner une stratégie avérée, là où règne le rêve utopique de l'unité du groupe face à ses détracteurs.

La difficulté vient d'un sentiment intime qui est la crainte de la coupure, de la rupture. Elle vient aussi de ce que l'on a l'obligation de réagir à un événement dans une sorte d'urgence médiatique, alors que l'on pense parfois qu'avec le temps, on pourrait faire œuvre pédagogique.

Enfin, le malaise ressenti vient aussi souvent du sentiment d'une forme d'intimation, venue de l'extérieur, d'avoir à prendre position en tant que membre du groupe auquel on appartient et auquel on se retrouve comme amalgamé du seul fait de cette appartenance, quelle que soit son opinion propre. Il vient du sentiment d'une obligation de prendre position là où au contraire cette démarche doit être l'aboutissement d'une réflexion propre, d'un libre choix.

Et pourtant, ces prises de position sont essentielles, et il est nécessaire qu'elles soient clairement exprimées, surtout vis-à-vis des jeunes, auxquels elles proposent une alternative claire, capable de s'opposer à la tactique et à la stratégie des groupes de pression et d'oppression, ici en l'occurrence des groupes islamistes, qui prétendent agir au nom de l'ensemble d'une population, qui s'autoproclament ses porte-parole ou ses défenseurs. Une stratégie qui consiste à faire passer le silence pour un appui tacite. D'où l'importance politique et pédagogique de la prise de parole.

Comme je ne voudrais pas rester dans les généralités, je dois donc dire que j'ai été choquée à la lecture de ce que Le Manifeste des libertés a présenté comme un texte de soutien à Robert Redeker : un soutien moins que du bout des lèvres, un texte qui semble en fait renvoyer dos à dos les uns et les autres, en miroir nous dit-on, c'est-à-dire un homme ayant prononcé des propos qui ont choqué, et ceux qui le condamnent à mort pour ses propos, et pour ses outrances verbales. Ceci me semble d'autant plus triste que Le Manifeste est un mouvement d'une grande importance pour le présent et pour l'avenir, et qu'il nous avait habitués à plus de clarté.

Je voudrais rappeler qu'il y a quelques années, dans les années 1980, nous avions créé un mouvement qui s'appelait Dialogues, Arabes et Juifs en France. Les membres de ce groupe, dont certains sont au Manifeste, étaient inscrits dans une démarche qui concernait à l'époque des problématiques différentes (en tout cas en partie) mais qui procédaient des mêmes questionnements et des mêmes positionnements. Ils étaient tous persuadés de cette triple évidence : il fallait ouvrir et poursuivre le dialogue justement sur les sujets prêtant à controverse ; il fallait conduire ce dialogue dans le cadre républicain et avec les mêmes référents librement choisis. Enfin, ils savaient que ces prises de position les conduiraient à une forme de rupture ou en tout cas de décalage avec leurs groupes d'origine et leurs opinions majoritaires. Ils ne prétendaient pas être mandatés par qui que ce soit, mais ils savaient que leurs prises de position publiques et claires éveilleraient des échos et des adhésions.

C'était à l'époque un choix libre, optimiste, relativement joyeux malgré les tensions, car nous avions le sentiment de constituer en quelque sorte une avant-garde. Plus de quinze ans plus tard, la situation a changé. Il semble que la société soit encore plus fragmentée, que les fractures se soient encore multipliées et radicalisées. Nous avons moins le sentiment d'être une avant-garde que celui de devoir nous mobiliser en défense de valeurs menacées.

Les militants de Ni putes ni soumises ou du Manifeste des libertés, les penseurs s'exprimant individuellement sur ces questions, comme Abdelwahab Meddeb ou Abdennour Bidar ou le journaliste Mohamed Sifaoui par exemple, vont être amenés à être de plus en plus souvent sur la brèche. Il y a un certain nombre de combats où ils vont être, où ils sont déjà de plus en plus souvent, en première ligne.

Je voudrais leur dire l'importance pour nous tous de leurs engagements, de leurs analyses, de leurs prises de position, de leur courage.

Ceci n'est justement en rien une intimation comme nous avons pu en recevoir ou en percevoir, mais l'affirmation que dans ce combat commun, nous sommes, nous serons, sur ces problématiques précises, avec eux, derrière eux, pour les mêmes raisons qui nous rassemblent aujourd'hui derrière Robert Redeker.

DU COURAGE

Il ne faut pas avoir peur

par Philippe Val

Philippe Val est journaliste et directeur de la rédaction de *Charlie Hebdo*. Il est notamment l'auteur de *Bons baisers de Ben Laden* (Le Cherche-Midi, 2004) et de *Traité de savoir-survivre par temps obscurs* (Grasset, 2007).

Les religions, on en hérite, même quand on n'en veut pas. Un ami philosophe m'a dit un jour que ce n'est pas parce qu'il y a un problème d'héritage que les gens se haïssent, c'est parce qu'ils se haïssent qu'il y a un problème d'héritage. Pourquoi donc aujourd'hui se hait-on tant ? Pour des raisons qui n'ont rien à voir avec les uns et les autres. En l'occurrence, dans les lointains de l'Orient et du Moyen-Orient, la haine vise l'Occident, l'Europe, l'Amérique pour des raisons qui échappent à la rationalité. Les peuples de ces pays sont gouvernés par des dictateurs terribles, qui les traitent abominablement ; leur vie est épouvantable. Ils n'ont pas le droit d'émettre de critiques à l'encontre de leurs dirigeants, leurs vrais oppresseurs. Il est donc logique qu'ils expriment cette haine ailleurs, ils choisissent une autre cible à leur vindicte.

Je voudrais parler de l'affaire Redeker en tant que journaliste, car cette affaire pose un problème à notre profession. Nous, journalistes, sommes censés nourrir les citoyens avec des informations afin qu'ils puissent exercer leur souveraineté là où ils vivent dans des États de droit et leur résistance là où ils ne vivent pas dans un État de droit. Le problème que nous rencontrons aujourd'hui est la vitesse de circulation de l'information, aujourd'hui l'un des facteurs d'instabilité politique et géopolitique. Cela a des effets pervers. Ainsi, un journaliste qui s'adresse, en France, ou dans un autre pays occidental, à une population éduquée voit son message transmis en quelques secondes à des populations qui n'ont pas été préparées à des plaisanteries sur la religion, ou à toute forme de discours critique sur la religion. Alors des troubles apparaissent, des ambassades sont brûlées, les relations commerciales peuvent être touchées… Ainsi, la teneur de nos discours de journalistes, nous devons l'adapter à la sensibilité du public national, mais nous devons aussi l'adapter, nous dit-on, à la sensibilité du monde entier qui nous observe via l'internet, via la télévision. Des personnes nous répètent donc à l'envi qu'il faut que nous soyons responsables de ce que nous disons, car il ne faut pas choquer nos amis… L'idéal serait sans doute de ne plus faire que des phrases simples, sans compléments, d'exclure de nos analyses tout propos touchant la politique, la géopolitique, la philosophie, la religion, bien sûr, bref, tout ce qui pourrait prêter à controverse. Quand plus de six milliards d'habitants vous lisent ou vous écoutent, il est difficile de ne choquer personne.

Mais qui sont ces amis qu'il ne faut pas choquer ? De quels amis s'agit-il ? En Iran par exemple, qui sont nos amis ? Les ayatollahs, la théocratie en place ? Les journalistes qu'on arrête, les homosexuels que l'on pend ? Au Soudan, de quel côté sont nos amis ? Sont-ce les milices de Khartoum, ou sont-ce les personnes massacrées au Darfour ? En Algérie, qui sont nos amis ? Les personnes tuées pendant les années 1990, et encore hélas maintenant ? Les islamistes, ceux qui égorgeaient les artistes, les poètes, ou les artistes, ou les avocats pour lesquels nous travaillons ? Qui sont nos amis en Égypte ? Les coptes qui sont actuellement poursuivis, les femmes, les journalistes, les homosexuels, ou ceux qui les persécutent ?

Pour qui parlons-nous ?

La réponse est que, dès lors que l'on a le droit de faire circuler librement de l'information, il faut le faire. À chaque fois que l'on recule, à chaque fois que l'on est prudent ou responsable à l'intérieur de nos États de droit, on perd l'estime de ceux qui nous font reculer, ils ne font que nous mépriser car devant eux, nous piétinons nos propres valeurs. C'est la raison pour laquelle il faut continuer à travailler, comme nous l'entendons. Il ne faut pas céder à la peur. L'homme qui est sous protection peut avoir des peurs, des craintes, le citoyen de la rue ne doit pas voir peur, et ce n'est pas très difficile de ne pas avoir peur.

POUR L'ACTION

L'inaction des bonnes consciences

par Jacques Tarnero

Jacques Tarnero est philosophe et sociologue. Il est notamment l'auteur des *Terrorismes* (Milan, 1998). L'islamisme est selon lui un péril comparable au nazisme.

C'est parce que le moment présent évoque une autre période de confusion des esprits que je me suis inspiré d'une ancienne lecture.

Quand les talibans ont détruit les bouddhas de Bamyan en Afghanistan, je n'ai pas protesté, je ne suis pas Afghan.

Quand les talibans ont interdit les cerfs-volants en Afghanistan, je n'ai pas protesté parce que je n'aime pas les cerfs-volants.

Quand d'autres islamistes ont mis une bombe à Bali contre la seule île bouddhiste en Indonésie, je n'ai pas bronché, je ne suis pas bouddhiste.

Quand les GIA ont assassiné des journalistes en Algérie, je n'ai pas bronché, je ne suis ni journaliste, ni Algérien.

Quand d'autres islamistes ont égorgé des centaines de paysans algériens, je n'ai pas bronché, je ne suis pas paysan et toujours pas Algérien.

Quand des islamistes ont décapité Daniel Pearl, journaliste juif américain, je n'ai pas bronché, je ne suis ni juif, ni journaliste, ni Américain.

Quand Ben Laden a attaqué le World Trade Center, à New York, je n'ai rien dit car je ne suis pas capitaliste mais antilibéral, comme on aime être en France.

Quand des islamistes ont assassiné le cinéaste Theo Van Gogh, je n'ai pas bronché parce que je n'aime pas les documentaires.

Quand les islamistes ont menacé des caricaturistes au Danemark, je n'ai pas protesté parce que je n'aime pas le dessin.

Quand les islamistes ont menacé un opéra de Mozart à Berlin, je n'ai pas protesté, car je n'aime pas l'opéra.

Quand le pape a fait des commentaires sur la violence en islam, qui n'ont pas plu aux islamistes, je n'ai rien dit car je ne vais pas à la messe.

Quand des islamistes non-violents ont assassiné une religieuse en Somalie et brûlé quelques églises, j'ai pensé que ça ne se serait jamais produit si le pape ne les avait pas provoqués.

Quand une jeune fille a été lapidée parce qu'elle mangeait pendant le ramadan, je n'ai rien dit parce que je fais moi-même un régime.

Quand un professeur de philosophie a été menacé de mort pour avoir dit des choses désobligeantes sur Mahomet, j'ai protesté… mais contre ce professeur… Il avait exagéré, tout de même… Il faut bien le dire.

Quand le ministre de l'Éducation nationale a dit qu'un enseignant avait un devoir de réserve et ben moi aussi je pense qu'il a raison le ministre, non mais… sinon… où va-t-on ? C'est vrai quoi, bon, tout de même, à la fin, hein…

Quand le ministre de la Culture a dit que ce professeur manquait de finesse et ben j'étais d'accord avec lui, parce que moi aussi j'aime la finesse.

Quand des islamistes ont été invités au Forum social européen, à Paris puis à Londres, j'ai trouvé ça très bien, car je suis très ouvert sur les questions sociales et sur l'Europe.

Quand le président iranien dit que la Shoah n'a pas existé, je n'ai pas protesté parce que je n'aime pas les idées reçues ni les vérités officielles.

Quand une jeune fille a été brûlée vive en banlieue pour avoir enfreint un code d'honneur, je n'ai pas bronché, car j'ai un grand sens de l'honneur et du respect des différences culturelles.

Quand les islamistes auront assassiné tous les Juifs, toutes les femmes, toutes les jeunes filles, tous les journalistes, tous les bouddhistes, tous les Américains, tous les Israéliens, tous les philosophes, tous les cinéastes, tous les dessinateurs et tous ceux qui ne sont pas islamistes, je crois que je ne bougerai pas parce que je ne vois pas pourquoi je bougerai.

D'ailleurs, quand Hitler avait envahi la Tchécoslovaquie, en Europe, on n'a pas beaucoup bougé.

L'histoire en fait se répète, sauf que la seconde fois, c'est pire que la première, surtout quand on y ajoute la bombe atomique.

Alors peut-être faut-il en finir avec ces incantations aussi vertueuses que vaines du « plus jamais ça ».

Car « ça » est en marche, « ça » est en vue.

Et l'on ne pourra pas dire qu'on ne l'a pas vu venir…

TROISIÈME PARTIE

LES RÉACTIONS D'HOMMES POLITIQUES ET DE JOURNALISTES

Quelle que soit leur appartenance partisane, un certain nombre d'hommes politiques ont tenu à apporter leur soutien au professeur de philosophie de Toulouse. L'éventail politique des grands partis démocratiques français est représenté dans son ensemble. Certains hommes politiques ont tenu à rédiger un texte de soutien à Robert Redeker, d'autres ont répondu à une série de trois questions que nous leur avons envoyée.

Chapitre 1
Les hommes politiques face à l’affaire Redeker

Jean-Pierre Brard,
député de la Seine-Saint-Denis,
maire de Montreuil-sous-Bois (PCF)

Comment interprétez-vous l’affaire Redeker ?

L’affaire Redeker est emblématique d’une confrontation entre l’état de droit et le totalitarisme, entre la liberté et la censure. D’ailleurs, les premières victimes du totalitarisme ont toujours été les intellectuels et les artistes.

Mon propos n’esl pas de mc positionner par rapport au contenu même du texte qui semble quelque peu excessif. Mais qu’un homme puisse être menacé de mort, au motif de l’opinion qu’il émet et quelles qu’en soient la nature et la portée, cst totalement inacceptable et révoltant. Rien ne peut justifier pareille menace.

Dans un État de droit, lorsqu'un citoyen n'est pas d'accord avec une opinion émise ou qu'il considère celle-ci comme susceptible de porter atteinte à certains droits, il a la possibilité d'en référer devant la justice ou bien de faire entendre sa voix en investissant le champ du débat.

De fait, mon soutien à Robert Redeker est un soutien sans condition, non pas à ce qu'il dit, mais à son droit de le dire, un soutien de principe au nom de la République, de la liberté, des droits de l'homme, car porter atteinte à l'intégrité physique d'un citoyen de la République, c'est porter atteinte à la République elle-même.

Notre République démocratique et laïque assure la liberté de conscience ; elle respecte toutes les croyances. Mais le respect ne doit pas pour autant museler la critique. La liberté d'expression s'accommode mal de la censure.

En tant que citoyen, que philosophe, Robert Redeker a parfaitement le droit de s'exprimer publiquement, même si l'opinion qu'il formule peut porter atteinte à une conviction, une croyance.

La France est un pays à forte tradition critique. C'est même une de ses particularités. Tout exercice intellectuel et artistique requiert une liberté absolue. Cette émancipation de l'esprit, véhiculée par les Lumières, nous a permis de nous dégager du diktat de l'autorité religieuse et de la censure idéologique et morale. Nombre de philosophes se sont exprimés au sujet des religions ou de l'institution religieuse, de façon parfois très virulente, que ce soit Voltaire, Diderot, Nietzsche, Spinoza, Bayle, Alain, etc.

Au XXIe siècle, on voudrait contester aux intellectuels le droit de s'exprimer dans ce domaine. Pourtant, le droit de s'exprimer, y compris sur les questions religieuses, représente l'une des conquêtes les plus importantes de la liberté d'expression.

À force de considérer que tel ou tel sujet ne doit pas être abordé car risquant de provoquer la polémique, de vouloir censurer le débat, de favoriser, comme l'écrit Henri Pena-Ruiz, la logique du politiquement ou du « religieusement » correct, nous glissons vers l'établissement d'une forme de police des mœurs et de la liberté de s'exprimer.

Nous devons faire preuve d'une extrême vigilance face à ceux qui dévient le débat en faisant consciemment l'amalgame entre religion et politique, entre esprit critique et racisme. Quelle que soit la portée intellectuelle de l'analyse de Robert Redeker, la critique à laquelle il s'adonne ne vise ni un peuple, ni une race.

Les positions de certaines personnes, tel Mouloud Aounit qui s'est détourné du terrain antiraciste pour se faire benoîtement l'avocat de la cause islamiste, sont en cela dangereuses pour la démocratie. Elles installent la confusion, mélangeant sans vergogne les registres, au risque d'accréditer les thèses d'un choc des civilisations. Ces positions sont contre-productives et ce sont nos concitoyens musulmans qui en sont les principales victimes.

L'esprit critique est aujourd'hui menacé et nous devons réagir en dénonçant grâce aux armes de la démocratie, au débat, le terrorisme intellectuel que certains laissent s'installer, par excès de candeur, voire de complicité.

La liberté d'expression est une conquête humaine fondamentale. En cela, l'affaire Redeker nous concerne tous et démontre, une fois de plus, qu'aucune liberté n'est jamais définitivement acquise.

Quel rôle doivent jouer la puissance publique et la classe politique dans cette affaire ? Quel rôle peuvent-elles jouer ?

Dans notre République laïque, les pouvoirs publics ne doivent faire aucune concession en ce qui concerne l'exercice des libertés.

Toute atteinte à leur expression est une attaque contre les valeurs fondamentales qui sont le socle identitaire de notre peuple depuis plus de deux siècles.

Or, force est de constater, qu'à quelques exceptions près, la classe politique est restée bouche bée, silencieuse face à l'atteinte manifeste portée à l'exercice d'un droit fondamental. Faut-il voir là une vérification du vieil adage selon lequel qui ne dit mot consent ?

En ce qui concerne les pouvoirs publics, leurs représentants se sont montrés bien peu réactifs et souvent maladroits dans leurs déclarations. Je pense notamment au ministre de l'Éducation nationale, Gilles de Robien, qui a apporté un soutien mesuré au professeur de philosophie, en se déclarant « solidaire » mais en rappelant qu'« un fonctionnaire doit se montrer prudent et modéré en toutes circonstances ».

Alors qu'il aurait dû fermement condamner les menaces dont Robert Redeker a été l'objet, Gilles de Robien, représentant une institution clé de la République, a préféré lui rappeler son devoir de réserve. Cette remarque est hors de propos, puisque ce n'est pas en tant que fonctionnaire que Robert Redeker s'est exprimé, mais en tant que citoyen. Il aura fallu attendre que l'affaire prenne une tournure médiatique pour que Gilles de Robien décide enfin de soutenir véritablement Robert Redeker.

Heureusement, la République a connu des hommes de plus de courage par le passé.

Quelle définition peut-on donner de la liberté d'expression ?

La liberté d'expression est à la fois la liberté de pensée et de conscience, mais aussi celle d'informer, de débattre, de diffuser publiquement ses idées, de manifester ses opinions.

Dans le passé, des artistes, philosophes ou savants ont risqué leur vie. Giordano Bruno par exemple, s'insurgeant contre les théories scientifiques et sociales de son époque, est décapité avant d'avoir vingt ans pour avoir refusé d'abjurer ses convictions. Des artistes, tels Michel-Ange, Goya ou Manet, défiant les valeurs sociales dominantes de leur époque, ont vu leurs œuvres faire l'objet de tentatives de censure. Nombre de livres jugés subversifs ont été mis à l'index.

La liberté d'expression est l'aboutissement d'un long combat mené par les défenseurs des droits de l'homme contre la censure. Après avoir garanti la liberté de pensée et de croyance dans l'article 10, la Déclaration des droits de l'homme et du citoyen promeut la liberté d'expression dans son article 11 : « La libre communication des pensées et des opinions est un des droits les plus précieux de l'homme ; tout citoyen peut donc parler, écrire, imprimer librement, sauf à répondre de l'abus de cette liberté dans les cas déterminés par la loi. »

Principe constitutionnel dans de nombreux pays démocratiques, elle est depuis 1948 érigée en principe universel. Selon l'article 19 de la Déclaration universelle des droits de l'homme : « Tout individu a droit à la liberté d'opinion et d'expression [...] sans considérations de frontières. »

La liberté d'expression repose ainsi sur des textes fondamentaux, qui en définissent l'étendue mais aussi les limites. Les seules restrictions à cette liberté doivent être expressément déterminées par la loi, à l'exemple des lois sanctionnant les discours négationnistes, racistes (loi

Gayssot, 1990). Les droits et les libertés sont indissociables. Leurs limites doivent être définies de façon responsable, au risque de réduire leur exercice à peau de chagrin. L'interdit est l'exception au principe, non sa définition.

Les atteintes à la liberté d'expression prennent diverses formes (idéologiques, économiques, etc.). Par exemple, les éditeurs indépendants voient leur champ d'exercice se restreindre de plus en plus au profit de situations monopolistiques, néfastes à la diversité culturelle, donc à son expression. Les médias sont de plus en plus considérés comme un produit commercial, et de moins en moins comme une ressource culturelle et démocratique spécifique. Nombre d'intellectuels et d'artistes se voient menacés de censure, voire de mort, pour la diffusion de leurs idées et œuvres. Il y a quelques mois, un opéra de Mozart a été déprogrammé à Berlin, par crainte de manifestations islamistes. Je ne parle pas de l'affaire des caricatures de Mahomet qui a déjà fait couler beaucoup d'encre.

Le droit à la liberté d'expression, d'information et le droit de savoir sont intrinsèquement liés. C'est une condition indispensable pour permettre à tout citoyen de réfléchir librement et d'essayer de prendre des décisions en toute connaissance de cause. C'est une condition vitale au développement du processus démocratique de la société.

Les manœuvres de toutes natures qui cherchent à uniformiser notre vision, à en réduire l'expression, menacent la démocratie dans le monde, menacent l'humanité dans sa diversité. Il nous faut lutter contre toutes les formes de pression et de contrainte sur l'esprit. Il faut éduquer les citoyens pour qu'ils fassent usage de leur esprit critique. Comme l'écrivait Condorcet, « La connaissance est à la fois l'instrument et l'expérience de la liberté, la seule manière d'être libre. »

Vincent Peillon, eurodéputé (PS)

Robert Redeker, auteur et professeur de philosophie, est aujourd'hui menacé de mort pour avoir exprimé, dans une tribune libre publiée par un quotidien national, une opinion qui n'engage que lui. En conséquence, placé sous la protection de la gendarmerie, il est désormais obligé de changer tous les deux jours de domicile et ne peut plus enseigner librement dans son lycée.

Au pays de Descartes, de Voltaire et de Jaurès, de la liberté de penser, il y a longtemps que l'on n'avait pas vu un tel acte d'intolérance, et un professeur de philosophie, pour délit d'opinion, ne pouvoir faire sa classe. Robert Redeker a indiqué que les menaces qui le visent s'accompagnent « d'un plan indiquant comment venir chez [lui], avec [sa] photo, celle des lieux où [il] travaille et [ses] numéros de téléphone ». Le même jour, le ministre de l'Éducation nationale, Gilles de Robien, n'a rien trouvé de plus courageux que d'accabler le professeur menacé en déclarant : « En signant une tribune libre, cet enseignant a impliqué l'Éducation nationale. Un fonctionnaire doit se montrer prudent, modéré, avisé en toutes circonstances. ». On peut être en désaccord avec le propos de Robert Redeker. Mais avec les principes, il ne faut pas transiger.

En France, pays républicain et laïque, faut-il rappeler que la justice seule est souveraine en matière d'éventuel délit de diffamation ou d'injure publique ? C'est pourquoi personne ne peut tolérer qu'un citoyen soit menacé de mort par quiconque. Il n'est pas tolérable non plus que la « libre communication des pensées et des opinions », c'est-à-dire « un des droits les plus précieux de l'homme » (Déclaration des droits de l'homme et du citoyen, août 1789, art. 11), ne soit pas intégralement respectée, voire protégée, sans commentaire ni réserve, par la République et ceux qui ont la haute charge de l'administrer, dans le cadre et les limites fixés par la loi. Il n'est pas tolérable, enfin et surtout, que la liberté et la sûreté d'un citoyen, autres droits imprescriptibles de l'homme, soient à ce point bafouées, sans déclencher une réponse sans ambiguïté des pouvoirs publics et de l'ensemble de la nation. C'est le patrimoine de liberté et de tolérance que nous avons patiemment conquis durant des siècles qui se trouve ainsi menacé, et c'est la République tout entière qui, attaquée dans ses fondements, se doit de le défendre. On est libre d'exprimer son désaccord avec l'opinion émise par Monsieur Robert Redeker, et on peut même le faire avec force et vivacité en utilisant à son tour sa liberté d'expression. Mais personne n'est en droit de le faire par la menace et la violence physique. Pour ce qui me concerne, j'assure Monsieur Redeker de toute ma solidarité et attends de toutes et de tous, autorités républicaines, élus de la nation, collègues enseignants, parlementaires et élus, qu'ils fassent de même. Si par gêne, peur ou indifférence, nous ne le faisions pas, mesurons bien ce qu'il pourra nous en coûter demain : rien moins que le prix de la liberté et de la paix, dont on se souviendra alors, dans le remords et la honte, que précisément elles n'ont pas de prix.

Oui, mais…

par Philippe Namias, militant Vert, président de Laïcité Écologie Association,
Hélène Zanier, élue Verte à Bagnolet (93),
Jean-Marc Pasquet, militant écologiste, cofondateur de LEA,
Arlette Zilberg, élue Verte à Paris (20e)

Rien n'a été plus insupportable que ces deux mots accolés, qui ont souvent caractérisé le « soutien » de certains au professeur Robert Redeker.

La manière dont chacun de nous a réagi, en public et en privé, à cette incroyable affaire de menaces de mort envers un homme qui avait simplement écrit un article dans un journal, est grandement révélatrice des valeurs qui nous structurent.

Ne parlons pas de ceux qui l'ont condamné, voyant en lui un « raciste » ou on ne sait quel qualificatif infamant et définitif. Non, ceux-là, maintenant, nous les connaissons bien : ils ont joint leur voix pour condamner la publication des caricatures de Mahomet au Danemark, puis leur republication dans *France-Soir* et *Charlie Hebdo*, ils font des procès en islamophobie à tout démocrate osant remettre en question telle ou telle pratique mortifère attribuée à tort ou à raison à l'islam. Ce sont les complices des criminels, ils participent à l'hallali.

Ne parlons pas non plus de ceux qui, conscients du problème, conscients de l'agression concertée des groupes islamistes envers les sociétés démocratiques, choisissent la lâcheté. Tels ces députés qui proposent une loi contre la critique des religions ou le blasphème. Ou ceux qui expliquent doctement que ce n'est pas le moment, que ce n'est pas malin de « jeter de l'huile sur le feu ». Mais, alors, c'est quand le moment d'exercer sa liberté d'expression ? C'est quand le moment de combattre les totalitarismes ?

Parlons plutôt de celles et ceux qui ont choisi le « soutien critique », ceux qui ont été choqués par le contenu du texte publié dans *Le Figaro*, mais qui sont sincèrement attachés à la liberté de conscience, et choqués tout autant par les menaces dont M. Redeker est l'objet. Ceux du « oui mais ». Car c'est à eux que s'adresse aujourd'hui notre association.

Notre pédagogie ? Expliquer, comme pour les caricatures, que la liberté d'expression n'a d'intérêt que lorsque les idées exprimées suscitent le débat, que lorsqu'elles ne sont pas consensuelles et qu'elles peuvent choquer. Et que rien, absolument rien, ne peut justifier une menace quelconque contre l'auteur d'une pensée, fut-elle dissidente. Vous n'approuvez pas le contenu. Et alors ? Ne faudrait-il garder en vie que les auteurs avec lesquels nous serions pleinement d'accord ? Belle idée de la démocratie !

Notre association, LEA, Laïcité Écologie Association, a pour but de se battre pour la laïcité, la liberté de conscience et l'égalité des droits, notamment parmi les militantes et les militants Verts. Et ça tombe bien, ces notions font partie des fondamentaux des Verts.

Et pourtant, certains, minoritaires mais parfois influents, en ont une interprétation très personnelle.

Ainsi, nous avons ceux pour qui « les musulmans », comme ça, en bloc, sont les nouveaux damnés de la terre, intouchables quoi qu'ils fassent. Outre que c'est une position raciste et essentialiste, c'est surtout très stupide, et bien loin de la complexité dont généralement nous nous réclamons. Comment, dès lors, soutenir, comme à Lyon, une jeune femme qui avait fait le choix de vivre avec un « non-musulman » et qui pour cette raison a été tondue et battue par son père et son frère ? Comment alors soutenir l'auteur d'un texte s'en prenant directement au Coran, et menacé de mort pour cette raison ? Cette confusion dans la hiérarchie des valeurs conduit fatalement à « respecter » le bourreau et à se désolidariser de la victime.

Notre travail, depuis plus de deux ans, a consisté à rappeler ces évidences : respecter les personnes, bien évidemment, mais pas les dogmes ; être solidaire des victimes, partout et toujours, et condamner les bourreaux, d'où qu'ils viennent ; soutenir la revendication pour l'égalité des droits, considérer qu'il n'existe qu'une seule humanité, indivisible, et combattre le relativisme culturel, la concurrence victimaire…

Notre combat interne chez les Verts a été récompensé par l'adoption, lors de notre congrès de décembre 2006, d'une motion clairement laïque.

Et pourtant, la formule laconique « le combat continue » est bien de mise.

Quelques écologistes nous accusent de jacobinisme, alors même qu'ils soutiennent de fait une forme de jacobinisme bien dangereux : une vision islamiste et unique du monde. Au contraire, nous opposons au multiculturalisme les mêmes valeurs qu'au jacobinisme : l'universalisme et la liberté de conscience. Ce faisant, nous avons également clarifié notre position régionaliste, laquelle doit refuser la revendication identitaire, ce « nationalisme régional », qui appartient à la catégorie des « identités meurtrières ». Par contre, nous avons développé l'idée de transculturalisme : protection de la diversité culturelle, comme facteur d'enrichissement, et refus absolu de la diversité des droits !

Sachant que l'actualité nous démontre tous les jours que les principes démocratiques sont indépassables, toute faiblesse dans leur défense conduit inévitablement au développement de notre ennemi commun : le totalitarisme.

Car enfin, comment peut-on être écologiste et « couvrir » des pratiques innommables : violences faites aux femmes, aux homosexuelLEs, aux intellectuelLEs ? Quel projet d'autonomie peut-on poursuivre lorsqu'on est assignéE à une communauté, à vie ? Et comment peut-on se dédouaner de notre responsabilité politique si on n'apporte pas notre soutien à celles et ceux qui en ont le plus besoin ? L'écologie politique, telle que nous la concevons, est un humanisme. Elle a un besoin absolu de la solidarité entre les personnes.

Alors, comment peut-on être écologiste et récuser l'universalisme ? Les Verts se sont créés à partir d'une vision planétaire, globale et universelle, à partir des principes fondateurs de démocratie, d'égalité des sexes et de droits identiques pour tous les humains. Comment pourrions-nous soutenir que les êtres humains sont la propriété de cultures ou de religions ? Au contraire, nous soutenons que la liberté de choix est première, et que l'autonomie de l'individu est notre idéal. Une personne libre est aussi une personne éduquée, habituée au débat, acceptant et recherchant la contradiction, celle-là même qui lui permettra de faire un pas vers l'autre, vers plus de compréhension, plus d'empathie, plus d'humanisme.

C'est en cela que nous avons un grand besoin, entre autres, de Robert Redeker.

François d'Aubert, UMP, maire de Laval, ancien ministre

Comment interprétez-vous l'affaire Redeker ?

Nous assistons aujourd'hui dans la vie publique et d'un point de vue global à un recul de l'idée même de liberté par rapport à d'autres valeurs. En quelque sorte, les gens admettent de moins en moins la liberté des autres. Or la liberté est une valeur et un droit inaliénables.

L'affaire Redeker s'interprète du point de vue de la liberté d'expression, qui doit être totale. Cela fait partie du patrimoine français, légué par l'histoire, et à ce titre, la liberté d'expression est sacrée.

Certes, pourrait-on répondre, ce n'est qu'un principe, mais il faut s'en tenir aux principes. Robert Redeker a écrit beaucoup de textes, j'en ai lu certains, je n'ai pas tout lu, mais ce n'est pas le problème, et je dirais même que ce n'est pas un problème secondaire par rapport au principe de la liberté d'expression, qui doit être garanti.

En défendant la liberté d'expression, plus qu'un principe, c'est nous-même que nous défendons. Nous nous défendons par rapport à des ennemis de la liberté, c'est-à-dire par rapport à des sectaristes qui nous veulent du mal.

Quel rôle doivent jouer la puissance publique et la classe politique dans cette affaire, quel rôle peuvent-elles jouer ?

Dès lors que la liberté d'expression est une liberté fondamentale, à chaque fois qu'elle est menacée, il appartient à tous ceux qui ont élaboré la loi, qui ont traduit dans des textes les grands principes constitutionnels, fondamentaux, de défendre ces principes sur le plan juridique.

Il leur appartient également de les défendre sur le plan politique, par une expression politique. Car au-delà des textes, au-delà de l'esprit des lois, il ne faut pas oublier que nous sommes dans une société très médiatisée. Donc ceux qui ont une légitimité politique doivent se servir de leur médiatisation pour porter une expression publique forte, destinée à montrer l'appui que l'on donne à ces grands principes. Les hommes politiques ne doivent pas oublier qu'il n'est pas donné à tout le monde d'accéder aux médias, pour défendre ces valeurs. Ils doivent s'exprimer et s'engager.

Quelle définition donnera-t-on dans une dizaine d'années de la liberté d'expression ?

Nous sommes en démocratie. La liberté d'expression se conçoit comme un absolu. Elle se définit, de manière *a priori* immuable, comme le droit à l'expression. Je crains que dans dix ans se pose la question de ses limites. La tendance profonde de nos sociétés va dans ce sens. Certes, dans l'affaire Redeker, on se bat pour la défense de la liberté d'expression, mais j'ai l'impression que nous sommes très minoritaires à mener ce combat. Force est de constater que dès lors qu'on touche aux questions religieuses, la liberté d'expression, conçue alors comme un principe de laïcité, est mal défendue, peu défendue. On peut se demander si, en matière religieuse en particulier, dans notre système de plus en plus intolérant, la liberté d'expression ne perd pas chaque jour du terrain.

La liberté d'expression aujourd'hui, c'est la liberté de

créer un texte, de créer une expression, d'inventer le verbe. Mais c'est aussi la liberté de commenter le verbe des autres, qu'ils soient porte paroles d'autres religions, d'autres tendances politiques, d'autres idéologies. Dire ce qu'elle sera dans dix ans…

***

François Bayrou, député, président de l'UDF

Comment interprétez-vous l'affaire Redeker ?

Comme le drame d'un homme traqué pour avoir exprimé des opinions, certes virulentes, mais des opinions, protégées en principe dans notre pays par une liberté constitutionnelle. Je pense donc d'abord à l'homme qui, du jour au lendemain, s'est trouvé coupé des siens, isolé, sans beaucoup de soutiens. C'est une période dure pour lui et pour sa famille. Et c'est une période sans horizon, parce que les menaces n'ont pas de visage. On ne sait pas bien qui les a proférées. Il n'y a pas d'organisation que l'on puisse mettre à la raison. C'est une terreur, comme dans un cauchemar, parce qu'on a l'impression qu'on ne peut pas y mettre un terme.

Et c'est aussi le drame d'une société démocratique qui, en fait, a beaucoup de mal à se défendre contre des menaces venues d'un univers non démocratique et fanatisé.

Quel rôle doivent jouer la puissance publique et la classe politique dans cette affaire ?

La puissance publique doit jouer d'abord un rôle de garant. C'est à l'État que revient la protection des citoyens. Quant aux responsables politiques, ils doivent défendre la liberté d'expression comme la clé de voûte de notre projet républicain. C'est ce que dit la Déclaration des droits de l'homme et du citoyen : « Nul ne peut être inquiété pour l'expression de ses opinons, même religieuses, pourvu que cette expression ne trouble pas l'ordre public établi par la loi ». Ces deux mots « même religieuses… » s'adressent à tous, croyants et incroyants, polémistes et philosophes. Ils édifient, en notre société, en notre temps une maison de liberté. Encore faut-il les défendre, en toute occasion, et les expliquer, et les protéger.

Quelle définition peut-on donner de la liberté d'expression ?

La plus exigeante, celle que l'on prête à Voltaire : « Je déteste vos idées, mais je me ferais tuer pour que vous puissiez continuer à les exprimer. »

Chapitre 2
Les journalistes face à l'affaire Redeker

Jean-Marie Colombani, directeur du *Monde*

Comment interprétez-vous l'affaire Redeker ?

Je l'interprète, comme beaucoup, comme un signe des temps. Il y a aujourd'hui de multiples signes de montée des fondamentalismes, dans l'Occident. Ainsi, aux États-Unis, la conception d'un certain nombre de fictions est aux mains de groupes de fondamentalistes chrétiens, qui surveillent leur élaboration à la virgule près, et obtiennent des modifications dès qu'un détail heurte leur conscience. Ainsi, dans nos pays, on l'a vu pendant l'affaire des caricatures de Mahomet, qui a abouti au procès absurde attenté à *Charlie Hebdo*. L'affaire Redeker semble paroxystique chez nous de cela. Ce mouvement avait commencé avec la fatwa lancée contre Salman Rushdie.

Le problème est moins l'expression la plus criante de cette pression absurde et insupportable que l'intériorisation de cette pression, qui peut à terme menacer la liberté d'expression. Il ne faut pas que nous, journalistes, intégrions que si l'on parle de tel événement de telle ou telle façon, telles réactions auront lieu, et que nous nous censurions de ce fait. C'est là qu'est le véritable danger. Bien sûr, des affaires comme celle qui est arrivée à Robert Redeker sont extrêmement choquantes, mais elles mobilisent tout de suite l'opinion, du moins une part de celle-ci, et les pouvoirs publics. Mais à la suite de cette affaire peuvent se mettre en route des mécanismes d'autocensure.

Quel est, selon vous, le rôle que doivent jouer les médias dans cette affaire, et quel rôle avez-vous joué ?

Les médias doivent jouer le rôle qui est le leur, informer et ne rien laisser passer. Ne pas perdre de temps dans la façon dont ils informent et alertent l'opinion. En ce sens, il faudrait aller plus loin, faire preuve de beaucoup de pédagogie. Il est essentiel de faire entendre à tous, par la voix des médias mais également de l'école, des politiques, des associations, que la religion fait partie de la liberté de conscience. Cette liberté est la condition de vie dans une société démocratique. On n'explique jamais assez cela. Vis-à-vis de tous ceux que le discours simplificateur et caricatural des fondamentalistes peut tenter, il n'y a que la pédagogie à opposer. En réalité, au-delà des médias, de l'école, il faut que chacun intègre cette obligation de pédagogue et la mette en pratique dans la vie courante.

Quelle définition peut-on donner de la liberté d'expression ?

La liberté d'expression, c'est de pouvoir imprimer et diffuser librement, penser. Je ne pense pas que l'on puisse porter des limites dans la définition, malgré les limites nombreuses apportées par les réglementations des pouvoirs publics.

Je ne suis pas pessimiste par nature, mais je trouve que l'air du temps est régressif, est au recul de la raison, à l'émotionnel, au passionnel, à l'emballement, il n'est pas à la raison et à la réflexion. Il est à l'anti-intellectualisme, à la dénonciation des élites, dont on oublie toujours que ce sont les élites de l'intelligence qui sont visées. C'est dangereux, comme le montre l'affaire Redeker.

***

Nicolas Beytout, directeur de la rédaction du *Figaro*

Comment interprétez-vous l'affaire Redeker ?

C'est le symbole de la montée de l'intolérance des uns, qui se nourrit de la tolérance des autres. La montée de l'intolérance est celle des gens qui utilisent l'islam comme une religion de guerre, qui s'en servent pour créer leur différence dans la société. La tolérance, c'est celle de tous ceux qui, au nom de la liberté de pensée et du respect de la liberté de conscience, ont pour principe absolu de laisser s'exprimer toutes les opinions. C'est cette asymétrie entre l'intolérance d'une minorité et la tolérance de la majorité dans les grands pays démocratiques, qui a permis que se crée cette affaire Redeker qui est, évidemment, très déplorable.

Quel est, selon vous, le rôle que doivent jouer les media dans cette affaire, et quel rôle avez-vous joué ?

Ce sont les médias qui ont été à l'origine de « l'affaire », servant à leur corps défendant d'instrument à ce grand « squizz » entre l'intolérance d'une minorité et la tolérance de la majorité. Pris dans la contradiction que j'évoquais tout à l'heure, ils ont, au nom de la tolérance, au nom de la liberté d'opinion, et au nom du respect des consciences multiples, publié les caricatures de Mahomet. Et c'est cette tolérance qui a exacerbé l'intolérance en face.

Une fois « l'affaire » déclenchée, les médias, avec un peu de retard par rapport à la genèse de l'affaire, ont plutôt bien compris l'enjeu qui était derrière ces menaces, enjeu assez inédit, en tout cas pour la France. Et pour un grand nombre, ils ont bien joué leur rôle.

J'ai tout de même un regret, c'est qu'au-delà des médias, la mobilisation et la condamnation ont été beaucoup moins fortes que si l'affaire s'était déroulée dans l'autre sens, si la menace de mort n'était pas venue d'un islamiste contre quelqu'un réputé avoir agressé les musulmans, mais était venu d'un non musulman à l'encontre d'un musulman.

Pour ce qui nous concerne, au *Figaro*, nous avons publié le papier, donc nous sommes à l'origine de « l'affaire ». Nous avons donné la parole à Robert Redeker (auteur au demeurant assez inclassable et habitué à signer dans bien des journaux), comme nous la donnons régulièrement à beaucoup de signatures extérieures. Une dizaine de jours après le début du tumulte, j'ai publié un texte, à la une du *Figaro*, pour expliquer que si le journal avait évidemment une ligne éditoriale et des opinions établies, il était aussi de notre devoir et de notre honneur de publier des opinions diverses. Tous les jours, nous accueillons dans nos colonnes des points de vue contradictoires. Nous avons une ligne éditoriale claire, nous ne partageons pas toutes les idées que nous publions dans nos pages Débats, ni même la façon dont elles s'expriment. Mais au-delà de cela, nous considérons que le rôle d'un journal est de fournir à ses lecteurs tout ce qui leur permettre de comprendre en profondeur l'actualité.

Nous avons ainsi marqué clairement, à la une, notre désapprobation profonde quant à la façon dont le texte de Robert Redeker était devenu une « affaire ».

Quelle définition donnera-t-on de la liberté d'expression dans une dizaine d'années ?

La définition de la liberté d'expression sera la même dans dix ans qu'aujourd'hui. Ce sera comme aujourd'hui un combat quotidien dans le monde entier. Bien entendu, la liberté d'expression est et restera très largement garantie en France. Mais le vrai combat de la liberté d'expression demeurera, ailleurs dans le monde.

Jacques Barraux, directeur de la rédaction des *Échos*

Comment interprétez-vous l'affaire Redeker ?

Je l'interprète comme un signal d'alarme. L'opinion publique nationale est prise à témoin, à travers un cas particulier, de la montée de l'intolérance dans notre pays. Intolérance qui se traduit par l'apparition d'un climat de violence latente. Conséquence : les plus timides, les plus désarmés face aux menaces physiques se résignent à la capitulation muette. C'est la pire des attitudes, mais comment ne pas comprendre les réactions de citoyens inquiets pour leurs proches et pour leurs enfants. Pour une victime de mesures d'intimidation qui se sent assez forte pour clamer publiquement son indignation – c'est le cas de Monsieur Redeker – combien de personnes fragiles qui s'enferment dans un silence apeuré. Au climat d'insécurité propre aux quartiers difficiles livrés à une certaine forme d'anarchie, s'ajoute désormais une sorte rétrécissement du débat public.

Quel est selon vous, le rôle que doivent jouer les médias dans cette affaire ?

Les médias sont les relais obligés de la liberté d'opinion. Leur rôle est simple : soulever le couvercle de la peur et du silence. Dire les choses. Montrer les preuves de la menace, du chantage ou de l'acte de violence physique. Prendre soin de ne pas mettre en danger les victimes exposées à des représailles. Éviter les traitements grossiers ou exagérés, mais convaincre de l'utilité d'une publication pour confondre celui qui utilise l'arme de l'intimidation et qui met en péril la liberté d'opinion.

Quelle définition donnera-t-on de la liberté d'expression dans une dizaine d'années ?

La même qu'aujourd'hui. Tout citoyen d'un pays démocratique a le droit d'exprimer ses opinions dans le respect des opinions des autres. Il y a quelque naïveté à croire que dans le futur, Internet modifiera radicalement les termes du débat public. Le téléscripteur à la fin du XIXe siècle, le téléphone, l'avion ou le journal papier ont tout autant pesé sur l'amplification du débat public et contradictoire. L'opinion de chacun, de chacun dans un petit groupe, de chaque petit groupe dans une collectivité s'exprime – et s'exprimera toujours – à travers différents canaux. Le numérique permet de marier différents langages (son, image, chiffres, textes), mais la liberté d'expression est vouée à prendre des formes variées : de la réunion de quelques uns dans une salle fermée à l'assemblée géante et virtuelle par le biais du réseau. Le réel et le virtuel sont condamnés à une éternelle cohabitation. Depuis le cri proféré dans une manifestation de rue jusqu'aux blogs captés sur tous les continents, du message griffonné sur un papier à l'édition spéciale d'un journal engagé, la liberté d'opinion ne peut être garantie que si elle s'exprime à travers des combinaisons multiples d'outils et de configurations physiques. Et surtout : elle aura toujours besoin d'auxiliaires, d'intermédiaires pour mettre en forme le débat public ou pour traduire les sentiments et les opinions des personnes peu exercées à la communication. C'est pourquoi le monde dit “libre” aura toujours besoin de… journalistes.

CONCLUSION
ROBERT REDEKER, FLAMBERGE AU VENT

par Claude Lanzmann

La revue *Les Temps Modernes*, qu'après Jean-Paul Sartre et Simone de Beauvoir, je dirige depuis plus de vingt ans, n'a ni pour principe, ni pour habitude de recruter des idiots ou des crapules comme collaborateurs. Les rares crétins ou salopards – ce sont souvent les mêmes – qui parvinrent à s'y faufiler ne firent pas long feu et en furent chassés aussitôt démasqués. Robert Redeker est entré au Comité de rédaction des *Temps Modernes* il y a douze ans, peu de temps après nous avoir donné son premier et fulgurant article, « La catastrophe du révisionnisme ». Il en est toujours membre et le demeurera aussi longtemps qu'il le voudra : même s'il lui arrive d'écrire ailleurs, *Les Temps Modernes* sont sa revue au premier chef. J'ajoute que Robert est notre ami à tous, et qu'il m'est, à moi, infiniment cher. Je me dois d'affirmer ce qui précède car les soutiens qu'il a reçus après avoir été condamné à mort, voici trois mois, par ce qu'il est convenu d'appeler une « nébuleuse islamiste », après avoir vu sa vie personnelle et celle de ses proches véritablement saccagée, ressemblaient souvent à la corde qui soutient le pendu ou donnaient plus envie de vomir qu'ils ne réconfortaient.

Sur le soutien, sa conditionnalité ou son inconditionnalité, Catherine Kintzler dit parfaitement, dans cet ouvrage, ce que la rectitude philosophique commande de penser et je ne la paraphraserai pas. Mais trop de belles âmes se déclaraient disposées à ferrailler pour la liberté d'expression en général tout en déplorant la « sottise », l' « ignorance », voire la « nullité » dudit Redeker. Un « chercheur », spécialiste de l'islam (c'est la mode aujourd'hui de demander à tout propos leur avis aux experts, comme si eux seuls pensaient juste), accusait assez ignoblement Redeker de « chatouiller la fatwa ». Seuls donc les doctes seraient en droit de parler sur l'islam et si Robert, par exemple, s'interrogeait, dans la tribune du *Figaro* incriminée, sur les raisons qui avaient poussé le maire de Paris à interdire le port du string à Paris Plages – la création dont l'édile semblait si fier –, il signait par là sa grave arriération mentale ! Ni synoptique, ni multilatéral, ni bienséant, Robert Redeker s'inscrit plus que quiconque dans la droite lignée sartrienne, il est un écrivain et un philosophe engagé, capable de foncer flamberge au vent et de prendre sa plume pour une épée à l'instar de notre fondateur, sans se laisser arrêter par un « devoir de réserve » qui, s'il avait été strictement observé au long des siècles, comme a paru le souhaiter le Ministre de l'Éducation nationale, aurait gravement amputé la littérature française.

Le récit de sa vie, intitulé « Le compagnon inattendu », qu'il a écrit pour le numéro du cinquantenaire des *Temps Modernes*, paru au printemps 1996, (...) est un texte admirable et bouleversant, qui témoigne à pleine force de ce qu'est une pensée incarnée. Car Robert, n'en déplaise aux délicats, est un penseur véritable en même temps qu'un professeur de lycée à l'ancienne mode, tel un Alain ou un Lagneau. Et la presse française tout entière, à la lecture de ses articles dans les *Temps Modernes*, s'est rapidement avisée de ces vertus : le champ de ses intérêts est vaste, c'est un éveilleur, et il est apte à penser mille domaines de l'actualité de façon originale, profonde, philosophique. Son compte rendu, dans ce numéro, de *L'Alibi éthique*, le très beau livre de Didier Sicard, en est une parfaite illustration. Atout supplémentaire, le « contempteur de l'islam » travaille vite. Il est unique en son genre et, depuis plusieurs années, les journaux, quotidiens et hebdomadaires, se l'arrachent : il écrit pour *Le Monde*, pour *Le Monde des Livres*, pour *Libération*, pour *Le Figaro*, pour *Marianne*, pour *L'Express*, etc.

De même que Sartre s'est toujours méfié de l'esprit d'analyse et des démocrates abstraits – dans les *Réflexions sur la question juive* par exemple, ou dans la *Critique de la raison dialectique* –, de même ne nous satisfaisons pas de défendre abstraitement une abstraite liberté d'expression. Cela ne pèse pas lourd devant la violence et les menaces de mort. C'est Robert Redeker d'abord qu'il faut défendre, lui-même et sa famille dont l'enfermement des premières semaines, au prétexte de les protéger, aurait rapidement tourné au calvaire s'il s'était poursuivi sans aménagements. Je tiens à rendre hommage ici au sérieux avec lequel le gouvernement a traité cette affaire, à la Gendarmerie nationale pour la façon dont, de nuit comme de jour, elle s'acquitte de sa tâche de sauvegarde, à saluer enfin, pour l'écoute attentive et décisive que j'ai trouvée auprès d'eux, mes interlocuteurs du Ministère de l'Intérieur, qui ont compris d'emblée, lorsque je leur ai parlé, que protéger n'était pas assez, mais qu'il fallait aussi permettre que la vie continue.

Claude Lanzmann[1]

1. Ce texte a initialement paru dans le numéro 641 de la revue *Les Temps Modernes*.

ANNEXE

LA TRIBUNE DE ROBERT REDEKER DANS *LE FIGARO*

Face aux intimidations islamistes, que doit faire le monde libre ?

par Robert Redeker

Le Figaro, 19 septembre 2006

Les réactions suscitées par l'analyse de Benoît XVI sur l'islam et la violence s'inscrivent dans la tentative menée par cet islam d'étouffer ce que l'Occident a de plus précieux qui n'existe dans aucun pays musulman : la liberté de penser et de s'exprimer.

L'islam essaie d'imposer à l'Europe ses règles : ouverture des piscines à certaines heures exclusivement aux femmes, interdiction de caricaturer cette religion, exigence d'un traitement diététique particulier des enfants musulmans dans les cantines, combat pour le port du voile à l'école, accusation d'islamophobie contre les esprits libres.

Comment expliquer l'interdiction du string à Paris-Plages, cet été ? Étrange fut l'argument avancé : risque de « troubles à l'ordre public ». Cela signifiait-il que des bandes de jeunes frustrés risquaient de devenir violents à l'affichage de la beauté ? Ou bien craignait-on des manifestations islamistes, via des brigades de la vertu, aux abords de Paris-Plages ?

Pourtant, la non-interdiction du port du voile dans la rue est, du fait de la réprobation que ce soutien à l'oppression contre les femmes suscite, plus propre à «troubler l'ordre public» que le string. Il n'est pas déplacé de penser que cette interdiction traduit une islamisation des esprits en France, une soumission plus ou moins consciente aux diktats de l'islam. Ou, à tout le moins, qu'elle résulte de l'insidieuse pression musulmane sur les esprits. Islamisation des esprits : ceux-là même qui s'élevaient contre l'inauguration d'un Parvis Jean-Paul-II à Paris ne s'opposent pas à la construction de mosquées. L'islam tente d'obliger l'Europe à se plier à sa vision de l'homme.

Comme jadis avec le communisme, l'Occident se retrouve sous surveillance idéologique. L'islam se présente, à l'image du défunt communisme, comme une alternative au monde occidental. À l'instar du communisme d'autrefois, l'islam, pour conquérir les esprits, joue sur une corde sensible. Il se targue d'une légitimité qui trouble la conscience occidentale, attentive à autrui : être la voix des pauvres de la planète. Hier, la voix des pauvres prétendait venir de Moscou, aujourd'hui elle viendrait de La Mecque ! Aujourd'hui à nouveau, des intellectuels incarnent cet oeil du Coran, comme ils incarnaient l'oeil de Moscou hier. Ils excommunient pour islamophobie, comme hier pour anticommunisme.

Dans l'ouverture à autrui, propre à l'Occident, se manifeste une sécularisation du christianisme, dont le fond se résume ainsi : l'autre doit toujours passer avant moi. L'Occidental, héritier du christianisme, est l'être qui met son âme à découvert. Il prend le risque de passer pour faible. À l'identique de feu le communisme, l'islam tient la générosité, l'ouverture d'esprit, la tolérance, la douceur, la liberté de la femme et des moeurs, les valeurs démocratiques, pour des marques de décadence.

Ce sont des faiblesses qu'il veut exploiter au moyen « d'idiots utiles », les bonnes consciences imbues de bons sentiments, afin d'imposer l'ordre coranique au monde occidental lui-même.

Le Coran est un livre d'inouïe violence. Maxime Rodinson énonce, dans l'Encyclopédia Universalis, quelques vérités aussi importantes que taboues en France. D'une part, « Muhammad révéla à Médine des qualités insoupçonnées de dirigeant politique et de chef militaire (...) Il recourut à la guerre privée, institution courante en Arabie (...) Muhammad envoya bientôt des petits groupes de ses partisans attaquer les caravanes mekkoises, punissant ainsi ses incrédules compatriotes et du même coup acquérant un riche butin ».

D'autre part, « Muhammad profita de ce succès pour éliminer de Médine, en la faisant massacrer, la dernière tribu juive qui y restait, les Qurayza, qu'il accusait d'un comportement suspect ». Enfin, « après la mort de Khadidja, il épousa une veuve, bonne ménagère, Sawda, et aussi la petite Aisha, qui avait à peine une dizaine d'années. Ses penchants érotiques, longtemps contenus, devaient lui faire contracter concurremment une dizaine de mariages ». Exaltation de la violence : chef de guerre impitoyable, pillard, massacreur de juifs et polygame, tel se révèle Mahomet à travers le Coran. De fait, l'Église catholique n'est pas exempte de reproches. Son histoire est jonchée de pages noires, sur lesquelles elle a fait repentance. L'Inquisition, la chasse aux sorcières, l'exécution des philosophes Bruno et Vanini, ces mal-pensants épicuriens, celle, en plein XVIIIe siècle, du chevalier de La Barre pour impiété, ne plaident pas en sa faveur. Mais ce qui différencie le christianisme de l'islam apparaît : il est toujours possible de retourner les valeurs évangéliques, la douce personne de Jésus contre les dérives de l'Église.

Aucune des fautes de l'Église ne plonge ses racines dans l'Évangile. Jésus est non-violent. Le retour à Jésus est un recours contre les excès de l'institution ecclésiale. Le recours à Mahomet, au contraire, renforce la haine et la violence. Jésus est un maître d'amour, Mahomet un maître de haine. La lapidation de Satan, chaque année à La Mecque, n'est pas qu'un phénomène superstitieux. Elle ne met pas seulement en scène une foule hystérisée flirtant avec la barbarie. Sa portée est anthropologique. Voilà en effet un rite, auquel chaque musulman est invité à se soumettre, inscrivant la violence comme un devoir sacré au coeur du croyant.

Cette lapidation, s'accompagnant annuellement de la mort par piétinement de quelques fidèles, parfois de plusieurs centaines, est un rituel qui couve la violence archaïque.

Au lieu d'éliminer cette violence archaïque, à l'imitation du judaïsme et du christianisme, en la neutralisant (le judaïsme commence par le refus du sacrifice humain, c'est-à-dire l'entrée dans la civilisation, le christianisme transforme le sacrifice en eucharistie), l'islam lui confectionne un nid, où elle croîtra au chaud. Quand le judaïsme et le christianisme sont des religions dont les rites conjurent la violence, la délégitiment, l'islam est une religion qui, dans son texte sacré même, autant que dans certains de ses rites banals, exalte violence et haine. Haine et violence habitent le livre dans lequel tout musulman est éduqué, le Coran. Comme aux temps de la guerre froide, violence et intimidation sont les voies utilisées par une idéologie à vocation hégémonique, l'islam, pour poser sa chape de plomb sur le monde. Benoît XVI en souffre la cruelle expérience. Comme en ces temps-là, il faut appeler l'Occident «le monde libre» par rapport à au monde musulman, et comme en ces temps-là les adversaires de ce «monde libre», fonctionnaires zélés de l'oeil du Coran, pullulent en son sein.

----

*Philosophe. Professeur au lycée Pierre-Paul-Riquet à Saint-Orens de Gammeville. Va publier *Dépression et philosophie* (éditions Pleins Feux).

Suivi éditorial : Frédéric Hosotte Seillier
Correction : Christelle Barbereau

ISBN : 978-2-84724-154-9

Cet ouvrage a été achevé d'imprimer
en mars 2007
sur les presses de la Nouvelle Imprimerie Laballery
58500 Clamecy

Dépôt légal : mars 2007
N° d'impression : 703033

Imprimé en France

Le play-boy argentin

*

Un amant irrésistible

SHARON KENDRICK

Le play-boy argentin

Traduction française de
CATHERINE BENAZERAF

GENTLEMEN

HARLEQUIN

Titre original :
THE HOUSEKEEPER'S AWAKENING

Ce roman a déjà été publié en 2015

Réalisation graphique : L. SLAWIG (HarperCollins France)

HARPERCOLLINS FRANCE
83-85, boulevard Vincent-Auriol, 75646 PARIS CEDEX 13
Service Lectrices — Tél. : 01 45 82 47 47

www.harlequin.fr

ISBN 978-2-2804-4124-7

1

— Carly !

Une voix courroucée retentit à travers la maison, et Carly Conner suspendit son geste.

D'un air pensif, elle contempla ses mains couvertes de farine.

Quoi encore ?

Et si elle faisait semblant de ne pas avoir entendu ?

Malheureusement, ce serait peine perdue ! Son patron n'était ni patient ni compréhensif. Elle savait comment il fonctionnait et parvenait généralement à répondre à ses attentes.

Mais, depuis quelques semaines, Luis Martinez ne cessait de la bombarder d'ordres, et ses fréquents accès de mauvaise humeur mettaient ses nerfs à rude épreuve. Elle essayait de faire bonne figure et de se montrer compatissante, mais s'il n'y mettait pas un peu du sien, elle ne pourrait pas tenir très longtemps à ce rythme.

Luis Martinez était un homme impétueux, qui s'emportait facilement et qui avait l'habitude que rien ne lui résiste. Il supportait donc très mal l'altération momentanée de ses capacités. Il avait été victime d'un terrible accident sur un circuit automobile, qui avait failli lui coûter la vie et l'avait contraint à l'immobilité pendant d'interminables jours, rongé par d'intenses douleurs. Et cela n'était malheureusement pas terminé. S'il allait beaucoup mieux, il restait diminué.

Cependant, cela ne justifiait pas tout !

Bien souvent, Carly était obligée de se mordre la langue

pour se retenir de riposter vertement aux injonctions qu'il lui lançait d'un ton rogue.

Après tout, il pouvait bien attendre quelques minutes — le temps qu'elle termine ce qu'elle était en train de faire !

Avec un peu de chance, l'esprit en perpétuel mouvement de son patron se fixerait peut-être sur quelque autre urgence.

Si seulement Luis Enrique Gabriel Martinez — champion du monde de course automobile, et entrepreneur milliardaire — pouvait repartir prendre soin de son vaste empire financier, et la laisser tranquille !

Définitivement, si possible.

— Carly !

Cette fois, le ton était véritablement impérieux.

En soupirant, Carly dénoua les liens de son tablier, et se rinça les mains, avant de se presser vers la salle de sport à l'arrière de la vaste demeure.

C'était là que, sous la direction de sa kinésithérapeute, son irascible employeur se livrait aux séances de rééducation qu'il était censé faire.

Mais Carly n'avait pu s'empêcher de noter que la rééducation en question avait pris un tour un peu particulier, au cours des derniers jours.

Impossible en effet d'ignorer le changement qui s'était opéré dans l'attitude de la jeune et jolie kiné, depuis qu'elle avait pris en charge son séduisant malade.

Oubliée la simplicité décontractée qu'elle affichait au début de sa mission !

Désormais, lorsqu'elle sonnait à la porte, elle était outrageusement maquillée, et les effluves d'un parfum capiteux laissaient derrière elle un sillage odorant.

Quoi de plus normal quand le patient avait le charme viril d'un Sud-Américain et était connu pour son insatiable appétit de vivre, et son goût immodéré du risque ?

Luis était un véritable don Juan. Il avait le chic pour envoûter toutes les femmes.

Même sur un lit d'hôpital.

Il suffisait d'observer la façon dont les infirmières de l'établissement s'étaient servies de mille stratagèmes pour se présenter à son domicile, une fois qu'il avait signé la décharge lui permettant de rentrer chez lui.

Rien de surprenant à cela !

Un milliardaire aussi sexy que Luis Martinez — qui plus est contraint à l'immobilité — était un véritable miroir aux alouettes.

Ce que Carly s'expliquait plus difficilement, c'était que celui-ci ait fait si peu de cas de cette cohorte de proies consentantes.

Fort heureusement, elle-même s'avérait être totalement insensible au charme insouciant du play-boy argentin.

A vrai dire, il n'avait jamais fait le moindre effort pour exercer sur elle son pouvoir de séduction.

Peut-être était-ce là tout l'avantage qu'il y avait à se cantonner au rôle de gouvernante, efficace et discrète, au physique suffisamment banal pour passer inaperçue ?

Quelle tranquillité d'esprit que d'être complètement transparente aux yeux d'un patron au physique, et à la réputation, de sex-symbol !

Carly se félicitait qu'il ne lui ait jamais prêté plus d'attention qu'aux motifs de sa tapisserie. Cela lui laissait toute liberté d'action.

Surtout, cela lui permettait de concentrer ses efforts vers le but qu'elle s'était fixé : se donner les moyens d'atteindre un avenir plus brillant.

De plus, en le côtoyant d'aussi près, elle connaissait mieux que quiconque ses multiples défauts — parmi lesquels, son égoïsme, sa façon de ne jamais tenir en place, sa folle témérité… et sa déplorable manie de déposer ses tasses à café vides aux endroits les plus inattendus !

Arrivée à la porte du gymnase, Carly hésita. Peut-être ferait-elle mieux d'attendre que la séance de massage soit terminée ?

— Carly !

Luis l'avait-il entendue approcher ? C'était surprenant. Avec ses vieilles tennis, elle se déplaçait sans bruit.

Indécise, elle demeura la main posée sur la poignée.

— Carly ! Arrêtez de faire le pied de grue devant cette porte ? Entrez, bon sang !

Tout autre qu'elle-même aurait rechigné à s'entendre interpeller sur ce ton de mépris autoritaire. Mais elle avait fini par s'habituer au comportement de Luis Martinez.

Ne disait-on pas de lui qu'il aboyait plus fort qu'il ne mordait ?

Enfin, il devait bien lui arriver de mordre, songea Carly avec amusement. En tout cas, c'était ce qu'elle avait supposé en voyant l'une de ses plus récentes et éphémères conquêtes arborer fièrement des marques caractéristiques sur son cou, au petit déjeuner.

Quoi qu'il en soit, il n'était plus temps de tergiverser. Elle s'exécuta.

Sur la table de massage, son illustre employeur reposait sur le dos, les mains croisées sous la nuque. La blancheur immaculée du drap faisait ressortir sa peau mate.

A sa grande surprise, Carly eut l'impression de voir une lueur de soulagement — voire de gratitude — passer dans le regard d'encre qui se posa sur elle.

C'était passablement inattendu ! La relation que Luis entretenait avec elle était d'ordre purement professionnel. Il ne s'y mêlait aucune sympathie mutuelle. Il la regardait habituellement avec la plus parfaite indifférence…

Cependant, elle ne tarda pas à comprendre ce qui pouvait expliquer cette impression passagère.

Carly remarqua que la charmante kiné s'était réfugiée à l'autre bout du gymnase — les yeux obstinément fixés sur la pointe de ses chaussures. Elle respirait un peu trop bruyamment pour être tout à fait sereine.

Luis n'avait rien d'autre sur lui qu'une étroite serviette, qui couvrait à peine son sexe.

Carly se sentit rougir jusqu'aux oreilles. Mais très vite sa confusion laissa place à l'irritation.

La moindre des choses aurait été que Luis prenne la peine de se couvrir davantage avant de lui dire d'entrer ! Se montrer pratiquement nu devant un membre de son personnel était parfaitement incorrect. Il devait bien se douter qu'exhiber ainsi sa musculature parfaite ne pouvait que la plonger dans le… *désarroi*.

Depuis longtemps, Carly se tenait à l'écart de tous les représentants de la gent masculine. L'expérience lui avait appris qu'il valait mieux s'en méfier.

Or, il se produisit quelque chose d'étrange. Fascinée, Carly ne parvenait pas à détacher son regard du corps sublime exposé devant elle. Ses inhibitions et ses appréhensions semblaient s'être envolées comme par magie.

Il n'était pas difficile de comprendre pourquoi toutes les femmes étaient folles de Luis Martinez.

Le surnom de *Love Machine*, qui lui avait été attribué par les médias lorsqu'il était au faîte de sa gloire, n'était en rien usurpé.

Tout ceci avait eu lieu bien avant que Carly ne fasse sa connaissance. Néanmoins, sa réputation le précédait : Carly n'avait pu l'ignorer. En fait, qui aurait pu ne pas entendre parler de Luis Martinez ?

Son portrait s'étalait à la une de tous les journaux, célébrant ses victoires et ses réussites. Les agences de publicité en avaient fait le support idéal de diverses campagnes. Sa vie personnelle était également l'un des sujets préférés de la presse à scandale.

Comment un milliardaire sud-américain, beau comme Adonis, n'aurait-il pas suscité la curiosité avide des médias ?

Un journaliste plus perspicace que les autres avait un jour fait remarquer l'étrange mélancolie de son regard de jais — et cela n'avait fait qu'ajouter à son aura de mystère. Luis Martinez était devenu une sorte de légende.

Nul ne pouvait nier, et Carly moins que toute autre, que la fascination que Luis exerçait sur les foules ne tenait pas seulement à son extraordinaire beauté. Il y avait quelque chose en lui de *sauvage*. Quelque chose d'indompté.

Il gardait une dimension insaisissable. Pour les femmes, il était l'objet de tous les désirs. Mais aucune ne parvenait à le retenir dans ses filets bien longtemps.

Carly détourna son regard de Luis et, s'arrachant à ses pensées, se tourna vers Mary Houghton, la kiné.

Cela faisait maintenant plusieurs semaines que celle-ci venait quotidiennement dispenser ses soins à Luis, dans son manoir de la campagne anglaise. Dans son impeccable blouse blanche, elle était aussi élégante que de coutume. Cependant Carly crut déceler une ombre d'amertume sur son joli minois.

— Enfin vous voilà, Carly ! s'exclama Luis d'un ton sarcastique. Vous savez pourtant que je déteste attendre.

— J'étais occupée à vous préparer vos gâteaux préférés. Ces *alfajores* que vous aimez tant.

D'un hochement de tête, Luis sembla prendre acte de l'explication fournie par Carly.

— Ah, oui… Vos *alfajores*… C'est vrai qu'ils sont aussi savoureux que ceux de mon enfance. Vos talents de cuisinière sont incontestables. Cela dit, vous n'êtes pas un modèle de célérité !

— Puis-je savoir pourquoi vous m'avez dérangée ? La pâtisserie ne tolère guère les interruptions.

— Je ne crois pas que vous soyez la mieux placée pour me donner des leçons en matière de gestion du temps, Carly !

Luis tourna un regard interrogateur vers Mary. Curieusement, celle-ci devint écarlate.

— Qu'en pensez-vous, Mary ? enchaîna-t-il. Carly a une certaine tendance à oublier la docilité qui sied à une gouvernante, mais c'est une fille compétente. La jugez-vous capable de me remettre sur pied ?

En cet instant, Carly cessa de se soucier des biscuits argentins qu'elle était en train de confectionner. La tension qui régnait dans la pièce était telle, qu'elle n'avait plus qu'une idée en tête : comprendre ce qui se passait.

Il ne lui vint même pas à l'esprit de s'offusquer en entendant Luis parler d'elle comme si elle était un simple élément du décor, tant sa curiosité était piquée.

— Quelque chose ne va pas ? ne put s'empêcher de demander Carly.

Mary Houghton tourna vers elle un pâle sourire, et haussa les épaules d'un air emprunté.

— En fait, expliqua-t-elle d'une voix mal assurée, M. Martinez n'a plus vraiment besoin de séances de kinésithérapie. Tout ce qu'il lui faudra, pendant encore quelques semaines, ce sont des massages et des exercices réguliers. Bien sûr, quelqu'un devra l'assister pour cela.

— Bien sûr.

En quoi cela la concernait-elle ? s'interrogea Carly, qui ne comprenait guère où Mary voulait en venir.

Et pourquoi Luis posait-il sur elle ce regard perçant ?

— Vous n'auriez aucune objection à remplacer Mary, pendant quelque temps, n'est-ce pas Carly ? l'interpella-t-il. Vous êtes plutôt habile de vos mains, que je sache.

— *Moi ?* s'étrangla-t-elle d'un air horrifié.

— Pourquoi pas ?

Les yeux écarquillés, Carly sentait toutes ses appréhensions se réveiller d'un seul coup. A la simple perspective d'avoir à prodiguer des soins à un homme à moitié nu, elle en frémissait d'inquiétude.

Surtout si cet homme n'était nul autre que le grand Luis Martinez !

— Vous voulez dire que je devrais vous faire des massages ? A *vous* ?

Que signifiait la lueur qu'elle voyait briller distinctement dans les prunelles de jais ? s'interrogea-t-elle. Etait-ce de l'amusement, ou de l'irritation ?

— Qu'est qui vous chiffonne ? questionna Luis. Cette idée vous révulse-t-elle à ce point ?

— Non… Bien sûr que non…

Pourtant, c'était effectivement le cas. Toucher un homme la remplissait d'effroi…

Que penserait Luis, s'il savait qu'elle n'avait pas la moindre connaissance de l'anatomie masculine !

Mais peut-être que si Carly le lui révélait, cela le ferait renoncer à cette idée ridicule de se placer entre ses mains inexpertes.

Devait-elle lui dire ce qu'il en était ? Qu'elle était la dernière personne à choisir pour occuper les fonctions de masseuse ?

Au comble de l'embarras, elle haussa les épaules, et marmonna :

— C'est-à-dire que…, en fait…, je n'ai jamais massé qui que ce soit…

— Oh ! ce n'est pas un problème, l'interrompit la voix flûtée de Mary Houghton. Je peux vous enseigner les techniques les plus élémentaires. Ce n'est pas très compliqué. Si vous êtes plutôt adroite, cela vous sera facile. C'est pareil pour les exercices. Ils ne présentent aucune difficulté. D'ailleurs M. Martinez les maîtrise parfaitement. Votre rôle consistera surtout à l'obliger à les faire régulièrement.

— Alors, Carly, vous sentez-vous à la hauteur de la tâche ?

La voix chaude, aux inflexions latines, enveloppait Carly comme une étole de velours.

Lorsqu'elle se tourna vers Luis, l'intensité du regard qu'il fixait sur elle lui donna le vertige.

Jusqu'à ce jour, Carly avait toujours eu le sentiment que Luis ne la remarquait que lorsqu'il avait besoin de son aide. Pourtant, en cet instant, il semblait la jauger du regard, et l'angoisse lui serra le cœur. Que pouvait-il bien penser d'elle ?

Comme la plupart des hommes, il devait la trouver gauche et terne… Elle devait bien admettre qu'elle ne faisait rien pour paraître à son avantage. Mais c'était un choix délibéré de sa part. Elle préférait qu'il en soit ainsi : elle tenait à passer inaperçue, à se fondre dans le décor. Ainsi, sa vie était bien plus tranquille.

Tranquille, et sans surprise.

Allons, se dit-elle, mieux valait ne pas se laisser envahir par les souvenirs d'un passé douloureux !

Plutôt examiner avec attention la question qui venait de lui être posée.

Certes, elle ne doutait pas qu'il lui soit aisé d'apprendre la technique du massage. Après tout — comme l'avait fait remarquer son patron — elle était véritablement habile de ses mains. Tout, dans la maison, était arrangé de la plus parfaite manière. Elle prenait grand soir de chaque détail : des plats élaborés qu'elle réalisait aux compositions florales élégantes qui embellissaient la maison… Elle avait su rendre cette maison vivante, et elle en tirait une satisfaction certaine.

Cependant, la mission qu'on voulait lui confier dépassait son domaine de compétences. Avoir affaire au… *corps* de Luis la mettait à la torture.

D'accord, son plus grand rêve était d'embrasser un jour la carrière médicale. C'était d'ailleurs pour parvenir à ce but qu'elle était obligée de travailler comme gouvernante de Luis Martinez. Mais ce n'était pas en massant son patron qu'elle imaginait commencer sa carrière de soins à la personne !

Elle serait affreusement gênée d'avoir à le toucher !

Surtout, si sa virilité n'était dissimulée que par quelques misérables linges.

En tête à tête avec lui, dans l'espace confiné de la salle de massage, comment ferait-elle face à ses sautes d'humeur ?

Carly n'avait aucun mal à affronter le tempérament volcanique de Luis Martinez — tant que cela se cantonnait au domaine de la parole…

— Je suis certaine que vous trouverez facilement quelqu'un d'autre que moi pour prendre le relais de Mary, hasarda-t-elle.

— Mais c'est *vous*, que je veux ! Auriez-vous d'autres engagements, qui vous empêchent de me consacrer le temps nécessaire ? Il me semble pourtant que je vous rétribue assez largement ?

Carly serra les poings. Luis avait touché juste.

Elle ne pouvait nier que son salaire était incroyablement généreux. Cela lui permettait d'en mettre la majeure partie de côté, dans l'espoir d'atteindre au plus tôt son objectif.

L'emploi de gouvernante qu'elle occupait au manoir était une véritable sinécure. Il lui aurait été difficile de trouver plus confortable.

La plupart du temps, Luis Martinez négligeait cette résidence au profit d'autres somptueuses demeures qu'il possédait aux quatre coins de la planète, là où l'appelaient ses affaires.

La fonction de Carly consistait à s'assurer que tout était prêt, en permanence, pour une éventuelle visite du play-boy.

C'était tout à fait exceptionnel qu'il fasse un séjour aussi prolongé en Angleterre. L'accident qui lui avait brisé le bassin en morceaux avait eu lieu sur un circuit britannique, durant une course automobile organisée à des fins caritatives.

Presque malgré elle, Carly laissa son regard errer sur le corps dénudé de Luis.

Etait-il envisageable qu'elle pose les mains, sans se couvrir de ridicule, sur celui que le monde entier considérait comme un sex-symbol ?

Saurait-elle se borner à lui prodiguer les gestes techniques du massage, sans se laisser aller à un contact plus équivoque ?

— Tout ce que je dis, insista-t-elle, c'est que vous feriez mieux de vous tourner vers les services de quelqu'un de compétent.

Luis jeta un coup d'œil en direction de Mary Houghton, et Carly le vit esquisser une moue irritée.

— Pourriez-vous nous laisser un moment, Mary ? lança-t-il.

— Ou-oui… Je vous verrai en bas, Carly…

L'air indécis, Mary marqua une pause, puis elle tendit la main à Luis.

— Au revoir, Luis, dit-elle. Cela a été un…, un plaisir… de m'occuper de vous.

Luis opina du chef, et se redressa sur un coude pour serrer la main tendue.

Comme son expression était sévère ! s'étonna Carly.

Décidément, il semblait que Mary Houghton l'ait sérieusement mécontenté.

— Au revoir, Mary, se borna-t-il à répondre.

Le silence se fit tandis que la jeune femme quittait la pièce.

Lorsqu'elle fut sortie, Luis s'assit sur la table de massage. D'un geste impatient, il intima à Carly de lui faire passer le peignoir pendu derrière la porte.

Elle s'exécuta, tout en prenant bien garde de détourner le regard lorsqu'il l'enfila.

— Quelle obstinée vous faites ! lança-t-il d'un ton rogue. Pourquoi montrez-vous tant d'hésitation à faire ce que je vous demande ?

Un instant, Carly demeura silencieuse. Comment pourrait-elle faire comprendre à quelqu'un comme Luis les raisons de sa réticence ?

Carly ne se sentait pas la force de lui expliquer qu'un désastreux vécu lui faisait fuir tout contact avec le sexe opposé. Elle avait peur de son jugement, peur qu'il ne la trouve ridicule devant son incapacité à surmonter son traumatisme… Comme la plupart des gens, il lui conseillerait certainement de passer à autre chose. D'aller de l'avant.

A croire que c'était chose aisée !

Elle soutint son regard étincelant.

— Je ne saurais négliger mon travail de gouvernante, déclara-t-elle.

— Il suffirait que vous déléguiez le ménage et la cuisine à quelqu'un d'autre. Ce n'est pas bien difficile !

Carly se sentit rougir.

Certes, de telles besognes ne pouvaient rivaliser avec de plus nobles fonctions, comme celles de médecin ou d'avocat. Cependant, elle éprouvait un léger sentiment d'humiliation à entendre Luis les traiter ainsi à la légère.

— Peut-être suffirait-il que vous preniez la peine de chercher une masseuse diplômée ?

— Hors de question ! J'en ai assez de voir se succéder à mon chevet des étrangers qui se croient autorisés à me faire la leçon !

Luis pinça les lèvres d'un air sévère.

— Quel est le problème, Carly ? poursuivit-il. Dois-je

comprendre que vous refusez d'accepter une mission qui n'est pas spécifiée dans votre contrat ?

— Que je sache, je n'ai jamais eu de contrat. Lorsque vous m'avez embauchée, vous avez décrété que je me devais de vous faire confiance !

Un sourire arrogant flotta sur les lèvres du bel Argentin.

— Vraiment ?

— Oui. Vraiment !

Carly se remémora le jour de son embauche : la proposition était extrêmement généreuse. Luis Martinez lui offrait non seulement un salaire qui lui permettrait de faire de substantielles économies, mais aussi le gîte et le couvert.

Cela avait suffi à la convaincre. Peut-être aurait-elle dû cependant exiger un accord écrit qui délimitait ses obligations ?

Pour l'instant, son employeur avait repris une mine austère.

— Cette conversation a assez duré, décréta-t-il d'un ton sec. Puis-je compter sur vous, ou pas ?

Il sembla à Carly que sa voix se faisait menaçante… Allait-il la mettre à la porte si elle refusait ?

Mieux valait ne pas prendre ce risque… Toutefois, cela lui demanderait du temps et des efforts supplémentaires. Le souvenir du budget que Luis avait consacré à sa dernière réception traversa l'esprit de Carly, l'aidant à prendre une décision.

— Vous pouvez, dit-elle, à la condition que j'ai droit à une gratification.

— Une prime de risque, en quelque sorte.

La mimique ironique de Luis se transforma vite en grimace de douleur, lorsqu'il entreprit de se mettre debout.

Dans le mouvement du peignoir, Carly aperçut, bien malgré elle, une cuisse hâlée ombrée d'une toison brune. Elle détourna une nouvelle fois les yeux.

— Exactement, dit-elle d'une voix moins ferme qu'elle ne l'aurait voulu.

Luis laissa échapper un petit rire.

— C'est drôle, lâcha-t-il, je n'aurais pas cru que vous soyez une négociatrice aussi coriace.

— Et pourquoi cela ?

Absorbé par l'effort de se lever — en étirant bien la hanche, comme le lui avait enseigné Mary — Luis ne se donna pas la peine de répondre.

A quoi bon confier à sa jeune gouvernante qu'elle ne faisait que confirmer la triste opinion qu'il avait de ses semblables.

Après tout, ne disait-on pas que tout le monde avait un prix ?

Cependant, Luis avait pour règle de ne jamais heurter une femme, s'il pouvait s'en dispenser.

Ce qui était souvent inévitable, hélas !

Surtout lorsqu'elle avait la mauvaise idée de tomber amoureuse de vous, sans que vous ayez fait la moindre chose pour les y encourager.

Comme cette Mary Houghton !

Il l'avait vue changer d'attitude de jour en jour. Jusqu'au moment où il avait suffi qu'il la regarde pour qu'elle devienne écarlate. Et elle avait clairement laissé entendre qu'elle n'aurait aucune objection à entamer avec lui une… *liaison*.

Bien sûr, il avait été tenté !

Qui ne l'aurait pas été ?

Mary était une très jolie femme.

Néanmoins, elle avait complètement oublié ses obligations professionnelles !

Luis avait de solides principes — un peu démodés, il se devait de l'admettre. Par conséquent, ce genre de conduite le révulsait.

Il reporta son attention sur Carly.

Au moins, avec cette dernière, il n'aurait pas à craindre de tels débordements !

Nulle attirance sexuelle ne viendrait troubler leur relation — il était certain de cela.

Il regarda Carly à la dérobée. Cette fille n'avait aucune coquetterie, aucun désir de plaire. C'était à se demander si elle se regardait parfois dans un miroir.

Son épaisse chevelure châtaine était strictement tirée en une sage queue-de-cheval, et elle ne portait pas trace de maquillage. En aucune occasion, il n'avait vu la plus légère ombre de mascara sur ses longs cils fins, bordant de grands yeux couleur d'ambre clair. Jamais le moindre soupçon de rouge à lèvres pour adoucir la moue souvent réprobatrice de cette bouche pourtant bien dessinée.

Un peu de blush aurait été le bienvenu, afin d'ajouter quelque couleur à ce visage trop pâle.

Et pourquoi, diable, s'obstinait-elle à porter une blouse bleu marine — informe et triste — pendant ses heures de travail ?

Ah, oui ! Pour protéger ses vêtements, avait-elle expliqué.

Encore que, pour ce que Luis avait pu en voir, aucune de ses tenues ne semblait nécessiter de protection.

Carly privilégiait ostensiblement les tenues pratiques. Elle s'habillait de façon confortable, avec des matières résistantes. Mais ses tenues n'étaient guère flatteuses et dissimulaient les courbes de sa silhouette, que Luis devinait plantureuse.

Les femmes qu'il avait l'habitude de fréquenter élevaient la féminité au rang d'art majeur. Elles consacraient des sommes considérables, et une bonne partie de leur temps, à se mettre en valeur.

Manifestement, son employée se fichait de tout ceci comme d'une guigne !

Une ébauche de sourire plissa les lèvres de Luis.

Quelle était cette phrase qu'il avait maintes fois entendue ?

Que l'habit ne fait pas le moine !

Ce n'était pas tout à fait faux concernant Carly. Malgré son manque de raffinement, et son physique ordinaire, on ne pouvait nier qu'elle soit dotée d'un esprit brillant. Oui Carly était professionnelle, avisée et intelligente.

C'était pour ces raisons que Luis avait pensé à elle pour s'occuper de son sort.

Car il s'agissait bien de cela. Il avait besoin de se remettre sur pied, et le plus vite possible. L'inaction à laquelle il était contraint le mettait au supplice. Il avait besoin de retrouver sa vie d'avant. Mais pour cela il avait besoin d'aide.

Il n'en pouvait plus de se sentir inutile. En marge de toutes les activités qui remplissaient habituellement sa vie.

Quand donc retournerait-il à tous ces sports qui lui procuraient l'adrénaline dont il avait besoin pour se sentir vivant ? Et pour vider son esprit de ses pensées obsédantes !

Avec une grimace de douleur, il s'écarta de la table de massage.

— Passez-moi mes béquilles, Carly.

Il la vit hausser les sourcils.

— S'il vous plaît, bougonna Luis.

Sans un mot, Carly les lui tendit. Elle observa les efforts qu'il faisait pour se redresser. Il souffrait encore beaucoup.

Néanmoins, son état ne cessait de s'améliorer. Bientôt il n'y aurait plus trace de ses blessures — elle en était certaine.

Elle repensa au jour où elle avait reçu ce funeste coup de téléphone lui annonçant l'accident critique de son patron.

Le cœur battant la chamade, Carly avait conduit à tombeau ouvert sur les petites routes de campagne, jusqu'à l'hôpital où Luis avait été transporté. Redoutant le pire, elle avait appris avec soulagement qu'il était en salle d'opération.

Autour d'elle, la meute de courtisans, qui suivait Luis dans ses moindres déplacements, courait en tous sens, au risque de gêner le travail des médecins. Ils ne se préoccupaient pas tant de la santé de Luis que des retombées médiatiques de sa terrible embardée sur le circuit.

Tout ce petit monde semblait oublier qu'un homme était entre la vie et la mort.

N'écoutant que son cœur, Carly s'était faufilée jusqu'au service de soins intensifs, où l'infirmière l'avait admise. Pour éviter au blessé toute agitation néfaste, elle seule avait eu le droit de s'installer à son chevet.

Comme la solitude de cet homme était grande ! avait-elle pensé alors.

Ni la fortune ni la réussite n'y changeaient rien.

Aucun proche n'était accouru auprès de lui. Ses parents étaient décédés, et il n'avait pas la moindre famille.

A part Carly, personne n'avait été là pour le soutenir.

Toute la nuit, elle avait tenu sa main inerte, la caressant du bout des doigts.

Sans relâche, elle avait répété à ce grand corps immobile, sur ce lit qui paraissait trop petit pour lui, qu'il allait s'en sortir.

Carly se rappelait que ce moment avait été empreint d'une étrange intensité.

Quel choc cela avait été de voir Luis dans un tel état de faiblesse !

Tout au long de cette interminable nuit, Carly avait découvert que son irascible patron pouvait lui inspirer des sentiments qu'elle n'aurait jamais cru éprouver à son égard. Pendant quelques heures, elle avait même ressenti pour lui une sorte de… *tendresse.*

Sauf qu'il n'avait pas fallu longtemps à Luis pour retrouver toute son arrogance, et son despotisme coutumier.

Carly s'était vue promptement écartée de sa chambre, pour laisser place à un défilé d'adoratrices, rivalisant de charme dans leurs minijupes.

Un jour, elle avait même trouvé une superbe blonde, bottée jusqu'à mi-cuisses, occupée à prodiguer au malade — sous le couvert du drap — des soins d'un genre bien particulier. Après cela, Carly n'avait plus jamais franchi le seuil de l'hôpital.

C'était seulement lorsque le champion avait enfreint les recommandations des médecins, et choisi de rentrer au bercail, qu'elle l'avait revu.

Elle n'avait pas tardé à se rendre compte que l'accident avait modifié son tempérament. Nombreux prétendaient en effet qu'après avoir approché la mort, leur vision du monde avait changé.

C'était sans doute le cas de Luis… Mais loin de le rendre plus sage et serein, cette expérience avait décuplé son mauvais caractère !

Très vite, il n'avait plus supporté de voir la multitude qui constituait sa cour envahir sa demeure.

Leurs incursions permanentes dans sa chambre, sous mille

prétextes, lui donnaient l'impression d'être un monarque agonisant, disait-il.

Aussi, avait-il fini par réexpédier tout ce petit monde à Buenos Aires — y compris Diego, son fidèle garde du corps et assistant. A la grande surprise de tous.

Surtout de Carly, qui se trouvait désormais seule avec Luis Martinez, dans l'incommensurable isolement qui était le sien.

Reprenant pied dans le réel, Carly se rendit compte que Luis la dévisageait d'un œil interrogateur.

Manifestement il attendait toujours qu'elle donne suite à sa sollicitation.

Laquelle tenait plutôt d'une mise en demeure !

— C'est d'accord, soupira-t-elle. Je vais demander à Mary de me montrer les rudiments du massage. Quoique je continue à ne pas comprendre pourquoi vous ne l'avez pas gardée à votre service.

Il ne fut guère difficile à Carly de trouver elle-même la réponse à son interrogation.

Mary Houghton l'attendait dans la véranda, obstinément tournée vers le jardin ruisselant de pluie, sur lequel ouvraient de grandes portes vitrées. Ses épaules étaient agitées de sanglots.

Se pouvait-il que son sang-froid à toute épreuve se soit lézardé au point qu'elle ne puisse retenir ses larmes ?

— Mary ? dit Carly doucement. Tout va bien ?

Quelques secondes s'écoulèrent avant que la kiné ne se retourne. Ses prunelles brillantes étaient une réponse à la question qui venait de lui être posée.

— Comment est-ce qu'il se débrouille, Carly ? interrogea-t-elle d'une voix tremblante. Comment s'arrange-t-il pour qu'une femme sensée comme moi perde la tête, au point d'en négliger la fameuse éthique professionnelle ? Je suis tombée éperdument amoureuse d'un patient — un homme qui n'est même pas mon genre ! Et il vient de me congédier de la façon la plus impitoyable qui soit. Pourtant je continue à le considérer comme la huitième merveille du monde !

Allons, songea Carly, mieux valait prendre les choses à la légère, et essayer de dérider cette malheureuse.

— Bah, lança-t-elle en esquissant une grimace narquoise, il vous reste encore à découvrir les sept autres, alors, si j'étais à votre place, je ne me laisserais pas impressionner par celle-là !

Mary ravala ses larmes et esquissa un faible sourire.

— Pardon, dit-elle. Je ne devrais pas pleurnicher. J'oublie que vous avez affaire à Luis quotidiennement. Vous êtes bien plus à plaindre que moi.

— Oh ! rassurez-vous. Vous n'êtes pas la première que je vois sortir en pleurs de sa chambre. Je ne sais vraiment pas pourquoi il se comporte ainsi avec les femmes. On dirait que c'est malgré lui.

— Je ne comprends pas comment j'ai pu me laisser aller à lui montrer mes sentiments. Jamais je n'ai manqué de professionnalisme à ce point. C'est tellement humiliant !

A voir la souffrance qui se peignait sur les traits de la jeune femme, Carly se demanda si l'épreuve qu'elle-même avait traversée, et qui la tenait éloignée du sexe opposé, n'était pas un mal pour un bien.

Personne au monde n'aurait souhaité subir une mortification aussi cuisante que celle que venait d'affronter Mary Houghton !

— Je suis désolée, souffla Carly d'un ton compatissant.

Mary pinça les lèvres, et se redressa.

— Oh ! je m'en remettrai, lâcha-t-elle. C'est certainement mieux ainsi. Oublions tout cela, et concentrons-nous sur ce que je dois vous apprendre pour que vous puissiez aider Luis à se remettre en forme. La page est tournée !

Mais, en dépit du geste de dénégation dont la jeune femme accompagna cette affirmation, une nouvelle larme se mit à rouler sur sa joue.

2

Quelle situation étrange !

C'était complètement insensé, se dit Carly, en sentant son cœur battre follement dans sa poitrine.

Elle étendit ses mains tremblantes au-dessus du dos dénudé de Luis, puis inspira profondément.

Pourvu qu'il ne se rende pas compte de sa fébrilité !

Très lentement, elle entreprit de mettre en pratique ce que Mary lui avait enseigné.

La perspective de palper l'admirable musculature de Luis avait beau lui donner le vertige, elle n'avait plus le loisir de tergiverser.

N'était-ce pas absurde, à son âge, de trembler de peur à l'idée de toucher le corps d'un homme ?

Allait-elle continuer à vivre dans le passé ? Il faudrait bien qu'un jour, elle parvienne à oublier, à panser sa blessure — sans quoi elle risquait de gâcher sa vie !

D'autant que, si elle réalisait son rêve de devenir médecin, elle serait bien obligée d'accepter le contact physique avec toutes sortes de gens. Y compris des hommes !

Pareils à celui sur lequel elle se décidait enfin à poser ses paumes.

Elle entreprit de faire rouler sa peau de satin sous ses doigts.

Heureusement qu'il ne pouvait pas voir la tête qu'elle faisait ! Il aurait hurlé de rire. Carly sentait le feu lui brûler les joues et les oreilles, et son front était baigné de sueur.

Mais il n'était pas facile de garder son sang-froid quand

il était allongé devant elle, vêtu d'un boxer-short de coton noir, particulièrement moulant !

Certes, elle l'avait déjà vu en maillot de bain, lorsqu'il traînait au bord de la piscine, en compagnie de ses amis milliardaires, lors d'une de ces rares journées de chaleur que réservait parfois l'été sous les cieux britanniques.

Mais ce n'était pas du tout la même chose.

Comme ses propres mains semblaient pâles sur sa peau mate ! se dit-elle. Et ses doigts frémissaient à la sentir étonnamment chaude.

Peu à peu, adoptant le rythme que Mary lui avait enseigné, Carly sentit le calme la gagner. Au fond, il suffisait de se concentrer sur la dimension thérapeutique de la tâche, pour oublier ce que la situation avait d'embarrassant.

Elle intensifia la pression sur ses muscles dorsaux, et Luis laissa échapper un faible râle.

— Est-ce que je vous fais mal ? s'inquiéta-t-elle.

Luis fit non de la tête. Mais il souleva légèrement son bassin, car la serviette de toilette posée sous lui commençait à le chatouiller d'une manière un peu trop… gênante. A sa plus grande surprise, son sexe se gonfla — obéissant à la douce excitation que lui procuraient les doigts délicats qui parcouraient sa peau.

Santo Cielo !

Non, Carly ne lui faisait pas mal. Bien au contraire.

Il n'aurait su dire si le tourment enchanteur auquel le soumettaient ses mains délicates le précipitait en enfer, ou l'entraînait inexorablement vers un paradis qu'il n'aurait jamais imaginé connaître grâce à elle.

Que diable lui arrivait-il ?

Les douces paumes de Carly descendirent le long de son dos, avant de se poser en haut de ses cuisses.

Il déglutit, tandis qu'elle marquait une pause. Puis, il se perdit entièrement dans les sensations qu'elle faisait naître en lui.

A part le bref instant où il avait senti le léger tremblement de ses doigts, lorsqu'ils s'étaient posés sur lui, on aurait pu penser qu'elle avait une longue expérience du massage.

Qui aurait dit que l'insignifiante petite gouvernante avait des mains d'or ?

A son entrée dans la salle de massage, elle l'avait salué avec un sérieux relevant du plus parfait professionnalisme. A l'inverse de Mary Houghton, elle n'avait pas cherché à paraître séduisante — avec son éternelle blouse sombre, elle n'était pas à son avantage.

Alors, qu'est-ce qui pouvait bien le mettre dans un tel état d'excitation ?

Etait-ce *justement* parce que la petite Carly, au physique si peu remarquable, ne cherchait pas le moins du monde à flirter avec lui ?

Une attitude que Luis n'avait jamais rencontrée chez une femme !

Un instant, il se laissa gagner par des fantasmes tout à fait inattendus.

Carly montrerait-elle la même dextérité, si elle devait manier les parties plus intimes de son anatomie ?

— Non, vous ne me faites pas mal, finit-il par dire, la bouche soudain sèche.

Carly reprit son travail en silence. La pression qu'elle exerçait sur ses muscles s'intensifia peu à peu, et Luis se détendit de plus en plus.

Mais, en même temps, des images surprenantes lui traversaient l'esprit.

A quoi pouvait bien ressembler la poitrine de la jeune femme, sous cette blouse hideuse ? ne pouvait-il s'empêcher de s'interroger.

Il se représentait la pâleur de ses seins ronds, la tache rosée du mamelon en leur centre… Il s'imaginait tracer tout autour un lacis compliqué de la pointe de sa langue. Il en sentait durcir les pointes entre ses lèvres…

Une décharge de volupté le transperça, avec une telle force qu'il changea de nouveau de position, dans l'espoir d'échapper à un inconfort de plus en plus flagrant.

Une nouvelle fois, Carly suspendit son geste.

— Vous êtes certain que je ne vous fais pas mal ? interrogea-t-elle.

La joue posée sur le coussin embaumant la lavande, Luis fit un signe de dénégation avec la tête.

— Non, insista-t-il d'une voix rauque. Vous avez un toucher très… *naturel.* On dirait que vous avez fait cela toute votre vie.

— Mary m'a donné toutes les indications nécessaires. Et, hier soir, j'ai cherché sur mon ordinateur d'autres techniques.

— Vous n'avez rien de mieux à faire un vendredi soir ?

Carly marqua un temps d'arrêt.

— Lorsque j'entreprends une tâche, j'aime m'en donner les moyens. De plus, vous me payez assez généreusement pour que j'y consacre les efforts nécessaires.

— Vous n'avez donc pas à ménager un petit ami, fatigué de vous voir consacrer tant de temps à votre patron ?

De nouveau, Carly marqua une pause. Cette fois, elle s'interrompit plus longtemps. Comme si elle pesait chaque mot de sa réponse.

— Non, rétorqua-t-elle, je n'ai pas de petit ami. Cela ne serait pas très compatible avec mon emploi. Pas si c'était une relation sérieuse, en tout cas.

— Pourquoi ?

— Parce que mon travail me prend tout mon temps. Et que j'habite ici.

— Ce n'est pas ce que je voulais dire ! Cela tombe sous le sens, que vous ne pouvez pas avoir quelqu'un dans votre vie dans ces conditions. Ce que je demande, c'est pourquoi vous n'avez pas de petit ami.

Comment répondre à cela ? se demanda Carly, tout en remettant de l'huile de massage sur ses paumes.

D'autant que le contact avec la peau de son employeur lui embrumait l'esprit. En d'autres circonstances, elle n'aurait pas hésité à riposter que sa vie personnelle ne regardait en rien son employeur.

Peut-être même aurait-elle laissé entendre, à demi-mot,

qu'un épisode affligeant de son passé l'avait découragée à jamais de tout commerce avec les hommes.

Seulement, pour l'instant, la seule chose qui occupait son esprit, c'était la fabuleuse sensation de cette musculature d'airain sous ses doigts. Et toutes les émotions, aussi imprévues qu'inopportunes, que ce contact faisait naître en elle.

Dans la pénombre de la pièce, Carly avait l'impression d'étouffer. Comme si les murs se rapprochaient inexorablement d'elle.

La flamme des bougies — allumées sur les conseils de Mary — exhalait un parfum envoûtant de santal. C'était également la kiné qui lui avait laissé un CD de musique relaxante, qu'elle avait placé sur la chaîne audio avant de débuter le massage. Cependant, les cris plaintifs des baleines, mêlés à la mélodie hypnotique, n'avaient nullement sur elle le pouvoir apaisant qu'ils semblaient avoir sur son patient.

Ce qu'elle ressentait était tout bonnement inimaginable !

Au lieu d'être paralysée par la peur — comme elle s'y était attendue — Carly sentait les ondes d'un plaisir aussi divin que déconcertant la parcourir tout entière.

Peu à peu, ses mains s'enhardissaient sur le corps hâlé, allongé devant elle.

Le boxer-short, dont Luis était vêtu, avait beau être plus pudique que la minuscule serviette qui, la veille, dissimulait ses attributs virils, ce vêtement n'en mettait pas moins en valeur sa sculpturale morphologie.

Son postérieur musculeux, moulé dans le Lycra de couleur sombre, lui donnait envie d'en éprouver la fermeté !

— Je n'éprouve pas beaucoup d'attirance pour la gent masculine, finit-elle par dire, tout en s'interdisant de s'avouer combien cette remarque était en parfaite contradiction avec ce qu'elle venait juste de penser.

— Ah bon ? Vous préférez les femmes ?

— *Non !*

Vraiment, quelle idée saugrenue ! s'indigna Carly en son for intérieur. Et quel culot d'oser poser une telle question !

Après tout, il pouvait bien imaginer ce qu'il voulait,

concernant sa vie sexuelle. Et elle aurait dû lui dire qu'il n'avait nullement le droit de l'interroger sur des choses aussi intimes.

Alors, pourquoi se sentait-elle obligée de rectifier ?

Pourquoi tenait-elle autant à ce qu'il ne se méprenne pas sur ses inclinations en la matière ?

— Je…, je suis…, hétéro, bredouilla-t-elle, tout en s'en voulant d'accorder autant d'importance à l'opinion de Luis.

Lorsqu'il redressa la tête et la tourna vers elle, Carly vit un sourire amusé sur ses lèvres.

— Ah…, dit-il. Alors pourquoi n'y a-t-il pas d'homme dans votre vie ?

— C'est le genre de question qui m'horripile ! s'indigna Carly en appuyant fermement ses paumes sur le dos musclé de Luis. Une femme seule est forcément en butte à la curiosité des gens ! Vous aussi, vous êtes célibataire. Est-ce que je vous interroge pour savoir si c'est bien normal ?

— Je n'ai pas de compagne attitrée, mais il y a souvent une femme dans ma vie. De votre côté, vous n'avez personne.

— Comment pouvez-vous le savoir ? Vous êtes si rarement là.

— C'est vrai, mais mon régisseur me renseigne sur tout ce qui se passe au domaine. Dans la mesure où je vous confie les destinées de ma maison, il est normal que je me tienne informé de vos faits et gestes. Quoique, à ce qu'il me dit, vous êtes aussi sage qu'une nonne.

La pointe de moquerie dans la voix de Luis fit se raidir Carly.

— Qu'y a-t-il de mal à cela ? questionna-t-elle.

— Rien. Cependant je n'exige pas de mon personnel qu'il prononce des vœux en entrant à mon service.

— Ah bon ? Il me semblait que celui d'obéissance allait de soi. Celui de pauvreté, certainement pas. On ne peut nier que vous rémunérez grassement vos employés.

— Vous oubliez la chasteté !

Le cœur battant la chamade, Carly se contraignit à

reprendre les mouvements circulaires qu'elle avait entamés sur les épaules de Luis.

— La manière dont j'occupe mon temps libre ne vous concerne en rien, dit-elle.

— Apparemment, vous avez toujours le nez dans les livres. Et l'on me dit que vous suivez des cours du soir…

— Et alors ? Est-ce qu'il est interdit de chercher à améliorer sa condition ? Devrais-je faire la java, dès que vous tournez les talons, pour donner du grain à moudre à vos informateurs ?

— Vous aimez cela, faire la fête ?

— Pas du tout.

— Moi non plus.

— Vraiment ? Pourtant vous ne cessez d'organiser des réceptions. La maison est toujours pleine d'invités.

— C'est vrai. J'imagine que cela reste une des habitudes contractées au cours de ma carrière. Les soirs de course, on fait toujours la fête. Mais j'en ai assez de tout cela. Rien ne ressemble plus à une réception qu'une autre réception.

Voyant Luis hausser les épaules, Carly fronça les sourcils.

Quel étrange aveu !

Elle aurait juré que Luis adorait recevoir tout le voisinage, sans compter les hordes d'invités riches et célèbres qui défilaient chez lui. Ainsi que, bien sûr, les inévitables longues lianes blondes, aux minirobes suggestives, dont il était friand.

Combien de fois, sur le coup de 4 heures du matin, Carly avait-elle réconforté, d'un grand bol de café, quelque éplorée qui s'était vu préférer une rivale ?

— Voilà, dit-elle en mettant un terme au massage. C'est tout pour aujourd'hui.

En se redressant, Carly eut l'étrange sensation que sa blouse était tendue sur ses seins, et que la température de la pièce avait augmenté. Elle s'aperçut que ses mamelons avaient durcis et frottaient de manière agaçante sur l'étoffe de son soutien-gorge.

Elle inspira pour reprendre ses esprits.

— Ça va ? questionna-t-elle. Comment vous sentez-vous ?

— Je me sens… très bien.

Nerveusement, Carly s'essuya les mains sur une serviette.

Il fallait absolument qu'elle chasse toutes ces pensées impudiques de son esprit !

A quoi bon se perdre dans la contemplation du dos dénudé de Luis ? C'était ridicule ! Il était urgent qu'elle retrouve le détachement qu'elle avait toujours eu à son égard.

— Si vous le voulez, nous ferons une autre séance ce soir, avant… avant que vous alliez vous coucher. Vous pouvez vous lever, Luis.

Se lever, c'était exactement ce que Luis était incapable de faire.

Cela aurait révélé à Carly qu'il était traversé d'émotions tout à fait inconvenantes. Il sentait le sang battre sourdement dans son membre durci, et le moindre mouvement ne faisait qu'accroître l'extravagante incommodité de cette situation.

Comment était-ce possible ? Comment la modeste petite gouvernante avait-elle réussi à le mettre dans cet état ?

Le seul contact de ses mains ne pouvait être responsable du trouble qu'il éprouvait. Pourquoi, sinon, n'avait-il eu d'autre réaction qu'un profond agacement, lorsque c'était Mary Houghton qui le manipulait ?

Le nez dans l'oreiller, il laissa échapper un grognement irrité. Décidément, l'immobilité ne lui valait rien. Ni la privation des divers loisirs qui faisaient son ordinaire, avant ce maudit accident.

Le pire était que l'isolement auquel il était contraint lui laissait bien trop de temps pour réfléchir. Or, il était un homme d'action. L'introspection n'était pas son fort.

Malgré lui, l'oisiveté l'avait obligé à examiner d'un peu plus près ce cirque qu'était devenue sa vie.

Ses multiples demeures étaient réparties aux quatre coins du monde, et il allait de l'une à l'autre, accompagné par une cohorte de prétendus amis — qui avaient peine à dissimuler leur vénalité. Luis s'était rendu compte qu'il n'entretenait rien de moins que des parasites !

Il se remémorait leur effarement lorsqu'il les avait tous réexpédiés à Buenos Aires. Une surprenante quiétude avait alors envahi son manoir, où ne demeuraient plus que lui et sa domestique, un peu trop insipide à son goût.

Carly avait endossé ses nouvelles fonctions de masseuse avec la même efficacité qu'elle mettait à gérer sa maison.

C'était avec le plus grand sérieux, et une détermination inébranlable, qu'elle supervisait les exercices que Luis devait accomplir avant ses massages quotidiens.

— Je pense qu'il est temps que vous alliez nager un peu, Luis.

La douce voix de son employée vint arracher Luis à ses réflexions. A son grand soulagement, il constata que son érection s'était calmée.

— Est-ce une proposition, ou un ordre ? demanda-t-il en étouffant un bâillement.

— Un ordre, bien sûr. N'est-ce pas la seule manière de vous faire réagir ?

Carly alla écarter les rideaux, et jeta un regard vers le jardin.

— Oh ! Seigneur ! soupira-t-elle. Voilà qu'il pleut de nouveau. Il faudra utiliser la piscine intérieure.

— Vous savez bien que je déteste ça. C'est trop petit, et l'on y étouffe. Pourquoi ne pas utiliser la grande piscine, même s'il pleut ? Cela ne fait pas de mal de vivre un peu dangereusement, vous savez.

Les lèvres pincées, Carly se tourna vers Luis. Elle ne cherchait même pas à dissimuler sa désapprobation.

— Je déteste vivre dangereusement, déclara-t-elle d'un ton sévère. D'ailleurs, un peu de prudence vous aurait peut-être évité de sérieux déboires. De toute façon, les dalles de la piscine sont détrempées, et terriblement glissantes. Je ne pense pas que vous souhaitiez courir le risque de compromettre votre rétablissement par une chute.

— Est-ce que cela ne vous fatigue jamais d'être immanquablement la voix de la raison ?

Et vous ? Est-ce que cela ne vous fatigue jamais de jouer obstinément les mauvais garçons ?

Il s'en était fallu de peu que Carly ne dise cela à haute voix. La mauvaise humeur de Luis atteignait des sommets aujourd'hui, s'étonna-t-elle.

— Il me semblait que c'était pour cela que j'étais si généreusement rétribuée, préféra-t-elle répondre.

— Pour cela, et pour vos talents de cordon-bleu.

Luis s'interrompit, ses longs cils voilant en partie ses pupilles sombres.

— Ainsi, reprit-il, vous n'appréciez pas le risque ?

Carly secoua résolument la tête. Oh ! non, elle n'aimait pas cela ! Toute sa vie, elle avait eu soif de stabilité et de sécurité. Toutes choses dont elle avait toujours été privée.

— Non, dit-elle. Je vous laisse cette prérogative !

Luis soupira profondément.

— C'est bon, dit-il. Vous avez gagné. Allez enfiler votre maillot de bain, et retrouvez-moi à la piscine couverte.

L'intonation moqueuse de Luis poursuivit Carly jusque dans sa chambre, sous les toits.

Sans le savoir, il avait touché en elle une corde sensible.

Bien qu'elle eût parfois préféré qu'il en fût autrement, Carly avait toujours été quelqu'un de raisonnable.

Jiminy Cricket — la voix de la conscience de Pinocchio — c'était le surnom qu'on lui donnait à l'école, et qu'elle détestait.

Refermant la porte, elle s'y appuya le temps de reprendre son souffle. La pièce mansardée était vaste, et offrait une vue imprenable sur les jardins et la campagne environnante.

C'était là qu'elle passait de longues heures d'étude, assise à son petit bureau.

Au-dessus de la cheminée, elle avait accroché la dernière aquarelle que son père avait peinte, avant qu'il ne devienne trop faible pour tenir un pinceau.

Du fond d'un tiroir, elle extirpa son maillot de bain. Paraître devant Luis dans ce une-pièce passablement défraîchi était un vrai cauchemar.

Il ne manquerait pas de remarquer qu'elle était trop pâle, trop pulpeuse, trop…

Pour aussi stérile que soit la comparaison, elle ne pouvait s'empêcher d'avoir à l'esprit l'image des sveltes naïades qui partageaient habituellement la piscine avec lui — des top-modèles aux jambes interminables, dont les minuscules Bikinis voilaient à peine les appas.

En frissonnant, elle entreprit de passer avec difficulté le maillot qui semblait avoir rétréci d'une bonne taille.

Une des expressions favorites de sa mère lui traversa l'esprit.

« N'oublions pas que l'habit fait le moine ! », répétait-elle régulièrement, en prenant un malin plaisir à détourner le dicton bien connu.

Elle repensa à son enfance avec un pincement au cœur. Ce n'était vraiment pas le moment de se lamenter sur un sort qui avait voulu que sa jeune sœur, au physique de poupée, profite de tenues ravissantes, tandis qu'elle-même se voyait immanquablement attribuer les vêtements les plus fonctionnels, et les plus sinistres.

Après tout, il était logique que son artiste de mère ait toujours préféré celle qui était sa réplique en miniature, à l'enfant empotée, et peu gracieuse, qu'était Carly !

Lorsque, adolescente, elle avait pu acheter elle-même ses vêtements, elle s'était essayée à un peu plus d'originalité. Jusqu'à cette calamiteuse soirée, à partir de laquelle elle n'avait plus eu qu'une idée : se fondre dans le décor et passer inaperçue à jamais.

Ce à quoi elle avait parfaitement réussi.

Les questions indiscrètes de Luis lui revinrent à la mémoire.

Comment avait-il l'audace de l'interroger sur des sujets aussi intimes ?

Bien sûr, la vie qu'elle menait devait sembler étrange à la plupart des gens. Qu'une jeune femme de son âge accepte de consacrer son temps à l'entretien minutieux de la demeure d'un milliardaire — même en son absence — n'était pas chose habituelle.

Luis ne pouvait avoir connaissance de ses ambitions. Comment aurait-il imaginé que sous l'apparence un peu terne de son employée se cachait quelqu'un qui aspirait à un avenir meilleur ? Quelqu'un qui utiliserait ses capacités intellectuelles pour, un jour, faire le bien autour d'elle. Sans que son apparence physique ne rentre en ligne de compte.

S'enroulant dans un peignoir de bain, Carly se dépêcha de rejoindre Luis.

Elle ne put réprimer un frisson, en le voyant planté devant l'immense baie vitrée donnant sur les bois alentour.

Dans son caleçon moulant, il affichait une vigueur qui ne laissait nullement soupçonner qu'il eût été victime d'un si grave accident.

Elle s'approcha, et Luis se tourna vers elle. Pendant un instant, leurs regards restèrent accrochés l'un à l'autre.

L'émoi qui s'empara de Carly était comparable à ce qu'elle avait ressenti lorsqu'elle était occupée à le masser. Sauf que, cette fois, il lui faisait face et semblait lire son trouble comme à livre ouvert.

La gorge nouée, elle avait l'impression que le souffle lui manquait.

Pourquoi fallait-il qu'elle soit de nouveau irrésistiblement gagnée par ce qu'elle ne pouvait appeler autrement que du… *désir* ?

De toutes ses forces, elle voulait éteindre l'incendie qui couvait au creux de son ventre.

Pourquoi Luis lui faisait-il, tout à coup, un tel effet ?

Etait-ce parce qu'elle avait brisé un tabou, en osant avoir avec lui un contact physique ? Pourtant, cela s'était produit dans un cadre strictement thérapeutique…

Elle réalisa que ce contact avait réveillé en elle quelque chose qu'elle croyait mort à jamais. Des émotions assoupies au tréfonds d'elle-même, qui ne demandaient qu'à reprendre vie, et qui faisaient qu'elle ne pouvait s'empêcher de contempler Luis avec une faim dévorante…

Carly cligna des yeux, comme pour effacer de sa rétine des visions qui la troublaient au plus haut point.

Il était urgent qu'elle parvienne à remettre Luis à la place qui avait été la sienne, quand elle n'était encore *que* sa gouvernante. Il était son patron, rien de plus.

Quant aux passions qui l'animaient, elles ne devaient avoir d'autre objet que les ouvrages de physique qu'elle dévorait pendant son temps libre.

Elle s'interdisait tout penchant pour le sexe opposé, et toutes les complications que cela impliquait.

N'avait-elle pas payé pour apprendre qu'elle n'était pas douée en la matière ?

Le coup d'œil que Luis lança vers elle, lorsque Carly se débarrassa de son peignoir, la ramena à la dure réalité.

L'incrédulité qu'elle lut dans son regard suffit à étouffer dans l'œuf toutes les émotions qu'elle n'avait su juguler.

Il n'avait certainement jamais vu en maillot une femme qui dépassait la taille 36.

S'obligeant à afficher un sourire professionnel, Carly s'avança.

— Prêt ? questionna-t-elle.

— Cela fait même un bon moment ! Encore une fois, vous avez traînassé !

— Il m'a fallu du temps pour remettre la main sur mon maillot.

— Désolé de vous compliquer la vie !

Mieux valait faire comme si les remarques acerbes de Luis glissaient sur elle sans l'affecter, résolut Carly. Pourtant il ne lui était pas facile de garder son sang-froid. Surtout confrontée à ce torse d'airain dont la nudité la faisait rougir d'embarras.

— Allons-y, dit-elle d'un ton léger, tout en lui prenant les béquilles pour les appuyer au mur. Surtout, faites bien attention à descendre l'échelle dos au bassin.

— Comme si je ne le savais pas !

— J'essaie seulement de…

— Eh bien, c'est inutile ! J'en ai assez qu'on me traite comme une porcelaine fragile !

Pour Carly, l'impatience de Luis fut la goutte d'eau qui fit déborder le vase.

Ne suffisait-il pas qu'elle ait été contrainte à accepter un rôle qui la mettait au supplice ? N'avait-elle pas suffisamment de mal à accepter de se montrer devant Luis dans une tenue des moins flatteuses ?

— Est-ce que vous êtes obligé d'être *aussi* désagréable ? Je cherche seulement à vous aider !

Le silence se fit, tandis qu'ils s'affrontaient du regard. A voir les yeux de jais de Luis lancer des éclairs, Carly se raidit, pressentant une riposte cinglante.

Contre toute attente, Luis laissa échapper un long soupir.

— Je le sais, dit-il. C'est juste la frustration qui me rend si insupportable. J'ai l'impression que je ne verrai jamais le bout de cette fichue convalescence.

Pendant quelques secondes, Carly resta interdite. Elle ne s'attendait pas à ce qu'il fasse amende honorable !

— Oui, finit-elle par dire, je suppose que vous avez de bonnes raisons d'être plus à cran que de coutume.

Luis haussa un sourcil interrogateur.

— Est-ce à dire que vous me trouvez généralement invivable ?

Lorsque Carly leva les yeux, ce fut pour rencontrer un regard moqueur.

— Vous n'êtes pas particulièrement réputé pour avoir un tempérament doux et accommodant, risqua-t-elle.

A sa grande surprise, Luis partit d'un grand rire, avant de se laisser glisser dans la piscine.

— Venez, Carly, lança-t-il en frappant l'eau du plat de la main. Mary nageait toujours avec moi.

Pas étonnant ! pensa Carly en le rejoignant.

Pourtant, avait-elle le droit de blâmer la jeune kiné ?

Voilà qu'elle-même se comportait exactement de la même manière. Comme la pauvre Mary, elle se laissait gagner par des pensées tout à fait déplacées.

Elle s'avança dans le bassin, et la fraîcheur de l'eau sur son ventre la fit frissonner. La pointe de ses seins durcit sous l'effet du froid. Pour dissimuler sa poitrine, elle s'appuya au mur et s'aspergea les bras.

— Normalement, vous devez faire dix longueurs, lança-t-elle à Luis.

— Je le sais. Mais, aujourd'hui, je vais essayer d'aller jusqu'à vingt.

— Est-ce bien raisonnable ?

Luis la gratifia d'un sourire crispé.

— On verra bien ! déclara-t-il, avant de plonger sous l'eau.

Il nageait avec la même résolution inébranlable que celle qu'il mettait en toute chose, fendant l'eau, pareil à une flèche d'un brun doré, sans se soucier de ménager ses blessures.

Lorsque, après douze longueurs, il s'interrompit pour reprendre son souffle, il était pâle et les traits de son visage étaient tirés.

— Arrêtez, maintenant, Luis, lui intima Carly. Cela suffit. Vous n'êtes pas engagé dans une compétition.

Pourtant, n'était-ce pas sur ce mode qu'il menait en général sa vie ?

Elle ne fut pas surprise qu'il ne tînt pas compte de sa mise en garde.

Il était à bout de forces, lorsqu'il eut effectué les vingt longueurs qu'il s'était fixées.

Appuyé à la margelle, il laissa reposer sa tête sur ses avant-bras, le temps de récupérer.

Lorsqu'il se redressa, ce fut pour planter un regard étincelant dans celui de Carly, à travers ses longs cils humides.

— Alors ? interrogea-t-il. C'était comment ?

— Qu'attendez-vous de moi ? Que je vous félicite d'avoir enfreint les recommandations de votre kiné ?

— *Si !* J'exige que vous me félicitiez chaudement pour mon exploit. Alors, vous feriez mieux de laisser tomber cette moue désapprobatrice. Et ne me dites pas qu'au fond de vous, vous ne me trouvez pas admirable !

Non, mais, s'indigna Carly en son for intérieur, il n'était quand même pas en train de flirter avec elle !

Incrédule, elle dévisagea Luis.

A croire que cela lui était tellement naturel qu'il ne pouvait s'en empêcher.

Sauf que cela ne signifiait strictement rien !

Il fallait qu'elle en soit bien persuadée.

— D'accord, lâcha-t-elle. J'admire votre volonté.

— Un compliment de votre part, c'est rare !

Soucieuse d'échapper à ce badinage, qui la mettait fort mal à l'aise, Carly plongea et s'éloigna en quelques brasses. Lorsqu'elle émergea et reprit pied, Luis la regardait d'une curieuse façon, entre ses paupières mi-closes.

Il fallut à Carly un court instant, avant de comprendre que c'était sur ses seins qu'il posait ainsi un regard fasciné. A cause de l'humidité, l'étoffe extensible de son maillot lui collait au corps comme une deuxième peau, ne laissant rien ignorer des rondeurs de sa poitrine aux pointes érigées.

— Vous feriez mieux d'aller vous sécher, dit-elle précipitamment. Sinon vous allez finir par avoir froid.

— Ou bien trop chaud, marmonna Luis entre ses dents.

Non, c'était impossible ! s'offusqua Carly. Elle avait mal entendu.

Ou alors, il lui fallait admettre que Luis Martinez — réputé pour être l'un des plus grands séducteurs de sa génération — venait de proférer *à son endroit* une remarque lourde de sous-entendus.

De nouveau, Carly plongea. Cette fois pour échapper à ce regard de braise qui la détaillait.

Elle refit surface un peu plus loin. Pour constater, à son grand regret, que l'eau fraîche n'avait pas eu l'effet escompté.

Un seul coup d'œil en direction de Luis, et elle sentit sa poitrine toujours aussi douloureusement gonflée.

3

Regardant la pluie frapper violemment les hautes baies vitrées du salon, Luis laissa échapper une bordée d'injures en espagnol.

Ces fichus orages ne cesseraient-ils donc jamais ? Dire que l'on était au cœur de l'été !

A l'autre bout de la pièce, penchée sur une table basse, Carly lui servait un café.

De nouveau, la flèche d'un désir importun transperça Luis. En grimaçant, il changea de position sur son siège, dans l'espoir vain de soulager la tension nouée au creux de son bas-ventre.

Il mourrait d'ennui.

D'ennui et de frustration.

C'était la seule raison qui pouvait expliquer les bouffées de désir qui l'assaillaient mystérieusement, lorsque son regard se posait sur sa gouvernante — certes efficace, mais si peu sexy !

Discrètement, il continua à l'observer. Pour une fois, elle portait un blue-jean qui soulignait agréablement les rondeurs de ses fesses.

Elle aurait tout intérêt à choisir plus souvent des vêtements ajustés, songea Luis sans parvenir à réprimer une moue gourmande.

Quant à lui, il ferait mieux de filer dans son bureau pour répondre à la masse de courrier que Diego lui avait fait parvenir.

Il devenait urgent qu'il trouve le moyen de distraire son

attention des formes pulpeuses qu'affichait innocemment la jeune femme.

— Carly, lança-t-il soudain, pourquoi ne ferions-nous pas une partie de cartes ?

Elle se redressa, avec une expression étonnée qui se transforma vite en moue soupçonneuse.

— Je ne sais pas y jouer, répondit-elle.

— Je vous apprendrai.

Il vit qu'elle demeurait hésitante.

— Qu'y a-t-il ? Avez-vous donc si peur que je vous pervertisse ?

Si, au moins, Luis cessait de la regarder de cette façon ! se désola intérieurement Carly en lui apportant son café.

Manifestement, il n'imaginait pas à quel point il avait déjà réussi à la « pervertir », comme il le disait.

Il serait certainement horrifié, s'il apprenait qu'elle passait le plus clair de ses nuits à penser à lui. Dans l'obscurité de sa chambre, des pensées obsédantes tournaient dans son esprit. Des pensées qui s'apparentaient fort à des fantasmes sexuels, et qui entraînaient à leur suite les plus horribles souvenirs. Pourtant, même l'angoisse que faisaient monter en elle ces réminiscences d'un passé exécré ne suffisait pas à apaiser le feu qui couvait au creux de son ventre, ni les picotements de sa poitrine.

Pourquoi ne parvenait-elle pas à faire taire des appétits qu'elle avait si longtemps su maintenir à distance ?

Son seul espoir était que les choses reprennent un cours normal, lorsque son patron serait enfin en état de regagner l'une ou l'autre de ses propriétés à travers le monde.

Ce jour-là, elle pourrait retourner à ses chères études, sans avoir l'esprit troublé par des divagations incongrues.

Quant à jouer aux cartes avec lui, il n'en était pas question. Elle avait déjà bien du mal à supporter la proximité qu'imposaient les séances de massage, et celles dans la piscine — encore plus pénibles.

Ce dont elle avait besoin, c'était de passer moins de temps en sa compagnie, et non davantage.

— Il n'y a pas de cartes dans la maison, objecta-t-elle.

— Bien sûr que si ! Vous en trouverez dans le deuxième tiroir de mon bureau. Dans ma chambre. Allez les chercher.

Carly haussa les sourcils.

— S'il vous plaît, soupira Luis.

— Et si je vous disais que je n'ai pas particulièrement envie de jouer aux cartes.

— Alors, vous m'obligeriez à faire usage de l'autorité que je suis en droit d'avoir sur vous.

— C'est donc un ordre.

Un sourire en coin plissa les lèvres sensuelles de Luis.

— Exactement, conclut-il.

Sans plus protester, Carly quitta la pièce d'un pas pesant. Le piège se refermait sur elle.

Une météo détestable les gardait confinés dans l'immense demeure, leur donnant l'impression d'être les deux derniers habitants à la surface de la planète. Or, plus les jours passaient, plus elle se trouvait enfermée dans un insoluble dilemme. Car elle ne pouvait nier que quelque chose avait changé dans la relation qu'elle entretenait avec Luis.

Par le passé, elle n'avait vu en lui qu'un personnage à la fois distant et exigeant. Aujourd'hui, elle n'était pas loin de regretter cette époque. N'était-ce pas plus facile que de devoir s'avouer combien elle appréciait sa compagnie ?

Par une curieuse ironie du sort, elle avait fini par prendre plaisir à ce tête à tête, auquel les contraignait l'un des étés les plus pluvieux que le pays n'ait connus depuis fort longtemps.

Luis ne tenait plus en place, mais il était dans l'incapacité de conduire, et refusait de prendre le train jusqu'à Londres. Quant à inviter des amis, il répétait qu'il n'en avait aucune intention.

Voir une nuée de pique-assiettes dévaliser sa cave, et se goberger à ses frais, tout en le faisant enrager de ne pouvoir se livrer aux mêmes activités qu'eux, c'était exactement ce qu'il ne pourrait supporter, disait-il.

Le pire, songea Carly, c'était qu'elle éprouvait de plus en plus de satisfaction à avoir Luis tout à elle.

La chambre de maître occupait presque tout le premier étage du manoir. Il n'était pas rare que Carly ait à s'affairer dans l'immense pièce aux murs lambrissés. C'était elle qui refaisait le lit, et changeait les draps de fin coton égyptien qu'elle trouvait toujours dans un indescriptible désordre, quand bien même Luis avait passé la nuit seul.

Or, étrangement, son attention fut attirée par les deux portraits disposés à chaque extrémité du bureau, comme si c'était la première fois qu'elle les voyait.

Sur l'un, la mère de Luis posait avec une expression nostalgique, ses grands yeux noirs perdus dans le vague, sa chevelure d'ébène tirée en un strict chignon. Sur l'autre — un cliché qui avait fait le tour du monde — Luis brandissait la lourde coupe d'argent de sa première victoire en championnat du monde.

A les contempler, elle avait soudain l'impression de fouiner dans une chambre où elle se serait introduite à l'insu des maîtres de maison.

C'était comme si, insensiblement, sa place avait changé, et qu'elle ne savait plus très bien où se situer.

— Carly !

La voix de Luis tonna à travers la demeure.

Sans plus attendre, Carly prit le paquet de cartes et se hâta de regagner le salon où il l'attendait.

— Il vous en a fallu du temps, maugréa-t-il.

— Je ne savais pas que j'étais chronométrée ! Pardonnez-moi, j'étais perdue dans mes pensées.

— Et à quoi rêviez-vous ?

Le ton soupçonneux de la question fit monter le feu aux joues de Carly.

Pourvu qu'il ne devine pas de quelle nature étaient les pensées qui l'obsédaient ! s'affola-t-elle.

Pour dissimuler son embarras, elle se hâta vers la table à jouer.

L'effort qu'il fit pour se lever arracha une grimace à Luis. Lorsqu'il s'approcha à son tour de la table, il ne put s'empêcher de remarquer que la poitrine de Carly se balançait au rythme des mouvements qu'elle faisait pour battre les cartes.

Que dirait-elle, si elle savait qu'il avait passé tout le temps où il était resté seul à se demander à quoi elle pouvait bien ressembler une fois nue ?

Il tira une chaise et s'assit.

Décidément, cette aberration ne pouvait pas continuer !

Depuis toujours, il se faisait une règle de s'interdire la moindre liaison avec l'une de ses employées. Il n'allait pas l'enfreindre aujourd'hui. Et surtout pas avec Carly !

Il tendit la main pour qu'elle lui donne le paquet de cartes.

— Alors, interrogea Carly, à quoi voulez-vous jouer ?

Cette innocente question ne fit qu'attiser le sentiment de frustration qu'éprouvait Luis.

Le frôlement des doigts de la jeune femme sur les siens lui donna l'irrésistible envie de pousser bien plus loin ce fugace contact. Le jeu auquel il aspirait n'avait rien de l'ingénuité d'une partie de cartes.

Il rêvait de dénuder ces formes généreuses, et de laisser sa bouche et ses mains assouvir la faim qui le taraudait de façon aussi intempestive.

Secouant nerveusement la tête, Luis s'efforça de chasser les images qui assaillaient son esprit.

— Si vous le voulez, je peux vous apprendre à jouer au poker, proposa-t-il.

— C'est difficile ?

— Un peu.

— Alors, ça va peut-être me plaire.

Les sourcils froncés dans l'effort qu'elle faisait pour se concentrer, Carly écouta Luis lui exposer les règles du jeu. A sa grande surprise, il n'eut pas besoin de répéter ses explications, pour qu'elle en comprenne toutes les subtilités. A peine avaient-ils entamé une deuxième partie qu'il se rendit compte qu'elle jouait avec maestria.

Qu'avait-il imaginé ? s'interrogea-t-il. Qu'il allait la battre à plate couture, et se lasser très vite d'une adversaire qui ne serait pas à sa mesure ? Cela lui était arrivé si souvent par le passé…

En fait, Carly l'obligeait à mobiliser toutes ses facultés intellectuelles, et à rivaliser avec un cerveau qu'il n'aurait pas cru être aussi brillant.

Qui aurait dit qu'elle était dotée d'une intelligence aussi vive ? songea-t-il avec étonnement.

— J'ai du mal à croire que vous n'y aviez jamais joué, dit-il avec un froncement de sourcils soupçonneux.

— Sinon pourquoi vous aurais-je demandé de m'expliquer les règles ?

— Par stratégie. Pour déstabiliser votre adversaire.

— Quel cynisme !

— Peut-être est-ce la vie qui m'a rendu cynique à ce point…

Carly leva les yeux de ses cartes, et esquissa une moue moqueuse.

— Oh ! le pauvre malheureux ! minauda-t-elle.

En voyant sa grimace comique, Luis éclata de rire.

C'était bien la première fois de sa vie qu'une femme le divertissait de la sorte. Celles qu'il fréquentait habituellement n'avaient guère le sens de l'humour.

Tout à coup, sa curiosité était piquée au vif par cette fille, si peu soucieuse de son apparence, qui maîtrisait avec une telle aisance le fonctionnement d'un jeu complexe.

— Est-ce que vous vous rendez compte que je ne sais pratiquement rien de vous, dit-il lentement.

Lorsque Carly releva la tête, son visage fut baigné de lumière, et ses prunelles devinrent dorées comme le miel.

Mais, c'est qu'elle a de beaux yeux ! s'étonna Luis.

— Pourquoi en serait-il autrement ? Ma vie personnelle n'a aucune incidence sur mon travail.

— Il est rare qu'une femme n'ait pas envie que l'on s'intéresse à elle.

— Vous feriez mieux d'éviter ce genre de généralisation hâtive.

— Les généralisations sont souvent frappées au coin du

bon sens. Mais rappelez-moi plutôt depuis combien de temps vous êtes à mon service. Cela doit faire au moins un an.

— Deux ans et demi, plus exactement.

— Déjà !

— Eh, oui ! Le temps passe vite quand on l'occupe, comme vous le faites, à se divertir.

Luis choisit d'ignorer l'impertinence de cette remarque, et il continua à observer Carly.

— Pourquoi avoir choisi ce métier ? questionna-t-il. Ce n'est guère courant pour une jeune femme de votre âge.

Il la vit hausser les épaules.

— Ce n'est pas un mauvais choix, quand on n'a aucune qualification, répondit-elle. Et quand on a besoin d'un toit.

Luis posa ses cartes sur la table.

— Je m'étonne que vous n'ayez pas fait d'études, enchaîna-t-il. Vous êtes une fille intelligente. Il n'est qu'à voir avec quelle facilité vous avez saisi toutes les finesses d'un jeu compliqué.

Un instant Carly demeura silencieuse. Ce n'était pas seulement qu'elle fût heurtée par le ton paternaliste de la remarque faite par Luis. En fait, elle n'avait aucune intention de lui dévoiler ses rêves et ses espoirs.

Il était hors de question qu'elle mette son âme à nu devant cet homme. Instinctivement, elle percevait que ce serait s'exposer à un trop grand danger.

Mais comment échapper à sa curiosité ? Inutile de prétendre que quelque tâche urgente la réclamait dans la cuisine. Luis ne serait pas dupe.

Il avait décidé de l'interroger. Or, ce que Luis voulait, il était rare qu'il ne l'obtienne pas. De plus, ne la payait-il pas grassement pour qu'elle se soumette à ses exigences ?

— J'essaie de rattraper le temps perdu, dit-elle. C'est pour cela que je prends des cours du soir. Pour poursuivre la formation scientifique que je n'avais pas terminée à l'école. Et repasser mes examens.

— Vous étudiez les *sciences* !

— Oui. Qu'y a-t-il de surprenant à cela ? Bien des gens apprécient ces matières.

— Certes. Mais ce sont rarement des femmes.

— Encore un de vos préjugés sexistes !

— Pas du tout ! Les statistiques le prouvent. Les hommes sont bien plus doués pour les matières scientifiques.

Sous l'intensité du regard que Luis ne cessait de darder sur elle, Carly sentit de nouveau une vague de chaleur l'assaillir, et elle préféra essayer de mettre un terme à la conversation.

— Si vous le dites, soupira-t-elle.

Cependant, Luis ne sembla pas se satisfaire d'une capitulation si hâtive. Manifestement, il n'était pas prêt à abandonner le sujet.

— Dans quelles matières réussissiez-vous plus particulièrement, au lycée ? insista-t-il.

— J'étais assez douée en chimie, et en biologie. En maths, aussi. J'aimais tout ce qui relevait des sciences.

— Alors pourquoi… ?

— Pourquoi est-ce que j'ai échoué à mes examens ?

Avec un soupir résigné, Carly posa ses cartes sur la table. C'était une question à laquelle elle aurait préféré échapper. Mais elle connaissait suffisamment Luis pour savoir qu'il ne renoncerait pas.

Et puis, ne disait-on pas que le temps permet de surmonter toutes les blessures ?

Avec les années, elle parvenait un peu mieux à évoquer, avec le détachement nécessaire, ce qui avait été autrefois source de tant de souffrances.

— Eh bien…, reprit-elle d'une voix hésitante, parce que mon père…, mon père était très malade, quand j'étais plus jeune. A cause de cela, je ne travaillais pas autant que j'aurais dû le faire.

— J'en suis désolé pour vous.

Si seulement Luis n'avait pas adopté un ton aussi compatissant, regretta Carly. Cela lui rendait l'évocation de ces souvenirs plus difficile.

— Oh ! ce sont des choses qui arrivent, dit-elle avec un geste de la main qui se voulait désinvolte.

— Racontez-moi. Qu'est-ce qui s'est passé ? On peut avoir un parent malade, sans pour autant rater sa scolarité…

Le regard attentif de Luis semblait sonder son âme. Ceci était pour le moins inattendu. Il n'avait guère la réputation de s'intéresser à la vie de ses employés.

Et soudain, ce fut comme si des vannes s'ouvraient, et Carly n'opposa plus de résistance à cette sollicitude.

Cela faisait tellement longtemps qu'elle s'interdisait de confier la triste histoire de son enfance.

Qui, en ces temps où le bonheur était élevé au rang de valeur universelle, avait envie d'entendre le récit d'une vie de déboires ?

— Il était atteint d'une maladie chronique, dit-elle. De ce fait, il était cloué à la maison. Après l'école, j'essayais de le distraire un peu en lui racontant ma journée. Je lui faisais la lecture aussi. Il adorait ça. Ensuite, je préparais le repas. C'était une infirmière qui venait le coucher. Mais, à ce moment-là, j'étais souvent trop fatiguée pour mettre le nez dans mes devoirs. Ou bien trop paresseuse, peut-être.

Pour chercher à détendre l'atmosphère, Carly avait accompagné cette dernière remarque d'une ébauche de sourire. Néanmoins, Luis demeurait grave.

— A-t-il fini par se rétablir ? questionna-t-il.

Pourquoi Luis s'obstinait-il à faire preuve de tant de compassion ? se désola intérieurement Carly.

Cela éveillait en elle une fragilité, qu'elle préférait tenir secrète.

Elle serra les mâchoires. Heureusement que penser à tout cela ne la faisait plus s'effondrer en pleurs comme autrefois.

— Hélas non, dit-elle en secouant la tête. J'avais dix-neuf ans quand il est mort.

Le regard d'ébène semblait la transpercer jusqu'au tréfonds de l'âme.

— Et votre mère ? interrogea Luis. N'était-elle pas là pour vous soulager ?

C'était là une question plus épineuse, à laquelle Carly avait bien du mal à répondre. Comment ne pas la faire passer pour une épouvantable sorcière ? Ce qu'elle n'était pas. Simplement, elle avait parfois fait les mauvais choix.

— En fait... elle n'a pas su gérer la maladie de mon père. Elle ne pouvait supporter de le voir souffrant. Cela arrive à bien des gens.

Le détachement enjoué avec lequel Carly avait lancé cette remarque était quelque chose qu'elle maîtrisait parfaitement.

Ce petit ton léger qui donnait à entendre qu'elle n'en voulait pas le moins du monde à sa mère. Qu'elle comprenait parfaitement cette dernière qui, toute sa vie, avait cherché à assouvir ses rêves de comédienne ratée, à travers sa ravissante fille cadette.

Elle l'entendait encore raconter comment Bella allait atteindre les sommets de la gloire dans sa carrière de top-modèle.

Bien sûr, insistait-elle à loisir, la réussite ne s'atteignait pas sans efforts financiers. Elle y avait donc consacré jusqu'aux dernières économies du ménage.

Pari risqué, qui avait malheureusement échoué. Quand bien même il aurait été couronné de succès, cela aurait-il suffi à adoucir la tristesse qui régnait dans leur famille ? Carly en doutait.

— De plus, ajouta-t-elle, ma mère avait fort à faire de son côté. Elle assistait ma sœur, qui voulait devenir mannequin.

Luis haussa les sourcils.

— C'est un milieu que je fréquente souvent. Peut-être est-ce que je la connais.

— Elle n'a pas encore complètement percé. Pour l'instant, elle pose surtout pour des catalogues. Et l'année dernière, elle a été embauchée pour la publicité d'un grand centre commercial qui ouvrait à Dubaï. C'est une vraie beauté !

— Vraiment ?

A entendre l'intonation dubitative de Luis, Carly sentit resurgir tous ses complexes.

Que sous-entendait Luis ?

Certainement qu'une fille comme elle ne saurait avoir une sœur aussi ravissante que l'était Bella, avec ses longs cheveux dorés, ses jambes interminables et ses lèvres merveilleusement ourlées. Oui, sa sœur était dotée de tous ces charmes. Et bien plus encore. Elle ne pouvait douter qu'un jour sa benjamine atteindrait les sommets de la gloire.

A quoi auraient servi, sinon, tous les sacrifices que la famille avait dû accepter pour qu'elle réussisse ?

Tout ce chagrin aurait été stérile.

Le souvenir de la voix fluette de son père — lorsqu'il réclamait en vain la présence de sa femme — n'en serait que plus douloureux.

Les dettes, la perte de leur maison, tout cela n'aurait été qu'un immense gâchis. Et Carly ne pourrait sans doute pas endurer son sort avec le même sens du sacrifice — ce qu'elle s'était toujours efforcée de faire. Par solidarité. Par amour pour sa sœur.

L'amertume était un sentiment auquel elle refusait de céder. Même lorsqu'elle se remémorait le moment où elle avait déchiré en mille morceaux son dossier de demande d'admission en faculté de médecine, et l'avait jeté au feu.

— Oui, répliqua-t-elle fermement, Bella est la perfection incarnée.

Pendant quelques instants Luis demeura muet.

A en croire ce qu'il venait d'entendre, la mère de Carly s'était montrée particulièrement insensible, et frivole.

Malgré ce qu'elle en disait, il était évident que Carly avait souffert dans son enfance. Elle avait beau faire semblant de ne pas avoir été affectée, il était clair qu'elle luttait pour contenir son émotion.

Habituellement, Luis s'intéressait peu aux tourments d'autrui — en particulier des femmes. L'empathie n'était pas son fort.

Sauf qu'il ne s'agissait pas ici des futiles misères d'une tête de linotte — éplorée d'avoir pris un kilo ou d'avoir perdu un bijou.

La jeune femme qui était devant lui avait dû renoncer à

mettre à profit d'indéniables capacités intellectuelles, et un goût prononcé pour les sciences, afin de soigner son père.

Mais qui avait pris soin d'elle ? Personne, apparemment.

Il se remémora les heures qui avaient suivi sa récente opération. Tandis qu'il passait sans arrêt de l'inconscience à un semi-éveil, une main douce lui caressait le front. Une voix apaisante l'enveloppait comme un souffle léger.

A son réveil, il avait demandé à l'infirmière s'il avait rêvé. Elle lui avait répondu que non. Qu'une jeune fille, coiffée d'une queue-de-cheval, avait passé la nuit à son côté. L'infirmière avait ajouté que l'inconnue avait un physique ordinaire et était très effacée. Ces précisions avaient provoqué un déclic dans la tête de Luis : une telle description ne pouvait correspondre qu'à sa gouvernante ! Personne dans son entourage ne semblait ordinaire ou effacé !

A la suite de cela, Carly lui avait rendu visite, à quelques occasions. Bizarrement, il se prenait à attendre ses visites avec impatience. Elle seule savait relever ses oreillers comme il le fallait, et l'installer confortablement.

Assise près du lit, elle lui recommandait de respirer profondément, l'incitait à faire des mouvements de rotation de ses chevilles. A sa façon, sans avoir l'air d'y toucher, elle avait su faire preuve d'une autorité qu'il avait acceptée.

Puis, un jour, elle avait cessé de venir le voir. Sans plus d'explication.

Depuis qu'ils s'étaient retrouvés seuls dans cette grande bâtisse, sa compagnie avait été bien plus agréable que Luis ne l'avait imaginé. Et ce, en dépit de cette fâcheuse tendance qu'elle avait à se réfugier dans sa chambre à la moindre occasion. Oui, il appréciait sa présence. Et malgré son obstination forcenée à gommer tout ce qu'il pouvait y avoir en elle de féminin, il aimait la voir évoluer dans la maison.

Au moins, ce soir, elle avait renoncé à son épouvantable blouse de travail. Néanmoins, la chemise pour laquelle elle l'avait troquée était d'un beige fade qui ne lui convenait nullement. Ses prunelles d'or pâle auraient été davantage mises en valeur par des couleurs chaudes. Un beau rouge vermillon, par exemple.

Luis ne put s'empêcher de sourire à cette idée. Le vermillon était une couleur à l'antithèse de ce qu'était Carly !

Il posa son regard sur les mains aux ongles courts qu'elle ne prenait pas la peine de vernir. C'était tout à fait en accord avec son absence de maquillage, et la sobriété de sa coiffure.

Etait-ce d'avoir grandi dans l'ombre d'une sœur trop jolie, qui lui faisait ainsi escamoter toute trace de féminité ?

Ou bien était-ce parce qu'elle avait passé toute sa jeunesse au chevet d'un malade, qu'elle en avait oublié d'être futile ?

Quoi qu'il en soit, elle avait eu une enfance particulièrement triste.

Mais toutes les familles n'avaient-elles pas leurs problèmes ? Il lui suffisait de penser à la sienne pour en être persuadé...

— Ce temps de chien ne cessera donc jamais ! s'exclama-t-il, en voyant la pluie ruisseler de nouveau sur les baies vitrées.

— Vous oubliez que nous sommes en Angleterre.

Luis posa avec fracas sa tasse sur la table, et fixa Carly d'un regard décidé.

— Justement, dit-il, rien ne nous oblige à y rester. Avez-vous un passeport ?

— Oui. Pourquoi ?

— Parce que nous partons dès demain pour St-Jean-Cap-Ferrat. Tenez-vous prête de bon matin.

— Mais, pourquoi ? Et pourquoi si précipitamment ?

— Parce que je meurs d'ennui. Et que j'ai besoin de sentir le soleil sur ma peau.

Carly avait vu suffisamment de reportages sur la somptueuse villa que Luis possédait sur la Côte d'Azur, pour que ce projet l'emplisse d'appréhension.

N'était-ce pas l'un de ces lieux où se rassemblent tous les gens chic de la planète ? Le genre d'endroit où elle ne se sentirait jamais à l'aise...

— Je..., je crois que..., je préfère rester ici. Si vous n'avez pas d'objection à cela.

— Les plus grandes objections, au contraire ! Je vous

paie une petite fortune pour me faciliter la vie, Carly. Cela signifie que vous êtes tenue de satisfaire tous mes souhaits. Alors, arrêtez de me regarder avec cet air hébété, et filez faire vos valises !

4

Quel individu arrogant et détestable !

Carly ne parvenait pas à apaiser son indignation.

« Je vous paie une petite fortune. »

Comme si elle l'ignorait !

« Pour me faciliter la vie. »

Est-ce que cela lui donnait le droit de la traiter comme si elle n'était rien d'autre qu'un objet qu'il trimballait à son gré, là où il en avait besoin ?

Evidemment, les désirs de Luis étaient des ordres. Et elle était précisément sous ses ordres. Elle fulminait, mais les faits restaient évidents : si Luis Martinez avait envie de prendre le soleil, rien ne pouvait l'en empêcher !

Au moins, songea-t-elle en faisant sa valise, il disait vrai pour ce qui était du salaire qu'il lui versait. Après tout, n'était-ce pas la seule chose qui comptait pour elle ? D'ici peu, elle aurait assez d'argent de côté pour reprendre ses études. Et elle serait enfin débarrassée de ce play-boy argentin, à l'insupportable insolence.

Le voyage fut pour elle une expérience surréaliste.

Un jet privé les conduisit de Londres jusqu'à Nice. A peine avaient-ils posé le pied dans l'aéroport qu'ils furent repérés par un paparazzi solitaire. Manifestement, l'homme passait son temps à attendre les célébrités descendant des avions. Eberluée, Carly le vit sautiller autour d'eux, jusqu'aux portes du terminal, tandis qu'il prenait une série de clichés.

Puis un groupe d'admiratrices eut tôt fait de le repérer et de se précipiter vers lui en piaillant.

Toutes identiques, avec leurs minishorts et leur parfait bronzage, elles le mitraillèrent sans vergogne de leurs téléphones portables. Certaines réussirent même à trouver un bout de papier pour lui demander un autographe, avec des sourires enjôleurs.

— C'est souvent comme ça ? demanda Carly, en montant dans la limousine qui les attendait.

— Partout où je vais, répondit Luis en haussant les épaules.

— Quelle drôle de vie que la vôtre ! C'est un curieux mélange de vie publique et de solitude.

— Bravo ! Belle perspicacité !

Carly boucla sa ceinture d'un air pensif.

— Ces femmes étaient toutes prêtes à se jeter à votre cou, observa-t-elle. Vous n'auriez eu aucun mal à ce que l'une ou l'autre vous suive sans protester.

Luis eut un rire amer.

— Je suis las de ce genre de relation. Ces femmes sont aussi interchangeables que les pneus de mes voitures de course.

— Eh bien, vous n'y allez pas par quatre chemins !

— Ce n'est que la vérité.

Les mots franchirent les lèvres de Carly, avant même qu'elle n'eût le temps de s'en rendre compte.

— Cela ne semblait pas vous gêner autrefois, remarqua-t-elle.

— Effectivement. J'ai toujours eu tendance à considérer qu'il n'y a aucune raison de se priver de boire lorsqu'on a soif. Après tout, devrais-je repousser une jolie femme, si elle est disposée à coucher avec moi, pour la seule raison que rien ne nous rapproche sinon nos pulsions animales ?

— Ce que vous dites est choquant !

Luis tourna vers Carly un regard brillant de malice.

— Je m'efforce seulement d'être honnête avec vous.

C'était pourtant vrai, songea Carly. Luis avait pour habitude de s'exprimer sans détours, et elle l'admirait pour cela. Même si sa franchise la plongeait souvent dans l'embarras…

En le regardant, si souriant et détendu, elle repensa aux

heures et aux jours sombres où elle avait vu Luis Martinez les traits tendus, comme hanté par des démons silencieux. Qui sait si la mélancolie qui se lisait alors dans ses yeux n'était pas due au fait qu'il s'était vu trop tôt offrir tout ce qu'un jeune homme peut désirer ?

— Est-ce que vous prenez plaisir à cette célébrité ? questionna-t-elle à brûle-pourpoint.

Une moue dubitative se peignit sur le visage de Luis.

— Tout ce que je peux vous dire, répondit-il, c'est que je ne l'ai pas cherchée. La seule chose qui m'importait, à mes débuts, c'était d'être le premier sur les circuits. La notoriété est l'inévitable rançon de la gloire.

Le regard d'ambre, vrillé au sien, obligea Luis à s'avouer qu'il n'avait cependant pas hésité à profiter de toutes les retombées du succès.

Etre au faîte des honneurs permettait d'imposer ses propres règles, et c'était ce qu'il avait fait sans retenue.

Il avait pu tourner le dos aux responsabilités. Les femmes lui avaient tout donné, sans qu'il n'éprouve le moindre besoin de leur rendre la pareille. La fortune lui avait souri. On l'avait outrageusement adulé. Pourtant, rien n'avait jamais réussi à combler le vide de son âme.

— Peut-être était-ce une erreur de prêter mon image à autant de campagnes de publicité ? enchaîna-t-il. Mais j'étais jeune, et c'était enivrant d'être réclamé par tous. Quant aux sponsors, ils appréciaient de donner une image un peu sexy du sport automobile, à travers ma personne.

Comment en aurait-il été autrement ? songea Carly. Avec son physique éblouissant, Luis avait été l'incarnation parfaite de tout ce que représentait la course automobile : la puissance, l'argent, la virilité.

Il ne fallait pas s'étonner si de superbes inconnues se jetaient à sa tête, au beau milieu d'un aéroport, avec des regards concupiscents. Même les femmes sensées finissaient par tomber sous son charme !

— J'imagine que, lorsqu'on a acquis une certaine réputation, il est difficile de faire machine arrière, dit-elle pensivement. On ne peut pas redevenir celui que l'on était avant.

— Non. Le monde s'est forgé une image de vous, et quoi que l'on fasse, il est impossible de la modifier.

Ce fut sans réfléchir que Carly rétorqua :

— Je ne suis pas tout à fait d'accord. Vous pourriez…

Elle s'interrompit brutalement.

— Continuez ! lui intima Luis. Que devrais-je faire, selon vous ?

— Il me semble que vous susciteriez moins de curiosité médiatique si les femmes que vous fréquentez n'allaient pas se répandre dans les magazines à la moindre occasion. Vous pourriez… éviter ce genre de femmes.

— Mais comment savoir ? Je ne peux tout de même pas faire signer une clause de confidentialité au premier rendez-vous !

— Je ne sais pas… Je ne suis que votre gouvernante…

Se tournant vers la fenêtre, Carly s'absorba dans la contemplation de la route étroite qui serpentait entre des collines verdoyantes.

— Comme c'est beau ! déclara-t-elle.

— Chercheriez-vous à changer de sujet, Carly ?

— Cela se peut bien.

Luis partit d'un rire sonore.

— Est-ce que vous avez déjà voyagé hors d'Angleterre ? s'enquit-il.

— Une seule fois. En voyage organisé avec ma mère et ma sœur. Nous avons passé deux semaines en Espagne, au bord de la mer. Rien de bien extraordinaire.

— Alors, je pense que vous n'êtes pas au bout de vos surprises !

La sonnerie du téléphone mit fin à cette conversation. Luis répondit en espagnol, et le reste du trajet se passa sans qu'ils échangent une seule parole.

Perdue dans ses pensées, Carly ne put s'empêcher d'imaginer l'étonnement de sa sœur, si elle la voyait en cet instant, assise dans une limousine conduite par un chauffeur, roulant entre des propriétés réputées pour être les plus luxueuses au monde.

A vrai dire, elle-même avait du mal à croire à la réalité de la situation.

Au détour d'un virage, elle découvrit la propriété de Luis. Elle savait, pour l'avoir lu dans la presse, qu'il s'agissait d'une villa Belle Epoque, qu'il avait rachetée à un prince arabe de ses amis.

Car Luis évoluait dans des milieux où l'on côtoyait des sultans et des rois. Ses somptueuses demeures attiraient actrices et hommes politiques, comme la flamme captive des nuées de papillons.

Pourtant, il lui avait laissé entendre à maintes reprises qu'il ne se sentait chez lui dans aucune de ses fabuleuses résidences. Malgré toutes ses possessions, Luis Martinez n'était rien d'autre qu'un très riche, et très capricieux, nomade.

La villa ressemblait à quelque fastueuse forteresse. Ses murs, d'un blanc étincelant, se dressaient entre de hauts cyprès, au sommet d'une colline dont les pentes allaient se perdre dans des criques azurées.

— Est-ce que le personnel est nombreux ? s'inquiéta soudain Carly.

— Pas plus que nécessaire. Je suis certain que vous vous entendrez parfaitement avec ma gouvernante française. Elle s'appelle Simone.

Simone les accueillit dans un vaste hall sur lequel s'ouvraient plusieurs couloirs, disposés en étoile. Dans d'immenses miroirs, aux cadres chantournés, se reflétaient de hauts vases, d'où retombaient des cascades de roses orangées.

La gouvernante française devait avoir une cinquantaine d'années, et était d'une élégance impressionnante. En comparaison, Carly se sentait ridicule. Mal à l'aise, elle tira sur son chemisier trop ample, et s'avança pour saluer son homologue.

— Simone, je vous confie Carly Conner, annonça Luis. C'est son premier séjour en France. Je pense que vous devriez l'installer dans la chambre bleue. Celle qui donne sur la baie. Pour ma part, il faut que j'aille répondre à mes e-mails, avant que Diego n'ait une crise de nerfs.

La gouvernante marqua une infime hésitation.

— Est-ce que la présence de Mlle Conner dans une chambre si proche de la vôtre ne vous dérangera pas ? interrogea-t-elle avec un sourire forcé. J'avais pensé que l'une des villas destinées aux invités, sur le domaine, serait plus appropriée…

Il y avait dans le regard sombre de Luis, lorsqu'il lui répondit, la froideur étincelante de l'acier.

— Carly n'a pas souvent eu l'occasion de voyager sur le continent, dit-il. Autant lui permettre de jouir d'une belle vue, vous ne croyez pas ? Est-ce que cela pose un problème ?

Les petites mains de Simone s'agitèrent frénétiquement.

— Pas le moins du monde ! Aucun problème !

Soudain, Carly prit conscience que Luis la dévisageait avec un air entendu, et elle se sentit rougir.

Qu'était-ce donc que cette lueur dans ses yeux ? Pas seulement de la bienveillance, lui semblait-il. Ou bien se faisait-elle des idées ?

Carly se sentit électrisée par son regard. Instantanément, la chaleur lui monta au visage et elle retint à peine un frisson de désir.

Aimantée à ses yeux, elle vit un léger sourire se peindre sur le visage de Luis. Comme s'il avait deviné l'effet qu'il provoquait… A croire qu'il lisait en elle à livre ouvert !

— Je vous remercie, dit-elle d'un air gêné. C'est très gentil.

— Ce n'est rien. Profitez bien de la vue. Je vous verrai plus tard. Est-ce que nous prévoyons une séance de massage, après le déjeuner ?

— Si vous voulez. A condition qu'il soit assez frugal.

Luis eut une mimique ironique.

— Vous voyez comme Carly est dure avec moi, Simone ? lança-t-il. Ne vous faites pas de souci, Carly, vous aurez tout loisir de décider de mes menus. Je sais que cela vous fait plaisir !

Sa remarque ne fit qu'accroître l'embarras de Carly.

Se méprenait-elle, ou bien était-il en train d'instaurer une connivence qui dépassait la relation professionnelle ? Etait-il en train de flirter avec elle ?

Sa raison avait beau lui dire qu'elle se berçait d'illusions, qu'un homme tel que lui ne pouvait désirer une femme comme elle, Carly ne parvenait pas à faire taire la petite voix qui lui soufflait qu'elle voyait juste.

Car c'était bien le désir qui avait soudain obscurci le regard de Luis, et Carly se demandait si Simone s'en était rendu compte.

Elle suivit Luis des yeux tandis qu'il s'éloignait à travers le hall. Il avait étonnamment progressé, au cours des dernières semaines. Bientôt, il n'aurait plus besoin d'une canne. Il ne tarderait pas à recouvrer sa forme athlétique.

Qu'adviendrait-il, alors ?

Elle n'aurait plus qu'à retourner à ses tâches ménagères, et à oublier cet étrange intermède.

Ce serait mieux ainsi, s'efforça-t-elle de se persuader.

Ils reprendraient le cours d'une relation bien moins dangereuse. De nouveau, elle se fondrait dans le décor, et Luis ne la remarquerait plus.

Les quelques semaines qu'elle venait de vivre à ses côtés ne seraient plus qu'un rêve lointain…

— Je vais vous faire visiter la maison, déclara Simone. On peut aisément s'y égarer, vous savez. Laissez votre valise. On la portera jusqu'à votre chambre.

Carly emboîta le pas à la gouvernante, qui la guida à travers les longs couloirs. D'innombrables portes ouvraient sur de vastes pièces, dont la plupart dominaient la mer. Au rez-de-chaussée, un gymnase parfaitement équipé se prolongeait par une piscine en terrasse. Au dernier étage, une autre terrasse offrait une vision panoramique sur les pans de collines entourant la villa.

Jamais Carly n'avait rien visité de si splendide.

Lorsque, enfin, elle fut introduite dans sa chambre, elle demeura bouche bée. La vue sur la Méditerranée était à couper le souffle. Et l'immense lit, qui trônait au centre de la pièce, était tendu de draps d'un blanc tellement immaculé que Carly pensa qu'elle n'oserait jamais s'y glisser.

— Voilà, dit Simone. C'est ici que vous résiderez.

Il n'était pas étonnant que la gouvernante ait exprimé des réserves à l'installer dans cette magnifique suite !

Elle était digne d'un roi. Et c'était à *elle*, Carly, que Luis l'avait attribuée !

A sa grande horreur, Carly sentit sa gorge se nouer.

— *Ici ?* Vous êtes sûre ?

— Tout à fait.

Un instant, Simone sembla attendrie.

— Je vais vous laisser vous changer, ajouta-t-elle d'une voix douce. Le déjeuner sera servi à 14 heures, sur la terrasse du bas. Est-ce que vous retrouverez votre chemin ?

— Je..., je pense.

Lorsque Simone eut tourné les talons, Carly fit le tour de la pièce dans un état second. S'approchant des hautes fenêtres, elle caressa du bout des doigts les voilages gonflés par l'air chaud. Sur le balcon, on avait disposé une petite table et deux chaises. Il y avait même une méridienne. Elle pourrait travailler tout en prenant le soleil !

La salle de bains recelait des trésors. Un pot de sels de bains à la lavande était posé à côté de l'imposante baignoire à l'ancienne. Des piles d'épaisses serviettes de toilette, aussi vaporeuses que des nuages, attendaient d'être utilisées. Dans un vase, on avait même arrangé un bouquet de freesias qui parfumait l'atmosphère d'une senteur sucrée. Des fleurs dans une salle de bains ! Inimaginable !

De nouveau, une vague d'émotion submergea Carly, sans qu'elle ne parvienne à l'endiguer, cette fois.

Pour la première fois de sa vie, elle n'avait plus le sentiment de jouer les seconds rôles. Elle n'était plus la gamine laborieuse, reléguée à l'arrière-plan par une petite sœur tellement plus coquette. Voilà qu'elle était l'hôte d'un séduisant milliardaire, qui la recevait dans une suite manifestement destinée aux plus prestigieux de ses invités.

Que diraient sa mère et Bella si elles la voyaient ?

Malheureusement, lorsqu'elle vida sa valise, la dure réalité lui sauta aux yeux.

Elle avait beau se trouver propulsée dans le cadre le plus somptueux, elle n'en demeurait pas moins le vilain petit canard qu'elle avait toujours été.

Tout ce qu'elle voyait se refléter dans les miroirs monumentaux évoquait le luxe et la perfection.

Tout, sauf elle-même.

Quelle image lui renvoyaient-ils, sinon celle d'une jeune femme au visage rougeaud, aux vêtements chiffonnés, aux cheveux en bataille ?

Fallait-il qu'elle soit folle pour avoir imaginé — ne serait-ce qu'un instant — qu'elle pourrait inspirer le moindre désir à un homme tel que Luis !

Elle jeta un coup d'œil à sa montre. En se dépêchant un peu, elle parviendrait peut-être à se rendre plus présentable d'ici le déjeuner. La première chose à faire était de se laver les cheveux.

Carly venait juste de les sécher et d'enfiler des sous-vêtements propres, lorsqu'elle entendit toquer à la porte.

Etait-ce Simone qui avait oublié quelque chose ?

S'entourant d'un drap de bain, elle alla ouvrir.

Un instant, elle crut que ses jambes allaient céder sous elle.

Luis Martinez en personne se tenait derrière la porte.

Avec ses boucles brunes, encore humides de la douche qu'il venait de prendre, son torse viril que l'on devinait sous une éclatante chemise blanche, légèrement entrouverte, il lui semblait encore plus impressionnant que lorsqu'il était allongé devant elle, à moitié nu.

C'était comme s'il y avait quelque chose d'encore plus intime, à le voir planté là dans son jean délavé.

Il s'en fallut de peu qu'elle ne s'effondre à ses pieds.

Cramponnée à la serviette serrée autour de sa poitrine Carly s'étonna de ne pas être davantage mortifiée d'êtr[illegible] à peine couverte. Elle aurait dû se hâter de le [illegible] protestant qu'elle ne tarderait pas à le rejoin[illegible]

Ou, plutôt, c'était Luis qui aurait dû se confondre en excuses, et lui dire qu'il l'attendrait sur la terrasse.

Ni l'un ni l'autre ne prononcèrent un mot.

Ils restaient plantés face à face, comme deux personnes qui se seraient retrouvées après une longue séparation.

Le cœur de Carly se mit à tambouriner dans sa poitrine. A voir Luis si beau et à le sentir si proche d'elle, ses seins se tendirent de manière irrésistible. La gorge sèche, elle eut la sensation délicieuse qu'une chaleur excitante montait de son bas-ventre et irradiait progressivement tout son corps.

A ce trouble vinrent peu à peu se mêler la colère et la peur.

Ne s'était-elle pas promis de ne plus jamais céder à ce dangereux vertige ? N'avait-elle pas suffisamment payé pour savoir que le désir est irraisonné, et aveugle ?

— Je…, je n'ai pas entendu la cloche, dit-elle balbutiant.

— Quelle cloche ?

— Celle qui annonce le déjeuner.

— Rien d'étonnant. Il n'y en a pas.

Surtout, s'ordonna intérieurement Carly, il lui fallait continuer à se comporter comme si tout était normal.

N'était-ce pas le cas ?

Elle haussa les épaules.

— Oh ! dit-elle d'un air entendu. Est-ce que vous avez fini de répondre à vos e-mails ?

— Non.

— Diego va vous en vouloir.

— Peut-être. Mais, pour l'instant, je me moque éperdument de ce que pense Diego.

— Oh ! Oh…, bien sûr…

Luis avait peine à parler tant il était étourdi par la vision de sa gouvernante, les cheveux humides et le corps à peine dissimulé par une serviette de toilette. Elle semblait gauche et paralysée par l'embarras mais cela ne parvenait pas à atténuer le désir qu'elle lui inspirait — au contraire.

Il aurait dû tourner les talons sans plus attendre. Pourtant, il ne pouvait quitter la jeune femme des yeux. Non qu'elle soit particulièrement éblouissante, avec son minois ruisselant et sa peau pâle. L'imaginer à moitié nue, sous cet illusoire paravent, ne pouvait expliquer la fièvre qu'elle faisait naître en lui. Il avait l'habitude de voir des femmes dans le plus simple appareil.

Mais ce n'était pas n'importe quelle femme qui se tenait devant lui. C'était Carly.

Pour une fois, ses cheveux tombaient en cascade sur ses épaules, comme un rideau de soie parfumé. Soudain, Luis eut une folle envie d'y plonger ses doigts, d'en éprouver la douceur. La main sur sa nuque, il aurait alors tout loisir d'attirer Carly à lui, et de l'embrasser.

Quel pouvait être le goût de ces lèvres nues ? se demanda-t-il.

Qu'éprouverait-il si ce corps, aux formes opulentes, venait se plaquer contre le sien ?

Mais ce n'était pas seulement l'attirance sexuelle qu'il éprouvait pour Carly — à son grand étonnement, d'ailleurs — qui le clouait au sol en cet instant.

Il se dégageait de la jeune femme une extraordinaire pureté, qui le fascinait.

Avec ce visage dépourvu d'artifice, et ces grands yeux couleur de miel, elle était l'incarnation absolue de la candeur et de la probité.

On aurait dit un champ recouvert de neige vierge, avant qu'il ne soit piétiné.

Or, n'était-il pas de la trempe de ceux qui piétinaient sans merci les femmes qui s'offraient à eux ? Il foulait aux pieds leur cœur, sans se soucier du mal qu'il pouvait faire.

Ne lui reprochaient-elles pas d'être cruel et insensible ?

Carly était le genre de femme sur lequel il devait absolument s'interdire de jeter son dévolu.

Malheureusement, il semblait incapable de faire taire ce besoin dévorant qui le taraudait, au point qu'il avait l'impression d'être prêt à… *exploser.*

— Carly, dit-il d'une voix bien trop haletante.

Il vit ses yeux s'agrandirent d'avantage.

— Que…, qu'y a-t-il ? dit-elle en s'humectant les lèvres.

Elle avait dit cela dans un souffle, qui vint effleurer le

visage de Luis avec la douceur d'un zéphyr. Tout à coup, il lui fallut toute la force de sa volonté pour ne pas céder à la tentation.

Les lèvres de Carly s'étaient entrouvertes, en un appel inconscient.

Sauf qu'elle était son employée. Coucher avec le personnel était la porte ouverte aux pires ennuis.

Et puis, l'innocente et généreuse Carly ne méritait pas qu'un homme tel que lui vienne salir son ingénuité.

Quel droit avait-il de lui briser le cœur ?

— Rien, dit-il d'un ton brusque. Je craignais seulement que vous ne retrouviez pas votre chemin dans ce dédale de couloirs. Mais, à ce que je vois, vous n'êtes pas encore prête. Comme d'habitude ! Je vous attends en bas. Ne traînez pas !

5

La scène qui venait de se dérouler à la porte de sa chambre troublait Carly bien plus qu'elle ne l'aurait voulu.

Pourtant, se sermonna-t-elle, ce n'était pas la première fois que Luis la voyait à demi dévêtue. Elle avait pris l'habitude de se montrer en maillot de bain devant lui. Quant au fait de la voir enroulée dans une serviette de bain, ce n'était pas chose à le conduire à un paroxysme d'excitation.

Néanmoins, elle avait beau n'avoir guère d'expérience, elle n'en était pas pour autant complètement stupide.

Habituellement, elle ne manquait pas de discernement lorsqu'il s'agissait de décoder les messages du langage corporel. C'était même l'une des raisons qui lui donnaient à penser qu'elle ferait un bon médecin.

Ce qu'elle avait *lu* dans le regard de Luis était sans équivoque. Ce n'était ni de la surprise ni du dégoût, mais véritablement une ardente convoitise. Quelque chose de tellement puissant que cela en était presque tangible.

Or, n'avait-elle pas éprouvé une émotion tout aussi violente ? N'avait-elle pas eu l'impression qu'une force irrésistible l'entraînait vers quelque chose qui échappait totalement à son contrôle ?

Fallait-il que la nature soit cruelle pour qu'elle soit victime d'une attirance aussi foudroyante, pour un homme que tout lui interdisait !

Lorsqu'elle retrouva Luis pour déjeuner sur la terrasse, Carly n'avait pas réussi à apaiser le feu qui embrasait ses joues. Ils tentèrent de discuter sur un ton badin, mais la tension qui régnait entre eux était telle qu'ils s'empressèrent de terminer leur repas pour mettre fin à leur tête-à-tête. Elle ne tarda pas à se rendre compte que, en dépit de tous ses efforts, plus rien n'était pareil dans leur relation.

Cela ne fit que se confirmer quand elle lui prodigua de nouveau un massage. Bien qu'elle essayât de se concentrer sur le travail à accomplir, elle ne parvint pas à dissiper cette gêne diffuse qui s'était installée entre eux. Ses mains tremblaient, comme lors de la première séance, et elle avait perdu la confiance dans ses gestes, acquise au fil des semaines. A la fin de la séance, Luis la remercia d'un air vague et détaché. Et Carly sut à cet instant que rien ne serait plus comme avant.

Très vite, la complicité qu'ils avaient connue, lorsqu'ils étaient confinés dans le manoir britannique de Luis, lui manqua. Elle regrettait cette aisance qui les mettait presque sur un pied d'égalité, et lui permettait d'exprimer sans détours ce qu'elle avait à l'esprit. Jusqu'à, parfois, le faire partir d'un grand rire.

Mais il fallait se rendre à l'évidence : cette familiarité était derrière eux.

N'avait-elle pas été trop naïve, en imaginant que leur connivence était suffisamment solide pour perdurer ?

A présent, Luis semblait faire tout son possible pour l'éviter. Enfermé dans son bureau, il se consacrait presque exclusivement à ses affaires.

Carly était livrée à elle-même l'essentiel du temps. Une routine avait fini par se mettre en place.

De bon matin, elle profitait de la piscine. Elle nageait avec une sorte de rage. Comme pour échapper aux démons qui hantaient ses nuits.

Trois fois par jour, elle supervisait les exercices auxquels Luis était encore tenu de se plier, puis elle lui administrait un vigoureux massage.

Le reste de sa journée était consacré à la lecture d'ouvrages scientifiques, avec lesquels elle se réfugiait dans les coins les plus reculés de la vaste propriété.

En deux occasions, elle avait aperçu de loin des visiteuses, arrivées à l'improviste. Une superbe blonde, puis une rousse particulièrement sexy, qui avaient passé l'après-midi au bord de la piscine sans que la moindre goutte d'eau ne vienne éclabousser leur minuscule maillot.

De toutes ses forces, Carly avait lutté pour refouler la jalousie qui lui serrait le cœur.

Quoi qu'il en soit, elle n'avait pu réprimer une fugace satisfaction à constater que ni l'une ni l'autre n'était restée pour la nuit. Luis les avait fait raccompagner par l'une de ses somptueuses limousines. Ce qui signifiait, habituellement, qu'il était las de la visite.

Une seule fois, il avait quitté l'enceinte de la propriété. A en croire Simone, c'était pour se rendre à Monaco, où une célèbre actrice hollywoodienne organisait un déjeuner en son honneur.

Ce jour-là, Carly avait chipoté vaguement dans son assiette, tout en essayant de se convaincre qu'elle devait cesser de réagir comme une enfant abandonnée.

Qu'imaginait-elle ? Que Luis allait l'emmener avec lui, et qu'elle allait se mêler aux convives d'un élégant repas ?

Oubliait-elle qu'elle ne disposait d'autre tenue que ses T-shirts aux teintes fanées, et sa jupe en jean descendant sous le genou ?

Au moins, tout ce temps libre lui avait permis de venir à bout des quelques ouvrages qu'elle se promettait de finir depuis des siècles.

De plus, le grand air, une nourriture saine, et une pratique régulière de l'exercice physique, faisaient qu'elle se sentait en bien meilleure forme qu'elle ne l'avait été depuis longtemps. Et ce, malgré le manque de sommeil.

Un après-midi, tandis qu'assise près de la piscine, elle était absorbée dans les fascinants méandres de la physique, une ombre obscurcit la page du manuel qu'elle étudiait.

Sans qu'elle ne l'entende approcher, Luis était venu lui masquer la lumière.

Instantanément, Carly sentit sa bouche devenir sèche.

— Que lisez-vous ? interrogea-t-il.

Si, au moins, son cœur cessait de battre la chamade, chaque fois qu'il l'approchait ! se désola-t-elle intérieurement.

Elle leva son livre vers Luis, qui plissa les yeux pour en déchiffrer la couverture.

— *Les Mystères de la théorie quantique*... Vous n'avez rien de mieux à lire en prenant un bain de soleil ?

— Je vous ai déjà dit que les sciences me passionnent.

— Pour ma part, ce sont les voitures. Mais je ne passe pas mon temps le nez dans des notices d'entretien de moteurs. Si vous voulez, il y a quantité de romans dans la bibliothèque. Servez-vous !

Carly fit la moue.

— Les romans ne m'intéressent pas. La mécanique quantique est bien plus fascinante, à mon goût.

Appuyé sur sa canne, Luis laissa échapper un petit rire moqueur.

— Décidément, Carly, vous ne cesserez jamais de me surprendre, lança-t-il. A quoi vous serviront tous ces diplômes que vous accumulez ? Je ne pense pas qu'il soit nécessaire de tout savoir sur les particularités de la farine de maïs pour faire de délicieux *alfajores.*

Il n'y avait pas une once d'admiration dans le regard de Luis à constater que sa gouvernante pouvait avoir d'autres centres d'intérêt que ses tâches ménagères, s'agaça Carly.

Piquée au vif, elle ne put se retenir de lui tenir tête.

— Qui vous dit que je n'ai pas d'autre objectif que d'accumuler inutilement les certificats ? répliqua-t-elle d'un air de défi. Peut-être ai-je l'intention d'en faire quelque chose ?

— Comme quoi, par exemple ?

— Comme d'embrasser une carrière médicale.

— Vous ? *Médecin ?*

A voir l'expression qui venait de se peindre sur le visage de Luis, Carly comprit qu'elle aurait dû continuer à garder le secret sur ses projets. Il n'était pas très malin de faire savoir à son employeur qu'on se préparait à rendre son tablier !

Mais aussi, il fallait qu'il soit bien méprisant, pour imaginer qu'elle puisse se contenter de passer sa vie dans son ombre.

— Oui ! Vous m'en croyez incapable, peut-être ?

— A vrai dire, je ne m'étais jamais posé la question.

Bien sûr ! s'indigna Carly en son for intérieur. Pourquoi se serait-il interrogé sur ses capacités ? S'il lui arrivait de penser à elle, ce n'était certainement pas comme à un *individu*, doté d'une personnalité propre.

Relevant le menton, elle soutint le regard de Luis.

— Eh bien, dit-elle, sachez que j'ai une place réservée dans une faculté de médecine. J'attends juste d'avoir mis suffisamment d'argent de côté pour subvenir à mes besoins pendant la durée de mes études. Accéder à une carrière médicale est un rêve que je caresse depuis longtemps, et rien ne m'y fera renoncer.

Lorsqu'elle s'assit, relevant ses lunettes sur son front, Carly remarqua que Luis avait les yeux fixés sur sa poitrine. Etait-ce le mouvement qu'elle avait fait en se redressant qui avait attiré son attention sur ses seins ? Ou bien l'avait-elle lassé en évoquant ses espérances ?

Quelles que soient ses raisons, il s'était mis à la dévorer des yeux. Dans son regard fixe se lisait de la fascination, curieusement mêlée d'une pointe de dépit. Comme s'il appréciait ce qu'il voyait, tout en se reprochant d'y prendre un plaisir coupable.

— Vous avez bronzé, dit-il.

Carly baissa la tête vers la marque blanche que découvrait sa bretelle de maillot. Elle sourit, dans l'espoir de soulager la tension qui s'était installée entre eux.

— Oui, dit-elle. C'est ce qui arrive lorsqu'on s'expose au soleil, non ?

— Et vous avez minci.

— Ah bon ?

Leurs regards se rencontrèrent.

— Vous le savez bien.

— Peut-être. Pourtant, je n'ai rien fait pour cela. C'est juste que, sous ce climat, j'ai moins d'appétit. Et puis, les salades de Simone sont un vrai régal. Je nage aussi. Tous les matins. Ce serait criminel de ne pas profiter de la piscine.

Il y avait une autre cause, bien sûr, à son amaigrissement. Une cause qu'elle n'envisageait pas une seconde de lui confier, et qui expliquait que son bel appétit l'ait abandonnée.

Depuis quelque temps, elle redoutait les séances de massage tout autant qu'elle les attendait avec une impatience extrême. La perspective de caresser la peau de Luis, si chaude et douce, éveillait une douleur sourde au tréfonds de son être. C'était de pire en pire. Elle rêvait de laisser ses mains palper indéfiniment ses muscles d'acier. Elle s'imaginait poser ses lèvres sur sa nuque, là où s'égaraient quelques boucles brunes.

Comment était-il possible que les sentiments que lui inspiraient les hommes — et tout ce qui concernait le sexe — aient changé du tout au tout ?

Se pouvait-il que la terreur, si profondément ancrée en elle, que lui inspirait toute forme d'intimité avec le sexe opposé se soit évanouie simplement parce qu'elle côtoyait quotidiennement cet homme au physique d'apollon ?

— Pourquoi ne portez-vous pas un Bikini, au lieu de ce maillot de grand-mère ?

La question fit sursauter Carly. Elle baissa les yeux vers ses cuisses, qui se détachaient sur les coussins clairs de la chaise longue.

— Je ne suis pas taillée pour ce genre de vêtement, répondit-elle avec une moue déconfite.

— Pourquoi cela ?

Carly planta un regard résolu dans celui de Luis.

— Parce que je suis trop grosse. Tout simplement.

— Ne dites pas de bêtises ! Vous n'êtes pas grosse. Vous avez des formes appétissantes. Et placées exactement là où il le faut. Les hommes aiment ça. Ce qu'ils n'aiment pas, c'est que les femmes pulpeuses dissimulent leurs appas sous des vêtements informes. Au lieu de vous plaindre de votre apparence, pourquoi ne cessez-vous pas de vous vêtir de sacs qui ne vous mettent pas en valeur ?

— On peut dire que vous maîtrisez à la perfection l'art du compliment, Luis !

— Peut-être est-il grand temps que quelqu'un vous tienne ce genre de discours !

D'un coup sec, Carly ferma son livre.

— Quelle heure est-il ? demanda-t-elle.

— 16 heures passées.

— Alors, nous ferions mieux de gagner la salle de massage.

— A vos ordres !

Luis avait beau avoir exprimé son assentiment, il ne fit pas mine de bouger. Il en était bien incapable. La dernière chose qu'il avait à l'esprit était un massage.

Il ne pouvait détacher son regard des cuisses hâlées de Carly. Elles avaient pris la teinte du *dulce de leche* — la confiture de lait dont il se régalait, enfant. Celle que sa mère utilisait pour confectionner de délicieuses pâtisseries. A cette époque bénie où la trahison n'avait pas encore dévasté son univers protégé.

Une fraction de seconde, ce souvenir amer lui serra le cœur. Comme à l'ordinaire, chaque fois qu'il pensait au passé. Mais la pointe plus acérée du désir lui fit tout oublier.

Sous le soleil, qui la baignait d'une lumière dorée, Carly aimantait son regard. Sa chevelure châtaine, lâchée sur ses épaules, était balayée de nuances auburn que l'on aurait pu croire réalisées par un coiffeur de talent. Il observa le visage levé vers lui, les grands yeux d'or, le teint frais et parsemé de légères taches de rousseur, et les dents blanches et luisantes entre des lèvres charnues. Sous cet angle, Carly avait le visage plein et pur d'une madone.

Luis bougea d'une jambe sur l'autre, mais cela n'eut aucun effet sur la tension qui nouait son bas-ventre.

— Accordez-moi un quart d'heure, dit-il sèchement. J'ai quelques coups de fil à passer.

— Très bien. Rendez-vous dans la salle de massage.

La hâte avec laquelle Carly se leva de sa chaise longue

donnait à penser qu'elle était impatiente de mettre un peu de distance entre eux.

Le balancement de ses hanches, tandis qu'elle s'éloignait, ne fit qu'aggraver l'érection de Luis. Sans qu'elle ne s'en rende compte, son maillot remontait sur ses fesses, révélant davantage de rondeurs qu'elle ne l'aurait probablement voulu.

Luis sourit en pensant qu'elle en serait horrifiée. Car il n'y avait pas à s'y tromper : Carly était la pudeur incarnée !

Cependant, il avait une assez grande expérience des femmes pour ne pas ignorer qu'elle était sur des charbons ardents dès qu'il s'approchait d'elle.

Pensait-elle qu'il ne remarquait pas la façon dont ses joues rosissaient lorsqu'il entrait dans la pièce où elle se trouvait ? Même son hâle récent ne suffisait pas à en cacher la couleur.

Croyait-elle qu'il ignorait la manière dont ses mamelons durcissaient lorsqu'ils se retrouvaient dans la piscine ? Ou que, pendant les séances de massage, ses mains s'étaient remises à trembler comme au premier jour ?

Manifestement, il y avait entre eux une alchimie étonnamment puissante. Toute autre que Carly n'y eût pas résisté.

Mais Luis ne doutait pas que si elle lui avait fait des avances elle aurait instantanément perdu tout intérêt à ses yeux.

Il avait connu tant de femmes faciles qu'il ne leur trouvait plus aucun attrait depuis longtemps. Seules éveillaient sa curiosité celles qui lui demeuraient inaccessibles. Et il n'avait jamais rencontré une femme qui résiste avec un tel acharnement à l'attirance qu'elle éprouvait indubitablement pour lui.

C'était incroyablement… *excitant.*

Appuyant sa canne contre la chaise longue désertée par Carly, il prit son téléphone portable pour appeler son bureau en Argentine. Pendant quelques instants, son esprit ne fut plus occupé que par les considérations pratiques qu'impliquait la gestion de son empire financier.

Cependant, peu à peu, des images importunes et douloureuses s'imposèrent à lui, sans qu'il ne puisse rien faire pour les repousser.

Pourquoi fallait-il que, tout à coup, il soit assailli par le souvenir de son accident ? se demanda-t-il en posant les yeux sur sa canne.

Avec une précision étonnante, il revivait cette demi-seconde d'accalmie avant le choc. Il entendait le bruit assourdissant de tôles froissées, lorsque la voiture était allée s'encastrer dans la rambarde. Il ferma les yeux, tandis que lui revenait dans les narines l'odeur âcre de caoutchouc brûlé. La chaleur des flammes l'entourait de nouveau. Dans le bruit des sirènes, et les cris des sauveteurs, il avait pensé qu'il était prisonnier de ce cercueil de métal, et que sa dernière heure était arrivée.

Qu'aurait-il laissé derrière lui, s'il était mort ce jour-là ? Un compte en banque bien garni et une étagère couverte de trophées ? Quel héritage !

Le chant d'un oiseau le rappela à la réalité du moment. Son regard embrassa la superbe piscine et la villa surplombant les jardins en terrasse. Les roses et le jasmin embaumaient l'air chaud de cette fin d'après-midi, jusqu'à l'enivrement.

Comme tout cela était beau ! pensa-t-il. Mais comme c'était fragile !

Tout pouvait disparaître en l'espace d'un éclair.

Au tréfonds de lui, une petite flamme vacillante s'alluma, et ce fut dans un état second qu'il se mit en route vers la salle de massage.

Lorsqu'il en ouvrit la porte — sans faire le moindre bruit — Luis dut cligner des yeux pour s'habituer à la pénombre qui régnait dans la pièce.

Carly était de dos, tournée vers une table où elle alignait des flacons d'huiles aromatiques. Il comprit qu'elle avait décelé sa présence, quand ses longs doigts s'immobilisèrent au-dessus d'une petite fiole.

Elle avait passé son uniforme, et l'étoffe bleu pâle était tendue sur les rondeurs de son postérieur.

Soudain, le désir qui le taraudait depuis des semaines, surgit en lui avec la puissance d'un raz-de-marée.

Lorsqu'elle se tourna, en faisant voltiger sa queue-de-cheval, les subtils effluves de son shampoing au jasmin parvinrent jusqu'à ses narines. Le tissu de sa blouse contenait à peine les rondeurs de sa poitrine, sur laquelle il ne put s'empêcher de fixer son regard. Un effort de volonté lui fut nécessaire pour s'arracher à cette contemplation.

— Vous…, vous m'avez fait peur, balbutia-t-elle.

— Ce n'était pas mon intention.

— Qu'avez-vous fait de votre canne ?

Avec un sursaut d'étonnement, Luis se rendit compte qu'il l'avait oubliée.

— Je ne sais pas, dit-il. Probablement laissée près de la piscine.

— Je vais aller la chercher.

— Ce n'est pas la peine. Apparemment, je n'en ai plus besoin.

— Ce sera à votre médecin d'en décider, me semble-t-il.

— Pour l'instant, il n'est pas là. Contrairement à vous.

Luis entreprit de traverser la pièce, et il ne put retenir une exclamation de joie à constater qu'il marchait sans aucun appui, pour la première fois depuis de longs mois.

— Je ne suis pas habilitée à prodiguer des conseils médicaux, fit remarquer Carly.

Se plantant devant elle, Luis la dominait de toute sa taille, et l'ombre de sa silhouette vint obscurcir ses traits.

— Aucune importance ! objecta-t-il. Je n'ai besoin d'aucun conseil de cette nature pour ce que j'ai en tête.

— Oh ! et qu'est-ce donc ?

En dépit des sous-entendus qu'elle n'avait pas manqué de percevoir, Carly s'était efforcée de garder un ton léger.

— Vous êtes une femme intelligente, Carly. Pourquoi poser des questions dont vous connaissez les réponses ?

Luis vit s'élargir les prunelles levées vers lui. Il y brillait une lueur de méfiance.

Carly s'humecta les lèvres, avant de répondre.

— Je ne vois pas de quoi vous parlez, lâcha-t-elle d'une voix mal assurée.

— Je vous en prie, Carly. Inutile de faire semblant de ne

pas comprendre. Vous êtes trop subtile pour cela. A moins que vous ne préfériez ignorer cette incroyable alchimie qui s'est progressivement installée entre nous. Vous avez tout autant envie d'un baiser que j'en ai envie moi-même. Je suis dans un état de frustration qui me fait perdre la tête. J'ai le sentiment que, si je n'y remédie pas, nous allons finir par devenir fous, vous et moi.

Lorsque Luis referma une main sur sa nuque, Carly fut prise d'un irrésistible tremblement. Il enfouit ses doigts dans la masse de ses cheveux avec tant de douceur qu'elle ne lui résista pas.

Désormais, elle ne contrôlait plus rien. C'était Luis qui avait pris l'ascendant sur elle avec une tendre autorité qu'elle ne pouvait repousser.

Elle cligna des yeux, et ses paupières lui parurent incroyablement lourdes.

— C'est impossible, dit-elle dans un souffle. Nous ne pouvons pas faire cela.

— Pourquoi ?

— Parce que je suis votre employée…

— A partir de cet instant, je vous décharge de vos fonctions.

— Il ne sert à rien de plaisanter, Luis.

— Je n'ai jamais été plus sérieux.

Il continuait à promener ses doigts sur son cuir chevelu, et Carly essaya de se convaincre qu'elle ferait mieux de s'écarter.

Pourquoi en était-elle incapable ?

Parce que ce contact était délicieux, et qu'elle n'était pas rassasiée de ce regard de jais rivé au sien.

Des émotions qu'elle croyait ensevelies au tréfonds d'elle-même resurgissaient sans qu'elle n'y puisse rien faire.

Leurs regards s'ancrèrent l'un à l'autre.

— C'est impossible, insista-t-elle d'une voix brisée. Arrêtez !

— Cessez de résister ! Qu'est-ce qui nous retient ?

Le ton rude de cette réplique fut contredit par la délicatesse avec laquelle Luis souda ses lèvres à celles de Carly. Le baiser qu'il lui donna était tellement suave qu'elle céda sans hésiter à la demande pressante de sa bouche. Lorsqu'elle sentit sa langue venir chercher la sienne, elle noua ses bras autour de lui sans réfléchir. L'urgence avec laquelle elle se plaqua contre son corps la surprit elle-même.

Cela faisait des semaines qu'elle le désirait, et elle pouvait se fondre enfin dans ses bras, comme elle en avait tant rêvé.

Tout à coup, elle eut l'impression que tout son être s'embrasait à ce contact. Les souvenirs d'un passé douloureux s'effaçaient dans un brouillard de plus en plus épais. Seul comptait le présent, dont elle ne voulait pas perdre une miette.

Luis releva la tête pour la dévisager avec un regard dans lequel brillait une lueur de ravissement. Un sourire flottait sur ses lèvres, puis il inclina de nouveau la tête pour reprendre sa bouche.

Cette fois, le baiser qu'il lui donna sembla durer indéfiniment. Sans relâcher la pression de sa paume sur sa tête, il lui effleura très doucement le visage de son autre main. Ses doigts glissèrent le long de son cou, faisant monter en elle un irrépressible frémissement.

Lorsqu'ils s'insinuèrent dans l'échancrure de son corsage, Carly se plaqua encore plus étroitement contre Luis. Elle l'entendit rire doucement contre sa bouche, et il fit descendre la fermeture à glissière qui fermait son uniforme. La robe s'ouvrit jusqu'à la taille, révélant sa poitrine.

Carly frissonna au contact de l'air frais, et elle entendit le murmure admiratif que Luis laissa échapper lorsqu'il se recula. Il ne semblait nullement perturbé de découvrir qu'elle portait un soutien-gorge davantage choisi pour ses qualités de maintien que par goût pour les fanfreluches.

Sur son visage s'était inscrite une expression de profonde gravité. Dans son regard brillait une intensité que Carly n'y avait jamais vue.

— *Perfecta*, souffla-t-il en prenant l'un de ses seins dans le creux de sa main.

A travers le coton, il titilla du pouce le mamelon, qui se tendit presque douloureusement.

— Oh ! haleta Carly.

— Alors ? interrogea-t-il d'un ton moqueur. Dois-je toujours arrêter ?

Carly n'était plus en mesure de répondre à cette question. Tout ce qui comptait, c'étaient les sensations extraordinaires que Luis faisait naître en elle.

Sa main s'était glissée sous l'ourlet de sa robe, qu'il remontait le long de ses cuisses. Elle avait chaud partout. C'était comme si elle était à l'étroit dans son enveloppe charnelle. Dans sa poitrine, son cœur battait follement.

Elle ferma les yeux, de crainte que Luis ne recouvre ses esprits et qu'il ne fasse machine arrière.

Mais cela ne semblait pas être dans ses intentions. Bien au contraire, il avait entrepris de la faire reculer doucement vers la table de massage.

Quand Carly sentit qu'elle heurtait le bord de la table, elle se cramponna instinctivement au cou de Luis.

— Détends-toi, murmura-t-il, avec un sourire en coin. N'aie pas peur. Je sais parfaitement ce que je fais.

La pointe de forfanterie qu'elle perçut dans la voix de Luis s'infiltra dans la bulle de désir qui entourait Carly et lui fit reprendre pied dans une réalité glaçante. En une seconde, l'envoûtement se dissipa. Le feu, qui la consumait l'instant d'avant, ne fut plus que cendres refroidies.

Seulement, cette fois, ce n'était pas dans les bras de quelque pauvre type — encore fou de rage d'avoir été plaqué par une autre — qu'elle se trouvait. C'était dans ceux de Luis.

Le don Juan auquel ne résistaient ni actrices ni top-modèles.

Avait-elle perdu la tête ?

Quel spectacle offriraient-ils si on les surprenait ? Si Simone entrait par inadvertance ?

Carly se vit, avec sa robe ouverte jusqu'à la taille, le soutien-gorge à moitié baissé sur ses seins, les jambes écartées, offerte aux caresses de son milliardaire de patron. Lequel avait cédé à des instincts que la frustration rendait irrépressibles, et qu'il s'était décidé à assouvir sur la seule femme présente. En dépit de son physique, tout aussi ordinaire que l'était son emploi.

Horrifiée, Carly repoussa Luis de ses deux mains plaquées sur son torse.

— Non ! s'exclama-t-elle.

Il ne sembla pas la prendre au sérieux. Peut-être crut-il qu'elle cherchait à l'exciter davantage ? Car il se pencha de nouveau vers sa bouche, en murmurant :

— Oh ! Carly… Cesse de protester, et embrasse-moi.

Pourtant, cette fois, le baiser dont il effleura ses lèvres n'avait plus rien de magique. Voilà que son esprit jouait de vilains tours à Carly, et que des images terribles s'y bousculaient. Le souvenir de cet autre baiser, il y avait longtemps. Cette langue étrangère qui s'introduisait de force dans sa bouche, puis…, puis…

Carly sentit son sang se glacer dans ses veines.

— Non ! répéta-t-elle, les deux mains déployées sur le buste de Luis.

Cette fois, il eut l'air de comprendre qu'elle ne plaisantait pas. Elle lut sur son visage l'incompréhension de celui qui n'avait jamais été repoussé auparavant.

Comment avait-elle pu être si stupide ?

Elle se laissa glisser en bas de la table de massage. D'une main tremblante, elle remonta la fermeture à glissière de sa robe, et tenta de remettre de l'ordre dans sa tenue.

— Que faites-vous ? interrogea Luis.

— Je…, je mets fin à cette folie avant qu'il ne soit trop tard. C'est tout.

— Je ne comprends pas. A quoi jouez-vous, Carly ? Vous n'aviez pas l'air de trouver cela désagréable, et voilà que vous me faites passer pour le grand méchant loup. Qu'y a-t-il ?

S'écartant de la table, Carly alla s'appuyer à l'étagère portant les huiles de massage. Son cœur battait à cent à l'heure, et elle avait l'impression qu'elle allait s'évanouir.

— *Ce qu'il y a ?* martela-t-elle. Par quoi devrais-je

commencer ? Par le fait que nous avons tous les deux oublié que nous avons une relation *professionnelle* ?

— Je vous ai dit que cela n'avait pas d'importance pour moi.

Carly secoua énergiquement la tête. Décidément, rien ne se passait jamais comme elle l'aurait voulu avec les hommes. Faisait-elle partie de ces femmes que le sexe opposé se croit autorisé à traiter sans le moindre respect ?

Du regard, elle détailla Luis, dont la bouche sensuelle s'était plissée en une moue boudeuse. Son jean délavé et sa chemise blanche étaient toujours aussi impeccables, et semblaient avoir été faits sur mesure pour épouser sa sublime musculature. Rien ne semblait jamais altérer son image de Casanova.

A qui voulait-il faire croire qu'il pouvait s'intéresser à une femme comme *elle* ?

— Eh bien, rétorqua-t-elle, je ne peux pas en dire autant. Aucune femme n'aimerait servir de produit de remplacement.

Luis la dévisagea avec des yeux ronds.

— Que diable voulez-vous dire ?

— Oh ! Luis, je vous en prie… Cessez de vous comporter comme si nous venions de faire connaissance. Cela fait suffisamment longtemps que je vous pratique, pour savoir que vous êtes un homme à femmes. Un tombeur d'actrices et de mannequins. Je ne vous ai jamais vu ramener chez vous quelqu'un…

Elle s'interrompit un instant.

Vas-y, Carly. Dis-le !

— Quelqu'un comme *moi* ! finit-elle par lâcher. Une femme ordinaire. Sur laquelle vous n'avez jeté votre dévolu que parce que vous n'avez personne d'autre sous la main.

En soupirant, Luis passa sa main sur son visage.

Lorsqu'il parla, Carly s'étonna du calme étrange de sa voix.

— Croyez-vous vraiment que je ne pourrais pas mettre dans mon lit l'une de ces actrices, ou de ces top-modèles dont vous parlez, simplement en claquant des doigts ? questionna-t-il.

— Allez-y, faites-le ! lança-t-elle d'un air de défi.

— Non, Carly ! Cela ne m'intéresse pas. C'est *vous* que je veux. Personne d'autre. Cela vous paraît peut-être fou, mais c'est *vous* que je désire. Tout autant que vous me désirez.

Son visage s'était durci, et Carly l'observa sans mot dire.

Ainsi, il admettait que ce qu'il ressentait pour elle relevait de la *folie* ! Cela ne pouvait que la conforter dans l'idée qu'une relation physique avec Luis ne serait qu'une expérience d'un soir, dont elle sortirait le cœur brisé.

C'était hors de question !

Peu à peu, la seule option à sa disposition pour le convaincre se fit jour à son esprit.

Seule la vérité était susceptible de le détourner d'elle. Malgré sa mentalité de play-boy, Luis n'en avait pas moins des principes. Il n'hésiterait pas à respecter une virginité qui, de ce fait, la rendrait inaccessible.

Elle planta son regard dans celui de Luis.

— Oubliez cela, Luis, lança-t-elle. Il ne se passera rien entre nous. Parce que je suis…

— Vous êtes quoi ?

Pendant quelques secondes, Carly hésita à répondre. Puis les mots se bousculèrent dans sa bouche.

— Je suis *vierge* ! s'écria-t-elle. Oui, une bête de foire ! A vingt-trois ans, je n'ai jamais fait l'amour !

Sur cet aveu, elle tourna les talons et quitta la salle de massage comme si elle avait le diable à ses trousses.

6

Plantée devant la baie vitrée de sa somptueuse chambre, Carly s'efforçait de recouvrer son calme, en regardant les voiliers glisser sur l'horizon céruléen.

Luis ne s'était pas lancé à sa poursuite. Il n'avait pas cherché à la rattraper pour faire taire ses objections sous ses baisers.

S'était-elle attendue qu'il le fasse ?

Pour être honnête avec elle-même, c'était bien ce qu'elle avait espéré.

De dépit, elle se mordit la lèvre. Il aurait au moins pu prendre la peine de venir lui dire que, quoi qu'elle en pense, elle n'avait rien d'un monstre de foire.

Peut-être aurait-il trouvé les mots pour que tout redevienne comme avant ?

Pour sa part, il ne lui restait plus qu'à essayer de se convaincre que rien n'était arrivé. Que Luis ne l'avait pas embrassée. Qu'il n'avait pas remonté sa jupe sur ses cuisses d'une main fébrile. Qu'il n'avait pas caressé ses seins.

Mais surtout, qu'elle n'avait pas savouré jusqu'à la plus infime seconde de ces fabuleux moments.

Devant le miroir, elle se vit telle que Luis avait dû la voir. Ses joues étaient en feu, ses cheveux en bataille, et elle ne reconnaissait pas son regard.

Qui était donc cette nouvelle Carly qui lui faisait face ?

Une Carly qu'elle avait pensée perdue à jamais. Une femme capable de passion, comme n'importe quelle autre.

Jetant son uniforme dans la corbeille destinée au linge sale, elle se passa le visage à l'eau fraîche, et se changea.

A quoi allait-elle occuper son temps, jusqu'à l'heure du dîner ? se demanda-t-elle en tirant ses cheveux en arrière pour refaire son habituelle queue-de-cheval. Et, surtout, comment s'adresserait-elle à Luis, lorsqu'ils se retrouveraient seuls ?

Pourquoi avait-il fallu qu'elle lui lance à la tête qu'elle était vierge ?

Le tumulte de ses réflexions fut interrompu par un coup sourd frappé à la porte. Découvrir Luis planté derrière suffit à ce que son cœur s'emballe au grand galop.

Malgré tout, il n'affichait pas l'expression courroucée que Carly s'était attendue à lui voir.

N'y avait-il pas une lueur amusée dans ses yeux sombres ?

— Si vous voulez que l'on vous coure après, dit-il d'un air pince-sans-rire, vous feriez mieux de ne pas choisir un handicapé.

— Je ne m'attendais pas à ce que vous me couriez après.

Luis haussa les sourcils.

— Il me semble que si, objecta-t-il. Cela dit, n'allez-vous pas me laisser entrer ?

— Je ne crois pas que ce soit une bonne idée.

— Vous en avez une meilleure, peut-être. Comme faire semblant que rien ne s'est passé ?

— C'est effectivement mon intention.

— Ecoutez, le plus simple serait que vous me laissiez entrer, pour que nous puissions avoir cette petite discussion plus tranquillement.

Un instant, Carly demeura hésitante, à tenir la porte entrouverte. Puis, elle comprit que Luis ne renoncerait pas.

De toute évidence, sa curiosité avait été éveillée, et il ne partirait pas sans avoir obtenu les réponses aux questions qu'il se posait. Mieux valait que leur conversation ne soit pas surprise par Simone, ou quelque autre membre du personnel.

— Très bien, dit-elle de mauvaise grâce. Entrez, si vous y tenez.

Elle s'écarta pour ouvrir grand la porte, et Luis passa

devant elle, en espérant que la jeune femme n'entendrait pas son cœur qui battait la chamade.

Il avait passé l'heure écoulée à essayer de se convaincre qu'il ferait mieux d'oublier la scène qui s'était déroulée dans la salle de massage.

En vain. Ou peut-être ne voulait-il pas oublier ?

Comment ne pas être hanté par le souvenir de la honte qu'il avait vu se peindre sur les traits de Carly, lorsqu'elle avait avoué être encore vierge ? Et comment laisser s'effacer de sa mémoire les émotions qu'il avait ressenties en l'embrassant ? Ce mélange de douceur et d'extraordinaire intensité. Auquel venait s'ajouter la conscience du danger — le danger d'être rejeté, celui de ne pas plaire à cette femme pareille à nulle autre, intègre et étonnante.

Or, le danger était une drogue à laquelle Luis avait toujours été accro.

Carly avait refermé la porte, et elle se tourna vers lui. Sous le léger hâle, ses traits étaient tirés. Elle se mordillait nerveusement la lèvre inférieure.

Que n'aurait-il donné pour que s'efface cette expression soucieuse sur son visage ? Pour que, une nouvelle fois, il parvienne à lui faire baisser la garde ?

Mais cette fois, il s'y prendrait avec plus de délicatesse. Sans hâte malencontreuse.

— Que voulez-vous, Luis ? questionna-t-elle.

— Pas m'excuser, si c'est ce que vous espérez.

Il vit que Carly hésitait à croiser son regard.

— Alors quoi ? souffla-t-elle.

— Je veux que vous m'expliquiez pourquoi vous avez parlé de votre virginité comme vous l'avez fait.

Elle grimaça, comme effarouchée par tant de franc-parler.

— Et, comment l'ai-je fait ? s'enquit-elle.

— On aurait pu croire que vous en aviez honte.

Pendant un bref instant, Luis pensa l'avoir déstabilisée. Les yeux obstinément fixés sur le tapis persan, Carly en suivait les arabesques du bout du pied. Elle finit par relever la tête, et planta son regard dans le sien.

— Je ne vois pas en quoi cela vous étonne, dit-elle. Il n'y a pas matière à se glorifier. A notre époque, on a tôt fait de considérer comme un phénomène de foire quelqu'un qui ne se conforme pas à la norme qui veut que l'on fasse l'amour très librement. C'est ce que font les filles de mon âge, en général.

— A vous entendre, il semble que vous souffrez d'être différente.

— Oui, d'une certaine façon.

— Pourtant, quand je vous ai offert la possibilité de vous libérer de ce fardeau, vous avez fui sans vous retourner.

Carly avait noué ses mains tellement serrées que Luis vit blanchir ses jointures.

— C'est très généreux de vouloir me *libérer*, comme vous le dites, siffla-t-elle. Mais je ne suis pas une pauvre malheureuse qui attend désespérément que Luis Martinez ait la bonté de lui faire prendre conscience de tout ce qu'elle a raté depuis des années.

— Et qu'avez-vous raté ?

— Oh ! Luis, cessez de me harceler, voulez-vous ! Je n'ai pas envie d'en parler.

— Pourtant, vous devriez. Cela vous ferait le plus grand bien.

Soudain, dans un grand soupir, Carly cessa de lutter. Elle se laissa tomber au bord du lit, et leva les yeux vers Luis.

— Que voulez-vous savoir ? interrogea-t-elle.

— Tout !

Comment Luis avait-il le front d'exiger qu'elle se confie à lui sans réserve ? songea Carly pendant quelques secondes.

Mais n'avait-elle pas initié les choses ? En commençant à s'ouvrir à lui de ce qu'était sa vie, elle aurait dû se douter que, face à un homme tel que Luis, elle ne pourrait espérer en être quitte à si bon compte.

Cela faisait des années qu'elle gardait ce secret profondément enfoui en elle. Il était devenu très rare qu'elle repense à ces événements. Hormis dans ces moments où d'affreux cauchemars la réveillaient en sursaut, suffocante et baignée de sueur. Même inconsciemment elle était encore travaillée par ces souvenirs.

Peut-être ne se porterait-elle pas plus mal de pouvoir confesser à quelqu'un ce qu'elle avait subi autrefois. Même si ce quelqu'un n'était autre que son patron.

— Alors, Carly ?

La douceur de la voix de Luis suffit à faire tomber ses défenses, et Carly fut tout à coup projetée dans ce passé lointain.

Elle revit les lumières aveuglantes, et entendit le vacarme de la musique. Elle revécut ce moment où elle avait senti la tête lui tourner, et avait dû quitter la salle de bal en courant pour aller respirer l'air frais.

Dans la chambre, inondée de soleil, de la fastueuse villa méditerranéenne, tout cela semblait être arrivé à une autre qu'elle.

— J'avais été invitée à une soirée, dit-elle d'une voix blanche. J'avais seize ans, mais j'imagine que j'en paraissais davantage. Cela faisait des semaines que je n'étais pas sortie de chez moi, à cause de mon père. Alors, j'étais tout excitée d'aller à ce bal avec une camarade de classe. Je lui avais emprunté des vêtements, et je m'étais même maquillée. Et puis..., il y a eu ce type...

Carly marqua une pause. Comment présenter les événements avec le plus d'objectivité possible ? s'interrogea-t-elle. Dans les mois qui avaient suivi, elle n'avait cessé de se demander si, d'une certaine façon, elle n'avait pas *mérité* ce qui lui était arrivé. N'était-ce pas l'interrogation de toutes les victimes de ce genre d'histoire ?

— J'avais un peu trop bu, enchaîna-t-elle. Certainement moins que lui...

— Il était ivre ?

— Plutôt. Mais le problème, c'était surtout qu'il était amoureux d'une autre fille. Et qu'elle ne voulait pas de lui.

— Qu'est-ce que cela avait à faire avec vous, Carly ? Je n'y comprends rien.

— D'accord, je vais essayer d'être claire. En fait, il avait jeté son dévolu sur moi, pour servir de… *remplaçante*, en quelque sorte, à cette fille qui le rejetait. Pour réconforter son ego. Pour se sentir désiré. Vous pouvez bien imaginer ce qui s'est passé ensuite…

— Certainement. Néanmoins, je préférerais en entendre le récit de votre propre bouche.

Luis s'interrompit pour poser sur Carly un regard sévère.

— Vous prétendez vouloir embrasser une carrière médicale, poursuivit-il. Or, vous ferez un bien meilleur praticien si vous cessez de vous cramponner à votre passé, comme à une sorte de *doudou* qui vous protège du présent.

Le silence qui suivit sembla ne devoir jamais finir. Puis Carly reprit son récit d'une voix proche du murmure.

— Il a commencé à m'embrasser, dit-elle. Et à… me caresser. Au début, j'ai aimé ça. J'ai aimé les sensations qu'il faisait naître en moi. Mais ensuite…

— Ensuite, quoi ?

Carly eut l'impression que ces mots lui parvenaient de très loin. Comme si Luis était à mille lieues d'elle.

— Il…

La honte et la souffrance la firent grimacer. Elle retrouvait la sensation de ces doigts répugnants qui s'introduisaient avec peine entre les parois trop sèches de son intimité la plus secrète. Elle entendait la voix hargneuse du garçon qui lui reprochait d'être frigide, de n'être bonne à rien. Lorsqu'il avait déchiré sa culotte avec colère, le bruit avait résonné à ses oreilles avec le fracas de la foudre. Il s'était acharné sur ses seins, dont il mordillait les mamelons avec rudesse. Elle voulait qu'il arrête, et la laisse tranquille, mais toutes ses protestations étaient étouffées par cette bouche humide, qui empestait la vodka.

— Il…

Retenant un sanglot, Carly ne put en dire plus.

— Il vous a *violée* ?

Le ton horrifié de Luis lui fit lever les paupières, dont elle n'avait même pas eu conscience qu'elles s'abaissaient.

— Non, dit-elle en secouant violemment la tête. Ce n'est pas allé jusque-là…

— Mais il vous a fait subir des attouchements contre votre volonté, c'est ça ?

— Oui.

— Brutalement, j'imagine.

— Oh ! oui !

La colère qui se lisait sur le visage de Luis surprit Carly. Elle ne l'avait jamais vu ainsi.

— C'est aussi considéré comme un viol, lâcha-t-il, les mâchoires crispées. Qu'est-ce qui l'a empêché d'aller plus loin ?

— Quelqu'un est arrivé, et il a été obligé de me lâcher.

— Je suppose que vous êtes allée porter plainte à la police.

Carly ne répondit pas immédiatement. Au fond, c'était presque de cela dont elle avait le plus honte. D'avoir cédé aux pressions que l'on avait exercées sur elle. D'avoir accepté que l'on décide à sa place.

— Non. J'ai pensé qu'il valait mieux ne pas le faire.

— Vous avez préféré vous taire ?

— Exactement.

Luis sembla hésiter une seconde à poursuivre.

— Est-ce que vous voulez m'expliquer pourquoi ? finit-il par demander.

Carly plongea son regard dans le sien, et l'obscure clarté qu'elle y rencontra l'enveloppa tout entière.

Pour aussi contradictoire que cela paraisse, c'était bien les termes qui décrivaient le mieux la lueur qui brillait dans les yeux de Luis. Une lueur étrange, qui lui donnait l'impression d'avoir enfin trouvé ce qu'elle cherchait depuis si longtemps. Comme lorsqu'on réchauffe ses mains glacées à une flamme.

— Qu'est-ce qui vous a empêchée de porter plainte ? insista-t-il d'une voix douce.

— C'est ma mère qui m'en a dissuadée.

— Votre *mère* ?

— Oui. Elle m'a dit que je ne pourrais rien prouver. Que

ce serait sa parole contre la mienne. Ce n'était pas faux. Il était issu d'une très bonne famille, où l'argent coulait à flots. Ils auraient engagé les meilleurs avocats. De notre côté, nous n'avions pas un sou. On aurait traîné mon nom dans la boue, sans que je puisse me défendre. Et, à vrai dire, il ne m'avait pas réellement *violée*.

— Pourquoi ne pas avoir demandé à la personne qui vous avait surpris de témoigner en votre faveur ?

Carly laissa échapper un rire amer.

— C'était l'un de ses meilleurs amis. Il a dit que nous étions seulement en train de nous chamailler. Pour rire. Des chicaneries de camarades, en quelque sorte.

La grimace qui déforma les traits de Luis aurait pu laisser croire qu'il éprouvait dans sa chair la même souffrance que celle subie par Carly.

— *Cabrón*, lâcha-t-il entre ses dents, avant d'aller s'asseoir près d'elle, sur le lit.

Elle se raidit, lorsqu'il lui passa un bras autour des épaules. Pourtant, il y avait plus de bienveillance que de séduction dans ce geste.

Jamais personne n'avait manifesté une attitude protectrice à son égard, et elle faillit se laisser aller contre son épaule. Elle s'en empêcha.

N'avait-elle pas appris à ne compter que sur ses propres forces ?

De plus, si elle devait un jour chercher du réconfort auprès de quelqu'un, ce ne pourrait certainement pas être auprès de Luis.

Comment pouvait-il la protéger elle alors qu'il passait sa vie à se mettre en danger ?

— Je comprends mieux, murmura-t-il, pourquoi vous vous efforcez de nier votre féminité — et ce qui vous pousse à vouloir soigner les autres. C'est ainsi que vous pensez vous affranchir de votre passé…

— Je ne vois pas de quoi vous parlez !

Luis hocha la tête, comme s'il comprenait enfin certaines choses.

— Oh ! je crois bien que si, répliqua-t-il. Ce doit être à ce moment-là que vous avez commencé à tirer vos beaux cheveux en arrière pour qu'on ne puisse les voir. Que vous avez adopté les tenues les moins flatteuses, et avez renoncé à tout maquillage. C'était l'assurance que vous n'attireriez plus l'attention des hommes. Ce qui vous mettait à l'abri de leurs regards lubriques. Si vous finissiez par devenir transparente, pareille mésaventure ne vous arriverait plus.

La clairvoyance de Luis était bouleversante. Pourtant, Carly se contraignit à refouler les larmes qui lui montaient aux yeux. Pleurer devant lui aurait été l'humiliation ultime.

— Que je me sois ouverte à vous de ma pitoyable histoire ne vous autorise nullement à jouer les psychanalystes sauvages, lança-t-elle d'un ton sec.

— Votre histoire n'a rien de pitoyable, Carly. Et j'aimerais vous aider.

D'un geste brusque, elle dégagea ses épaules du bras de Luis, et détourna la tête.

— Je n'ai ni besoin ni envie de votre aide, martela-t-elle.

— Ce qui n'empêche pas que vous ayez envie de moi.

Carly fit brusquement volte-face.

Soudain, elle prit conscience qu'elle se trouvait assise sur un lit avec Luis Martinez, à quelques centimètres de ses yeux fougueux et de sa bouche qui l'avait tenue captive une heure auparavant.

— Ce n'est pas vrai, souffla-t-elle.

Une ébauche de sourire se dessina sur le visage de Luis.

— Je ne vous crois pas, dit-il. Carly, je *sais* que vous me désirez.

— Comment pouvez-vous dire une chose pareille, après ce que je viens de vous raconter ? Comment osez-vous parler de désir ?

— Tout simplement, parce qu'il serait temps que vous tourniez la page de ce passé douloureux ! D'accord, vous avez eu affaire à une ordure. Cela dit, vous n'allez pas laisser l'ombre de ces événements planer sur le reste de votre vie. Le sexe n'a rien de sale. Il n'y a rien de plus naturel au monde qu'un rapport physique entre deux êtres. C'est l'un des plus grands plaisirs qui soit, et vous vous l'interdisez. N'en avez-vous pas conscience ?

Carly, silencieuse, s'absorba dans ses réflexions. Au fond, Luis n'avait pas tort. Cela lui avait fait le plus grand bien de confier à quelqu'un le secret qui pesait sur son âme depuis si longtemps. Elle se sentait plus légère — comme *purifiée*. Au fond d'elle, elle avait toujours su qu'un jour, il lui faudrait se délester du fardeau de son passé. Après tout, peut-être que ce moment était venu…

Et c'était Luis qui lui avait servi d'agent catalyseur.

Elle le regarda droit dans les yeux.

— Je me demande bien ce qu'il va se passer maintenant, dit-elle. Croyez-vous que nous pourrons retrouver le mode de relation que nous avions avant ?

— Peut-être. Seulement, je n'ai aucune envie que nous en revenions à cela. Et vous non plus.

Luis posa sa main sur la joue de Carly, et laissa ses doigts errer le long de sa joue, en une caresse si délicate qu'elle ferma brièvement les paupières afin d'en éprouver la douceur et la volupté.

Lorsqu'il promena son pouce sur le renflement de sa lèvre inférieure, elle ne put empêcher de frissonner.

— Luis, souffla-t-elle d'une voix qu'elle ne reconnut pas.

Il eut un sourire de triomphe, comme s'il avait remporté une bataille dont elle n'avait pas eu conscience.

— Expliquez-moi quelque chose, Carly, dit-il avec une intonation grave. Est-ce que vous attendez d'avoir rencontré l'homme de votre vie pour perdre votre virginité ?

L'audace de la question tira brutalement Carly de sa rêverie, et la surprise la fit cligner des yeux.

— Quelle étrange question ! s'exclama-t-elle. Croyez-vous que ce soit le moment de me demander cela ?

— Parfaitement, rétorqua Luis en secouant la tête. J'ai juste besoin de savoir ce qu'il en est.

— Non, dit-elle. Je veux dire…, telle n'est pas mon intention. Je ne fais pas partie de ces filles qui considèrent leur pucelage comme un trésor à préserver absolument. C'est juste que je n'ai jamais rencontré d'homme qui…

— Qui vous fasse éprouver les émotions que je fais naître en vous, c'est cela ?

Cette fois, Carly ne jugea pas que la remarque de Luis fût empreinte d'une insupportable arrogance. Car ce qu'il venait de dire était la pure vérité.

— Exactement, souffla-t-elle.

Il se pencha vers elle, et ses lèvres effleurèrent les siennes.

— Laissez-moi être votre premier amant, Carly, murmura-t-il contre sa bouche. Je veux vous initier au plaisir. Vous m'avez aidé à guérir, je veux en faire de même pour vous.

Carly s'écarta, tremblante et pleine de doutes.

— Vous vous proposez de…, de me guérir de ma phobie des hommes, en quelque sorte ? dit-elle d'une voix hésitante. Quelle drôle d'idée !

— Pourquoi ?

Pourquoi ?

N'avait-elle pas d'excellentes raisons de décliner une proposition aussi insensée ?

Tout d'abord, une relation sexuelle ne pouvait s'envisager comme une expérience de laboratoire, dépourvue de la moindre passion. Pour la plupart des gens, l'amour en était même la composante essentielle.

De plus, ne fallait-il pas être complètement stupide pour s'autoriser à nouer une relation intime avec un bourreau des cœurs tel que Luis Martinez ?

Néanmoins, Carly ne pouvait s'empêcher d'être impressionnée par son honnêteté. Luis ne cherchait nullement à l'embobiner avec des promesses qu'il se savait incapable de tenir.

Simplement, il se proposait de lui tenir lieu de mentor, de la guider sur les chemins encore inexplorés de sa sensualité.

Un instant, elle fut tentée de refuser catégoriquement.

Pourquoi ne redeviendrait-elle pas celle qu'elle était depuis de longues années ? L'invisible Carly. La craintive et timorée Carly.

Mais il était trop tard. Comme dans les contes de fées, le baiser de Luis l'avait métamorphosée…

Pour la première fois de sa vie, elle avait eu le sentiment d'exister à part entière, et d'être désirée comme elle ne l'avait jamais été.

Quel soulagement, de se rendre compte que l'horreur vécue autrefois n'avait pas annihilé à jamais ses appétits charnels !

Au tréfonds d'elle-même, une femme pleine de désirs et de vie existait encore.

Le temps n'était-il pas venu de tourner définitivement la page ?

— Et si j'acceptais — je dis bien *si* — comment procéderions-nous ?

Elle s'était efforcée de formuler sa question sur un ton d'indifférence nonchalante, mais le sourire qu'afficha Luis montrait qu'il n'était pas dupe.

— J'avoue, dit-il, que je n'ai pas trop réfléchi à la question. Cela aurait été… *présomptueux*.

— Probablement, acquiesça Carly.

Pour une fois, elle n'était pas tentée de répondre à Luis sur le même ton provocateur et incisif. Elle ne se sentait pas heurtée par son insolence et son inébranlable aplomb.

Ce qu'elle désirait par-dessus tout, c'était qu'il l'embrasse une nouvelle fois. Qu'il fasse renaître en elle les sensations enivrantes qu'il avait allumées. Qu'il promène ses mains avides sur ses seins, ou les glisse dans la masse de ses cheveux. Et qu'elle découvre enfin ce qu'il arriverait lorsque cette exquise tension, qui faisait frémir son sexe, gagnerait tout son être.

Elle battit des paupières, puis les abaissa en tendant ses lèvres vers Luis. Le petit rire qu'il émit lui fit rouvrir les yeux.

— Oh ! non, dit-il d'une voix douce. Ce n'est pas comme cela que je veux vous initier, *querida*. Ce n'est ni le lieu, ni le moment. Je n'ai pas l'intention de vous prendre à la hâte, sur un coin de lit, comme un adolescent impatient. Je veux que votre apprentissage soit une fête des sens. Et il faudra que vous soyez certaine d'être disposée à en savourer toutes les délicatesses.

Il s'interrompit avec un sourire gourmand.

— Mais à ce moment-là, ajouta-t-il, mon imagination n'aura plus aucun frein…

Etait-il temps, encore, de reculer ? se demanda Carly. Devait-elle écouter la petite voix qui lui disait de renoncer à cette folie ? Mais le feu qui brûlait son corps fit qu'elle en décida autrement.

— Donc…, dit-elle en haussant les épaules, comme pour signifier sa complète reddition.

A en croire le bond qu'il fit pour se mettre debout, Luis devait redouter que son sang-froid ne l'abandonne.

— Donc, renchérit-il, vous me retrouverez sur la terrasse à 20 heures. Je ferai préparer un repas froid, et je donnerai congé au personnel. Comme cela, nous ne serons pas dérangés. Surtout, n'oubliez pas de porter une jupe et de laisser vos jambes nues. Et lâchez vos cheveux. Je ne veux plus voir cette épouvantable queue-de-cheval !

— Ce sera tout ? questionna Carly d'un ton sarcastique, pour masquer l'amertume que lui inspiraient ces critiques implicites sur son apparence.

— Pas tout à fait. Il y a plus important.

Luis s'inclina vers elle, et son ombre fit peser sur Carly comme un nuage sombre.

— Vous devez me promettre que vous ne tomberez pas amoureuse de moi, Carly. Je peux vous apprendre les subtilités de l'amour physique — même avec une certaine virtuosité. Mais je n'y mettrai aucun sentiment. Il faut que vous en soyez bien persuadée. Le grand amour, ce n'est pas pour moi. Alors, ne vous mettez pas en tête que tout cela finira dans un nuage de confettis, au son des cloches d'une église.

Carly n'avait pas le moindre doute à ce sujet. S'il en avait été besoin, la froideur inflexible de la voix et la lueur implacable du regard qui la transperçait auraient suffi à l'en convaincre.

Pour aussi choquant que soit son cynisme, elle se devait d'admettre — une fois de plus — que Luis était d'une désarmante honnêteté. Jamais il ne lui servirait de boniments.

— Inutile de vous inquiéter, répliqua-t-elle. Vous pouvez me faire confiance, je n'ai aucune attirance pour la vie de femme au foyer. J'ai d'autres projets, vous le savez. Et puis, il n'y a pas le moindre risque que je tombe amoureuse de vous, Luis. Je vous connais trop bien pour cela.

Luis la gratifia d'un sourire radieux.

— C'est ce que j'aime chez vous, Carly, dit-il. Votre formidable lucidité.

Pendant quelques secondes, Carly soutint son regard d'acier, et se demanda si elle n'avait pas présumé de ses forces.

7

Au fur à mesure que se rapprochait l'heure fatidique du dîner, Carly sentait la nervosité s'emparer d'elle.

La bouche sèche, les mains tremblantes, elle était sur le point d'aller dire à Luis que tout cela n'était qu'un épouvantable malentendu.

Etait-il vraiment envisageable qu'elle perde sa virginité dans les bras d'un homme qui avait fixé au préalable des consignes aussi inflexibles ?

La brutalité avec laquelle il avait critiqué son apparence, et les recommandations précises qu'il lui avait faites quant à la manière dont elle devrait se vêtir et se coiffer pour l'occasion n'étaient pas de nature à la mettre à l'aise.

Néanmoins, bien qu'elle ait trouvé ses propos très durs, Luis n'avait fait que dépeindre la cruelle réalité.

N'avait-elle pas fait tout ce qui était en son pouvoir pour paraître insipide et transparente ? Elle y était parvenue avec succès. Sauf que cette apparence, qui avait parfaitement convenu à sa fonction de gouvernante, était des plus inadéquates pour endosser son nouveau rôle.

Mais quel était-il, au fait ?

Celui de maîtresse ?

Elle se regarda avec une moue désapprobatrice dans le miroir et se résolut à enlever l'élastique qui retenait ses cheveux.

Après avoir trempé aussi longtemps qu'il était possible dans un bain parfumé, Carly se décida à aller explorer sa maigre garde-robe.

Cela ne fit qu'aggraver son découragement.

Jusqu'à présent, elle n'avait guère accordé d'importance à la manière dont elle était vêtue. Mais, devant ses quelques jupes informes et ses T-shirts fades, elle se prit à rêver qu'une bonne fée vienne transformer tout cela, d'un coup de baguette magique, en quelque chose de moins sinistre.

Pour la première fois depuis longtemps, elle regrettait de ne posséder aucune tenue seyante.

Malgré toute sa bonne volonté, elle ne savait trop comment se mettre à son avantage. Faire des efforts de toilette lui était devenu si étranger qu'elle en était incapable.

Cela faisait des années qu'elle ne portait plus aucun maquillage. Et le seul bijou qu'elle possédait était une perle, montée en pendentif, que sa grand-mère lui avait offerte. D'une main tremblante, elle se l'attacha au cou.

Lorsqu'elle osa contempler son reflet dans le miroir, sa consternation atteignit son comble.

Jamais elle ne pourrait aller jusqu'au bout de cette mascarade !

Sa mère avait vu juste : rien ne transformerait jamais un cheval de trait en un fier pur-sang !

Que dirait Luis, lorsqu'elle paraîtrait devant lui, visage nu, dans ses vêtements bon marché, et ses sandales révélant des pieds qui n'avaient jamais eu les honneurs d'un institut de beauté ?

Comment aurait-elle le courage d'aller le rejoindre, sous le prétexte ridicule de lui offrir sa virginité ?

Elle n'avait pas le choix : elle allait l'appeler et lui annoncer qu'elle avait changé d'avis.

Il en serait peut-être agacé, mais il comprendrait.

Peut-être même serait-il soulagé !

Un coup léger fut frappé à la porte, qui s'ouvrit aussitôt.

Lorsque Luis entra, son expression était sombre, son regard soucieux.

— Je ne crois pas vous avoir invité à entrer ! protesta Carly.

— Il m'a semblé préférable de venir vous chercher. Apparemment, je n'ai pas eu tort. A en juger par votre mine, ce n'est pas simplement votre manie d'être en retard qui vous a retenue.

Carly commença par secouer la tête dans un mouvement de réprobation, puis il lui parut vain de feindre.

— Luis, implora-t-elle, c'est impossible… Je ne peux pas.

Sans un mot, Luis s'avança vers elle. Dans sa poitrine, elle sentit le martèlement fou de son cœur. Il avait beau ne porter qu'un simple blue-jean et une chemise en lin, il était tout simplement irrésistible. Une star, tout simplement.

Comment, diable, s'était-elle mise dans cette situation ?

Ils étaient si proches l'un de l'autre qu'elle pouvait sentir la chaleur de son corps et les effluves épicés de son eau de toilette.

— Qu'est-ce qui est impossible, Carly ? demanda-t-il d'une voix très douce.

Elle se mordit la lèvre.

— Tout ça ! Ce que nous sommes censés faire…

— Alors, leçon numéro un : accueillir votre futur amant en lui faisant part de vos doutes risque de ne pas lui donner une impression très favorable. Surtout si vous affichez une expression aussi horrifiée !

— Luis, je suis sérieuse.

— Détendez-vous. Et laissez-moi vous regarder.

D'un air embarrassé, Carly porta une main à l'encolure de son T-shirt, tandis que Luis la détaillait des pieds à la tête.

Elle avait passé un T-shirt rose pâle, fraîchement repassé, et une jupe en jean dont la coupe stricte gommait un peu la courbe de ses hanches.

— Je n'ai aucune tenue habillée, s'excusa-t-elle. Et puis je n'avais vraiment pas prévu ce genre de… *situation*.

— Mais c'est exactement ce qui fait votre charme, s'exclama Luis. Votre absence totale d'artifices. C'est votre naturel, qui est si rafraîchissant !

Le regard que lui lança Carly était lourd de méfiance.

— Je croyais que vous n'aimiez pas ma façon de m'habiller.

Luis haussa les épaules.

— Ce n'est pas faux. On ne peut pas dire que vous

sachiez tirer le meilleur parti de votre physique. Pourtant, c'est précisément cette simplicité qui a quelque chose d'attirant. Votre peau rayonne de santé, vos grands yeux ambrés pétillent de vie et d'intelligence... Et, pour une fois, vous ne dissimulez pas ce qui est votre plus grand atout.

Il glissa la main dans ses cheveux, dont il souleva une mèche, avant de la laisser retomber librement sur l'épaule de Carly.

— J'aime votre chevelure... Si vous saviez combien de fois j'ai rêvé de toucher vos cheveux, d'en éprouver la douceur, de découvrir leur odeur...

— Luis, gémit Carly, le souffle court.

Soudain, elle prit conscience que ses appréhensions avaient laissé place à un trouble d'une tout autre nature.

A voir la façon dont le regard de Luis s'était aiguisé, elle comprit que lui aussi était en proie à une singulière tension.

Ses mains enserrèrent sa taille, et il l'attira à lui. Le cœur de Carly s'accéléra dangereusement, quand elle sentit la chaleur de son corps contre le sien.

— Carly, dit-il dans un souffle. Douce et surprenante Carly.

Elle ne le repoussa pas, et Luis en fut soulagé. Car, pour la première fois de sa vie, il ne pouvait empêcher le doute de s'insinuer en lui. Si Carly avait protesté, même faiblement, il n'aurait osé aller plus loin — rongé par les scrupules.

Lèvres entrouvertes, elle le fixait de ses grands yeux graves. Tout en elle n'était qu'innocence.

Luis sentit le désir rugir en lui comme un ouragan. Pourtant, sa conscience ne tarda pas à le rappeler à ses devoirs. Il refréna son envie dévorante de la plaquer contre le mur et de lui arracher ses vêtements.

Surtout, ne pas la brusquer, suivre son rythme à elle !

— Viens, dit-il en prenant le visage de Carly entre ses mains.

Lentement, il s'inclina pour l'embrasser.

Tout d'abord, il se contenta d'effleurer ses lèvres avec délicatesse. Carly avait un léger goût de menthe, et ceci le grisa. Son baiser se fit plus exigeant, jusqu'à ce que leurs langues se rencontrent.

Avec une urgence fébrile, il explora le corps de Carly à travers ses vêtements. Partout où il posait les mains, il la sentait vibrer intensément.

Jamais il n'avait fait l'expérience d'une transformation aussi fulgurante. Entre ses bras, Carly se métamorphosa en un buisson ardent. D'un geste impérieux, elle referma ses mains sur sa nuque, et répondit à ses baisers avec une fougue qu'il n'aurait pu imaginer.

Luis étouffa une plainte sourde, lorsqu'elle noua ses doigts dans ses cheveux, et plaqua instinctivement son bassin contre le sien.

Son évidente candeur et la sincérité avec laquelle elle se livrait firent monter en lui une ivresse qui balaya ses dernières pensées cohérentes. Il sentit son sang bouillonner dans ses veines. Soudain, il n'était plus maître de ses émotions.

Oubliées, ses intentions de l'initier, avec art et retenue, aux délices de la chair. Voilà qu'il la débarrassait de son T-shirt avec la même hâte qu'un adolescent soumis à la tyrannie de ses hormones.

Il retrouvait l'exaltation de ses dix-sept ans. Lorsqu'il découvrait les femmes, et ne savait pas encore combien elles pouvaient se montrer machiavéliques. Lorsqu'il n'avait pas appris à quel point les apparences étaient trompeuses.

Mais là, c'était différent. Il pénétrait dans le monde de Carly.

Elle était tellement… *pure et authentique*.

Il défit l'agrafe qui fermait son soutien-gorge, et se recula pour contempler ses seins dénudés. Ils étaient tout simplement splendides. Ronds et fermes, ils semblaient d'une extraordinaire douceur. Fasciné, Luis ne pouvait détacher les yeux de la perfection de ses mamelons dorés, qui se détachaient sur sa peau pâle.

Carly leva les mains pour les dissimuler à sa vue, mais il retint son geste.

— Que faites-vous ? dit-il.

— Ils sont trop gros, je sais…, murmura-t-elle.

— Mais pas du tout ! Ils sont admirables, Carly, j'ai terriblement envie de les embrasser, de prendre vos tétons dans ma bouche. M'autorisez-vous ?

Que c'était émouvant, pensa Luis, de voir Carly rougir, tandis qu'elle offrait à sa bouche ses aréoles couleur de caramel. Elle battit des paupières, comme si elle menait quelque combat intérieur. Puis, elle les ferma lorsqu'il s'inclina pour promener sa langue sur un mamelon.

— Luis…, supplia-t-elle.

Comme hypnotisé, Luis prit ses deux seins entre ses mains et se mit à les explorer avec délice, allant de l'un à l'autre, mordillant les tétons dressés dans sa bouche. Son sexe, parcouru de spasmes d'excitation, ne lui avait jamais paru aussi dur…

Carly haletait, et de petits sanglots montaient de sa gorge.

Il entreprit de lui ôter sa jupe en jean, et découvrit la douceur de ses fesses pleines et modelées, le galbe parfait de ses hanches. Il embrassa son ventre doux. Ses jolies rondeurs l'affolèrent complètement. Se redressant, il reprit les seins de Carly entre ses mains. Il l'embrassa à pleine bouche — prenant un plaisir fou à explorer sa bouche, à mordre ses lèvres. Comme un tout jeune homme, il aurait pu se contenter de ces simples caresses des heures durant.

Aveuglé de désir, il laissa pourtant ses mains courir sur le corps de Carly avec une fièvre grandissante. Lorsqu'il fut sur le point de glisser une main entre ses cuisses, il hésita. Il sonda Carly du regard. N'allait-il pas trop vite ? Les yeux mi-clos, ce fut elle qui, lui saisissant le poignet, finit par le guider. A travers sa culotte de coton blanc, émouvante de simplicité, il posa la main sur son sexe. Contre la paume de sa main, il la sentait tressaillir, s'ouvrir de plus en plus.

Il passa son pouce sous l'élastique de sa culotte et caressa ses lèvres, son clitoris. Il eut l'impression que le sexe de Carly s'enflammait sous ses doigts. Il la sentait si mouillée, animée d'une telle soif de volupté…

Il ne pouvait contenir plus longtemps le formidable désir

qui lui élançait le bas-ventre. Il poussa doucement Carly jusqu'à ce qu'elle bascule sur le lit.

— Ne bouge pas, lui ordonna-t-il d'une voix étranglée tout en se redressant.

— Comme si j'en étais capable..., répondit-elle, le souffle court.

— On ne sait jamais. Tu es une femme déroutante.

Il se déshabilla avec une hâte fébrile, sous le regard hypnotisé de Carly.

Elle s'était attendue à ce que la vision du corps nu de Luis la paralyse d'effroi. Il n'en fut rien. Affamée par une trop longue frustration, elle n'éprouva rien d'autre que du ravissement lorsqu'il fit glisser son boxer sur ses cuisses musclées. Carly posa les yeux sur son sexe massif, dressé comme une lance, et frissonna. Non parce qu'elle avait peur, mais parce qu'elle le désirait.

Luis posa un préservatif sur la table de nuit, puis la rejoignit sur le lit.

La toison brune qui couvrait son torse vint la chatouiller délicieusement pendant qu'il l'embrassait. De nouveau, il parcourut tout son corps de sa langue.

Il lui ôta sa culotte, et ses lèvres vinrent embrasser son sexe. La sensation de sa langue sur son clitoris la fit se tordre de plaisir. Elle se sentait littéralement embrasée, à la merci d'un désir prodigieux.

C'était comme si l'insignifiante et craintive Carly avait laissé place à..., à une vraie *femme*. Dans tous les sens du terme.

En cet instant, elle cessa de se préoccuper de son manque d'expérience. Ses mains fiévreuses explorèrent le corps ferme de Luis, comme elle en rêvait depuis longtemps. Enfin, elle n'avait plus à se soucier de bienséance et d'éthique professionnelle ! Elle laissa ses doigts errer sur sa peau soyeuse, sur sa musculature merveilleusement ciselée. S'arrachant à ses baisers, elle promena ses lèvres le long de sa mâchoire, puis de son cou, avant de les approcher de son oreille.

— Je t'en prie, murmura-t-elle, sans trop savoir ce qu'elle voulait dire.

— Tu me pries de quoi ? De te caresser là ?

Les doigts de Luis vinrent se glisser dans son sexe, et elle sursauta sous l'assaut du plaisir.

La frénésie avec laquelle elle se cramponnait à lui devait clairement afficher la force de son désir, car Luis s'écarta d'elle un instant, pour attraper le préservatif.

Elle connut une seconde d'appréhension pendant qu'il se préparait, mais elle oublia tout lorsqu'il vint s'allonger sur elle et guida son membre dur vers l'orée de son sexe.

— Luis…, implora-t-elle faiblement.

— Cela va peut-être être un peu douloureux, dit-il l'air soucieux. Je vais faire très doucement.

Avec d'infinies précautions, il la pénétra lentement. La sensation de plénitude qu'elle éprouva alors était telle qu'elle en resta médusée. Comme si elle n'avait jamais attendu autre chose que cela ! Comme si Luis comblait le vide qui était en elle. C'était paradisiaque !

Son plaisir était tel qu'elle oublia très vie la brève douleur qu'elle éprouva lorsqu'il entra totalement en elle. Puis elle se laissa progressivement emmener par ses sensations, savourant chaque seconde.

Lentement, délicatement, Luis se mit en mouvement, dans un va-et-vient qui se fit peu à peu plus lascif, plus insistant.

Elle avait l'impression qu'il entrouvrait pour elle la porte de tous les possibles. Quelque chose miroitait à la lisière de sa conscience, dont elle n'était pas certaine de savoir se saisir. Peut-être même, s'affola-t-elle, ce miracle pressenti allait-il se volatiliser avant qu'elle n'y accède ? Comme lorsque l'on ferme les yeux devant un arc-en-ciel, et qu'il a disparu quand on les ouvre de nouveau. Cette crainte la fit se raidir.

— Détends-toi, *querida*, souffla Luis à son oreille, tout en s'enfonçant en elle plus profondément.

Etait-ce ce mot tendre qui mit le feu à l'imagination de Carly ? Soudain, plus rien n'était impossible.

Comme en équilibre au bord d'un monde magique, elle se tendait tout entière vers quelque mystère hors d'atteinte, jusqu'à ce que…

Jusqu'à ce qu'elle soit emportée par un délicieux vertige.

Tout son corps se contracta, tandis qu'elle était aspirée dans une jouissance extraordinaire.

A cet instant, rejetant la tête en arrière, Luis laissa échapper un cri rauque.

Et Carly eut la sensation que leurs deux corps vibraient à l'unisson, foudroyés par l'extase.

8

Carly émergea du sommeil aux petites heures du matin, et ne put se rendormir. Elle préféra se lever.

Les draps froissés gardaient un parfum qui ne lui était pas familier : celui du sexe. Quant à l'oreiller posé à côté du sien, il conservait une empreinte qui montrait bien que, pour la première fois de sa vie, elle n'avait pas dormi seule.

Un frisson de plaisir la parcourut à cette idée.

Elle avait perdu sa virginité dans les bras du plus célèbre des play-boys argentins. Et elle s'était donnée à lui avec une ardeur qui la faisait encore rougir.

Enserrant son visage cramoisi entre ses paumes, elle songea qu'elle n'avait guère pris de repos. Cela avait été une longue nuit de délices ineffables et insoupçonnées.

Dire qu'elle avait tant redouté cet instant ! A tort. Luis en avait fait quelque chose de tout à fait naturel. Exactement comme il le lui avait promis.

Le plus étonnant, c'était qu'il avait semblé prendre autant de plaisir qu'elle-même à cette expérience.

Il avait regagné sa chambre avant l'aube, après l'avoir embrassée tendrement. Mieux valait, avait-il dit, qu'on ne le surprenne pas chez elle.

Bien sûr, il avait raison. Fallait-il qu'elle soit stupide pour sentir un furtif pincement au cœur de regret !

Comment ferait-elle face à Simone, si cette dernière avait le moindre soupçon de ce qui s'était passé entre eux ?

Dans la salle de bains, elle s'enroula dans le peignoir duveteux, et revint pensivement vers la chambre.

Qu'allait-il se passer maintenant ? Maintenant que Luis Martinez avait fait d'elle sa maîtresse…

Quand bien même, cela resterait l'affaire d'une nuit, elle ne pourrait que lui être reconnaissante de l'avoir libérée des chaînes du passé. Grâce à lui, elle avait découvert que le plaisir ne lui était pas interdit. Qu'elle était une femme normale !

Le soleil était haut dans le ciel, et la mer avait pris une teinte rose orangée. Le silence régnait dans la demeure encore assoupie. Pour une fois, elle n'éprouvait aucune envie de s'absorber dans quelques pages de son manuel de physique.

Le mieux qu'elle avait à faire serait de répondre à ses e-mails, en attendant de voir ce que lui réservait la journée.

Trois messages de sa sœur apparurent dès qu'elle se connecta à son compte. Elle ouvrit le premier en s'étonnant qu'il ne soit pas ponctué d'émoticons comme Bella en avait l'habitude.

Il s'intitulait : Où es-tu ?

J'ai vu une photo de ton patron à l'aéroport de Nice, lut-elle. Est-ce que c'était bien TOI, derrière lui ? Ne me dis pas que tu es vraiment sur la Côte d'Azur, avec Luis Martinez ! Qu'est-ce qui se passe ???

Carly ne put se retenir de sourire. Que dirait Bella si elle lui racontait l'incroyable vérité ?

Au lieu de quoi, elle se contenta de répondre :

C'était bien moi. J'aide Luis dans sa rééducation. Il a préféré aller la poursuivre au soleil. J'ai de la chance, non ? Bisous. Carly.

Elle venait de cliquer sur le bouton d'envoi, lorsqu'on frappa à sa porte. Avant qu'elle n'ait le temps de réagir, elle la vit s'entrouvrir doucement, et Luis entra. Rasé de près, il avait dans le regard cette lueur caractéristique dont elle savait déjà qu'elle était un signe évident de désir.

— Bonjour, dit-il doucement, en refermant la porte derrière lui.

Carly resserra nerveusement le peignoir autour d'elle. Ce n'était pas la tenue la plus flatteuse pour sa silhouette, et elle ne l'ignorait pas.

— Je croyais que tu ne voulais pas prendre le risque d'être vu dans ma chambre, dit-elle.

— Qui te dit que je n'ai pas changé d'avis ?

— Je ne me suis même pas encore lavé les dents.

— Eh bien, vas-y. J'adore le goût de ton dentifrice.

Lorsque Carly revint de la salle de bains, ce fut pour trouver Luis installé dans son lit. Ses vêtements gisaient sur le sol.

— Qu'est-ce que tu fais ? questionna-t-elle. Tu oublies le personnel…

— Le seul membre du personnel qui m'importe pour l'instant est debout devant moi. Et elle est bien trop vêtue.

Il tapota le lit à côté de lui.

— Dépêche-toi de me rejoindre, ajouta-t-il. Je commence à m'impatienter.

C'était pure folie ! s'alarma Carly. Les jardiniers n'allaient pas tarder à prendre leur service. Sans parler du personnel de cuisine. Et l'inévitable Simone.

Il lui fallait convaincre Luis que le moment était fort mal choisi.

Alors, pourquoi s'avançait-elle docilement vers le lit ? Pourquoi en soulevait-elle le drap ?

Sa perplexité fut à son comble lorsqu'elle vit Luis secouer la tête d'un air mécontent.

— Non, non, dit-il d'un air patelin. Pas comme ça. Enlève ton peignoir. Pas la peine d'invoquer la pudeur. Désormais, je connais ton corps comme aucun homme à la surface de la planète !

Carly hésita un instant. Se montrer nue devant Luis, dans la lumière crue du matin, était une épreuve qu'elle aurait préféré éviter.

— Je constate que ton ego n'est pas pudique, lui, dit-elle

en espérant détourner l'attention de Luis, tandis qu'elle se débarrassait de son peignoir, et se glissait dans le lit.

— Non, et il n'y a pas que mon ego, répliqua-t-il en lui prenant la main pour la poser sur son sexe durci.

Puis, il se pencha vers elle pour capturer ses lèvres.

— Mmm, enchaîna-t-il. Ce dentifrice est délicieux.

Il l'embrassa jusqu'à ce qu'elle se laisse aller entre ses bras. Jusqu'à ce qu'elle sente monter en elle cette faim dévorante qui lui était devenue familière, et dont elle savait qu'elle ne pourrait la faire taire.

Une fois de plus, elle perdit pied, emportée dans un tourbillon dont Luis était le centre.

Luis, et les voluptés dont il la comblait.

Elle ferma les yeux quand il referma ses paumes sur ses seins et que ses pouces vinrent en titiller les mamelons dressés. Elle vibra de plaisir sous lui, lorsqu'il glissa une cuisse entre les siennes pour se préparer à la prendre. Retenant son souffle, elle l'accueillit en elle, lorsqu'il la pénétra. Le dos arqué, elle accompagna ses assauts de plus en plus fougueux, laissant ses mains errer follement sur le satin de son dos puissant.

Elle aurait voulu savourer tout à loisir l'union de leurs deux corps, mais un orgasme foudroyant la surprit malgré elle. Presque aussitôt, elle entendit Luis pousser cette plainte étouffée qui accompagnait le moment où un spasme le jetait contre elle, frémissant et étrangement vulnérable.

Alors, elle se lova au creux de son épaule, puis s'endormit.

A son réveil, Luis n'était plus là. Comme après la nuit précédente. Lorsqu'elle descendit prendre le petit déjeuner, Simone l'informa que M. Martinez était parti pour Nice, et qu'il n'avait pas dit à quelle heure il rentrerait.

La matinée parut durer un siècle à Carly. Il lui fut impossible de se concentrer sur quoi que ce soit. Ce n'est qu'en fin d'après-midi que Luis vint la retrouver dans sa chambre.

Elle avait eu tout le temps qu'il fallait pour se persuader qu'il regrettait ce qui s'était passé.

— Où étais-tu passé ? le questionna-t-elle, avant de se rendre compte de ce qu'elle disait.

Luis haussa les sourcils.

— Pardon, se reprit-elle. Cela ne me regarde pas.

Il éclata de rire, et l'attira dans ses bras.

— J'avais besoin de prendre l'air, dit-il. Et de vaquer à mes affaires sans être distrait. Maintenant, l'heure est venue de s'accorder quelques distractions.

Il la poussa sur le lit, et la déshabilla avec un soin minutieux. A voir la lueur avide qui brillait dans les yeux de Luis, Carly comprit que, cette fois, leur étreinte serait débridée.

Lorsque, plus tard, elle émergea lentement de ce maelström de sensations, dessinant des arabesques sur le torse de Luis d'un index paresseux, elle songea qu'il ne lui avait jamais fait de confidences sur son passé. Contrairement à elle. Dans l'état d'euphorie qui faisait suite à l'orgasme, il lui sembla qu'elle pouvait se risquer à quelques interrogations.

— Luis ?

— Mmm ?

Elle se tourna vers lui, en appui sur un coude, de sorte que ses longues mèches retombèrent sur sa poitrine.

— Tu n'as jamais eu envie d'avoir des enfants ?

Luis serra les lèvres, et écarta le rideau de cheveux qui l'empêchait de la voir.

— Laisse-moi te donner un autre conseil, dit-il. Le désir d'enfant n'est pas vraiment un sujet indiqué après l'amour. Si tu ne veux pas voir tes futurs amants fuir à toutes jambes, tu ferais mieux d'éviter de parler de bébés. Cela risque de leur donner à penser que tu es en train de tomber amoureuse.

Carly ne put s'empêcher d'éprouver une pointe d'amertume, en entendant Luis mentionner ses amants à venir avec une telle légèreté. Elle aurait été bien incapable de montrer une absence aussi totale de jalousie.

— Le simple fait que je pose cette question ne signifie rien de tel, protesta-t-elle. C'est pure curiosité intellectuelle de ma part. La plupart des hommes ont le souci de procréer, un jour ou l'autre. C'est naturel. Tu as construit un empire financier. Je m'étonne que tu ne souhaites pas le transmettre à un héritier.

Un moment, Luis s'absorba dans la contemplation du plafond. Habituellement, il évitait comme la peste de s'engager sur ce terrain miné. De plus, il détestait que ses compagnes fassent preuve à son égard d'une curiosité qu'il trouvait toujours malsaine. Pourquoi fallait-il que Carly gâche le moment qu'ils étaient en train de vivre, en l'attaquant sur ce thème ?

Sauf qu'il n'ignorait pas qu'elle était bien différente des autres femmes qui avaient traversé sa vie. Elle avait accepté d'emblée les règles qu'il lui imposait. Et son ambition n'était pas de décrocher le gros lot en épousant un quelconque milliardaire. Elle ne pensait pas ainsi — et il la croyait lorsqu'elle lui disait que cette question était sans arrière-pensée. Aussi décida-t-il de jouer le jeu.

— J'ai toujours pensé que l'espèce humaine ne se porterait pas plus mal de ne pas se voir infliger une version miniature de Luis Martinez, dit-il.

— Pour quelle raison ?

Luis tourna la tête, et vrilla son regard à celui de Carly.

— J'ai l'impression que tu feras un excellent praticien. Tu sais être persévérante dans tes interrogations. Que veux-tu savoir ?

— Juste quel a été ton passé. Où s'est déroulée ton enfance. Pourquoi tu refuses aussi catégoriquement d'avoir des enfants… Enfin, ce genre de choses.

Nouant ses mains derrière sa tête, Luis laissa quelques souvenirs affleurer à sa conscience.

— J'ai grandi dans un vaste ranch, à proximité de Buenos Aires, commença-t-il. Nous élevions du bétail, sur d'immenses prairies.

— Nous ?

— Mon père, ma mère et moi. C'était assez inhabituel, dans la région, de ne pas être une famille nombreuse. De ce fait, nous étions particulièrement soudés. Et mes parents m'adoraient. L'exploitation était très rentable, mais mon père gérait également des investissements dans diverses affaires.

Pendant quelques instants, il s'absorba dans les réminiscences de son passé.

— Si je comprends bien, la vie était belle, le relança Carly.

— Au début, oui.

Le regard tourné vers elle se fit plus dur.

— Malheureusement, enchaîna-t-il, ma mère avait une amie très proche, prénommée Amelita. Avec son mari, ils avaient un fils de mon âge, Vicente. Nous étions une seule et même famille. Vicente était comme mon frère.

Luis marqua une pause. Pourquoi fallait-il qu'il raconte tout cela à Carly ? se demanda-t-il. Etait-ce parce qu'elle lui avait confié ses secrets, et qu'il se sentait obligé de lui rendre la pareille ? Ou bien parce qu'il se doutait qu'il ne lui ferait pas lâcher prise sans cela ?

Il ne se trompait pas.

— Continue, l'encouragea-t-elle.

Luis lui caressa les cheveux, avant de reprendre :

— A seize ans, je suis parti de la maison pour aller m'entraîner sur les grands circuits automobiles du pays. Je ne rentrais qu'occasionnellement. Or, chaque fois, j'avais le sentiment que quelque chose avait changé. Il me semblait qu'Amelita et mon père s'étaient curieusement… rapprochés. Il m'arrivait de surprendre des échanges de regards, entre eux. Mais j'essayais de me convaincre que je me trompais.

A cette époque, se souvint Luis, lui-même n'était qu'à l'aube de sa vie amoureuse. Néanmoins, malgré son peu d'expérience, il ne lui avait pas été difficile de percevoir le jeu que jouait la meilleure amie de sa mère.

— Puis, un jour, poursuivit-il, je me suis levé de la sieste plus tôt que tout le monde. Enfin, c'est ce que je croyais… Je suis allé chercher un peu d'air frais dans le jardin. Du côté du pavillon de la piscine. J'ai entendu des bruits étranges. Lorsque j'ai ouvert la porte, ils étaient là… Mon père et Amelita…

En un geste horrifié, Carly porta une main à sa bouche.
— En train de…
— Pas encore. Amelita semblait au milieu d'un strip-tease de mauvais goût. Et mon père…
Il frissonna à ce souvenir douloureux.
— Tout cela, enchaîna-t-il d'une voix dans laquelle transparaissait une colère inassouvie, à quelques pas de la maison où ma mère se reposait. Dans *leur* chambre !

Comme s'il luttait pour effacer de son esprit de si lamentables images, il s'enferma dans un silence que Carly n'osa troubler. Elle se contenta de lui passer une main réconfortante sur la joue, mais il l'écarta d'un geste brusque.

— Bien sûr, cela a fini par se savoir, reprit-il. Ma mère ne s'en est jamais vraiment remise. Elle a quitté la ferme pour aller s'installer en ville. Mais elle s'est laissée aller à une terrible dépression. Elle ne sortait plus, de crainte d'être la cible des moqueries des gens. J'ai eu beau essayer de l'aider, cela n'a servi à rien. Elle est morte trois ans plus tard.

— Oh ! Luis, murmura Carly, je suis désolée.

Luis inspira profondément, pour tenter de juguler les émotions qu'il sentait sourdre en lui. Des émotions qu'il contenait depuis si longtemps.

Pourtant, cette fois, il se sentait impuissant à refermer les vannes qu'il venait d'ouvrir. Peut-être était-ce mieux ainsi, se dit-il. Il savait que Carly n'utiliserait jamais ses confidences contre lui. Alors, pourquoi ne pas aller jusqu'au bout, et se libérer de ces chaînes qui continuaient à l'entraver.

— Est-ce que tu veux entendre la suite ? questionna-t-il d'un ton amer.

— Oui.

— Le mari d'Amelita s'était lui aussi senti humilié. Il était devenu la risée de toute la contrée. Il a choisi la seule issue qui lui semblait possible. Une balle dans la tête. C'est Vicente qui a trouvé son corps.

Carly ne put se retenir de frissonner.

— Oh ! Luis…, répéta-t-elle dans un souffle.

— Tu comprends maintenant pourquoi je n'ai aucune envie de construire une famille ?

Il se tut et attendit la réaction de Carly. C'était comme s'il l'entendait réfléchir à la meilleure manière de formuler ses pensées.

— Pas… vraiment, finit-elle par dire d'une voix hésitante. Ce n'est pas parce que ton père s'est montré capable d'une aussi horrible trahison que tu devrais répéter l'histoire. L'infidélité et la perfidie ne sont pas des comportements héréditaires.

De nouveau, Luis se tourna vers Carly. La compassion qui se lisait dans son regard pur était à la mesure de sa bonté d'âme. De sa clairvoyance, aussi. Car elle était dotée d'une intelligence subtile. Elle avait compris qu'il avait bien d'autres raisons de fuir tout engagement.

— Tu oublies ma vie de champion automobile, dit-il. J'ai vu les couples les plus solides éclater sous la pression de toutes les tentations offertes à ceux qui arrivent au sommet de ce sport. Les gens vous vénèrent. Et les femmes ne sont pas les dernières à s'offrir en cadeau. Rares sont ceux qui ont la force de refuser.

Carly s'assit, et croisa les bras sur sa poitrine nue.

— Est-ce à dire que les hommes de ta trempe ne peuvent se satisfaire d'une vie ordinaire ?

— En quelque sorte.

— Que je sache, tu n'es plus vraiment dans ce milieu. Cela ne s'applique donc plus à toi.

— Mon père était un simple fermier. Et il avait été marié pendant vingt et un ans à celle qu'il appelait son âme sœur.

— Si je te comprends bien, tu considères que les hommes, dans leur ensemble, sont incapables d'être fidèles ?

— Peut-être. Ou peut-être sont-ils simplement plus lucides. Comment deux êtres normalement constitués peuvent-ils se jurer fidélité pour une vie entière ?

Que répondre à cela ? se demanda Carly, le cœur serré. Luis avait toujours été clair sur ce qu'il était en mesure de lui donner. Il l'avait même mise en garde de la façon la plus explicite sur le danger de certains mirages. Que cela lui plaise ou non, elle ne pouvait que reconnaître son extrême honnêteté. Ne pas accepter les termes d'un contrat qu'il lui avait toujours présenté sans détours était s'exposer à de cruelles désillusions.

— Je vais faire un brin de toilette, dit-elle en repoussant les draps.

Dans la salle de bains, elle s'aspergea le visage d'eau froide à plusieurs reprises. Puis, devant le miroir, elle s'entraîna à afficher un sourire convaincant. De sorte que, lorsqu'elle revint dans la chambre, elle avait presque recouvré son calme. Tout au moins, jusqu'à ce qu'elle se retrouve face à Luis. Sa beauté ténébreuse était peut-être encore plus saisissante sur le fond d'oreillers immaculés contre lesquels il était adossé.

Elle eut l'impression que son regard sombre la transperçait jusqu'au tréfonds de l'âme.

— Est-ce que tu voudrais que je t'emmène déjeuner quelque part, demain ?

— Déjeuner… à l'extérieur ? s'étonna Carly.

Un sourire amusé plissa les lèvres de Luis.

— Oui. Il ne manque pas de merveilleux restaurants, dans les parages. Et la côte est un enchantement. C'est la première fois que tu séjournes dans le coin, il serait dommage que tu n'aies pas un aperçu de tout cela.

— Mais…, mais je croyais que tu préférais qu'on ne nous voie pas ensemble…

— Disons que j'ai changé d'avis. A vrai dire, l'opinion des gens m'importe peu. Tu devrais, d'ailleurs, prendre exemple sur moi.

9

Luis choisit un restaurant en bord de mer, à Juan-les-Pins. A peine y furent-ils entrés que toutes les têtes se tournèrent vers eux. Carly n'en avait cure. Son esprit était bien trop occupé par ce que Luis lui avait dit la veille.

Il ne croyait pas à la fidélité.

On n'aurait pu mettre en garde plus efficacement la femme que l'on venait de séduire ! C'était une manière de bien lui faire comprendre qu'elle ne devait sc faire aucune illusion sur l'avenir de leur étrange liaison. Le message était limpide, même pour quelqu'un d'aussi naïf qu'elle.

Car Luis était loin d'être stupide. Il devait bien se douter qu'être initiée à l'amour par un homme aussi séduisant que lui ne pouvait que tourner la tête à n'importe quelle femme. Quand bien même, celle-ci ne cessait de protester qu'elle n'avait aucune intention de tomber amoureuse.

Ils commandèrent une salade aux fruits de mer, que Luis dévora d'un bel appétit. Lorsqu'il se rendit compte que Carly n'en faisait pas autant, il posa sur elle un regard scrutateur.

— Que se passe-t-il ? Tu n'aimes pas la langouste ? s'enquit-il. Ou bien serais-tu contrariée par mes remarques d'hier ?

— Je ne suis pas *contrariée*. Au contraire, je te suis reconnaissante de t'être montré d'une telle franchise. C'est juste que…

— Que ?

— Oh ! je ne sais pas… Je me sens un peu *dépassée*… Par tout ça.

Elle balaya la salle du regard. A chaque table était assise une femme qui aurait eu toute sa place dans un défilé de mode.

— Regarde ! dit-elle. Toutes les femmes semblent avoir passé la matinée à se préparer pour déjeuner dans un restaurant chic. Tandis que moi, j'ai l'air…

— D'avoir passé la matinée à faire l'amour avec un homme qui n'est jamais rassasié de toi !

— Luis, protesta Carly à mi-voix.

Lorsqu'il la regardait ainsi, il s'en fallait de peu qu'elle ne se penche au-dessus de la table pour l'embrasser.

— Ne crois-tu pas qu'elles préféreraient largement être à ta place ? De plus, ne m'as-tu pas toujours dit que tu te moques éperdument de ce que les gens peuvent penser de ton apparence ?

— Je t'ai expliqué pourquoi.

— C'est vrai. Au demeurant, la situation a changé, me semble-t-il. Puisque je t'ai libérée de tes blocages sexuels, tu pourrais peut-être te montrer un peu plus audacieuse sur le plan vestimentaire.

— Tu me trouves affreuse, c'est cela ?

— Je trouve juste que ces couleurs fades, que tu sembles affectionner, ne te vont pas particulièrement. Avec ton teint clair, tu devrais porter quelque chose qui attire davantage l'attention. Au lieu de te lamenter sur ton apparence, fais ce qu'il faut pour en changer.

Il se recula sur son fauteuil, et la dévisagea avec flegme.

— Inutile de me lancer ce regard de reproche, ajouta-t-il. C'est toi qui as sollicité mon avis.

— On peut dire que tu ne prends pas de gants pour me le donner !

— Pourquoi te mentirais-je ? On en revient toujours à la question d'honnêteté. Cela dit, il est grand temps que tu cesses de dissimuler tes plus précieux atouts. Allez, viens ! Je t'emmène faire un peu de shopping.

— J'ai horreur de ça !

— Tu t'y feras. Et suis-moi sans faire d'histoires, *querida*.

Je ne suis pas suffisamment rétabli pour te jeter sur mon épaule et t'emporter.

Avec un regard où brillait une lueur gourmande, Luis se leva de table sans attendre davantage.

Carly ne put s'empêcher de sourire. Comment aurait-elle pu résister, lorsqu'il la regardait ainsi ?

Voilà qu'il faisait d'elle l'une de ces héroïnes de comédies romantiques dont la vie se trouvait d'un seul coup transformée par un superbe milliardaire.

Dans sa voiture décapotable, ils descendirent la Croisette jusqu'à une boutique respirant l'élégance et le bon goût. Luis immobilisa son bolide devant l'entrée, et tendit les clés à un grand gaillard en uniforme qui alla le garer pour eux.

L'impression de vivre un conte de fées ne dura pas plus que le temps qu'il fallut à Carly pour voir, à travers la vitrine, le bataillon de vendeuses distinguées qui attendaient le client.

— C'est impossible, murmura-t-elle. Je ne peux pas rentrer là-dedans !

— Je croyais que tu en avais fini avec l'autodénigrement. Tu peux faire exactement ce que tu as décidé. Et ça commence à l'instant. Allez, viens !

Sans lui laisser le temps de protester, il noua ses doigts à ceux de Carly. Elle crut défaillir.

Luis la prenait par la main, *en public* !

D'un pas décidé, il l'entraîna dans la boutique, et annonça à la vendeuse qu'il souhaitait voir un assortiment de vêtements, et d'articles de lingerie, dans des couleurs *chaudes*.

— Proposez-nous de l'écarlate. De l'orangé, aussi. Peut-être même du jaune. Mais vif !

On les conduisit dans un petit salon privé, à l'arrière de la boutique, où il ne montra pas le moindre embarras à passer en revue une collection de soutiens-gorge en dentelle, et à discuter des mérites comparés du string et du body.

Carly était tellement embarrassée qu'elle n'osait même pas regarder les vêtements qu'on lui présentait. Elle se sentait gauche et massive. Une géante dans un monde d'elfes. Elle se réfugia dans la cabine d'essayage, se contentant de mettre ce qu'on lui apportait sans discuter.

Néanmoins, à sa grande surprise, elle se jugea bien plus appétissante qu'elle ne l'aurait imaginé, lorsqu'elle passa des sous-vêtements colorés dont la dentelle remplissait un rôle de maintien tout à fait efficace.

La robe jaune, à pois blancs, qu'elle enfila ensuite, avec sa jupe ample et sa large ceinture vernie, la mettait en valeur comme elle ne l'aurait cru possible.

— Mais, c'est qu'elle est jolie ! s'exclama la vendeuse, avec un étonnement non dissimulé, lorsqu'elle sortit de la cabine.

Luis la détailla en souriant.

— Très jolie, approuva-t-il. J'espère que, maintenant, tu vas enfin commencer à avoir confiance en toi.

Carly ne put qu'opiner timidement du chef.

— Tant que nous sommes là, enchaîna Luis, pourquoi n'essaierais-tu pas un ou deux Bikini ?

Ils sortirent de la boutique, les bras chargés de paquets noués de faveurs roses. Carly s'était laissée convaincre de garder sur elle la robe jaune, accompagnée d'espadrilles assorties.

Avant de remonter en voiture, Luis se pencha vers elle pour déposer sur ses lèvres un fugace baiser.

— Maintenant, rentrons, dit-il. Je te ramène à la maison, pour t'enseigner encore quelques-unes des subtilités indispensables de l'art érotique.

Tandis qu'ils reprenaient le chemin de la villa, Carly s'efforça de se persuader que les moments qu'elle vivait n'avaient aucune réalité concrète. Malheureusement, son cœur s'obstinait à refuser d'entendre ce que lui disait sa raison. A quoi bon protester que ses ambitions professionnelles éclipsaient son désir de mariage, ou de maternité ? Elle s'apercevait soudain que tomber amoureuse de Luis était simple comme bonjour.

A leur retour à la villa, il la conduisit directement dans sa propre chambre. C'était la première fois qu'elle y entrait. Pourtant, elle n'eut pas le temps de regarder autour d'elle, car il s'avançait avec ce regard lourd de sous-entendu, auquel elle était maintenant habituée.

Ses prunelles scintillant d'un éclat fiévreux, il lui ôta délicatement sa robe et la déposa sur le dossier d'une chaise.

Il plissa les yeux en la découvrant dans la nouvelle lingerie qu'ils venaient de choisir.

— *Perfecta*, dit-il dans un souffle.

— Je ne suis pas parfaite, martela-t-elle.

L'expression sévère qu'arbora Luis la fit changer de ton.

— D'accord…, murmura-t-elle. Merci !

— Voilà qui est mieux. Fais-moi confiance, si je te dis que je te trouve magnifique.

Comment ne pas croire à un tel compliment, quand il était accompagné d'un regard d'une telle ferveur ? se demanda Carly.

Pour autant, elle ne devait pas se bercer d'illusions, s'obligea-t-elle à penser.

Elle se laissa allonger sur le tapis soyeux, tandis que Luis lui ôtait son body en dentelle et satin. Puis, il écarta ses cuisses et se pencha sur son sexe.

Lorsqu'elle sentit sa langue glisser sur son intimité, elle se raidit et agrippa la masse de ses boucles brunes. Luis leva la tête, et lui jeta un regard brûlant.

— N'aie pas peur, dit-il. Détends-toi. Je ne vais pas te faire de mal.

En était-il certain ? se demanda Carly en fermant les yeux. Il y avait tant de façons différentes de faire souffrir. Le cœur était un organe aussi vulnérable que bien d'autres.

Pourtant, elle oublia tout, car cette langue experte œuvrait avec magie sur son clitoris.

Elle se cramponnait aux épaules de Luis, enivrée par la façon dont il s'interrompait pour lui souffler, d'une voix fiévreuse, des paroles d'encouragement en espagnol. Dans un sanglot, elle atteignit les cimes de l'extase. L'orgasme la laissa pantelante, secouée de spasmes qui semblaient ne devoir jamais cesser.

Lorsqu'elle émergea de cette folle ivresse, elle se demanda

comment elle allait pouvoir vivre sans connaître de telles jouissances.

Comment allait-elle vivre sans Luis ?

Il vint s'allonger à son côté, et Carly goûta sur ses lèvres la saveur insolite du plaisir.

— Déshabille-moi, ordonna-t-il, en lui prenant la main pour la poser là où son érection tendait l'étoffe de son pantalon.

— Chercherais-tu à me pervertir davantage ? dit-elle en souriant.

— Exactement.

Et il lui apprit bien des façons de le satisfaire dont elle ignorait tout.

Les jours qui suivirent mêlèrent promenades dans l'arrière-pays, repas savoureux dans les meilleurs restaurants, et nuits magiques, où ils faisaient l'amour avec une passion effrénée.

A la fin de la semaine, Carly vivait dans un tel état de griserie permanente — tous ses sens excités au-delà du possible — qu'elle en avait presque perdu sommeil et appétit.

Plus rien n'occupait son esprit, hormis Luis.

C'était comme s'il s'était infiltré dans ses veines, pareil à quelque puissante drogue. Soudain, Carly comprenait les mécanismes de l'addiction. On avait beau connaître tous les dangers de certaines substances, il suffisait d'y toucher pour devenir dépendant. Or, il n'était pas besoin d'être grand clerc pour se rendre compte que c'était à l'amour qu'elle était devenue accro.

Mais, rien de tout cela n'était réel.

Elle ne devait pas l'oublier. Cet éphémère conte de fées ne tarderait pas à prendre fin. Ce qu'elle éprouvait pour Luis n'était que chimères. Comment n'aurait-elle pas succombé à ses talents amoureux ? Jusqu'à en oublier qu'elle demeurait son employée…

Qu'adviendrait-il quand ils quitteraient ce paradis où ils avaient trouvé refuge ?

— Tu es bien silencieuse, s'étonna Luis, alors qu'ils prenaient le soleil d'une fin d'après-midi, au bord de la piscine.

— Je m'étais assoupie. C'est tout.

— Ne mens pas, Carly. Je croyais que nous avions pour règle d'être toujours honnêtes l'un envers l'autre.

Carly posa sur son ventre le livre qu'elle feignait de lire. Le cœur serré, elle songea qu'elle ne pourrait plus continuer à fuir la réalité très longtemps. A quoi bon vouloir se persuader qu'elle n'était pas amoureuse. C'était faux !

— Je réfléchissais à une ou deux choses, admit-elle dans un soupir.

Un silence lourd suivit sa réponse. Autour d'eux, cette fin de journée était somptueuse. Que n'aurait-elle donné pour ne jamais quitter ce jardin d'éden ! Or, cela ne tarderait pas. La bulle dans laquelle ils vivaient finirait bien par éclater.

— Lesquelles ? questionna Luis.

— Par exemple, ce qu'il adviendra lorsque nous regagnerons l'Angleterre…

Luis bascula sur son nez le chapeau qui le protégeait du soleil. Il lui serait plus facile de répondre à l'interrogation de Carly, pensa-t-il, si son visage était en partie dissimulé à sa vue.

Elle n'avait fait que formuler ce qui le tracassait depuis déjà quelques jours. Bientôt, il ne pourrait plus différer le moment de retourner à ses affaires.

Il allait devoir affronter un imbroglio qu'il s'était ingénié à créer. Comment parviendrait-il à s'en extraire, en causant le moins possible de dégâts ?

Carly ne méritait pas qu'il lui fasse du mal. C'était une fille bien, et il avait de l'affection pour elle. Sauf que, s'il laissait cette situation durer plus longtemps, elle finirait par souffrir. N'était-ce pas ce qu'il faisait subir à toutes ses compagnes ?

Il espérait qu'elle n'allait pas se répandre en reproches et en gémissements. Il ne voulait pas la voir s'abaisser à implorer, à réclamer l'impossible. Plus que tout, il souhaitait la voir partir, tête haute, vers son destin, et devenir le formidable médecin qu'elle promettait de devenir.

— Cela ne devrait pas poser de problème, dit-il.

— Je l'espère. Néanmoins, nous ne pouvons pas faire comme si rien ne s'était passé, n'est-ce pas ?

A l'ombre de son panama, Luis fronça les sourcils. Que croyait-elle qu'il s'était passé ? Il n'avait fait que l'aider à surmonter ses frustrations et ses blocages ! Il lui avait donné l'attention et le plaisir qu'elle attendait. Il l'avait libérée de ses démons.

C'était leur accord, non ?

Allongée sur une chaise longue, dans le ravissant Bikini orange qu'il lui avait offert, les cheveux tombant en cascade sur ses épaules, Carly arborait un délicieux bronzage.

Ne lui avait-il pas rendu un inestimable service ?

Et il lui en rendrait un encore plus grand, en la laissant partir loin de lui.

— Je ne vois pas où est la difficulté, dit-il froidement. En fait, j'ai divers projets à mener à terme, dans plusieurs pays. Je ne m'attarderai pas en Angleterre. Nous ne nous reverrons certainement pas de tout l'hiver.

— Oh ! très bien…

Carly n'avait même pas cherché à dissimuler la déception dans sa voix. Elle avait beau s'efforcer de sourire bravement, Luis ne doutait pas que, derrière ses lunettes de soleil, les premières larmes perlaient à ses yeux.

Il avait l'habitude de faire pleurer les femmes. N'avait-il pas le génie pour leur laisser espérer des choses qu'il était bien incapable de leur donner ? Un instant, il éprouva une pointe de regret. Cela ne dura pas.

— De ton côté, reprit-il, tu ne tarderas pas à intégrer la faculté de médecine, n'est-ce pas ? Tu vas devenir le meilleur médecin du monde, non ?

Carly faillit lui dire qu'il lui faudrait encore une année, avant qu'elle n'ait les moyens financiers de se consacrer pleinement à ses études… Malgré la prime confortable qu'il lui attribuait.

Mais, tout à coup, elle prit conscience des implications de ce qu'il venait d'annoncer. Toutes considérations pratiques, concernant son avenir, s'évanouirent de son esprit.

Avec le plus grand détachement, Luis venait de mettre un point final à leur relation. Au fond, c'était lui qui avait raison. Qu'avaient-ils vécu, sinon une banale aventure ?

Il fallait être aussi stupide qu'elle, pour imaginer que des sentiments puissent s'y mêler !

Maintenant, il lui appartenait de montrer qu'elle n'était pas une idiote, désespérément romantique.

Calmement, elle referma son livre.

— Exactement, dit-elle en espérant que son visage ne trahissait pas son chagrin. Je serai la meilleure !

Luis lui lança un regard interrogateur.

— Quelle était ton autre préoccupation ? demanda-t-il. Tu avais parlé d'une chose ou deux.

Avec un immense soulagement, Carly réalisa qu'elle avait été à deux doigts de se couvrir véritablement de ridicule. Heureusement qu'elle n'avait pas eu le temps de faire un aveu qu'elle aurait amèrement regretté !

Sans merci, Luis avait piétiné tous les espoirs qu'elle avait fondés. Quelle idiote elle avait été !

— Rien d'important, dit-elle, à l'instant où Simone sortait de la villa et venait à leur rencontre.

Mais qui était donc cette blonde, en minijupe, qui la suivait à distance ? Curieusement, elle ne lui était pas étrangère.

— Mademoiselle Conner ? Vous avez la visite de votre sœur, annonça la gouvernante.

Et avant que Carly, médusée, n'ait le temps de comprendre, la jeune femme blonde se précipita vers elle.

10

Carly se leva d'un bond.

— Bella ? s'exclama-t-elle. Qu'est-ce que tu fais là ?

A vrai dire, elle connaissait déjà la réponse.

Il suffisait de regarder la façon dont Bella s'était approchée de Luis, et le sourire ravageur qu'elle venait de lui décocher.

Elle repoussa une mèche platine de son visage magnifiquement hâlé.

— Tu m'as écrit que tu étais au Cap-Ferrat, et il se trouve que j'avais une séance de photos dans le coin…

Carly se força à sourire.

— Luis, dit-elle, voici ma sœur, Bella. Bella…

— Oh ! qui ne connaît pas Luis Martinez, le champion automobile ? ronronna Bella.

— Ravi de faire votre connaissance, Bella, déclara Luis en se redressant sur sa chaise longue.

— J'espère que je ne vous dérange pas, minauda Bella.

— Pas du tout. Comme vous le voyez, nous étions en train de profiter du soleil. Peut-on vous offrir à boire ?

— Avec plaisir ! J'ai passé un après-midi épouvantable, et je suis épuisée. Vous n'auriez pas un peu de champagne, par hasard ?

— Cela doit pouvoir se trouver. Simone ? Apportez-nous du champagne.

— Oui, Monsieur. Tout de suite.

Simone tourna les talons, et Luis se leva pour aller chercher une chaise à l'autre bout de la terrasse.

A peine fut-il hors de portée de voix, que Bella se tourna vers Carly, l'air sidéré.

— Seigneur ! souffla-t-elle. Tu es méconnaissable ! Et qu'est-ce que c'est que ce Bikini ?

Malgré elle, Carly tira sur la culotte du minuscule maillot, dans l'espoir vain qu'il paraisse plus couvrant.

— Il ne te plaît pas ?

— Ce n'est pas ça... Mais on n'a pas l'habitude de te voir dans ce genre de tenue. Et comment se fait-il que tu prennes du bon temps en compagnie de Monsieur Muscle ? Que se passe-t-il ?

— Je..., j'aide Luis à parfaire sa rééducation.

— Tu te moques de moi ! J'espère que vous ne...

Bella s'interrompit, et dévisagea Carly d'un regard où brillait une lueur que celle-ci n'y avait jamais vue.

Etait-ce vraiment une pointe de jalousie, qui se mêlait à une évidente incrédulité ?

— Tu ne vas pas me dire que..., que vous avez une liaison !

Bella était médusée.

— Oh ! Bella, protesta Carly, est-ce que tu crois vraiment qu'un homme comme Luis s'embarrasserait d'une fille comme moi ?

— Non. Probablement pas.

Au grand soulagement de Carly, Luis revenait en portant une chaise longue sur laquelle Bella se jeta. Avec une mine ravie, elle avala d'un trait l'une des flûtes de champagne rosé que Simone venait de poser sur la table basse.

Carly contemplait sa sœur en se demandant comment le même patrimoine génétique pouvait donner deux résultats si dissemblables. La seule chose qu'elles avaient en commun, c'était leurs yeux couleur d'ambre. Mais ceux de Bella étaient frangés de cils que le mascara allongeait interminablement, ce qui lui donnait l'apparence d'un jeune faon effarouché. Quant à sa silhouette... Des heures d'exercice physique, et des années du régime le plus strict, en avaient fait la perfection absolue.

Elle surprit le regard fasciné de Luis, et son cœur se serra. Comment n'aurait-il pas trouvé Bella attirante ?

— Carly m'a dit que vous étiez mannequin, dit Luis.

— Oui, susurra Bella, mais je n'ai pas encore vraiment percé. Je suis sûre que vous connaissez des gens dans le milieu. Vous pourriez peut-être me donner quelques contacts, non ?

— C'est possible.

Le champagne, qu'elle avait fini par accepter, mettait Carly dans un état second. Comme si elle était simple spectatrice de la scène.

Dans une sorte de brouillard, elle entendit sa sœur se lancer dans le récit de ses aventures de top-modèle débutante. Elle déployait des trésors de charme, et Carly se demanda si Luis prenait vraiment autant de plaisir à l'écouter qu'il en donnait l'impression.

Bella finit par jeter un coup d'œil à sa montre.

— Est-ce que vous avez des projets pour ce soir ? demanda-t-elle, l'air innocent. On pourrait dîner ensemble, non ?

— Navré, répondit Luis, sans la moindre hésitation. Nous avons un engagement que nous ne pouvons pas annuler. Remettons cela à une autre fois. Je vais faire dire à mon chauffeur de vous ramener à votre hôtel.

Carly vit Bella esquisser la moue boudeuse qui lui avait toujours donné gain de cause avec leur mère. Mais il semblait qu'elle n'eût aucun effet sur Luis.

Nouant un paréo autour de sa poitrine, elle se prépara à raccompagner Bella, en redoutant le déluge de reproches et recommandations qui n'allaient pas manquer de suivre.

Elle avait vu juste.

— J'espère que tu as conscience que tu es en train de te couvrir de ridicule, siffla Bella entre ses dents, à peine avaient-elles atteint le portail d'entrée.

— Je ne vois pas de quoi tu parles.

— Oh ! arrête d'essayer de me mener en bateau ! Je suis ta sœur, et je te connais mieux que personne. Il n'y a qu'à te regarder pour savoir que tu es dingue de lui. Je ne te blâme pas, il en vaut la peine. Il est évident que vous couchez ensemble. Je me demande d'ailleurs ce qu'il te trouve. Mais il faut que quelqu'un t'ouvre les yeux, ma pauvre fille. Il est simplement en train de jouer les Pygmalion avec toi, parce qu'il n'a rien de mieux à faire. Il s'ennuie, et tu lui sers de distraction. Quand il va te laisser tomber, on te ramassera à la petite cuillère !

Il y avait tant de choses que Carly aurait voulu opposer à cette diatribe. Mais à quoi cela aurait-il servi ?

Et puis, Bella avait-elle tout à fait tort ?

— Merci pour tes conseils, se contenta-t-elle de rétorquer. Je te contacterai à mon retour en Angleterre.

Bella la dévisagea, comme si elle attendait davantage de commentaires. Voyant que rien ne venait, elle secoua sa crinière dorée et se dirigea vers la voiture.

— Tu as perdu la tête, Carly Conner, lança-t-elle avant de s'engouffrer à l'arrière.

A pas lents, Carly reprit le chemin de la piscine.

Il était peut-être temps qu'elle achève la conversation entamée avant l'arrivée de sa sœur.

Luis sortait du bassin, des gouttelettes d'eau miroitant sur son torse sculptural.

Soudain, Carly eut l'impression qu'un voile se déchirait devant ses yeux. C'était comme si elle émergeait du brouillard dans lequel le plaisir et l'amour l'avaient plongée depuis les derniers jours, obscurcissant son jugement.

Elle vit Luis comme il avait dû apparaître au regard de Bella. Un homme célèbre, riche, séduisant, habitué à flirter avec les plus belles femmes de la planète.

Comment avait-elle pu penser, ne serait-ce qu'une seconde, qu'elle pourrait les lui faire oublier ?

— Bella est partie, dit-elle lorsqu'il s'approcha.

— Je vois. On ne peut pas dire que vous vous ressembliez.

— Pas vraiment. Est-ce qu'elle t'attire ?

— Pourquoi cette question ?

— Tout simplement parce qu'elle plaît à la plupart des hommes.

— Et alors ? Est-ce pour autant que je devrais avoir envie d'elle ? Ne me dis pas que tu as imaginé que je pouvais nourrir le fantasme de vous avoir toutes les deux dans mon lit !

— Je…, je ne sais pas…

— Pour qui me prends-tu, Carly Conner ?

Les yeux de Luis lançaient des éclairs furibonds. Les poings serrés, il la fusillait du regard. Jamais elle ne l'avait vu à ce point en rage. Il s'avança vers elle, comme il l'avait fait si souvent au cours des jours passés. Sauf que, cette fois, il n'y avait pas la moindre expression de désir sur son visage.

— Je ne suis pas un ange, enchaîna-t-il, mais tu as suffisamment appris à me connaître pour savoir que certains comportements me répugnent. Ne t'ai-je pas prouvé que l'idée de manquer de respect à une femme, de l'humilier, m'est insupportable ? As-tu oublié ce que je t'ai raconté au sujet de ma mère ?

— Je te demande pardon.

— Et n'ai-je donc pas réussi à te donner un peu confiance en toi ? Tu n'arrives pas à admettre que tu es belle, Carly. Aussi belle que ta sœur, avec ses minauderies. Dans ta tête, tu as toujours la même image négative de toi. C'est à croire que tu regrettes ce manteau d'invisibilité dans lequel tu étais à l'abri de la vraie vie.

Les dents serrées, Carly laissait l'orage s'abattre sur elle. Se pouvait-il que Luis dise juste ? Qu'elle soit toujours assez lâche pour préférer ne pas affronter le monde ?

— Comment pourrais-je faire preuve d'assurance, quand tout ce que je vis avec toi n'a rien à voir avec la réalité ? protesta-t-elle. Je ne suis pas à ma place, ici.

— Alors, à toi de trouver la tienne. Tu en es capable, Carly. Tu es capable de tant de choses. Il suffit que tu aies le courage de le vouloir.

Carly prit une profonde inspiration. Surtout, il ne fallait pas qu'elle pleure. Les paroles de Luis étaient un encouragement à aller de l'avant. Mais c'était aussi des paroles d'adieu. Elle sentait son menton trembler, et elle attendit d'être certaine de ne pas craquer pour se lancer.

— Je vois que tu es très fort pour donner des conseils, lança-t-elle d'un air de défi. Mais je ne suis pas certaine que tu sois prêt à en accepter. Ni à t'entendre dire tes quatre vérités, comme tu le fais si facilement avec moi.

— Le temps des représailles serait-il venu ? C'est œil pour œil, dent pour dent, si je comprends bien.

Entendre Luis adopter ce ton acerbe, crucifia Carly. Elle haïssait cette distance qui s'installait entre eux. Un fossé qui se creusait inexorablement.

— Je ne cherche pas à marquer des points, dit-elle. Simplement, il me semble que tu n'es pas aussi lucide à l'égard de toi-même que tu peux l'être avec les autres. La façon, par exemple, dont tu mets en avant cette supposée infidélité naturelle des hommes. Ce n'est jamais qu'une excuse pour refuser de t'engager.

— Une *excuse* !

— Parfaitement ! Je crois que tu as été tellement blessé par la trahison de ton père, et de l'amie de ta mère, que tu ne peux plus accepter une relation qui ne soit pas superficielle. Ces liaisons que tu enchaînes ne te mettent pas en danger. Elles garantissent que personne ne te fera souffrir comme a souffert ta mère. Cependant, elles ne parviennent jamais à combler ce gouffre que le passé a creusé en toi. Au bout du compte, tu es toujours désespérément seul. Et tu le seras jusqu'à ton dernier jour, si tu continues à te comporter comme tu le fais.

— Cela suffit ! tonna Luis.

S'il l'avait pu, il aurait déversé sa colère sur le premier objet qui lui tombait sous la main. Cette stupide statue de marbre, au coin de la piscine, par exemple. Il l'aurait volontiers réduite en miettes, pour essayer d'oublier qu'un étau lui broyait le cœur. C'était à peine s'il parvenait à respirer librement.

— Je ne savais pas que tu souhaitais te spécialiser en psychologie ! poursuivit-il. En tout cas, laisse-moi te dire que tu fais fausse route à mon sujet. Mais peut-être imaginais-tu que tu allais me faire prendre conscience de mes failles, et que j'allais tomber à tes genoux de gratitude ? Dans ton scénario, était-ce le moment où je te demandais en mariage ?

La gorge nouée, Carly ne pouvait détacher son regard du visage de Luis, déformé par l'amertume.

Chacun des sarcasmes qu'il lui lançait était comme un poignard qui la transperçait jusqu'au cœur.

Peut-être était-ce mieux ainsi ? songea-t-elle. Au fond, Luis lui rendait un fier service, en foulant aux pieds tous les espoirs auxquels elle ne parvenait pas à renoncer d'elle-même. Il lui donnait la preuve irréfutable qu'il ne l'aimait pas, et ne l'aimerait jamais.

— Je suis peut-être innocente, rétorqua-t-elle, mais je ne suis pas idiote. Si, un jour, je dois lier mon sort à celui d'un homme, ce ne sera certainement pas un lâche.

Les yeux mi-clos, Luis la fusilla du regard.

— *Moi ?* Un *lâche* ?

— Je ne remets pas en question ton courage physique, bien sûr ! Non, je parle du courage moral qui pourrait te permettre d'affronter tes démons. Comme je l'ai fait moi-même. Quoi qu'il en soit, cette discussion met le point final à notre… relation. Il est évident — pour toi comme pour moi — que je ne peux continuer à être à ton service.

Il y eut un long silence, puis Luis hocha la tête.

— Effectivement, admit-il. Que vas-tu faire ?

Malgré elle, Carly ne put s'empêcher d'être un peu déçue qu'il n'essaie même pas de la retenir.

— Je trouverai un autre emploi, répondit-elle. D'ici un an, j'aurais les fonds nécessaires pour entamer mes études.

— Mais, tu m'as dit que tu pouvais avoir une place dès cette rentrée. Laisse-moi t'aider. J'en ai les moyens. Et ne proteste pas. Pour une fois, accepte de mettre ton fichu orgueil dans ta poche.

Pendant quelques secondes, Carly hésita. Elle demeura silencieuse, à contempler cet homme blessé par la vie.

Cet homme seul, bardé de trophées, qui avait en banque

assez d'argent pour garantir un avenir doré à la famille qu'il n'aurait jamais.

Après tout, n'était-ce pas, d'une certaine façon, lui rendre service que d'accepter l'aide matérielle qu'il était prêt à lui offrir ?

Car la cause que souhaitait soutenir Luis était bien plus précieuse que toute la fortune du monde.

A travers ses études et sa volonté de réussir, elle incarnait l'espoir, pour quelqu'un comme Luis. Tout simplement. Sa générosité n'était qu'une manière de continuer à espérer…

— C'est d'accord, dit-elle en prenant une profonde inspiration. Je te remercie.

Elle marqua une pause, avant de continuer avec une hâte qui faisait se bousculer les mots dans sa bouche.

— Je dois t'avouer quelque chose, Luis. Je ne l'ai pas voulu, mais je suis tombée amoureuse de toi. Je sais très bien que c'est exactement le contraire de ce que tu souhaitais. Cela s'est fait malgré moi. Et rassure-toi, je n'attends rien en retour. Tout ce que je veux que tu saches, c'est que si j'ai fini par t'aimer, c'est uniquement parce que tu es quelqu'un de terriblement attachant, Luis Martinez. Ce n'est ni ton argent ni ta célébrité — et pas même ton indéniable sex-appeal — qui m'ont séduite. Non, c'est juste parce que tu sais te montrer bienveillant et attentionné, quand tu en as décidé ainsi. Ce que je te souhaite, c'est de finir par laisser parler ce côté de ta personnalité et d'ouvrir ton cœur à l'amour.

Ses paroles tombèrent dans un silence glacial.

Planté devant elle — pareil à une effigie de pierre — Luis ne manifesta pas la moindre réaction à son long discours.

Un instant, Carly pensa voir briller un éclat étrange dans les profondeurs insondables de ses prunelles de jais. Mais ce ne fut qu'une lueur fugace.

Puis, il sourit. De ce sourire enjôleur qu'il déclenchait à volonté, et qui était aussi insipide que l'eau claire.

— Intéressante hypothèse, lâcha-t-il d'un ton blasé. Mais, comme tu le sais, j'ai peu de goût pour tout ce bla-bla émotionnel dont les femmes sont friandes. En attendant, je suis persuadé que tu feras un merveilleux médecin !

Incroyable ! songea Carly.

C'était comme si elle n'avait rien dit. Luis refusait obstinément de se remettre en question.

Elle fit volte-face, et gagna sa chambre d'un pas pressé.

Inutile de mettre le comble à son humiliation en pleurant devant lui.

11

Assis devant la baie vitrée, Luis regardait sans le voir le ciel gris de ce morne après-midi de novembre.

Pourquoi avait-il l'impression que les lourds nuages pesaient directement sur ses épaules ? se demanda-t-il.

Qu'était-ce donc que cette sourde angoisse qui le rongeait sans relâche ?

Pourtant, il n'avait pas manqué d'occupations, depuis qu'il avait mis Carly dans un avion pour Londres et lui avait dit adieu.

Il avait, sans tarder, gagné New York où un coach personnel avait fini de le remettre en forme. Puis, il avait repris le volant, et gagné brillamment une course de charité au Brésil.

C'était à peu près au moment où Carly devait intégrer la faculté de médecine, et il avait été un peu contrarié qu'elle ne lui envoie pas le moindre mot de félicitations. Elle n'avait certainement pas pu ignorer son exploit. Il faisait la une de tous les journaux.

Certes, leur relation était terminée. C'était même lui qui avait pris l'initiative de la rupture, il ne l'oubliait pas.

Néanmoins, elle aurait pu se fendre d'un petit commentaire moqueur, sur le fait qu'il n'avait toujours pas perdu le goût du danger.

Mais, rien !

Un silence assourdissant !

Après tous les services qu'il lui avait rendus, elle aurait quand même pu se montrer plus reconnaissante, avait-il enragé.

Il avait plongé, tête la première, dans le travail, se jetant avec appétit sur toute tâche nouvelle.

Il avait changé. Presque malgré lui, il se rendait compte qu'il n'avait plus la même vision du monde et des choses. Il s'était débarrassé de quelques demeures inutiles, et avait réduit la taille de ses bureaux à Manhattan. Et puis la bande de sangsues qui l'entourait avait fini par lui devenir insupportable. Il avait fait le ménage autour de lui, ne tolérant que la compagnie de Diego.

Un Diego qui ne cessait de le regarder d'un air circonspect, et de lui demander si tout allait bien.

Que dire ?

Physiquement, il ne s'était pas senti aussi fringant depuis fort longtemps. Avoir frôlé la mort lui avait fait prendre conscience de son amour de la vie.

Le seul problème, c'était que le souvenir de Carly l'obsédait.

Carly, nue dans ses bras, sa douce chevelure étalée sur son torse. Carly lui jetant des regards qui mettaient tous ses sens en alerte…

Pour essayer de l'oublier, il s'était étourdi dans une succession de soirées éblouissantes. Peine perdue !

Les femmes les plus ensorcelantes avaient beau lui faire des avances, il demeurait de glace.

Bien sûr, l'on pouvait trouver des explications à tout cela, avait-il cherché à se rassurer. S'il fantasmait autant sur Carly, c'était tout simplement parce qu'elle était si différente de toutes ses conquêtes passées.

Peut-être aussi, parce qu'elle était sortie de sa vie sans même un regard en arrière.

Il était revenu en Angleterre pour interviewer les candidates au poste de gouvernante laissé vacant. A sa grande surprise, le choix s'avérait bien plus difficile qu'il ne se l'était imaginé. Aucune de celles qu'il avait déjà rencontrées ne lui avait donné satisfaction.

Revoyant la liste des postulantes qu'il avait encore à recevoir, il se demanda depuis combien de temps il n'avait pas mangé d'*alfajores* dignes de ce nom. Depuis combien de temps il n'avait pas joué au poker. Ou fait l'amour. Ou discuté avec quelqu'un qui savait lui tenir tête, et le faire rire.

Ce fut alors que la vérité lui sauta aux yeux.

Il n'avait que faire de trouver une remplaçante à Carly. Elle était irremplaçable.

Soudain, il sut exactement ce qu'il voulait.

Mais n'avait-il pas tout gâché de façon irrémédiable ?

Il grimaça, en repensant au regard de Carly lorsqu'elle lui avait avoué son amour. Dire qu'il n'avait su lui répondre qu'avec la plus extrême froideur !

Pourtant, elle avait eu le courage insensé de lui dire à quel point elle le trouvait digne d'être aimé.

Parce qu'elle pensait qu'il était de son devoir de lui faire cet aveu !

Or, il avait réagi avec le plus parfait mépris.

Il secoua la tête avec désespoir, à l'instant même où Diego entrebâillait la porte.

— Est-ce que j'envoie la candidate suivante, patron ?

Mais déjà Luis avait bondi sur ses pieds.

— On laisse tomber les entretiens, lança-t-il. J'ai mieux à faire.

Le cœur battant, il conduisit jusqu'à Southampton en restant tout juste en dessous des limitations de vitesse.

La faculté de médecine était plantée au milieu d'un vaste campus, en lisière de la ville. Il était presque l'heure du déjeuner, lorsque Luis gara son petit bolide rouge.

Remontant le col de sa veste de cuir, pour se protéger du crachin, il se mêla aux cohortes d'étudiants qui sortaient des bâtiments. Quelle idée de ne pas avoir prévenu Carly de sa visite !

Tu sais très bien pourquoi tu n'as pas annoncé ta venue ! se dit-il. *Parce qu'elle t'aurait envoyé au diable. Ce que tu aurais largement mérité.*

Au bureau d'accueil, une secrétaire lui déclara en rougissant qu'elle n'était pas autorisée à lui dire où il trouverait l'étudiante de première année qu'il cherchait.

— A votre avis, une donation substantielle aiderait-elle

au fonctionnement de votre faculté ? avait-il demandé d'une voix doucereuse, en se penchant par-dessus le comptoir.

Cela avait suffi à faire taire les scrupules de la jeune femme, et il fut informé que les étudiants de première année devaient être en route pour la cafétéria.

Lorsqu'il y entra, la salle était bondée. Pourtant, il lui suffit d'un regard pour repérer Carly.

Pour un peu, il ne l'aurait pas reconnue.

Elle était… *différente.*

Au milieu d'un petit groupe, elle riait et bavardait.

Luis sentit son cœur se serrer, tandis qu'il l'observait sans oser s'avancer. Finalement, on dut remarquer sa présence, car les têtes commencèrent à se tourner dans sa direction.

A travers le vaste réfectoire, il vit Carly porter à son tour le regard dans sa direction et pâlir.

Luis eut l'impression que son sang se glaçait dans ses veines. Pétrifié, il ne pouvait faire un geste. Puis, d'un pas lourd, il se mit en marche.

Les étudiants avaient fait cercle autour de Carly, comme pour la protéger. D'un air de défi, elle releva le menton.

En s'approchant, Luis comprit en quoi elle avait changé. C'étaient des différences à la fois subtiles et saisissantes. Ses longs cheveux étaient nattés en une tresse élaborée, qui reposait sur son épaule. Et elle portait un léger maquillage. Juste un peu de mascara, et quelque chose qui faisait briller ses lèvres.

Elle était… superbe.

Dans son blue-jean, et sa jolie veste, elle parvenait à la fois à se fondre dans le groupe et à en être l'élément le plus remarquable.

Elle avait eu bien raison de laisser derrière elle les vêtements de prix qu'il lui avait achetés. A quoi lui auraient-ils servis dans cet environnement ?

— Bonjour Carly, dit-il.

De toute évidence, elle n'était pas particulièrement enchantée de sa visite.

— Tu aurais pu me prévenir que tu souhaitais me voir, lâcha-t-elle d'une voix blanche.

Luis s'était attendu à une rebuffade. Mais il ne put s'empêcher d'être cruellement blessé par l'accueil glacial de Carly. N'importe quelle autre femme se serait précipitée dans ses bras en de pareilles circonstances. Après tout, il venait de faire une longue route pour la retrouver !

— Il faut que je te parle, Carly. En privé.

Elle hésita. Luis vit se succéder sur son visage des émotions qu'il ne lui avait jamais vues — et d'autres qui lui étaient familières. Enfin, elle jeta un coup d'œil à sa montre.

— Le prochain cours débute dans une demi-heure. Je n'ai pas beaucoup de temps à t'accorder. Sortons !

Le silence qui les avait entourés, durant ce bref échange, se mua en un brouhaha surexcité dès qu'ils atteignirent la porte.

— Pourquoi es-tu venu, Luis ? demanda Carly, dont l'haleine faisait comme un nuage de fumée dans l'air froid.

Pour être honnête avec lui-même, Luis se devait d'admettre qu'il n'avait pas eu d'intention bien définie, lorsqu'il avait sauté dans sa voiture.

Peut-être, après tout, cherchait-il seulement à comprendre pourquoi Carly Conner ne quittait pas son esprit, depuis qu'ils s'étaient séparés. Il caressait en fait le secret espoir que leur confrontation le guérisse de cette obsession…

Or, comme il l'avait soupçonné pendant tout le voyage, il n'en était rien.

La poigne d'acier qui lui broyait le cœur semblait s'être davantage resserrée… Son pouls battait à cent à l'heure. Il éprouvait la même exaltation, mêlée de crainte et d'allégresse, que lorsqu'il attendait sur une ligne de départ. Sauf que c'était encore plus intense.

Il planta son regard dans les grands yeux couleur d'ambre, où ne se lisait que méfiance, et ce qu'il avait cadenassé au plus profond de son cœur surgit à la surface, comme malgré lui.

— Je t'aime, dit-il d'une voix qu'il ne reconnut pas. Je t'aime, Carly Conner.

Secouant la tête, Carly serra les poings si fort qu'elle

sentit ses ongles s'enfoncer dans ses paumes. La douleur la fit grimacer. Mais, au moins, songea-t-elle, la souffrance physique lui permettait de se concentrer sur sa colère.

Et la colère était un sentiment rassurant.

Comment Luis osait-il lui faire une chose pareille ?

Comment se permettait-il de venir bouleverser cette nouvelle vie qu'elle s'employait à construire ? De faire voler en éclats tous les efforts qu'elle avait faits pour l'oublier ?

Comment avait-il le culot de venir lui débiter des sornettes auxquelles il ne croyait même pas ? Ne lui suffisait-il pas de lui avoir déjà brisé le cœur une fois ?

— Je croyais que l'amour ne faisait pas partie de tes priorités, siffla-t-elle entre ses dents serrées. Alors, dispense-moi de tes déclarations mensongères, Luis. Si tu as besoin de faire l'amour, je suppose que tu ne manques pas de candidates.

Elle fit volte-face pour s'éloigner, mais Luis ne lui en laissa pas le loisir. Il l'avait agrippée par le bras, et elle se demanda comment il était possible que ce simple contact lui fasse oublier toutes ses résolutions.

— Tu as raison, admit-il sans relâcher son étreinte. C'est effectivement ce que je disais. Autrefois. Quand je croyais que l'amour était inévitablement destructeur. Qu'il n'apportait que trahison et tourments. Mais tu m'as montré qu'il n'en était rien, Carly. Comme personne ne l'avait fait avant toi. J'ai compris qu'aimer est la seule chose qui fasse que l'on se sente réellement vivant.

Carly secoua la tête avec toute l'énergie qu'il lui restait.

— Arrête, protesta-t-elle entre ses dents serrées. Va-t'en, Luis. Je t'en supplie !

— Pas avant que tu ne m'aies écouté. Tu me manques, Carly. Bien plus que je ne saurais le dire. Rien n'a de sens sans toi. J'ai été un imbécile de te laisser partir.

— Dis plutôt que tu m'as jetée dehors !

— C'est vrai. Et je ne mérite certainement pas que tu me donnes une deuxième chance. Alors, si tu me dis que tu ne m'aimes plus, que tu ne veux plus rien avoir à faire avec moi, je te laisserai tranquille à jamais.

Carly prit une profonde inspiration, et scruta intensément le visage de Luis.

— Eh bien, je ne t'aime plus ! lança-t-elle.

— Alors pourquoi me regardes-tu comme si tu me suppliais de te prendre dans mes bras ? Pourquoi tes lèvres s'ouvrent-elles comme si tu voulais que je t'embrasse ?

— Luis…

— C'est aussi ce dont je rêve, *querida*. Je rêve de t'embrasser. Encore et encore…

Lorsqu'il tendit les mains vers elle, Carly vit qu'elles tremblaient.

— Ne mens pas, *querida*, reprit-il en la serrant contre lui. Est-ce que tu m'aimes toujours, Carly Conner ? Acceptes-tu de m'épouser, et de me donner des enfants ?

Des enfants ?

Elle s'écarta, et Luis la vit froncer les sourcils avec l'air de ne pas comprendre.

— Mais, Luis ! s'exclama-t-elle. J'ai travaillé dur pour pouvoir faire ces études. Rien ne m'y fera renoncer. Il me reste six longues années à valider avant que je n'aie mon diplôme. Comment ferions-nous, toi qui parcours le monde, et moi fixée ici ?

Luis éclata de rire.

— Crois-moi, dit-il, tout est possible, si on le veut vraiment. Et je n'ai jamais rien voulu avec autant de force que de vivre avec toi. Je ne t'empêcherai pas d'étudier. Au contraire. Ne te soucie pas des problèmes matériels. Ils sont sans importance. La seule chose qui compte, c'est que tu me dises si tu m'aimes toujours.

Sans un mot, Carly hocha la tête. Quoi qu'elle réponde à cette question, elle avait conscience que son univers était en train de basculer. Son cœur battait à tout rompre. Elle dévisagea Luis, en songeant qu'elle n'avait jamais vu ces plis soucieux de chaque côté de sa bouche sensuelle.

Elle se remémora toutes les larmes qu'elle avait versées,

à son retour de la Côte d'Azur. Et aussi cette sensation épouvantable d'un vide qui s'était creusé dans sa poitrine, et que rien ne pouvait combler.

Comme il lui avait manqué !

Qu'adviendrait-il, si elle cédait à ses exhortations ?

Etait-il envisageable qu'ils trouvent le moyen d'harmoniser leurs deux modes de vie, pourtant si éloignés l'un de l'autre ?

Mais Luis venait d'affirmer que, quand on aime, tout est possible.

Elle pouvait faire confiance à la détermination forcenée de ce diable d'homme.

Il saurait aplanir toutes les difficultés, s'il en décidait ainsi.

Surtout, je ne dois ne pas pleurer !

J'ai un cours d'anatomie dans quelques minutes.

Puis, les sentiments qu'elle avait tant essayé de museler l'envahirent sans qu'elle n'y puisse rien faire.

— Oui, je t'aime, Luis Martinez ! souffla-t-elle, sans plus réfléchir. J'ai essayé de t'oublier, mais je n'y arrive pas. On dirait que tu m'as inoculé une maladie pour laquelle il n'y a pas d'antidote.

— Oh ! ma chérie ! Quelle surprenante déclaration ! Ce n'est pas la plus romantique, mais c'est certainement la plus originale qui soit. Comme toi, ma douce, ma sage Carly.

A ces mots, elle ne put retenir ses larmes plus longtemps. Elles ruisselaient sur ses joues, comme un flot impossible à endiguer.

Mais Luis était là pour les sécher. Il était là pour l'embrasser.

Follement. Eperdument.

Et si elle devait l'en croire, il serait toujours là pour elle. Or, curieusement, elle n'en doutait pas une seconde.

Au milieu des étudiants affairés, ils s'embrassèrent longuement — oubliant tout du monde extérieur.

Pourtant, Carly ne fut pas en retard à son cours d'anatomie. Essoufflée et radieuse, elle arriva dans la salle juste avant que le professeur ne commence.

Epilogue

— Tu dors ?

Carly s'étira voluptueusement.

— Plus maintenant.

— Est-ce que je t'ai réveillée ?

— N'était-ce pas ce que tu cherchais à faire, en me caressant les seins ?

Luis sourit.

— Tu veux que j'arrête ?

Avec un grand soupir, Carly ferma les yeux.

— A ton avis ?

— Mon avis, c'est que vous êtes une femme fascinante, docteur Martinez. Et je veux que vous sachiez que ces six dernières années ont été les plus heureuses de ma vie.

Oui, songea Carly, en ouvrant les yeux et posant sur Luis un regard d'adoration, elle le savait. Mais elle ne se lassait jamais de le lui entendre dire.

Pour elle aussi, cela avait été des années merveilleuses. Même s'il n'avait pas été facile de concilier leurs emplois du temps.

Par l'immense fenêtre ouvrant sur les collines du Hampshire, un flot de lumière inondait leur lit. Carly adorait cette vaste demeure, qu'ils avaient choisie ensemble, non loin de l'université où elle avait brillamment obtenu son diplôme, la semaine précédente.

Juste avant la cérémonie de remise, leur mariage avait eu lieu.

Elle avait obstinément refusé d'épouser Luis tant qu'elle

n'avait pas fini ses études. Ce n'était que peu de temps avant ses examens qu'elle avait capitulé devant ses supplications, en lui disant qu'elle voulait porter son nom, et devenir le Dr Martinez.

Luis avait été fou de joie. Il avait tant rêvé que Carly cède à ses demandes répétées et devienne légalement sa femme.

Ils s'étaient mariés dans une petite chapelle, nichée au creux d'un vallon verdoyant.

Carly portait une robe très simple, et des roses blanches ornaient ses cheveux.

Bella, présente ce jour-là, avait oublié toute jalousie à l'égard de sa sœur, lorsqu'elle avait fait la connaissance des célèbres amis de son tout nouveau beau-frère.

Quant à leur mère, elle n'avait pu s'empêcher de faire remarquer qu'elle ne comprenait pas comment sa fille aînée s'était débrouillée pour se trouver un aussi beau parti.

Et elle n'avait même pas pris la peine de la féliciter pour sa réussite universitaire.

Carly avait préféré ne pas lui montrer sa déception. Elle avait fini par admettre qu'il y avait des choses contre lesquelles on ne pouvait rien.

Elle avait appris tant de choses, au long des dernières années passées aux côtés de Luis…

Par exemple, que les rêves pouvaient devenir réalité. Et que l'amour était sans limite.

Aujourd'hui, elle aimait Luis encore davantage qu'aux premiers jours, et elle était prête à avoir leurs enfants.

Quant à Luis, il ne cessait de lui répéter qu'il n'aurait jamais cru qu'une femme puisse être tout pour un homme.

Mais maintenant, il en était persuadé, disait-il.

— J'ai un secret à te confier, souffla-t-il à son oreille en la serrant contre lui.

— Oui, quoi ?

— C'est que je t'aime plus que tout !

— Oh vraiment ? Mais je crois que ce n'est plus un secret, mon cher époux…

— Comment l'as-tu découvert ? dit Luis d'un air faussement surpris.

— Tu me le dis chaque jour, mais promets-moi de continuer, murmura Carly en riant.

Luis l'embrassa avec fougue et, à travers ses baisers, il répéta indéfiniment, en anglais et en espagnol, le secret qu'ils partageaient.

DAY LECLAIRE

Un amant irrésistible

Traduction française de
JULIA TAYLOR

GENTLEMEN

HARLEQUIN

Titre original :
DANTE'S HONOR-BOUND HUSBAND

Ce roman a déjà été publié en 2012

Prologue

— Ne pars pas.

Constantine Romano ferma les yeux pour tenter de reprendre le contrôle de lui-même et de ne pas céder à la supplique de cette voix enchanteresse.

— Je n'ai pas le choix, répondit-il.

Son intégrité, son honneur, celui des Romano, tout ce qui faisait de lui un homme, rendait son départ nécessaire.

— Alors laisse-moi venir avec toi…

Gianna Dante leva les yeux vers lui, son magnifique regard vert jade qui s'embuait de larmes. Il ne put s'empêcher de noter à quel point le contraste avec sa chevelure aux couleurs de l'automne, dans des tons dorés et châtains, était saisissant.

— Je pourrais t'aider, supplia-t-elle.

L'intensité du besoin dans sa voix faillit le pousser à la limite de la capitulation. Il était déchiré entre sa fierté et le désir ardent de la faire sienne. Il lutta pour résister, mais n'y parvint pas, pas complètement. Il prit son visage entre ses mains et lui arracha un baiser. Puis un autre. Et il se laissa emporter… Mon Dieu, elle était incroyable. Sublime. Intelligente. Gracieuse. Elle possédait une féminité qui éveillait en lui un désir fou.

Ils s'étaient rencontrés quand sa sœur, Ariana, avait épousé le cousin de Gianna, Lazz. A l'instant où il avait pris sa main, il avait été foudroyé par la flamme du désir. Une brûlure physique qu'il avait ressentie jusqu'au plus profond de lui-même. Dès cet instant, toute pensée ou émotion avait cessé d'exister, plus rien ne comptait que cette pulsion urgente, irrésistible et absolue…

La posséder.

La faire sienne.

— Je veux que tu viennes avec moi, même si je ne comprends rien de tout cela, admit-il.

Il ne comprenait pas pourquoi il la désirait, si fort et si vite. Comment, en un seul week-end passé avec elle, il pouvait avoir la certitude qu'elle était la seule pour lui.

— Comment est-ce possible qu'en seulement quelques jours je sois déjà certain que tu es la femme avec laquelle je veux passer le restant de mes jours ?

Elle baissa les yeux et, l'espace d'un instant, il eut l'impression qu'elle avait l'air coupable. Mais, de quoi, il n'en avait aucune idée. Ce n'était pas sa faute à elle s'il avait été envahi par ce besoin incroyable et désespéré de la posséder. Plus que tout, il la voulait dans son lit, mais il savait, sans qu'elle ait eu besoin de le lui dire, qu'elle n'avait jamais été avec un homme. Et, s'il ne pouvait lui passer la bague au doigt, il refusait de la déshonorer, elle ou sa famille, en lui faisant l'amour. Pas tant qu'il n'aurait pas les moyens de la demander en mariage.

— Je ne m'attendais pas à ressentir un désir si intense, moi non plus, confessa-t-elle en levant ses yeux pleins de larmes vers lui. Constantine, s'il te plaît, je ne veux pas que tu partes.

Il l'attira contre lui et laissa leurs corps se heurter et se fondre l'un dans l'autre une fois de plus.

— Moi non plus, je ne veux pas partir, *piccola*. Mais tant que je n'ai rien d'autre à t'offrir que mon nom je dois rentrer en Italie.

— Pour combien de temps ?

Bonne question. Dommage qu'il n'ait pas de réponse à lui donner.

— Jusqu'à ce que j'aie réussi à lancer mon entreprise de restauration. Jusqu'à ce que je gagne suffisamment d'argent pour offrir à ma future femme tout ce dont elle aura besoin.

Quand il vit qu'elle était sur le point de protester, il l'interrompit, de la façon la plus délicieuse qui soit. En l'embrassant.

— Non, Gianna, poursuivit-il. Ne me demande pas de renoncer à mes principes. Je reviendrai dès que je le pourrai. Et quand je le ferai je pourrai enfin te demander en mariage et te passer la bague au doigt. Je te le jure, sur l'honneur de ma famille.

Il voyait qu'elle était prête à le contredire mais qu'elle faisait un effort suprême pour s'en empêcher et il fut impressionné par sa détermination.

— J'attendrai. Tu sais que j'attendrai. Et d'ici là nous pourrons parler au téléphone, dit-elle d'une voix tremblante. Et par e-mail. Je viendrai te voir aussi souvent que je le pourrai. Et tu pourras peut-être venir me voir, toi aussi, pendant les vacances.

Chaque mot qu'elle prononçait lui rendait la tâche encore plus difficile. Voire impossible. Il prit ses mains dans les siennes.

— Ecoute-moi, Gianna… Afin de te revenir le plus rapidement possible, je dois me concentrer sur mon travail. Chaque minute de chaque jour. C'est la seule façon pour que je revienne vite.

Elle le regarda sans comprendre.

— Que veux-tu dire ? demanda-t-elle.

— Je veux dire que tu serais une distraction. Si tu venais avec moi, si tu me rendais visite ou bien si nous étions constamment en train de nous appeler ou de nous écrire, je ne pourrais pas me concentrer à cent pour cent sur mon entreprise. Le seul moyen pour moi de rentrer le plus vite possible, c'est d'accorder tout mon temps et toute mon énergie à Romano Restauration.

— Oh non, Constantine, s'exclama-t-elle avec un sanglot. Ce n'est pas possible ! Pas de coups de téléphone ? Même pas d'e-mails ?

La détresse de Gianna lui était insupportable. Il ferma

les yeux pour ne pas céder. Pourtant, tout en lui semblait le supplier de le faire.

— Comprends-moi s'il te plaît, *amore*. Fais-moi confiance.

Une larme roula sur sa joue, qu'elle essuya d'un revers de la main rageur. Elle releva la tête d'un air déterminé.

— D'accord, Constantine. Nous ferons les choses à ta manière. Pour l'instant…, précisa-t-elle, les yeux brillants. Mais promets-moi que tu reviendras. Vite.

— Dès que je le pourrai, jura-t-il.

Et il la quitta. Il s'obligea à ne pas regarder en arrière, même si c'était l'une des choses les plus difficiles qu'il ait jamais eu à faire. A chaque pas qui l'éloignait d'elle, il sentait cet étrange lien qui les unissait. Qui lui imposait de faire demi-tour pour aller la prendre dans ses bras et réclamer ce qui lui appartenait. Il n'avait jamais rien ressenti de tel. Mais il reviendrait. Il n'en aurait pas le choix. Mais il le ferait selon ses propres conditions.

Bientôt. Grand Dieu, faites que cela soit bientôt.

Gianna regarda Constantine s'éloigner jusqu'à ce que les larmes qui embuaient ses yeux l'empêchent de voir quoi que ce soit. Avait-elle eu raison de ne rien dire ? Avait-elle fait une erreur en ne lui expliquant pas ce qu'était l'Inferno, le « don » familial, une sorte de coup de foudre irrésistible qui se produisait quand un Dante rencontrait pour la première fois son âme sœur ? Peut-être. Et puis, si elle n'avait pas révélé son secret, c'est qu'elle avait ses raisons. Même si cela ne changerait probablement pas la réaction de Constantine quand il découvrirait la vérité qui se cachait derrière leur étrange connexion.

Elle ferma les yeux, acceptant avec résignation le sort que lui avait réservé le destin. L'Inferno avait frappé presque tous les membres de la famille Dante… Du moins, tous les membres masculins de la famille, la première fois qu'ils avaient rencontré les femmes qui étaient maintenant devenues leurs femmes. En tant que seule représentante de la gent féminine chez les Dante, personne ne savait s'il était même possible qu'elle connaisse un jour l'Inferno. Elle avait découvert la réponse à cette question quand elle et Constantine s'étaient touchés pour la première fois. Elle le pouvait. Et, même si elle était l'une des seules de la famille à avoir découvert, par hasard, la véritable nature de l'Inferno, l'attirance qu'elle avait éprouvée à l'égard de Constantine avait été bel et bien réelle.

Mais elle avait eu peur d'expliquer la… particularité… de la famille Dante à Constantine. Même si ils ne se connaissaient que depuis peu, elle savait que Constantine était un homme qui aimait être le maître de son propre destin, qui avait besoin de contrôler le monde qui l'entourait. Quand il apprendrait que c'était l'Inferno qui avait éveillé son désir et sa passion, se sentirait-il obligé d'y résister ? Elle n'avait pas passé suffisamment de temps avec lui pour en être certaine. Tant qu'elle n'en serait pas sûre, elle garderait son secret.

A présent, la seule chose qu'elle pouvait faire était d'attendre son retour. Attendre de voir si l'Inferno était réel ou simplement une illusion. Si sa famille avait eu raison d'y croire ou bien si le secret qu'elle avait découvert toutes ces années auparavant était la vérité.

Seul le temps apporterait les réponses à ses questions.

Bientôt. Grand Dieu, faites que ce soit bientôt.

1

Il était revenu.

Constantine Romano entra dans la pièce comme s'il était chez lui. C'était le genre d'homme qui avait une présence incroyable, un charisme inné. Le genre de présence qui venait naturellement avec un nom aristocratique, un visage majestueux et une allure mince et élégante tout autant qu'athlétique. Gianna Dante remarqua que ses cheveux étaient plus longs que la dernière fois qu'elle l'avait vu, les boucles couleur ébène et ses yeux noirs et intenses rappelant des images de pirates dangereux et de duels à la vie à la mort. Sous cette apparence élégante se cachait un homme d'action, qui était prêt à tout risquer pour obtenir ce qu'il voulait.

Et il la voulait, elle.

Gianna frissonna et tenta de rester calme. Elle savait dès le début qu'elle allait devoir lui refaire face un jour ou l'autre. Depuis leur première rencontre, plus d'un an et demi s'était écoulé et beaucoup de choses avaient changé. Même si elle doutait désormais que Constantine ait en effet ressenti l'Inferno au cours de ce week-end inoubliable qu'ils avaient passé ensemble, l'Inferno lui avait donné à elle la capacité de ressentir sa présence. Cela, elle s'en souvenait très bien. A tout moment, il allait se rendre compte qu'elle était là et elle ferait mieux d'être prête sinon…

— Gianna, veux-tu bien vérifier la vitrine ?

Il lui fallut un moment pour sortir de sa rêverie et se concentrer sur son travail. Le lendemain soir marquerait le gala du Solstice d'Eté des Dante et elle avait encore un million de détails à régler, chacun requérant toute son attention. En tant que responsable de la communication pour l'entreprise Dante, elle s'occupait de tout, du traiteur aux décorations jusqu'aux vitrines et aux invitations. Heureusement, elle avait une excellente assistante qui était tout aussi perfectionniste qu'elle-même.

— Merci, Tara. J'arrive tout de suite.

Etant donné que Constantine se tenait entre elle et la vitrine en question, la confrontation semblait inévitable. Elle prit une profonde inspiration pour se donner du courage. Pas de problème, se dit-elle. Les sentiments qu'elle avait ressentis au cours de ce long week-end avaient fini par s'estomper durant les mois qui avaient suivi, mois qui s'étaient écoulés avec une lenteur atroce. Le légendaire Inferno des Dante, cet incroyable coup de foudre qu'elle avait ressenti quand Constantine lui avait pris la main, s'était peu à peu apaisé. Tout irait bien.

Elle lui dirait tout simplement qu'elle était passée à autre chose.

Elle traversa la salle de bal pour se diriger vers Constantine, tout en se félicitant intérieurement d'avoir décidé ce matin-là de porter l'une de ses plus belles tenues. La veste rouge vif et sa jupe courte et moulante mettaient sa silhouette particulièrement en valeur et ses escarpins à talons hauts (voire carrément vertigineux) étaient le parfait écrin pour exhiber fièrement ses jambes superbes, qu'elle avait héritées de sa mère, une femme sublime. Ses cheveux à elle aussi étaient plus longs que la dernière fois qu'ils s'étaient vus et tombaient dans son dos en lourdes boucles dégradées.

Qu'il la regarde. Qu'il la désire. Qu'il la regrette.

Elle n'avait fait que quelques pas quand Constantine s'immobilisa, tel un félin venant de flairer sa proie. Il tourna lentement la tête vers elle et ses yeux noirs étincelèrent avec une détermination sans faille. Il avança dans sa direction, se déplaçant avec une grâce et un air si décidé que, l'espace d'un instant, elle eut la tentation de fuir, d'échapper au danger. Il resta un instant face à elle, puis sans qu'elle ait le temps de réagir il la serra dans ses bras. Dans un souffle, il murmura son nom et, étouffant ses protestations, il l'embrassa.

Il captura sa bouche, dans un baiser possessif et dévorant, comme pour la marquer de son sceau, réclamant son titre de propriété. Dans toute autre situation, elle aurait résisté de toutes ses forces. Au lieu de cela, toute sa volonté fondit comme neige au soleil sous la chaleur torride de cette étreinte et elle céda complètement, abandonnant toute résistance, s'ouvrant entièrement à lui. Il avait le goût de l'ambroisie, mêlé à un soupçon d'épices et le tout complété d'une note définitivement masculine. Il dévasta ses sens et sa raison.

Cela faisait si longtemps qu'ils ne s'étaient pas touchés – dix-neuf mois, cinq jours, huit heures et quelques minutes. Le désir, sous la forme de l'Inferno, avait explosé entre eux dès le premier contact. Puis, après un seul délicieux week-end, il était parti.

Au fond d'elle-même, le désespoir rivalisait avec une joie incandescente. Sa présence, après tous ces mois, arrivait trop tard. Pourquoi maintenant ? se demanda-t-elle. Alors qu'elle avait enfin réussi à se faire à l'idée qu'il lui serait impossible de connaître un jour le bonheur dans les bras de son âme sœur comme tous les membres de sa famille, celui qui ne naît que de l'Inferno, pourquoi Constantine avait-il choisi ce moment-là pour revenir ?

C'était injuste.

— Arrête, parvint-elle à protester. C'est mal.

Comment réussirait-elle à le lui dire ? Comment pourrait-elle prononcer les mots qui menaçaient de lui briser le cœur ? Elle était passée à autre chose. Elle avait rencontré quelqu'un d'autre.

Il se rendit enfin compte de ses protestations et recula de quelques centimètres.

— Arrêter ? demanda-t-il avec un sourire irrésistible et dévastateur. Mais pourquoi dis-tu cela, *piccola* ? Après tout ce temps, nous sommes enfin réunis. Comment quelque chose de si parfait pourrait-il être mauvais ?

Elle se dégagea de son étreinte et tira maladroitement sur le bas de sa veste pour la remettre en place. Elle ne s'était pas rendu compte que ses deux premiers boutons s'étaient ouverts, révélant ainsi quelques centimètres de dentelle noire. Elle fit de son mieux pour s'arranger. Du bout de la langue, elle s'humecta les lèvres. Il ne devait plus lui rester beaucoup de rouge à lèvres après un tel baiser.

— C'est bon de te voir, Constantine, dit-elle d'un ton neutre et formel.

— C'est bon de me voir ? répéta-t-il à voix basse.

Elle reconnut le danger dans le ton de sa voix. Une voix où d'ordinaire transparaissait le soleil de la Toscane, mais qui pour l'heure était glaciale et témoignait d'un déplaisir évident. Cela allait s'avérer bien plus difficile qu'elle ne l'avait anticipé.

— Es-tu venu pour tes affaires ? J'espère que tu auras un moment pour passer voir mes grands-parents avant de retourner en Italie, dit-elle avec un sourire forcé qui dissimulait mal sa nervosité. Ils me demandent souvent de tes nouvelles.

— Mais ne comprends-tu pas ? répondit-il. Je viens m'installer à San Francisco.

Non. Non ! Ce n'était pas juste. Pas maintenant. Pas après tout ce temps. Priant pour que son expression ne reflète pas le tumulte de ses pensées, elle conserva son sourire figé, une tentative bien vaine pour paraître nonchalante et lui faire croire que cette nouvelle inattendue ne lui faisait ni chaud ni froid.

— Félicitations, dit-elle.

Il saisit son menton et leva son visage vers le sien.

— Est-ce tout ce que tu as à me dire ? Félicitations ?

Son sourire disparut, ainsi que tout espoir de masquer ses émotions. La douleur et la colère l'envahirent et elle se dégagea violemment de son étreinte, son caractère impétueux prenant le dessus sur sa raison.

— Qu'attends-tu de moi, Constantine ? s'exclama-t-elle.

Cela fait presque deux ans ! Je suis passée à autre chose. Je te suggère d'en faire de même.

Il rejeta la tête en arrière, comme si elle lui avait mis une claque.

— Tu es passée à autre chose ? répéta-t-il avec un accent plus prononcé. Qu'est-ce que ça veut dire ?

Elle écarta sa question d'un revers de la main.

— Oh ! ne fais pas semblant de ne pas comprendre. Je sais très bien que ce n'est pas vrai. Cela veut dire exactement ce que tu penses que ça veut dire.

— Il y a quelqu'un d'autre ?

— Oui, Constantine. Il y a quelqu'un d'autre.

Pour la première fois, elle se rendit compte que tout le monde les observait et elle se sentit rougir.

— Maintenant, excuse-moi, dit-elle, mais il me reste beaucoup de travail avant le gala de demain soir.

Elle ne lui avait jamais vu une expression aussi dure et distante. Il inclina la tête vers elle.

— Je t'en prie, répondit-il d'une voix glaciale. Ne me laisse pas t'interrompre.

Elle tenta de prendre l'air aussi digne que lui et partit en direction de la vitrine la plus proche. Elle en inspecta le contenu sans le voir. Ce n'était pas elle qui avait décidé de le quitter ou de mettre un terme prématuré à leur couple, se rappela-t-elle. Il lui avait accordé quelques jours merveilleux après leur première rencontre avant de tirer un trait sur ce qui aurait pu se passer. Et cela ne fit que renforcer ses doutes concernant l'Inferno. Sa famille ne connaissait pas toute la vérité sur leur « don ». Mais elle, oui. Elle n'avait que treize ans lorsqu'elle avait découvert comment l'Inferno fonctionnait vraiment.

Et pour Constantine… S'il avait connu la même intensité de désir qu'elle avait ressentie, il avait très bien réussi à le contrôler pendant tout ce temps. Avant leur rencontre, elle n'aurait jamais cru possible de pouvoir tomber amoureux aussi vite et aussi intensément. Et elle avait cru que Constantine, lui aussi, était tombé amoureux d'elle. Elle avait été stupide.

Tous ces mois, elle les avait passés dans un douloureux tourbillon de sentiments. Des sentiments qui – s'il les avait partagés – auraient dû le rendre incapable de la quitter. Il était clair qu'ils ne partageaient rien. Absolument rien.

Elle avait tant souffert quand il était parti.

Cela ne laissait place qu'à une simple et douloureuse conclusion. Il ne l'aimait pas. Pas vraiment, en tout cas. Et cela la forçait à se rendre compte de quelque chose de terrible. Si elle lui cédait maintenant, il la posséderait complètement : son corps et son âme. Mais elle, que posséderait-elle ? Un homme capable de la prendre et de l'abandonner sans un regard en arrière dès que l'envie l'en prendrait. Elle ne pouvait pas vivre comme ça. Elle refusait de vivre comme ça.

Pour elle, qu'elle qu'en soit la raison, la brûlure de l'Inferno était à sens unique. Autrement, Constantine n'aurait pas pu partir si longtemps, sans lui donner le moindre signe de vie. Eh bien, s'il pouvait éteindre la flamme de l'Inferno, elle en ferait de même, bien qu'elle n'ait jamais appris cette part-là du secret. Un jour, même si cela la tuait, elle réussirait à la faire taire. Elle ferma les yeux pour tenter de retenir les larmes qui menaçaient de s'échapper.

Mon Dieu, elle l'aimait tant.

Fou de rage, Constantine regarda Gianna s'éloigner de lui. Une terrible frustration le dévorait. Dix-neuf longs mois ! Pendant dix-neuf mois, cinq jours, huit heures et une poignée de minutes, il s'était battu et avait tout donné pour lancer son entreprise naissante, Romano Restauration, afin de pouvoir retourner aux Etats-Unis et établir son affaire à San Francisco. Tout ça dans le but d'offrir à Gianna autre chose que son nom quand il lui demanderait sa main. Et il avait réussi. Enfin, son entreprise rapportait beaucoup d'argent et il serait capable d'entretenir sa femme. Mais la seule femme qu'il désirait venait de le quitter, s'éloignait de lui d'une démarche bien décidée dont le déhanché seul suffirait à mettre à genoux n'importe quel homme normalement constitué.

Un autre homme ! Instinctivement, il serra les poings. *Comment osait-elle ?* Il lui avait promis de revenir aussi vite qu'il le pourrait et elle avait accepté de l'attendre. Pendant près de deux ans, il avait travaillé nuit et jour pour atteindre son objectif. Comment pouvait-elle tourner le dos à ce qu'ils partageaient ? A ce qu'ils pourraient avoir ? Ne le sentait-elle pas, ce feu qui explosait dès qu'ils étaient dans la même pièce ?

Il baissa les yeux pour observer ses poings serrés et il dut faire appel à toute sa détermination pour ignorer la démangeaison incessante au centre de la paume de sa main droite. Cette démangeaison qui était née la première fois que Gianna avait glissé sa main aux doigts fins dans la sienne et qui avait subsisté au cours des mois suivants, peu importe la distance qui les séparait.

Il savait ce qui causait cette étrange sensation. Bien que Gianna ait négligé de lui expliquer ce qu'elle lui avait fait – et qui ferait l'objet d'une explication – sa sœur, Ariana, lui avait décrit l'Inferno en détail et ce qu'elle avait ressenti la première fois qu'elle avait pris la main de son mari, Lazz, devant l'autel le jour de leur mariage. Ces maudits Dante et leur maudit Inferno. Ça ne leur avait pas suffi de le faire subir à sa sœur. Ce n'était pas assez pour eux. Bien sûr que non. Pour une raison qu'il ignorait, la seule descendante féminine des Dante l'avait choisi pour âme sœur et avait utilisé l'Inferno pour voler chaque miette de sa volonté. Depuis ce jour, il avait été piégé sans le moindre espoir de s'échapper, obligé de céder.

Mais, à présent, il ne pouvait même pas céder, car Gianna était « passée à autre chose ». Il dut résister à l'envie de hurler de rage. Il ne la laisserait pas faire. Elle découvrirait vite qu'elle ne pourrait pas passer à autre chose, quoi que ce fût, sans le trouver sur sa route au moindre détour. Il ignorait qui elle avait choisi comme prochaine victime de son Inferno, mais cela ne se passerait pas comme ça.

Il ferait tout ce qui était en son pouvoir pour posséder Gianna Dante, qu'elle le veuille ou non. L'Inferno lui avait peut-être fait perdre l'esprit, il le regagnerait en l'épousant. Une fois que l'alliance serait au doigt de Gianna et que ses courbes affolantes seraient dans son lit, cet irrésistible désir s'apaiserait et il serait enfin capable de regagner le contrôle de la situation. En attendant… Il l'observa d'un regard sombre.

Mon Dieu, il la désirait tant.

— As-tu entendu la nouvelle ? demanda Elia Dante.

Gianna se tourna vers sa mère, avant de se concentrer de nouveau sur l'image que lui renvoyait le miroir en face d'elle. Cette dernière était confortablement installée dans un fauteuil à l'extérieur des cabines d'essayage d'une petite boutique de luxe appelée Sinfully Delicious.

— Non, Gianna. Pas la robe saumon. Choisis celle avec le décolleté en V couleur bronze. Elle fait plus ressortir tes yeux.

Gianna souleva devant elle une robe, puis l'autre et se rendit compte que sa mère avait tout à fait raison. Comme d'habitude. En matière de mode, Elia Dante avait des goûts infaillibles.

— Quelle nouvelle ? demanda-t-elle.

Elia but une gorgée de sa tasse d'expresso avant d'annoncer :

— Constantine Romano est de retour à San Francisco. Il s'est installé ici. Apparemment, il va ouvrir la branche américaine de Romano Restauration dans les jours qui viennent. Il aurait tout organisé d'Italie, d'après ce qu'on m'a dit.

Gianna se raidit, contente d'avoir le dos tourné à sa mère. Elle aurait dû s'y attendre.

— C'est assez inattendu, non ?

— Tu crois ? répondit sa mère. Je ne sais pas comment il a fait, mais il a réussi à tout organiser dans le plus grand secret, ajouta-t-elle en observant sa fille avec insistance. Pour faire une surprise à quelqu'un en particulier, je pense…

Gianna poussa un soupir. Sa mère était la seule personne qui savait ce qu'elle avait ressenti la première fois qu'elle et Constantine s'étaient rencontrés. Elle avait fait très attention de ne rien dire aux autres membres de sa famille, sachant pertinemment que sinon ils s'en mêleraient.

— Oui, *mamma*. C'est une surprise, en effet. Mais ce que nous avions, ou plutôt ce que je pensais que nous avions partagé s'est terminé il y a longtemps.

— L'Inferno ne se termine jamais, *chiacchierona*.

— Peut-être que si.

Gianna se retourna pour faire face à sa mère. Que dirait Elia si elle connaissait toute la vérité sur l'Inferno ? Si Gianna lui répétait la conversation qu'elle avait surprise entre son oncle Dominic et sa tante Laura ? Ou si elle avait vu elle-même ce qu'il avait fait pour les débarrasser de l'Inferno ? Elle n'avait jamais osé parler à quiconque de ce qu'elle avait surpris, terrifiée à l'idée de voir les autres couples autour d'elle se détruire si elle révélait tout. Le reste de sa famille croyait en l'Inferno dur comme fer et elle espérait qu'ils n'apprendraient jamais que ce que son oncle et sa tante avaient…

Que l'Inferno n'était pas forcément synonyme d'éternité.

Gianna hésita, elle ne voulait pas dire toute la vérité à sa mère. Elle choisit donc prudemment ses paroles.

— Peut-être que c'est différent parce que je suis une femme et pas un homme, dit-elle. Peut-être qu'il n'a pas ressenti la même chose que moi…

— Si c'était le cas, Constantine ne serait pas revenu.

— Je peux peut-être faire cesser l'Inferno, osa-t-elle enfin suggérer.

Mais Elia éclata de rire.

— C'est impossible. L'Inferno, c'est pour toujours.

Gianna savait que c'était faux.

— Son retour ne change rien, répondit-elle simplement. C'est trop tard.

Dans les yeux noirs d'Elia brilla la sagesse d'une mère.

— C'est ta fierté qui parle, Gianna, pas ton cœur.

— J'ai rencontré quelqu'un d'autre, insista-t-elle, sur la défensive. Je sors avec David d'Angelo maintenant.

— Eh bien, il est italien… comme Constantine, concéda sa mère. Et il vient d'une bonne famille florentine, même s'ils sont loin d'être aussi nobles que les Romano.

— Peut-être pas, mais ce sont des banquiers respectés.

La famille d'Angelo allait même se voir attribuer un trophée bancaire dans quelques mois. David, lui aussi, était extrêmement beau. Certes, sa beauté était plus classique qu'irrésistible. Il était encore plus séduisant que son frère, Rafe, pourtant considéré par sa famille comme le plus beau de tous. Mais ce n'était pas le physique de David qui comptait.

Quant à sa personnalité, il ne pouvait être plus gentil. Même si Primo avait marmonné *untuoso* lorsqu'elle le lui avait présenté. Ce qui d'ailleurs l'avait énervée au plus haut point étant donné qu'elle ne le trouvait pas mielleux pour un sou… Mais Nonna l'adorait, ce qui comptait énormément pour elle. David était intelligent, respectueux et amusant, malgré le fait qu'il puisse parfois paraître légèrement arrogant.

S'il ne lui avait pas dit qu'il était né en Italie, elle ne l'aurait jamais deviné car il parlait sans aucun accent, peut-être parce qu'il avait étudié à l'étranger pendant si longtemps. Maintenant qu'elle y réfléchissait, mis à part son intelligence, il était aussi différent de Constantine qu'un perroquet l'est d'une panthère.

— David n'est pas comme Constantine, murmura Elia comme si elle avait lu dans les pensées de sa fille.

— Il l'est par certains côtés, objecta Gianna. Mais ce qui est important, c'est que je l'aime vraiment bien. C'est tout ce qui compte, non ?

Elia fit une grimace et posa sa tasse dans sa soucoupe.

— *Tu l'aimes bien*, répéta Elia avec un air de dégoût. Quels mots insipides ! Serais-tu vraiment prête à échanger une passion dévorante pour quelqu'un que tu « aimes bien » ?

— C'est plus sûr, répondit Gianna.

Plus sûr de ne pas céder aux dangereuses émotions qui s'éveillaient de nouveau en elle à la simple évocation de Constantine. Plus sûr de ne pas laisser son caractère impétueux prendre le dessus. Plus sûr de bien aimer un gentil garçon plutôt que d'aimer quelqu'un d'aussi dangereux pour sa stabilité émotionnelle que Constantine Romano.

— J'ai parlé à Ariana, dit Elia.

Gianna se raidit en entendant le nom de la sœur de Constantine.

— Elle et Lazz sont-ils toujours en Italie ? répondit-elle en espérant détourner la conversation.

Un effort vain, sans aucun doute.

— Oui, pendant encore deux mois, répondit sa mère sans se laisser distraire. D'après elle, Constantine est revenu pour toi.

— Sa sœur est une romantique. Sûrement la faute de l'Inferno, ajouta Gianna amèrement. Je te parie qu'avant de rencontrer Lazz elle devait être la fille la plus raisonnable que tu aies jamais rencontrée. Voilà ce que l'Inferno fait aux gens, cela les change.

— Oh oui, répondit sa mère avec un enthousiasme non dissimulé. Avec un peu de chance, tu découvriras bientôt les changements que causera en toi l'Inferno.

Elia avait parlé d'un air nostalgique et Gianna se rendit compte que sa mère était en train de repenser à la première fois qu'elle était tombée amoureuse du père de Gianna, Alessandro. La relation de ses parents pouvait parfois être tumultueuse, mais elle n'avait jamais eu le moindre doute qu'ils partageaient une passion sans faille et un amour absolu.

— Non merci, *mamma*. Je crois que je vais me contenter de David.

— Je suis certaine que Constantine fera tout son possible pour te faire changer d'avis, répondit Elia avant d'hésiter un instant. Et je pense que tu espères secrètement qu'il y arrivera.

Gianna ne sut que répondre à cette remarque pleine de vérité. Elle reposa donc la robe saumon et se dirigea vers la caisse avec l'autre robe. Si seulement… Si seulement l'Inferno avait fonctionné entre elle et Constantine au lieu de se retourner contre eux. Ce serait peut-être elle qui serait assise dans ce fauteuil, avec ce sourire béat, en repensant aux souvenirs des jours et des nuits passés remplis d'un amour éternel.

Si seulement.

Comme d'habitude, David arriva pile à l'heure. Il était incroyablement séduisant dans son smoking, ses cheveux châtains et ses yeux bleu turquoise qu'il avait hérités des d'Angelo lui donnaient l'air d'une star de cinéma. Ce n'était pas une coïncidence s'il était tout l'opposé de Constantine. S'il avait possédé des cheveux et des yeux aussi noirs que le jais, elle n'aurait jamais accepté de sortir avec lui la première fois qu'il le lui avait proposé. D'ailleurs, elle n'avait pas accepté. Il avait dû insister patiemment pendant trois mois avant qu'elle ne finisse par céder.

Il déposa un petit baiser sur sa bouche en guise de salut, baiser qui n'avait rien de comparable à celui qu'elle avait échangé avec Constantine la veille. Si elle devait être tout à fait honnête, les baisers de David ne lui faisaient ni chaud ni froid. Elle pouvait sans aucun doute imputer cela à l'Inferno. Elle avait espéré – en vain, mais elle avait espéré – qu'elle s'était méprise sur ce qu'elle avait ressenti la première fois que Constantine avait pris sa main. Qu'au bout d'un moment elle commencerait à ressentir pour David même un dixième du désir qu'elle avait pour Constantine. Elle savait que c'était possible, malgré ce qu'en disait sa famille.

David, lui, ne semblait jamais remarquer que leurs étreintes manquaient un peu de piquant. Cette fois-ci ne dérogea pas à la règle non plus. Mais il n'était peut-être pas en position de faire de telles comparaisons. Il recula un peu son visage pour pouvoir l'observer à loisir et sourit, comme s'il appréciait ce qu'il voyait.

— Gia, tu es magnifique !

— Merci, répondit-elle.

Consciente de la tiédeur de sa réponse, elle voulut faire quelque chose pour le rassurer et, sur un coup de tête, elle lui sauta au cou pour le serrer dans ses bras. Mais qu'est-ce qui clochait chez elle ? David était on ne peut plus séduisant. Il lui avait dit très clairement qu'il la voulait et que ses intentions étaient à la fois honorables et sérieuses (c'était les mots exacts qu'il avait employés, ce qu'elle avait trouvé adorable). Mais, malgré toutes ses bonnes intentions, elle n'arrivait pas à se forcer à passer à la vitesse supérieure. Et maintenant que Constantine était revenu…

Non ! Elle ne se ferait pas avoir une seconde fois. Constantine lui avait clairement fait comprendre ses sentiments quand il était parti des mois auparavant. Quand il lui avait prouvé, sans l'ombre d'un doute, que l'Inferno n'avait certainement pas le même effet sur lui que sur elle. Elle s'en était remise, elle était passée à autre chose et l'homme qu'elle avait choisi se tenait à présent devant elle. David était tout ce qu'elle pourrait désirer. Un banquier reconnu dans le monde des finances internationales avec un avenir prometteur devant lui. Un physique à faire succomber n'importe quelle femme. Et un caractère calme et raisonnable qui équilibrait bien sa nature à elle, plus passionnée et impulsive. L'Inferno frapperait peut-être plus tard, quand ils se connaîtraient mieux.

— Tu es prête ? demanda David.

— Oui !

— Toute ta famille sera-t-elle présente ? demanda-t-il d'un ton légèrement agacé qui lui déplut fortement.

David trouvait souvent que sa famille prenait trop de place dans sa vie.

— Vais-je enfin rencontrer Lazz et Ariana ou sont-ils toujours en Italie ? ajouta-t-il.

Cette question la prit par surprise. Mais elle se rappela qu'il avait déjà mentionné avoir rencontré la famille Romano, cela expliquait peut-être sa question.

— Ils ne rentrent que dans deux mois, répondit-elle.

— Comme c'est dommage, murmura-t-il, mais elle crut déceler dans ce commentaire un brin d'hypocrisie.

Après avoir fermé à clé la porte d'entrée de son élégante petite maison, ils traversèrent la rue pour aller jusqu'à sa Jaguar. Comme à son habitude, il lui ouvrit la portière, la courtoisie faisant partie intégrante de sa personnalité. Tandis qu'il roulait en direction des bureaux de l'entreprise Dante, ils discutèrent de tout et de rien. Mais alors même qu'ils avaient presque atteint leur destination David aborda un sujet plus épineux.

— Je dois m'envoler pour New York la semaine prochaine pour une réunion, dit-il après un moment de silence. Une réunion des plus ennuyeuses, je le crains, ajouta-t-il avec un sourire.

Il lui avait déjà parlé de son voyage d'affaires la semaine précédente.

— Je comprends, répondit-elle d'un air compatissant. Seras-tu absent longtemps cette fois ?

— Quatre jours. De vendredi à lundi.

— Oh ! ça va. Ce ne sera pas trop long. Au moins, tu n'as pas à aller à l'étranger.

— Non, c'est vrai, répondit-il en s'arrêtant à un feu rouge et en lui jetant un regard appuyé dont elle ne comprit pas tout de suite la portée. Je voudrais que tu m'accompagnes. Mes affaires ne me prendront pas trop de temps. Cette réunion est plus une formalité qu'autre chose.

— Oh ! je ne sais pas, David, répondit-elle avec hésitation.

Le feu passa au vert et il traversa le carrefour.

— Je n'ai pas fini, l'interrompit-il. Je pensais que nous pourrions réserver une suite au Ritz.

Sa proposition arrivait de façon tellement inattendue qu'elle mit un moment à comprendre où il voulait en venir.

— Au Ritz ? répéta-t-elle.

Elle ne pouvait s'empêcher d'être impressionnée. Mais ensuite elle se souvint soudain du reste de sa phrase.

— Attends une minute, ajouta-t-elle. Tu veux dire… partager une suite ?

— Je te parle d'un week-end en amoureux, dit-il d'un air un peu pincé. C'est-à-dire, sans avoir ta famille sur notre dos à longueur de journée.

Elle se raidit et se tourna vers lui.

— Tu as l'impression d'avoir ma famille sur le dos ? demanda-t-elle avec autant de politesse qu'elle en était capable.

Mais il ne sembla pas prêter attention à la note dangereuse dans sa voix.

— Eh bien, oui. Tu as vingt-cinq ans, Gianna. Cela fait six mois que nous nous connaissons, trois mois que nous sortons ensemble, et pourtant tu gardes toujours tes distances.

— Et tu penses que c'est à cause de ma famille ?

Il ne parut toujours pas se rendre compte qu'il avançait maintenant sur une pente très glissante. Comment pouvait-il sortir avec elle et ne pas voir que sa famille était tout pour elle ? Pour les Dante, la famille primait toujours. Elle pensait d'ailleurs qu'il en était de même pour les d'Angelo, malgré le style de vie plus cosmopolite de David. *La famiglia*, pas vrai ?

Cela s'étendait parfois au-delà des liens du sang. Les Dante étaient toujours ravis de trouver quelqu'un de nouveau pour venir gonfler les rangs de leur famille. Si David ne se méfiait pas tant de leurs intentions – il avait même insisté pour garder leur relation secrète pendant les deux premiers mois jusqu'à ce qu'il finisse par accepter de rencontrer sa famille – il aurait pu le découvrir par lui-même. En conséquence, à cause de l'attitude de David, sa famille le gardait à distance polie, sauf sa chère Nonna.

Ils approchaient des bureaux de l'entreprise Dante.

— Je ne pense pas que ce soit la faute de ta famille si tu as été aussi distante avec moi. Pas entièrement leur faute, en tout cas. Je pense que tu agis ainsi car tu as eu une éducation à l'ancienne.

Elle n'en croyait vraiment pas ses oreilles. Non mais quel culot !

— Vraiment ? murmura-t-elle. Laisse-moi deviner… Tu dis cela parce que je n'ai pas encore sauté dans ton lit, comme l'ont fait les autres femmes avec lesquelles tu es sorti, c'est ça ?

— Pour être franc, oui. Le monde a évolué, Gia, mais les Dante vivent toujours au XIXe siècle, avec toutes les règles et les conventions sociales que cela entraîne. Comme tu le sais, j'ai fait mes études à Oxford et j'ai un train de vie très sophistiqué. Mais toute ma famille vit au XXIe siècle.

— Contrairement à la mienne, ajouta-t-elle sans lui laisser le temps de répondre, en lui souriant gentiment à la place. Et, pour je ne sais quelle raison, tu penses que partir à New York va enfin me propulser dans le siècle actuel ?

Il ne sembla pas conscient de son sarcasme et lui répondit avec un sourire sensuel.

— Je l'espère, ma chérie. Je l'espère de tout mon cœur. Ta famille essaie de te protéger, je le comprends. Mais cela n'empêche… Tu es une femme adulte, Gia, une vraie femme. Pourquoi ne pourrais-tu pas vivre ta vie comme tu l'entends au lieu d'obéir à des principes désuets ?

— Tu ne t'es jamais dit que j'étais peut-être parfaitement consciente d'être une femme et que, plutôt que de céder aux exigences archaïques de ma famille, j'avais choisi délibérément de vivre selon ces principes désuets que tu méprises tant ?

Il poussa un soupir.

— Tu m'obliges à gâcher la surprise que je te réservais, dit-il avec un regard enjôleur.

Il lui prit la main et embrassa son annulaire.

— Une surprise, poursuivit-il, qui, j'en suis sûr, réjouira tout le monde et ta famille n'aura pas d'autre choix que de nous pardonner notre petite escapade en amoureux. Qu'en dis-tu, ma belle ?

Elle était sous le choc. Il n'y avait pas besoin d'être un génie pour comprendre ce qu'il insinuait. Il allait lui demander sa main. Elle tenta donc de formuler sa réponse avec prudence.

— Il n'y a rien que je puisse répondre pour le moment, n'est-ce pas ? Je veux dire, tu comptes toujours me faire la surprise, tu ne me fais pas ta demande maintenant, si ? demanda-t-elle d'un ton hésitant. N'est-ce pas ?

— Pas encore. Mais j'espère que tu répondras par un grand « Oui, David, je le veux » dans un futur très proche.

Elle se mordit la lèvre avant de retirer doucement sa main et puis elle détourna la tête pour observer l'immeuble des bureaux de la société Dante et tenter de se ressaisir. Pourquoi maintenant ? se demandait-elle. Pourquoi ce soir ? Elle savait qu'il y avait de grandes chances pour que Constantine soit présent au gala. Connaissant sa famille, il y serait. Comment pouvait-elle envisager d'entamer une relation sérieuse, voire même des fiançailles, avec un autre homme alors qu'il se tenait dans les coulisses à l'observer avec un regard de prédateur ?

Elle frissonna en pensant à cette image. Elle était absolument certaine que, si elle et Constantine étaient restés ensemble pendant trois mois, leur union aurait été consommée depuis longtemps, qu'ils aient prévu d'attendre ou pas… Ils n'auraient pas pu s'en empêcher. Il l'aurait sans aucun doute épousée aussi rapidement que possible, étant donné que la famille de Constantine avait des principes aussi « désuets » et « démodés » que la sienne.

Elle jeta un regard à David à la dérobée. Elle avait toujours su que ce moment viendrait, quand David la forcerait à prendre une décision. A choisir entre un homme qui ne serait pas Constantine et la solitude. Elle avait espéré avoir plus de temps. Espéré que ses sentiments pour lui évolueraient. Mais ce n'était pas le cas et elle devait désormais faire un choix.

Il pénétra dans le parking au sous-sol de l'immeuble de bureaux et se gara à la place réservée aux invités VIP. Il détacha leurs deux ceintures de sécurité et la surprit en l'attirant dans ses bras. Puis il l'embrassa, laissant ses lèvres errer langoureusement sur les siennes. Elle le laissa faire et essaya de se perdre dans cette étreinte.

Plus que tout au monde, elle voulait tomber amoureuse de David. Voulait ressentir l'Inferno pour quelqu'un qui la désirait autant que lui. Qui ferait d'elle sa priorité numéro un au lieu de quelqu'un qui ne venait que quand l'envie lui en prenait, une arrière-pensée dont il pouvait se débarrasser dès qu'il s'en était lassé. Quand David l'embrassait avec un désir si fort et si évident, pourquoi n'arrivait-elle pas à penser à autre chose que Constantine ? Elle eut un mouvement de recul et se plaqua un sourire forcé sur le visage.

— Alors ? demanda David.

Elle évita son regard.

— J'ai besoin de temps, répondit-elle.

L'expression sur le visage de David changea en une seconde et il l'observa d'un air glacial.

— De temps ? Tu veux du temps pour décider si tu veux venir à New York ? Ou bien pour ma surprise ?

— Je suis un peu préoccupée par le gala pour le moment, expliqua-t-elle en évitant de répondre à sa question. Il faut aussi que je vérifie mon emploi du temps.

— Est-ce que cela veut dire que tu as envie de partir en amoureux et tout ce que cela implique ? demanda-t-il, un sourcil levé.

— J'ai envie d'en parler et d'y réfléchir, répliqua-t-elle.

Elle regarda sa montre et paniqua quand elle vit l'heure qu'il était.

— Je suis désolée, David, mais il faut vraiment que j'aille à l'intérieur. Peut-on reporter notre discussion à plus tard ?

— Reporter notre discussion, répéta-t-il.

Elle soupira, consciente d'avoir commis une indélicatesse.

— Excuse-moi, ce n'est pas ce que je voulais dire.

— Ce n'est rien. Je comprends.

Sans dire un mot de plus, il sortit de voiture et sans se départir de sa galanterie il vint lui tenir sa portière. Mais le reste du trajet jusqu'à la salle du gala se déroula dans un silence gêné.

Dès qu'elle pénétra dans la salle de bal, elle sentit la présence de Constantine. Il était là. Sa réaction primale et animale la surprit et l'effraya. Une part d'elle voulait abandonner David pour se précipiter à la recherche de Constantine.

Elle ferma les yeux et prit une profonde inspiration pour se calmer. Il fallait que ça s'arrête. Tout de suite. Elle fit un effort immense pour ignorer les troublants sentiments qui l'agitaient et garder toute sa logique et tout son sang-froid. Si elle cédait au désir, elle serait perdue. Elle devait se concentrer sur David d'Angelo. Mais, à chaque pas qu'elle faisait, tous ses sens se concentraient sur un seul homme. Elle le sentait presque en elle.

Constantine Romano. L'homme qui lui avait volé son cœur et son âme.

2

Lorsque Gianna entra dans la salle de bal, elle découvrit que la plupart des membres de sa famille étaient déjà arrivés. Dès qu'ils l'aperçurent, ils fondirent sur elle et l'entraînèrent dans la foule, David les suivant à contrecœur.

Elle repensait à ce qu'il avait dit sur sa famille et ne put s'empêcher de se demander s'il avait l'impression de n'être rien de plus qu'un détail pour les Dante, tout comme elle avait le sentiment de n'être qu'un détail pour Constantine. Pourquoi tout était si compliqué !

Après avoir pris le temps de vérifier que tous les derniers petits détails de la soirée étaient réglés, elle alla rejoindre sa famille qui accueillait les invités tandis que David buvait une coupe de champagne et observait les vitrines, en tentant avec un succès limité de dissimuler son ennui.

— C'est le seul homme que je connaisse qui soit capable d'observer les plus beaux bijoux du monde avec autant d'enthousiasme que quelqu'un buvant du lait tourné, grogna Rafe, le frère de Gianna, dans son oreille. Dis-lui d'arrêter avant qu'il ne gâche la soirée.

— Plus facile à dire qu'à faire, répondit-elle.

— Il est ton invité, c'est ton problème. Mais tu ferais bien de te dépêcher parce que, s'il continue comme ça, c'est moi qui vais aller lui demander quel est son problème.

— Est-ce que vous êtes tous aussi polis envers David quand je ne suis pas là ? demanda-t-elle.

Son frère aîné, Luc, vint se joindre à eux, suivi de Draco.

— Nous ne l'aimons pas, annonça ce dernier. Et il ne nous aime pas non plus.

— Tout ce qui l'intéresse, c'est l'argent, renchérit son frère. D'accord, il est banquier, mais quand même…

— Il n'a aucune poésie. Il est froid. Nous ne voulons pas que notre petite sœur se marie avec quelqu'un qui n'a aucune passion.

Elle leva les mains en signe de défense.

— Attendez, attendez. Vous lui avez fait le fameux discours des grands frères, pas vrai ? s'exclama-t-elle en les observant chacun à son tour. Oh mon Dieu, vous l'avez fait…

— Il n'a pas réussi le test, expliqua Rafe. Il n'a pas voulu venir à un match des Giants avec moi. J'avais des places au premier rang, en plus.

— Il a échoué lamentablement, renchérit Luc. Il ne joue même pas au basket. Je crois qu'il n'aime pas transpirer.

— C'est un con, conclut Draco avec un grand sourire. Il n'a même pas voulu goûter la bière de Primo. Il a fait la grimace. Je n'ai jamais vu notre grand-père aussi énervé.

— Je serais prêt à tuer pour une bouteille de la bière brassée par Primo, ajouta une voix derrière eux.

Cette voix qui lui était douloureusement familière. Cette voix qui avait hanté ses rêves et ses souvenirs pendant dix-neuf longs mois.

— Il faut être stupide pour refuser une offre pareille. De qui parlons-nous ? Cet homme stupide est-il un de tes amis, Gianna ?

Elle se retourna pour faire face à Constantine et ne put s'empêcher d'écarquiller les yeux en le voyant. Dans son smoking, il était tout bonnement irrésistible, encore plus beau que David.

— Que fais-tu ici, Constantine ? demanda-t-elle à voix basse.

— A ton avis ? répondit-il, son regard noir fixé sur elle comme si elle était la seule personne présente dans la pièce. Je suis venu réclamer mon dû.

Du coin de l'œil, elle vit David approcher. Constantine

avait l'air de se moquer éperdument de sa présence, il ne l'avait même pas remarqué. Au lieu de cela, sans se soucier du fait que sa famille et son petit ami étaient présents, il releva son menton et captura sa bouche.

Elle n'essaya même pas de se dégager du baiser de Constantine. Ses lèvres prirent possession des siennes et allumèrent en elle une flamme qu'elle n'avait jamais ressentie avec un autre homme. Et certainement pas avec David. Pendant un court instant, elle oublia tout ce qui les entourait. Oublia l'heure, le jour, même son propre nom. Seules existaient la force de l'étreinte de Constantine, la chaleur de son corps et cette bouche incroyable qui prenait possession de la sienne avec une fougue et une voracité inouïes.

Un seul baiser en disait très long. Elle sentait son désir et combien elle lui avait manqué durant leur trop longue séparation, sa faim et son intense plaisir. Mais, plus que tout, il exprimait un fait simple, mais absolument indéniable, ils étaient faits pour être ensemble. Il y avait une certitude dans ce baiser et une incroyable confiance dans la façon dont il possédait sa bouche. Il la connaissait, il savait parfaitement qui elle était et ce qu'elle voulait. Et il le lui donna.

Comment aurait-elle pu résister ? Cette pensée ne lui effleura même pas l'esprit. Pourquoi lutter quand ce baiser lui était plus vital encore que l'air qu'elle respirait ? Tout en lui éveillait en elle une réponse basique, primale, élémentaire. Son parfum frais et unique. La virilité de son corps enlacé au sien. La brûlure incandescente de ses caresses. Au premier contact, l'Inferno s'embrasa et la consuma jusqu'au plus profond de son être. Même le cœur de Constantine battait au même rythme que le sien.

L'explosion de désir née de leur étreinte se mêlait à une sorte de joie grisante, la joie d'être de nouveau réunis. A chaque seconde qui passait, elle pouvait sentir la certitude de Constantine, comme un écho de la détermination à toute épreuve qui le caractérisait. Elle comprenait parfaitement le message implicite qu'il lui faisait passer : peu importe les obstacles qu'il devrait surmonter, elle serait sienne, tôt ou tard.

Le fait que Constantine vienne de l'aristocratie italienne, qu'il ait été éduqué dans les meilleures écoles et universités du monde ou que les Romano soient connus pour leur courtoisie et leurs bonnes manières n'avait pas d'importance pour elle. En dépit de toutes ses qualités sociales, l'homme qui la tenait dans ses bras restait un hors-la-loi, un voyou, déterminé à prendre ce qu'il considérait comme sien. Déterminé à la prendre, elle.

Elle ne put retenir un frisson, elle était au bord du gouffre, à deux doigts de céder à la passion. Il fallut que David pose une main ferme sur son épaule et l'arrache à l'étreinte de Constantine pour qu'elle se rende compte de ce qu'elle faisait… et avec qui.

Ses joues s'empourprèrent immédiatement et elle fit un pas en arrière, essayant tant bien que mal de recouvrer sa dignité. Comment avait-elle pu embrasser Constantine comme ça, en public et avec tous leurs invités prestigieux qui les observaient, sa famille et leurs clients qu'elle avait personnellement invités ? Que devaient-ils penser ? Elle jeta un rapide coup d'œil à David et sentit la panique l'envahir en voyant la colère froide qui assombrissait son visage. Ce qu'il pensait, lui, était tout à fait évident.

— David, je te présente Constantine Romano. Il est… Enfin, c'est un… ami de la famille, en quelque sorte.

Elle jeta un rapide regard vers Constantine, surprise de voir dans ses yeux un éclair de reconnaissance, comme s'il connaissait déjà David. La seconde d'après, son regard s'assombrissait dans un éclair de fureur. Ils s'étaient déjà rencontrés. Et ils n'avaient pas vraiment l'air de s'apprécier. La tension entre les deux hommes ne fit qu'augmenter le sentiment de malaise.

— Constantine ? demanda-t-elle d'une voix hésitante.

— Je ne suis pas un membre de la famille… pour l'instant, rectifia-t-il avec un air de défi. Et David et moi nous connaissons déjà.

David sourit, et ce sourire était teinté d'un amusement ironique et froid qui ôta à son visage tout son charme habituel.

— Romano, répondit-il.

D'une petite chiquenaude, il enleva une poussière de la manche de sa veste. Un geste qu'elle interpréta aussitôt : Constantine était une poussière dont il entendait bien se débarasser d'une chiquenaude.

— Comme d'habitude, poursuivit David, tu arrives au mauvais moment.

Constantine avança vers lui d'un air menaçant et elle eut l'impression de voir ses frères serrer les rangs derrière lui.

— Tu veux dire… comme d'habitude, j'arrive juste à temps.

Il s'adressa ensuite à Gianna, sans quitter David des yeux.

— C'est lui ? C'est de d'Angelo dont tu me parlais tout à l'heure ?

Elle n'avait jamais été aussi mal à l'aise de toute sa vie.

— C'est l'homme dont je t'ai parlé, en effet, répondit-elle. Nous nous fréquentons depuis quelques mois.

— Tu ne lui dois aucune explication, intervint David. Il n'a aucune place dans ta vie et il ne fait pas partie de ta famille.

— Au contraire. Dans un futur très proche, je compte bien devenir une figure permanente dans la vie de Gianna.

David s'immobilisa et il plissa ses yeux bleu glacier.

— Que diable veux-tu dire par là ?

Constantine fit un sourire dangereux qui lui donnait l'air d'un prédateur.

— Je veux dire exactement ce que tu crois. Je suis venu m'installer à San Francisco avec la ferme intention de demander à Gianna de me faire l'honneur de devenir ma femme.

Un brouhaha éclata dans la salle autour d'eux.

— Oh mon Dieu, murmura-t-elle en chancelant.

Comme si une distance les séparait, elle entendait sourdement les exclamations d'excitation et d'approbation de sa famille, qui lui faisaient clairement comprendre que, dans cet horrible triangle amoureux, ils étaient du côté de Constantine. Elle se tourna pour faire face à un David qui exultait de colère.

Il fit de toute évidence un effort suprême pour reprendre le contrôle de lui-même et força un sourire. Elle ne pouvait même pas imaginer à quel point cela devait lui coûter.

— Tu perds la tête, Romano. Gia et moi avons un accord et il sera entériné très bientôt, au cours du week-end que nous avons prévu de passer à New York. J'ai réservé une suite au Ritz, avec des bougies et du champagne. Est-ce à Sev qu'il faut que je m'adresse pour acheter une bague de fiançailles Dante ? J'imagine que ce n'est pas la peine d'envisager d'aller chez Tiffany's ou Cartier. C'est dommage…

Un silence de mort suivit la déclaration de David. Elle sentait pratiquement la fureur qui irradiait de Constantine. Et, après son commentaire sur Tiffany's et Cartier, sa famille ne devait pas être de meilleure humeur que lui. Comment David avait-il pu être aussi stupide ? Cela ne lui ressemblait pas du tout. Bien sûr, il n'avait pas tissé des liens très amicaux avec ses frères, pas autant qu'elle l'espérait en tout cas, mais il n'avait jamais été aussi grossier. D'ailleurs, il avait toujours été poli, on voyait qu'il voulait faire bonne impression, même si cela semblait parfois manquer un peu de sincérité.

Elle se rendit compte qu'il était temps d'agir, et vite. La première chose qu'elle devait faire était d'éloigner David, avant que la situation ne s'envenime. Ensuite, ils auraient une discussion. Une *longue* discussion. Elle devait décider une bonne fois pour toutes si elle et David avaient un avenir. Si ce n'était pas le cas, la seule option qu'il lui resterait serait de mettre un terme à leur relation.

— Excusez-nous, mais mon compagnon et moi avons besoin de parler de certaines choses, annonça-t-elle.

David fit un sourire triomphant et lui passa un bras autour des épaules pour l'attirer contre lui. L'espace d'un instant, elle crut que la situation allait dégénérer. Et cela aurait peut-être été le cas si l'étreinte de David ne l'avait pas placée, elle, au centre de la scène. Du coin de l'œil elle vit Luc, son frère aîné, poser une main sur l'épaule de Constantine et l'autre sur celle de Rafe, retenant les deux hommes qui étaient de toute évidence sur le point de se jeter sur David.

— Plus tard, l'entendit-elle murmurer. Ce n'est ni le lieu ni le moment.

Mais David, lui, n'avait clairement rien à faire du bon endroit ou du bon moment.

— Oui, les garçons, aux pieds, dit-il en guise d'au revoir.

Et il l'entraîna à sa suite.

— Que se passe-t-il ? demanda-t-elle à voix basse.

— C'est exactement ce que j'allais te demander, répondit-il avec froideur.

— Réponds-moi, d'abord. Qu'y a-t-il entre toi et Constantine ?

— C'est de l'histoire ancienne. Cela n'a rien à voir avec toi et moi. Allons trouver un endroit où nous pourrons parler en privé, dit-il en indiquant la terrasse.

Même si la fin du mois de juin approchait, l'air était encore frais et une brume légère berçait le jardin. La ville s'étendait au loin et brillait d'un millier de petites lumières à travers le voile brumeux. C'était presque comme s'ils étaient coupés du reste du monde, piégés dans une oasis de brouillard. Des tables étaient situées çà et là dans de petites alcôves confortables et isolées. David choisit la plus secrète.

— Assieds-toi là pendant que je vais nous chercher quelque chose à boire, dit-il.

Mais elle ne voulait pas le laisser s'en tirer aussi facilement.

— Et ensuite tu m'expliqueras tout ? insista-t-elle.

— Absolument. Et toi aussi.

Elle décela un soupçon de menace dans sa voix et cela lui déplut fortement. Pendant qu'elle l'attendait, elle profita de ce moment de solitude pour réfléchir à la façon dont elle lui décrirait sa relation avec Constantine, sans parler de ce baiser. Si seulement elle pouvait tout simplement lui répondre « ça ne te regarde pas ! ». Mais elle connaissait David…

Avant qu'elle n'ait pu trouver un plan qui lui convenait, il revint avec une flûte de champagne pour elle et un verre de Campari pour lui. Il lui offrit même un sourire sympathique. Après sa colère, sa soudaine bonne humeur apparente la surprit. Elle but une gorgée de champagne et grimaça à cause de l'arrière-goût désagréable. Elle avait déjà goûté cette marque de la boisson (qu'elle avait elle-même sélectionnée pour la soirée) et n'avait jamais senti cette amertume.

Il leva son verre.

— A nous.

Consciente que David attendait une réponse de sa part, elle imita son geste.

— A nous, répondit-elle en faisant tinter son verre contre le sien.

Elle avala une autre gorgée de l'étrange breuvage. Elle aurait préféré éviter la confrontation immédiate, mais elle savait que c'était impossible. Cependant, elle pouvait peut-être la retarder un peu en prenant elle-même l'offensive.

— David, que se passe-t-il ?

— A toi de me le dire, dit-il en l'observant au-dessus du rebord de son verre.

Il avait l'air d'avoir mis sa colère de côté, mais elle la sentait bouillir sous la surface.

— Le baiser que toi et Romano avez échangé n'avait rien de familial.

— Nous sommes de vieux amis.

— De vieux amis *intimes* ?

Dans l'obscurité de la terrasse, elle avait du mal à lire son expression, mais le ton de sa voix ne laissait planer aucun mystère. Il était absolument furieux. Elle prit son temps pour lui répondre, buvant une gorgée de champagne, avant de le regretter immédiatement. Elle choisit ses mots avec prudence.

— Nous sommes sortis ensemble, admit-elle. Très très brièvement.

— Tu as couché avec lui.

La colère l'envahit et elle posa brutalement sa flûte sur la table.

— Cela ne te regarde pas.

Il se contenta de hausser les épaules. Une réaction qui l'étonna, elle ne s'était pas attendue à ce qu'il abandonne la partie aussi facilement.

— Tu as raison. Ce ne sont pas mes affaires, concéda-t-il.

Il lui tendit sa flûte de champagne, dans un geste qui avait tout de la réconciliation.

— J'étais jaloux, poursuivit-il. Mais, au vu du baiser que toi et Romano avez échangé devant moi, ce n'est pas très étonnant, non ?

— J'imagine que non.

Elle accepta le verre qu'il lui offrait. De nouveau, elle fut interpellée par ce goût bizarre. Il n'avait pas tourné et il n'était pas éventé. Pourtant, l'amertume subsistait. Elle en parlerait au traiteur. Plus tard. Pour l'instant, elle devait se concentrer sur sa conversation avec David.

— Mais c'est terminé entre vous deux ? insista-t-il.

— Je ne suis pas sûre, répondit-elle honnêtement.

Après ce baiser, elle n'en avait certainement pas l'impression. La paume de sa main la démangea et elle replia ses doigts pour former le poing, tentant d'ignorer cette sensation persistante. Combien de membres de sa famille lui avaient décrit cette exacte réaction en l'attribuant au lien qui s'était formé la première fois qu'ils avaient touché leur âme sœur ? Tous sans exception. Elle ferma les yeux. Depuis le retour de Constantine, la démangeaison se faisait de plus en plus sentir. Bien sûr, elle pourrait rester avec David et tout nier en bloc, mais cela ne changerait rien aux faits.

Le lien qui l'unissait à Constantine n'existait tout simplement pas entre elle et David… et n'existerait probablement jamais.

— Finis ton verre, Gia, et allons-y, ordonna-t-il d'un ton sec.

Avait-il lu le regret sur son visage ?

— Y aller ? Mais où ? s'étonna-t-elle.

— Faire un tour en voiture. Nous avons besoin de parler et je préférerais le faire quelque part où les Dante ou

Romano ne risquent pas de nous interrompre à n'importe quel moment, répondit-il avec un sourire mystérieux. Et puis, je pense que tout le monde a besoin de se calmer un peu, tu ne crois pas ?

Elle resta un instant indécise, pesant le pour et le contre. S'ils restaient, il y avait effectivement de grandes chances pour que sa famille apparaisse au cours des dix prochaines minutes en prétextant n'importe quelle excuse, sûrement professionnelle d'ailleurs. Elle joua avec son verre entre ses doigts et fit la grimace. C'était évident que sa famille ne tarderait pas à partir à sa recherche et elle n'avait aucun doute que Constantine mènerait l'expédition. Il ne pourrait pas s'en empêcher, c'était dans sa nature, ce serait plus fort que lui. Elle ferma les yeux, se sentant épuisée tout à coup. Elle ne pouvait pas gérer tout cela ce soir, c'était trop pour elle.

— Finis ton champagne et partons, répéta David.

— D'accord, répondit-elle.

Mais au lieu de finir son verre elle le posa sur la table. Elle voyait bien que ses actions lui déplaisaient et ne savait pas exactement ce qui énervait David, était-ce son esprit de contradiction ou le fait qu'il soit allé lui chercher un verre qu'elle ne prenait pas la peine de terminer ? Elle lui toucha la main pour le distraire.

— Mais ensuite tu m'expliqueras ce qui s'est passé entre toi et Constantine, n'est-ce pas ? Sa sœur, Ariana, est mariée à mon cousin, Lazz, tu te souviens ? Et il faut que tu saches que je l'adore, cette fille. Je ne veux pas que ton désaccord avec Constantine vienne entacher ma relation avec elle.

— Bien sûr que non, dit-il en lui tendant la main. Viens, sortons par la porte de service.

— Si cela peut nous permettre d'éviter une autre dispute, je suis absolument pour, répondit-elle.

— Pourquoi ne m'avez-vous pas dit qu'ils sortaient ensemble ? demanda Constantine aux frères de Gianna.

— On ne savait pas que cela te regardait, répondit Luc en haussant les épaules.

— D'ailleurs, en quoi ça te concerne ? demanda Draco d'un air curieux.

Constantine croisa les bras et les dévisagea un par un. Il était temps de faire clairement comprendre quelque chose aux Dante

— A partir de maintenant, tout ce qui concerne Gianna me concerne directement, déclara-t-il.

— Attends une minute, s'exclama Rafe. Je sais que vous vous êtes rencontrés au mariage de Lazz. Mais depuis quand êtes-vous passés de « salut, ça va » à « elle est à moi, tuons la concurrence » ? Pas que cela me dérange, tu comprends. Mais je voudrais juste que l'on m'explique…

Comment pouvaient-ils lui poser cette question ? Ils savaient comment marchait l'Inferno. Ils devaient savoir ce que Gianna avait décidé de lui faire.

— Nous sommes passés de l'un à l'autre dès que nous nous sommes touchés.

Luc eut l'air extrêmement surpris.

— L'Inferno ?

— C'est pas vrai ? dit Rafe en éclatant de rire. Elle t'a fait le coup de l'Inferno ? Bien joué, sœurette !

— Cela n'a rien de drôle, se défendit Constantine. Elle aurait au moins pu me demander la permission avant de me faire… le coup de l'Inferno, comme vous dites.

Draco lui donna une tape dans le dos pour lui signifier qu'il compatissait.

— Désolé, mec, mais ce n'est pas vraiment comme ça que ça marche, dit-il.

Constantine essaya de contrôler sa colère.

— Quand nous aurons plus de temps, tu pourras peut-être m'expliquer comment ça fonctionne ?

— Si on le savait, nous n'aurions pas tous la corde au cou, répondit Rafe avec bonne humeur en attirant sa femme près de lui. N'est-ce pas, ma délicieuse petite corde ?

— Tu as dit ça parce que tu savais que j'étais juste derrière toi, pas vrai ? rétorqua Larkin d'un air faussement énervé.

— Oui, et d'ailleurs ce n'est pas bien d'espionner les gens…

Lorsque David quitta le parking, Gianna ne savait toujours pas où il avait l'intention de l'emmener. Il appuya sur l'accélérateur de la Jaguar, dont le moteur puissant vrombit, et elle fila sur les routes des montagnes surplombant la ville, un peu trop vite à son goût. Il était si différent de Constantine. C'était presque comme si David avait quelque chose à prouver. Comme s'il essayait de lui montrer qu'il valait mieux que son rival. Mais, au lieu de l'impressionner, elle trouvait cela légèrement pathétique.

— Où allons-nous ? demanda-t-elle en bâillant.

— Nulle part en particulier. Je pensais juste sortir de la ville, ensuite nous pourrons nous garer quelque part pour parler.

Il grilla un feu orange et elle posa une main sur son bras. Etrangement, ce geste lui demanda un effort considérable. La préparation du gala avait dû la fatiguer plus qu'elle ne le pensait.

— Arrête-toi juste un instant, dit-elle.

— Attends que nous soyons sortis de la ville.

— Non, s'il te plaît. Gare-toi. Je voudrais que tu fasses quelque chose pour moi, insista-t-elle.

Il lui jeta un bref regard impatient, puis freina brutalement et s'arrêta devant un signe d'interdiction de stationner.

— D'accord, je me suis arrêté. Quoi ?

— Tu veux bien m'embrasser ? demanda-t-elle.

Un lampadaire illuminait son visage et la lumière directe rendait ses yeux presque transparents. Elle parvenait tout de même à lire l'expression sur son visage, une expression ambivalente. Une part de lui la voulait d'un désir ardent et primal qu'il ne prenait même pas la peine de dissimuler. Mais une autre part, et elle soupçonnait qu'il l'aurait cachée s'il l'avait pu, hésitait. Elle comprenait pourquoi. Il avait deviné qu'elle voulait comparer ce baiser avec celui échangé plus tôt avec Constantine. Et il avait raison.

Fini le temps des faux-semblants. Elle devait connaître la vérité, une fois pour toutes. Soit elle avait de réels sentiments pour David, soit ce n'était pas le cas. Lors des trois derniers mois, elle s'était jetée à corps perdu dans cette relation, avec l'espoir vain que le désir s'enflammerait. Qu'elle ressentirait l'Inferno pour lui, comme elle l'avait ressenti pour Constantine. Elle savait d'ailleurs que cela pouvait arriver. Mais elle ne pouvait pas faire de feu sans combustible. Au moins, elle devrait avoir l'impression d'avoir gratté une allumette quand ils s'embrassaient. Créé quelques nuages de fumée. Allumé une flamme ou deux. Quelque chose. Si ce n'était pas le cas, la seule chose qu'il lui resterait à faire serait de mettre un terme à leur relation.

David prit son temps. Se penchant vers elle, il l'attira près de lui. Il posa une main sur sa joue et prit possession de ses lèvres, d'abord doucement, puis avec plus de passion. Le souffle de David se fit plus court et ses doigts vinrent s'emmêler dans ses cheveux.

Elle résista de toutes ses forces à l'envie de se libérer de cette étreinte. Ce baiser allait à l'encontre de tous ses instincts. Elle pourrait y résister autant qu'elle voudrait, il n'y avait qu'un homme pour elle. Et ce n'était pas celui qui était en train de l'embrasser.

Mais elle ne lutta pas et ne recula pas, malgré sa furieuse envie de le faire. Elle avait l'étrange impression d'avoir laissé son cerveau sur la terrasse de l'entreprise Dante et d'être emprisonnée dans un épais brouillard. Plus que tout, elle avait envie de s'allonger et de dormir. Une balade en voiture n'était peut-être pas la meilleure option, en fin de compte.

Ce ne fut que quand il tenta de défaire le nœud qui retenait le col de sa robe sur sa nuque qu'elle réagit enfin.

— David, non…

Il eut un mouvement de recul et était sur le point de protester quand la sonnerie stridente de son téléphone portable retentit. L'espace d'un instant, cela la sortit de sa torpeur et elle eut un moment de clarté.

— Il faut que je réponde.

— Non, répliqua-t-il. Pour une fois dans ta vie, Gianna, ignore ta famille.

— Je suis une Dante, expliqua-t-elle patiemment. Tu sais bien que cela ne fonctionne pas comme ça. Si je ne réponds pas, ils s'inquiéteront.

Elle décrocha mais, à l'autre bout du fil, ce n'était pas un de ses frères, mais la voix de Constantine qui lui parvint.

— Où es-tu, *piccola* ? demanda-t-il.

— Avec David. Nous faisons un tour en voiture.

Il y eut un bref silence.

— Dis-lui de te ramener immédiatement chez toi.

— Est-ce un ordre ? demanda-t-elle.

— Gianna, il y a quelque chose qu'il faut que tu saches à propos de David. C'est important. Sinon, je ne t'aurais rien dit.

En temps normal, elle aurait peut-être argumenté, mais, avec David assis à côté d'elle, elle décida, pour une fois, de choisir la prudence.

— Je te rappellerai plus tard, quand ce sera plus pratique, dit-elle.

— Je quitte la réception dans quelques minutes. Je t'attendrai devant chez toi jusqu'à ce que tu me donnes de tes nouvelles.

— Je ne sais pas pour combien de temps j'en ai, répondit-elle avec un soupir. David et moi sommes…

Elle jeta un coup d'œil à son compagnon et ne fut pas étonnée de voir qu'il avait l'air furieux. Avait-il reconnu la voix de Constantine ?

— Nous avons besoin de parler, conclut-elle.

— Tu vas le quitter ? demanda Constantine.

— Ce ne sont pas tes affaires.

— Tout ce qui te concerne me concerne, répondit-il avec une simplicité dévastatrice.

Elle ferma son téléphone et le rangea dans son sac à main.

— David…

— Non, ne dis rien.

Elle lutta contre la fatigue pour trouver les mots les plus gentils et les plus attentionnés.

— David, soyons honnêtes l'un envers l'autre. Cela fait trois mois que nous sortons ensemble. Si entre nous il y avait quelque chose, nous le saurions déjà.

— Mais nous le savons déjà, la protesta-t-il. Tu ne peux pas nier tes sentiments pour moi. Mais tu laisses Romano te troubler. Donne-moi une chance, Gia. Donne-nous une chance.

C'était le moment de vérité. Elle ne désirerait jamais cet homme. Pas de la façon dont une femme désirait un homme. Elle avait beau essayer autant qu'elle le pouvait, essayer de se perdre dans l'étreinte de David, une part d'elle restait distante et insensible. Cette part d'elle, secrète, refusait de laisser un autre homme la prendre dans ses bras. La toucher. L'embrasser. Un seul homme en avait le droit. Elle ferma les yeux et céda enfin à l'inévitable. Il n'y aurait pas de week-end romantique à New York. Ni de suite au Ritz en amoureux, sans parler de fiançailles.

Elle ne partagerait jamais le lit de David.

— Je nous ai donné une chance, répondit-elle.

Elle tenta d'étouffer un autre bâillement, mais l'épais brouillard l'engloutissait de nouveau.

— Cela ne marche pas entre nous, ajouta-t-elle.

— Je ferai tout pour que ça marche, tu verras, dit-il en mettant le contact.

Et la Jaguar démarra.

— Allonge-toi et ferme les yeux, Gia. Nous n'en avons pas pour longtemps.

Elle secoua la tête, mais ne parvint pas à dissiper la brume qui l'entourait complètement, qui semblait la consumer de l'intérieur, et elle céda et s'abandonna à cette étrange torpeur.

— Mais qu'est-ce que j'ai ? murmura-t-elle. Qu'est-ce qui m'arrive ?

— Allonge ton siège et endors-toi. Quand tu te réveilleras, tout sera terminé.

Qu'est-ce qui serait terminé ? Mais poser la question à voix haute lui semblait demander un effort surhumain. Et elle s'endormit.

3

— Elle n'est pas chez elle et elle ne décroche pas son téléphone portable, dit Constantine qui faisait les cent pas sur le trottoir depuis vingt minutes. Cela ne peut vouloir dire qu'une chose : elle est aux mains de d'Angelo. Il n'y a pas d'autre possibilité.

Il entendit Luc pousser un soupir au bout du fil.

— Elle n'est pas *aux mains de* d'Angelo. Ils sont juste sortis ensemble. Je suis désolé de te dire ça, Constantine, mais cela fait plus de deux mois qu'ils se fréquentent. Gianna est une adulte. Si elle ne répond pas à son téléphone, c'est parce qu'elle ne veut pas te parler. Je suis sûr qu'elle t'appellera demain matin.

— Non, répliqua Constantine.

Son instinct lui disait que quelque chose n'allait pas. Il devait la retrouver. Immédiatement.

— Si nous attendons demain matin, il sera trop tard. Il sait que je le soupçonne. Il devra agir ce soir s'il veut à tout prix la tenir hors de ma portée.

— Mais de quoi est-ce que tu parles ? demanda Luc avec impatience.

Constantine se força à prendre une voix calme et posée pour que Luc ne pense pas que c'était lui qui était cinglé, mais bien d'Angelo.

— D'Angelo a drogué au moins une femme par le passé afin de profiter d'elle. Enfin… d'essayer de profiter d'elle. Je suis arrivé juste à temps pour l'en empêcher.

— Grand Dieu. C'est de cela qu'il parlait quand il a dit que cette fois tu arrivais trop tard ?

— Oui, répondit Constantine en regardant sa montre pour la millième fois. Si d'Angelo comptait faire ça à Gianna… S'il voulait la droguer et profiter d'elle, où l'emmènerait-il ?

— Il loue une suite dans un hôtel de la ville en attendant d'avoir les clés de la maison qu'il vient d'acheter. Je ne me souviens pas de quel hôtel il s'agit, mais je peux me renseigner. Un hôtel luxueux, sans aucun doute.

Constantine réfléchit un moment avant de répondre.

— Non, il ne l'emmènerait pas à son hôtel. Trop de gens pourraient les voir. Ça doit être un lieu plus isolé.

— Je vais me renseigner, répondit Luc d'une voix tendue. Je te rappelle dès que j'en sais plus.

— Fais vite, répliqua Constantine. L'horloge tourne.

— Romano…

— Reste calme. Je la trouverai. Et j'arriverai à temps.

Il n'avait pas le choix. Sinon, il risquait de devenir fou.

Quand Gianna émergea de son lourd sommeil, elle sentit que la Jaguar ralentissait. Elle reconnut également le bruit des essuie-glaces, mêlé à celui de la pluie qui tombait fort sur le pare-brise. Etaient-ils arrivés à la maison ? Elle avait dû s'endormir sur le chemin du retour, c'était sans doute ce qui avait provoqué cette désagréable impression, comme si son cerveau était enveloppé dans du coton. Comme c'était étrange. Elle tourna lentement la tête vers la vitre du côté passager et tenta de voir où ils se trouvaient à travers l'obscurité. Non, ils n'étaient pas arrivés chez elle. Ils n'étaient même pas dans la ville.

— David ? murmura-t-elle d'une voix enrouée.

— Presque arrivés. Je n'avais pas prévu de faire ce trajet ce soir, alors je dois m'arrêter pour prendre de l'essence. Ensuite, nous n'en avons plus pour longtemps.

— Où sommes-nous ?

— Un peu au nord de Calistoga.

Cette information mit un moment à arriver jusqu'à son cerveau. Mais, quand ce fut le cas, la confusion qui régnait dans son esprit commença à se dissiper. *Calistoga ?* Mais... C'était à au moins une heure de la ville, au nord de Napa Valley. Cela n'avait aucun sens. Que faisaient-ils là ?

— Je ne comprends pas. Pourquoi sommes-nous à Calistoga ?

Il lui jeta un rapide coup d'œil impatient.

— Tu aurais dû finir ton champagne. Tu étais censée dormir jusqu'à notre arrivée au chalet.

De nouveau, elle mit un moment à comprendre ce qu'il disait, mais, petit à petit, le brouillard se dissipait et ses idées se faisaient de plus en plus claires. Elle ne comprenait pas pourquoi il parlait du champagne et elle se concentra sur sa deuxième phrase. Chalet ? Quel chalet ?

— Je ne veux pas aller dans un chalet. Je veux que tu me ramènes chez moi.

— Avec plaisir, répondit-il. Demain...

Elle secoua la tête en signe de protestation, mais elle lui semblait peser une tonne. Pourquoi sa tête était-elle aussi lourde ? Elle avait même du mal à la tenir droite.

— Je ne me sens pas bien, dit-elle. Il y a quelque chose qui ne va pas. Je me sens toute bizarre.

— Tu es fatiguée, c'est tout. Allonge ton siège et rendors-toi.

Cette fois, ce n'était pas un conseil, mais un ordre, son ton était sans équivoque. Il avait parlé d'une voix si autoritaire qu'elle fut presque tentée de lui obéir. Oh ! comme elle avait envie de dormir... Si seulement elle pouvait céder à l'appel de l'obscurité qui menaçait de nouveau de l'engloutir. Le champagne. Il avait dit quelque chose à propos de son verre de champagne.

— Tu m'as droguée, affirma-t-elle tandis qu'un horrible soupçon se formait clairement dans son esprit.

Au lieu de protester, il sourit comme un gamin qui aurait été pris sur le fait.

— Peut-être un peu...

Soudain, la peur l'envahit, aussi vite qu'une montée

d'adrénaline. Elle dissipa tout le brouillard qui l'entourait. Il l'avait droguée. Mon Dieu, il l'avait vraiment droguée !

— Pourquoi ? réussit-elle à demander malgré sa bouche sèche. Pourquoi me faire ça ?

Il haussa ses larges épaules, ses muscles puissants saillant sous sa chemise. Il avait dû retirer sa veste de smoking pendant qu'elle dormait. Elle frissonna. Qu'avait-il fait d'autre pendant qu'elle était inconsciente ?

— Parce que j'ai envie de toi, admit-il comme si c'était une explication tout à fait raisonnable.

Et ça l'était peut-être, pour lui. Elle avait souvent senti chez lui ce sentiment de toute-puissance et d'impunité. Plus d'une fois, elle l'avait entendu justifier un caprice par l'excuse « Mais je le mérite… ». Qu'il s'agisse d'une suite au Ritz, d'une troisième Rolex ou d'une nouvelle Jaguar, David trouvait toujours qu'il méritait ce qu'il y avait de mieux. Apparemment, il avait maintenant décidé qu'il la méritait elle. Et, tout à coup, la colère l'envahit, luttant contre la drogue et la peur. Elle ne le laisserait pas faire.

— Cela ne te dérange pas que le seul moyen d'obtenir ce que tu veux soit de me droguer et de me kidnapper ? demanda-t-elle.

Peut-être que si elle réussissait à alimenter la conversation cela lui laisserait suffisamment de temps pour réfléchir… et trouver le moyen de s'enfuir.

— Te droguer n'était pas le seul moyen, c'était juste le plus rapide.

Il cessa de regarder la route juste assez longtemps pour l'observer d'un air perplexe. Elle prit alors conscience que la meilleure des solutions était sans doute de le tromper en lui faisant croire que la drogue avait fait effet. Cela lui donnerait le temps de mettre en place un plan pour se sauver. Elle ferma donc les yeux avec un petit soupir et laissa tomber sa tête sur son épaule.

— J'ai tellement sommeil, murmura-t-elle.

Il caressa sa joue et elle dut faire appel à tout son self-control pour ne pas le repousser et masquer son mouvement de dégoût.

— Crois-moi, demain matin, tu te demanderas pourquoi tu m'as fait attendre si longtemps, dit-il. Et demain après-midi…

— Demain après-midi… ? demanda-t-elle en faisant exprès de bâiller.

— Nous serons fiancés.

— Je… je ne comprends pas, dit-elle en se frottant les yeux.

— Une fois que j'expliquerai à ton grand-père ce qui s'est passé, contrit et honteux d'avoir cédé à la passion, ta famille exigera que je fasse la seule chose honorable et que je t'épouse. D'ailleurs, j'insisterai en disant que c'est la seule solution raisonnable.

Elle n'en revenait pas. Il osait parler d'honneur ? Qu'en savait-il ? Elle faillit lui poser la question, mais s'en empêcha au dernier moment. Son statut de *chiacchierona*, comme l'appelait affectueusement sa famille, ne l'aiderait en rien dans cette situation. Elle devait se contrôler et rester discrète.

— D'ailleurs, je crois me souvenir que Luc et Téa se sont trouvés dans une situation similaire quand Primo les a surpris en pleine action et qu'il a insisté pour qu'ils se marient immédiatement. Je suis sûr qu'il insistera d'autant plus que tu es sa seule petite-fille, afin de maintenir intact l'honneur de la famille.

Cette fois, elle ne put se retenir d'intervenir.

— Et si je lui dis que tu m'as droguée ? demanda-t-elle en faisant un effort suprême pour contrôler la colère dans sa voix.

— Tu ne t'en souviendras pas demain, répondit-il en riant. Et tu ne te souviendras pas de cette conversation non plus.

Il s'arrêta à une station-service, le seul point de lumière le long de la route isolée. Discrètement, elle tenta d'observer, malgré l'obscurité, ce qui l'entourait dehors. Tout était fermé. Les portes de la boutique étaient soigneusement retenues par de lourds cadenas. Aucun espoir de ce côté-là. Seules les pompes, qui fonctionnaient avec une carte de crédit, étaient allumées. Quelqu'un s'arrêterait peut-être pour prendre de l'essence, espéra-t-elle. Quelqu'un pourrait peut-être l'aider.

Il se tourna vers elle.

— Avant de te rendormir, j'ai juste une dernière question à te poser, dit-il.

— Peux pas… Trop fatiguée…

— Non, non, non, répondit-il en la secouant doucement. Tu pourras dormir après avoir répondu à ma question.

Elle leva faiblement la main pour lui faire signe de continuer et elle la laissa retomber lourdement sur sa jambe.

— Quoi ? marmonna-t-elle.

— Où est Brimstone ?

— Quoi ? répondit-elle sans comprendre.

— Le diamant des Dante. Brimstone. Où est-il ? répéta-t-il avec insistance. Mes sources me disent qu'il a disparu. Que lui est-il arrivé ?

— Je ne sais pas de quoi tu parles.

Il poussa un juron en italien.

— Ne me prends pas pour un idiot ! Ce diamant est pratiquement légendaire, surtout pour les Dante. Mon père m'a tout raconté et c'est Vittorio Romano qui lui en a parlé.

Vittorio. Le père de Constantine.

— Je… Je n'en ai jamais entendu parler.

— Il était censé aller aux Romano après le mariage de ton cousin et Ariana, mais ils ne l'ont jamais eu, poursuivit-il en se parlant à lui-même. A moins que ce salaud de Constantine ne s'en soit servi pour financer Romano Restauration. Je ne vois pas comment il aurait pu faire autrement alors que mon père bloquait toutes ses tentatives pour obtenir un prêt.

Elle se força à bâiller.

— Je suis tellement fatiguée… je ne comprends pas de quoi tu parles.

Mais il ne l'écoutait pas, il était perdu dans ses pensées.

— Si Romano avait le diamant, il ne serait pas revenu pour te courir après. Malgré ce que me disent mes sources, on ne perd pas un diamant d'une telle valeur. Ce qui veut dire… Ta famille a-t-elle encore le diamant ? demanda-t-il en se concentrant de nouveau sur elle. Est-ce pour cette raison que Romano est revenu ? C'est ça, pas vrai ? Il espère l'obtenir en t'épousant.

— Jamais entendu parler de Brimstone, marmonna-t-elle.

C'était la vérité. Mais elle comptait bien demander des explications à sa famille dès qu'elle aurait réussi à se sortir de ce pétrin. Elle frissonna. En espérant qu'elle le pourrait. S'il vous plaît, mon Dieu, faites que quelqu'un vienne…

— Très bien ! s'exclama-t-il d'une voix glaciale. Fais celle qui ne sait rien. De toute façon, cela ne change rien. Une fois que je ferai partie de la famille, cela n'aura plus aucune importance.

— D'accord, articula-t-elle difficilement avant de se laisser choir sur son siège.

— Gia ?

Elle ne bougea pas un muscle.

— Gianna !

Elle se força à respirer lentement et profondément. Elle ne s'était jamais rendu compte de l'effort que cela demandait de faire semblant de dormir quand son cœur battait à tout rompre et que la panique menaçait de l'envahir. Mais elle avait dû convaincre David car elle l'entendit appuyer sur un bouton à côté du volant, qui devait ouvrir la trappe du réservoir d'essence, puis il sortit de voiture. Elle entrouvrit les yeux juste assez pour l'observer à la dérobée et retint son souffle. Il contournait la voiture pour aller se tenir à l'arrière. Il lui tournait le dos et sortit son portefeuille de sa poche pour en sortir sa carte de crédit.

Elle savait qu'elle n'aurait pas de meilleure occasion. Elle l'avait vu démarrer la Jaguar plusieurs fois. Il n'y avait pas besoin de clé. Il fallait juste appuyer sur la pédale de frein puis appuyer sur le bouton « start » qui se situait entre les deux sièges. Quand le moteur démarrait, un levier apparaissait, qui permettait de passer les vitesses. Après cela, les choses se compliqueraient sûrement…

A l'instant où David eut inséré sa carte de crédit dans la

pompe à essence, elle enjamba la console qui séparait les deux sièges et se plaça derrière le volant. Avec son coude, elle appuya sur le bouton qui bloquait l'ouverture des portières. Ensuite, elle appuya sur le frein des deux pieds et enfonça le bouton « start ». La Jaguar se mit à ronronner. Le cœur battant, elle fit une courte prière. Mais, Dieu merci, le levier de vitesse apparut.

Derrière elle, elle entendit David crier. Mais elle ne l'écoutait pas. Elle mit le levier de vitesse sur « Drive », tout en sachant qu'ensuite les ennuis commenceraient. Elle devait conduire pour la deuxième fois de sa vie. Elle prit une profonde inspiration et appuya sur l'accélérateur.

La Jaguar répondit avec un rugissement d'enthousiasme et bondit vers l'avant, fonçant à travers le parking de la station-service en direction de la route. Elle avait beaucoup de mal à contrôler la voiture et tournait le volant dans tous les sens. La Jaguar répondait à chacun de ses gestes, même le plus infime. Elle tenta de rectifier sa trajectoire et elle sentit qu'elle perdait le contrôle du véhicule, les pneus crissaient sur les graviers.

Ralentis ! Ralentis !

Mais elle ne parvenait pas à lever son pied de l'accélérateur. Elle avait trop envie de fuir pour ralentir. Juste avant d'atteindre la route, le côté droit de la voiture heurta un trottoir et la Jaguar tourna sur elle-même plusieurs fois avant d'atterrir contre un arbre. Le métal hurla et les airbags explosèrent. Puis le silence descendit.

La voiture avait fini sa course en face de la station-service. Oh ! elle avait réussi à fuir. D'au moins deux cents mètres. L'espace d'un instant, son regard croisa celui de David. Puis, avec un cri de fureur, il se mit à courir dans sa direction.

Elle essaya de reprendre son souffle. Cela n'allait pas bien se terminer.

— Calistoga ? répéta Constantine en entrant le nom dans son GPS. Où c'est ?

— Je ne sais pas, répondit Vittorio Romano. Son associé m'a parlé d'un chalet luxueux que d'Angelo possède près de Calistoga. Il y emmène parfois ses clients pour leur faire passer du bon temps.

Pour une fois, le décalage horaire de neuf heures entre la Californie et l'Italie avait été à son avantage. Il était minuit passé pour lui, mais, au Palazzo Romano, il était tôt le matin.

— Une suite au Ritz, un manoir, une Jaguar et maintenant un chalet. Franchement, Babbo, toutes ces années, nous aurions pu faire mieux…

— Détrompe-toi, le corrigea son père. J'ai entendu des rumeurs sur les d'Angelo et leurs pratiques bancaires. La comptabilité créative, c'est le terme employé, il me semble. Bientôt, tout Florence ne parlera que de cela. Tu verras, il ne faudra pas longtemps pour que tout le monde soit au courant à San Francisco aussi.

— C'est dommage que ces rumeurs ne soient pas arrivées aux Etats-Unis il y a un mois ou deux, marmonna Constantine. Bon, j'ai trouvé Calistoga, ajouta-t-il en observant l'écran de son GPS. As-tu l'adresse exacte ?

— Non, mais j'attends encore un coup de téléphone d'une de mes autres sources.

— Appelle-moi dès que tu en sauras plus.

Constantine ne perdit pas de temps. Une fois de plus, l'heure tardive jouait à son avantage et il arriva de l'autre côté du Golden Gate Bridge en un temps record. S'il brisait toutes les règles du code de la route, il pourrait atteindre Calistoga en moins d'une heure. Mais cela voulait dire que d'Angelo avait toujours une demi-heure d'avance sur lui. Peut-être plus.

Il saisit le volant avec encore plus de fermeté. S'il pensait à ce qui était en train de se passer, à ce que d'Angelo était peut-être en train de faire, il deviendrait fou. *Concentre-toi.* D'abord, il devait arriver à Calistoga le plus rapidement possible. Ensuite, il devrait trouver Gianna. Mais, dès qu'il l'aurait trouvée et qu'il se serait assuré qu'elle allait bien et qu'elle était en sécurité… David d'Angelo regretterait d'avoir touché sa femme. Ou toute autre femme, d'ailleurs. Il y veillerait lui-même.

Personnellement.

Bouge, bouge, bouge !

Gianna ouvrit la portière et se propulsa hors de la Jaguar. Au dernier moment, elle eut la présence d'esprit de prendre son téléphone portable. Elle dut lutter contre les airbags afin de pouvoir atteindre son sac à main au pied du siège passager. Elle jeta un dernier coup d'œil à David qui était en train de se précipiter vers elle et elle fila en direction de la forêt qui bordait la route.

En quelques instants, elle fut trempée par la pluie, sa robe lui collait aux jambes et elle avait du mal à courir. Pire encore, les buissons et les ronces s'accrochaient autour de ses chevilles et elle faillit tomber plusieurs fois. Mais c'était ses chaussures à talons vertigineux qui eurent raison d'elle, ils s'enfoncèrent dans le sol détrempé et elle tomba de tout son long. Heureusement, le sol, couvert d'aiguilles de pin et gorgé d'eau, amortit un peu sa chute. Elle roula dans un creux et ne put retenir un petit cri. Elle espéra que le bruit de la pluie en avait étouffé le son.

En fait, sa chute la sauva. Quelques instants plus tard, elle entendit David courir dans le sous-bois, pratiquement sur ses talons. Il s'arrêta juste au-dessus d'elle, sa respiration saccadée par l'effort. Il l'aurait vue tout de suite si elle n'était pas dissimulée dans ce petit creux.

— Gia ! Ne fais pas l'idiote ! cria-t-il.

Pour la première fois depuis qu'elle le connaissait, elle reconnut une trace d'accent italien. Il n'avait rien d'aussi charmant et chantant que celui de Constantine.

— Sors ! Montre-toi ! Tout ça n'est qu'un affreux malentendu.

Elle retint son souffle. Mais que croyait-il ? Qu'elle sortirait de sa cachette et qu'il pourrait lui expliquer le malentendu pendant qu'il… Qu'avait-il dit déjà ? Les mots lui revinrent lentement à cause des effets de la drogue avec laquelle il l'avait empoisonnée. Pendant qu'il cédait à la passion. Mais bien sûr… Il n'en était pas question. Elle ferma les yeux et eut l'impression d'être un enfant se cachant sous sa couette pour échapper aux monstres. Si elle ne pouvait pas le voir, il ne pouvait pas la voir non plus.

Il fit demi-tour et retourna bruyamment à la voiture.

— Regarde ce que tu as fait à ma Jaguar ! s'écria-t-il en poussant un juron.

Il l'insulta en italien, en utilisant un mot qu'elle n'avait jamais entendu avant. Il valait peut-être mieux qu'elle ne sache pas ce que cela voulait dire.

— Tu sais combien cela va me coûter de la faire réparer ? hurla-t-il.

Lentement, elle se leva et retira ses chaussures, décidant qu'il valait mieux continuer pieds nus, même si c'était douloureux, plutôt que de se tordre la cheville ou se casser la jambe. Si elle se blessait, elle serait à la merci de David. Elle observa autour d'elle, mais, dans l'obscurité et la pluie, les bois semblaient impénétrables.

Soudain, elle sentit le découragement s'abattre sur elle. Elle était trempée et elle avait froid. Des feuilles de fougère étaient collées à ses vêtements, ses cheveux et sa peau. Elle ne pouvait qu'espérer que la boue la camouflait un peu. Elle leva ses bras devant elle pour éviter de courir droit dans un arbre et elle se mit à avancer prudemment dans la forêt. Le sol, jonché de pierres et de bouts de bois, lui blessait les pieds. Petit à petit, elle s'enfonça encore plus profondément dans les bois.

Tout en marchant, elle tentait de mettre un peu d'ordre dans son esprit. Elle ne voulait pas trop s'éloigner de la route pour ne pas se perdre. Mais elle ne voulait pas non plus rester trop près de la route, là où David pourrait la trouver. Au loin, elle entendit la Jaguar démarrer. Pourvu qu'elle ne l'ait pas trop abîmée. Il fallait que David parte.

S'il te plaît, pars !

Les phares illuminèrent les arbres et s'arrêtèrent droit

sur elle. Elle se laissa tomber au sol aussi vite que possible derrière un immense sapin, ou peut-être était-ce un séquoia. La portière s'ouvrit et fut immédiatement claquée et la silhouette de David apparut en ombre chinoise devant la lumière des phares. Il courut de nouveau dans les bois, utilisant le faisceau des phares pour se guider.

C'était un véritable cauchemar. Etouffant un sanglot, elle se colla contre le tronc de l'arbre, grelottante, et l'écorce rugueuse entailla sa peau nue. Jusqu'à présent, elle ne s'était pas rendu compte qu'elle avait si froid. La peur et l'adrénaline l'avaient peut-être empêchée de ressentir quoi que ce soit d'autre. Mais cela disparaissait petit à petit. Elle n'osait pas bouger, sachant pertinemment qu'il la trouverait tout de suite si elle le faisait. Il se rapprochait dangereusement et semblait aller droit sur elle. Pouvait-il la voir ? Sentait-il sa présence ? Avait-il repéré les empreintes de pas qu'elle avait sans aucun doute laissées sur son passage ? Incapable de contrôler sa terreur, elle se balançait d'avant en arrière, un geignement grandissant dans sa gorge. *S'il vous plaît, faites qu'il parte. S'il vous plaît*, pria-t-elle.

Un instant plus tard, ses prières furent exaucées. Au loin, elle entendit le bruit d'une voiture qui approchait. Avec la Jaguar abîmée et garée en plein milieu de la route, il y avait de très grandes chances pour que le conducteur s'arrête.

Elle vit David s'immobiliser brusquement. Il avait dû arriver à la même conclusion qu'elle car il jura violemment.

— Comme tu veux ! Crève de froid, moi, je m'en fous, espèce de sale folle ! hurla-t-il.

Elle l'entendit retourner à la voiture d'un pas vif comme l'autre voiture approchait.

— Mais c'est toi qui paieras les dommages que tu as faits à ma voiture, tu m'entends ?

Il était complètement fou. Il n'y avait absolument rien d'autre qui pouvait expliquer une conduite aussi irrationnelle. Elle entendit la portière claquer et le moteur démarrer. Un son métallique suivait la Jaguar, comme si le pot d'échappement ou le pare-chocs s'était détaché et traînait par terre.

Un instant plus tard, David avait disparu et l'autre voiture passa sans s'arrêter.

Elle attendit de longs moments qui lui semblèrent durer une éternité, guettant le moindre son qui indiquerait le retour de David. Puis, elle se souvint qu'elle avait son téléphone portable. Elle appuya son front contre l'arbre et lutta contre une immense envie de pleurer. Elle avait laissé tomber son sac à main lorsqu'elle courait, probablement quand elle était tombée dans le trou. Elle se mit à quatre pattes et partit à sa recherche.

Centimètre par centimètre, minute après minute, trempée et gelée, elle avança lentement. Plus que tout au monde, elle voulait se rouler en boule par terre et pleurer toutes les larmes de son corps. Mais elle n'osait pas. Elle ne passerait peut-être pas la nuit si elle perdait le contrôle d'elle-même maintenant. Mais elle était proche, elle était même sur le point de céder et d'abandonner. A ce moment-là, sa main toucha les perles qui décoraient son sac à main.

L'adrénaline avait laissé place à un état de choc et elle ressentait à présent le froid plus intensément qu'auparavant. Ses mains tremblaient tellement qu'elle dut s'y reprendre à trois fois pour réussir à ouvrir la fermeture de son sac. Quand elle y parvint enfin, elle eut le plus grand mal à tenir son téléphone entre ses mains. Jamais elle ne parviendrait à composer un numéro. Elle ne se rendit pas tout de suite compte que David avait éteint son portable pendant qu'elle était inconsciente. Elle se concentra autant qu'elle le pouvait et réussit à l'allumer. Dès que l'écran s'alluma, le téléphone émit un petit bip, indiquant que la batterie était presque vide.

Non. Ce n'était pas possible. Comment ferait-elle si son téléphone s'éteignait avant qu'elle n'ait pu appeler quelqu'un ? Elle repensa à toutes ces fois où elle avait oublié de recharger la batterie et où son téléphone s'était éteint tout seul. Plus jamais, se jura-t-elle.

Elle appuya deux fois sur le bouton d'appel afin de joindre

la dernière personne qui l'avait appelée, d'un doigt tremblant. Au bout d'une seule sonnerie, une voix d'homme répondit.

— Gianna ?

C'était Constantine. Elle éclata en sanglots.

— A l'aide.

4

Constantine conduisait aussi vite que possible et, quand il vit la station-service se profiler, il freina avec force devant l'une des pompes à essence.

Il regarda autour de lui. Rien. Personne.

Le téléphone portable de Gianna s'était éteint au milieu de leur conversation et il ne pouvait qu'espérer avoir trouvé la bonne station-service sur la bonne route. Au cours des quinze dernières minutes, la pluie s'était calmée et transformée en crachin. Mais cela ne changeait rien au fait qu'elle était là, dehors, dans le froid et l'humidité.

Il ouvrit sa portière et sortit en une seconde.

— Gianna ? cria-t-il.

Sa voix résonna dans le vide du parking, un son lugubre dans la nuit immobile.

— Où es-tu, *piccola* ?

De l'autre côté de la route, il perçut un mouvement et Gianna bondit hors du sous-bois. Elle l'aperçut et son nom traversa ses lèvres dans un murmure étouffé. L'instant suivant, elle leva sa jupe trempée jusqu'à mi-cuisses et courut vers lui pieds nus sur le bitume, pataugeant dans les flaques d'eau, l'arrière de sa robe mouillée claquant contre ses jambes nues. Il était cloué sur place, à la fois terriblement soulagé et horriblement inquiet.

Il la reconnaissait à peine. La femme élégante qu'il avait vue plus tôt dans la soirée avait laissé place à une Cendrillon en haillons, couverte de boue, de poussière et de feuilles de la tête aux pieds. Sa peau était pleine d'égratignures et ses pieds… Ses pauvres pieds nus. Comment faisait-elle pour marcher et courir ? Peut-être que le choc l'empêchait de ressentir la douleur ?

Il s'élança vers elle et elle se jeta dans ses bras. Il s'empara d'elle dans une étreinte que rien n'aurait pu venir briser, tant il était soulagé de la voir vivante et entière. Elle se blottit contre lui, sanglotant et murmurant des paroles incohérentes. Elle grelottait tant qu'il ne comprenait pas un traître mot de ce qu'elle disait. Grand Dieu, mais elle était en train de geler sur place.

Il la souleva dans ses bras et la porta jusqu'à la voiture.

— Il faut que je te réchauffe, la prévint-il. Tu dois quitter ces vêtements mouillés tout de suite.

Elle était de toute évidence trop choquée pour comprendre ce qui se passait. Il la posa doucement par terre et elle grimaça dès l'instant où ses pieds touchèrent le bitume. Il étouffa un juron. D'Angelo paierait pour chaque écorchure… et il paierait cher. Il passa les bras autour de son cou pour essayer de défaire le col de sa robe qui se nouait sur la nuque. Mais il n'y parvenait pas et décida d'agir de la façon la plus simple et la plus rapide. Il arracha sa robe.

— Chut, *piccola*, chut, tout va bien, chuchota-t-il. J'essaie juste de te réchauffer et de te sécher.

Il finit de la déshabiller en deux secondes, tentant de ne pas se laisser trop attendrir par ses protestations et ses pleurs. Puis il ôta sa veste et sa chemise et les lui enfila avant de la faire asseoir, presque de force, sur le siège passager. Dès qu'il lui eut passé la ceinture de sécurité, il mit le chauffage au maximum.

Elle dut s'y reprendre à trois fois pour réussir à prononcer une phrase.

— Tu m'as fait peur, tout à l'heure, mais je comprends pourquoi tu l'as fait, murmura-t-elle d'une voix tremblante. Quand tu m'as déshabillée pour me rhabiller, expliqua-t-elle. Merci.

— Est-ce que tu vas bien ? demanda-t-il avant de secouer la tête et de s'en vouloir pour sa stupidité. C'est une question bête, excuse-moi. Mais je veux dire, est-ce que d'Angelo t'a… Est-ce qu'il t'a fait du mal ?

Il ne pouvait pas utiliser l'horrible mot. Mais il voyait bien qu'elle comprenait de quoi il parlait. Elle replia ses jambes contre sa poitrine et passa ses bras autour, pour se tenir chaud sans doute. Elle ouvrit les mains devant le chauffage pour réchauffer ses doigts dont les dernières phalanges étaient bleues et elle poussa un profond soupir avant de répondre à sa question.

— J'ai pu m'enfuir avant qu'il n'y parvienne.

Il savait qu'il valait mieux ne pas insister. Pas maintenant. Mais il ne pouvait s'en empêcher.

— Comment as-tu réussi à t'enfuir ? Tu devais être inconsciente la plupart du temps.

Elle tourna vivement la tête vers lui, le regard plein de questions sans réponse. Il se contenta de hausser les épaules.

— Je sais que d'Angelo t'a droguée, expliqua-t-il. Il l'a déjà fait avant.

Elle écarquilla les yeux de surprise.

— Je l'aurais été, inconsciente, confessa-t-elle après une longue hésitation. En tout cas, c'est ce que disait David. Mais je n'ai pas fini mon champagne. Il avait un drôle de goût. Donc je n'ai pas pris toute la dose qu'il voulait me donner.

Madre di Dio. La chance. Tout ça n'était qu'une question de chance, finalement.

— Quand t'es-tu réveillée ?

— Juste avant qu'il ne s'arrête pour prendre de l'essence. Il… Il voulait profiter de moi pour que Primo insiste pour qu'il m'épouse.

Visiblement, elle ne pouvait pas utiliser le véritable mot pour décrire ce que d'Angelo avait prévu de lui faire, elle non plus. C'était trop tôt. C'était trop horrible. La blessure était trop à vif, défiant toute tentative de comprendre les événements de la soirée.

— Il aurait sûrement réussi si je ne m'étais pas enfuie pendant qu'il mettait sa carte de crédit dans la pompe à essencc.

C'était passé trop près. Beaucoup trop près. Si elle avait fini son verre, elle se serait réveillée trop tard. Si David n'avait pas eu besoin de reprendre de l'essence, il n'aurait pas arrêté la voiture avant d'avoir atteint le chalet. Si Gianna avait été trop effrayée pour réussir à garder la tête froide, pour réfléchir à un plan et agir dès que l'occasion s'était présentée, elle n'aurait pas pu s'en tirer. La providence lui avait souri. A elle et à lui.

— Que dirais-tu de partir d'ici ? demanda-t-il doucement.

Elle réussit à lui faire un petit sourire.

— Oui, s'il te plaît…

Il démarra la voiture et se dirigea vers la ville à une vitesse bien moins excessive que pour le trajet d'aller.

— Nous devrions appeler Luc pour lui dire que tu vas bien. Je suis sûr qu'il est mort d'inquiétude.

— Mon téléphone n'a plus de batterie.

Il sortit le sien de sa poche et le lui tendit. Elle appela son frère et lui parla longuement, mais elle lui donna une version des événements beaucoup plus édulcorée, décrivant cela comme un simple « malentendu ». Lorsqu'elle raccrocha, Constantine lui jeta un regard dur, qu'elle évita soigneusement.

— Pourquoi lui as-tu menti ?

— Tu le sais très bien, répondit-elle avec un soupir. Si je disais à Luc ce qui s'est réellement passé, mes frères se vengeraient sur David et n'en feraient qu'une bouchée.

— Cela se passera de toute façon, quoi que tu fasses.

— Mais…

— Pourquoi est-ce que tu le défends ? s'écria Constantine.

— Je ne le défends pas, répondit-elle, au bord des larmes. Mais penses-tu vraiment que, si j'allais à la police, je pourrais prouver quoi que ce soit ? Ce sera ma parole contre la sienne. Et la presse…

Sa voix se brisa et elle se tourna pour regarder par la fenêtre. Au bout d'un moment, elle ajouta :

— J'ai quand même bousillé sa voiture. Tu n'as pas idée du plaisir que cela me fait, de savoir que j'ai au moins fait ça.

— Comment as-tu fait ? demanda-t-il, impressionné.

— Je l'ai conduite droit dans un arbre.

— Je croyais que tu ne savais pas conduire…

— Après ma première expérience de la conduite, au cours de laquelle j'ai détruit la précieuse Ferrari de Luc, je n'ai jamais recommencé. Je n'osais pas, répondit-elle avec un petit sourire.

— Alors, les deux fois où tu as conduit, des voitures de luxe en plus, tu as eu des accidents ?

— Deux en deux fois, admit-elle.

A l'avenir, il devrait se souvenir de ne jamais la laisser conduire sa voiture.

— Et comment as-tu fait pour réussir à t'asseoir au volant ? demanda-t-il.

— J'ai attendu qu'il sorte pour mettre de l'essence, puis j'ai verrouillé les portières, je me suis assise derrière le volant et j'ai démarré. Bon, d'accord, je ne suis pas allée très loin. Mais j'ai réussi à m'éloigner suffisamment pour aller me cacher dans les bois avant qu'il ne me rattrape.

Cette fois, il ne put s'en empêcher. Il éclata de rire.

— Tu n'arrêteras donc jamais de me surprendre.

— Franchement, j'aurais préféré passer une soirée moins surprenante, répondit-elle avec regret.

— Et moi aussi. J'ai l'impression que tu te réchauffes. Allonge ton siège et essaye de dormir. Tu te sentiras mieux après.

Quelque chose dans sa suggestion la fit sursauter.

— Si ça ne te dérange pas, je crois que je préférerais rester éveillée.

— Bien sûr que non, fais comme tu veux.

— C'est juste que… Je ne crois pas que je pourrai dormir. Pas après…

Elle frissonna de nouveau et sa voix trahissait sa peur et son angoisse. Cela réveilla une fois de plus sa colère et il se jura que, même s'il devait attendre très longtemps, il veillerait personnellement à ce que d'Angelo paie pour ce qu'il avait fait. Jamais il n'aurait de nouveau l'occasion de profiter d'une autre femme. La dernière fois, il n'avait pas eu les moyens de le faire payer. Mais cette fois-ci les choses étaient bien différentes. Et, de plus, il avait la famille Dante derrière lui. En tout cas, il l'aurait, une fois qu'il leur aurait donné sa propre version des événements de la soirée.

— Il y a quelque chose qui m'embête dans tout ça, dit-elle après un moment de pause.

— Vraiment ? Moi, il y a beaucoup de choses qui m'embêtent dans ce qui s'est passé ce soir, rétorqua-t-il.

— Pourquoi David aurait-il envie de me forcer à l'épouser ?

Cette question le surprit et il fronça les sourcils.

— Que veux-tu dire ? demanda-t-il.

— Il a dit qu'il était… bafouilla-t-elle. Il voulait profiter de moi pour me forcer à l'épouser. Mais je ne comprends pas pourquoi il aurait envie de faire ça. Qu'a-t-il à y gagner ?

— C'est très simple, pourtant, répondit-il. J'imagine que c'est une question d'argent.

Elle secoua vivement la tête.

— C'est impossible. David est richissime.

— Détrompe-toi. Selon mon père, certaines rumeurs circulent en ce moment sur l'origine de leur fortune.

— Tu rigoles, s'écria-t-elle. Quel genre de rumeurs ?

— Je ne connais pas encore tous les détails, mais je compte bien tout découvrir.

— C'est drôle…

Constantine lui jeta un rapide coup d'œil.

— Tu trouves cela amusant ?

Elle ne put réprimer un bâillement.

— C'est juste que David ne voulait m'épouser que pour mon argent, répondit-elle en fermant les yeux. Alors que c'est la seule raison pour laquelle tu refusais de m'épouser.

— Ce n'était pas la seule raison, *piccola*.

Il se tourna vers elle pour s'apercevoir que malgré sa décision de rester éveillée elle s'était endormie. Pour la première fois, il la voyait totalement détendue. Elle était roulée en boule contre le siège de cuir. En dépit des égratignures sur ses longues jambes, elles étaient minces et musclées, ne put-il s'empêcher de remarquer. Elle avait repoussé ses cheveux derrière ses oreilles, mais l'humidité les faisait s'échapper en une cascade de boucles brunes et dorées. Elle avait l'air pâle, tendue et épuisée.

Et il n'avait jamais rien vu d'aussi beau de toute sa vie.

Quelques kilomètres plus loin, elle se réveilla en sursaut avec un petit cri étouffé et se redressa d'un coup.

— Tout va bien, la rassura-t-il. Tu es en sécurité.

— Pardon, pardon, dit-elle en se passant une main dans les cheveux. Est-ce que je dormais ?

— Ne t'excuse pas, répliqua-t-il avec force.

Il s'en voulut immédiatement. C'était tout le contraire de ce dont elle avait besoin. Un autre homme qui l'effrayait.

— Oui, tu t'es endormie, ajouta-t-il d'une voix plus calme.

— Je ne voulais pas.

— Mais je pense que tu en avais besoin. Nous sommes presque arrivés en ville. Nous serons chez toi dans quelques minutes.

Elle ne répondit pas, mais le soulagement se lisait clairement sur son visage.

Quelques minutes plus tard, il se gara devant la maison de Gianna. Elle fit mine d'ouvrir sa portière mais il l'arrêta.

— Ma Porsche rentrera-t-elle dans ton garage ?

— Mon garage ? répéta-t-elle.

— Je reste avec toi cette nuit et je n'ai aucune envie de passer trois heures à chercher une place pour me garer, expliqua-t-il. Ma voiture rentre-t-elle dans ton garage ?

Tandis qu'elle réfléchissait, il vit toutes les étapes par lesquelles sa pensée passait : la confusion, puis un début de compréhension, et enfin un refus entêté.

— Ce n'est pas nécessaire.

— Nous ne savons pas où se trouve d'Angelo. J'imagine qu'il devait être sacrément furieux quand tu t'es enfuie. Il pourrait très bien décider de venir cette nuit et je refuse de courir ce risque. Tu as trois choix, dit-il en levant un doigt. Un : je t'emmène aux urgences pour te faire examiner. Ces coupures sur tes pieds ne sont pas belles à voir.

Elle secoua tout de suite la tête.

— Pas la peine, répondit-elle. Je vais bien. Comme je te l'ai dit tout à l'heure, je n'ai pas avalé toute la dose de ce qu'il voulait me donner.

Il savait très bien qu'elle mentait et il refusait de la laisser s'en tirer aussi facilement.

— La vérité, c'est que, si tu dis aux médecins ce qui s'est réellement passé, ils appelleront la police et tu préférerais éviter ce genre de complication.

— Quelque chose comme ça, admit-elle avec un soupir.

— Mais je te préviens, si ces coupures sont trop profondes, tu iras aux urgences que tu le veuilles ou non, affirma-t-il fermement avant de lever un deuxième doigt. Deux : je t'emmène chez un membre de ta famille où tu passeras la nuit.

Elle secoua de nouveau la tête.

— Tu sais très bien ce qui se passera si je fais ça.

— Oui, je le sais, répondit-il. Ils insisteront pour appeler la police.

— Ou bien, et c'est encore plus vraisemblable, ils voudront se venger eux-mêmes. Je ne peux pas prendre ce risque.

Il leva un autre doigt en l'air.

— Trois : je viens passer la nuit chez toi. Quelqu'un doit être là avec toi au cas où tu serais malade et où tu aurais besoin d'aller à l'hôpital. Ou si d'Angelo t'a suivie jusqu'ici, il faut que tu aies quelqu'un avec toi pour te protéger. Et ce quelqu'un c'est moi, au cas où tu te poserais la question.

Elle poussa un profond soupir.

— Merci, j'avais compris.

— Content de l'entendre. Alors ? Quelle option choisis-tu ?

— Trois, concéda-t-elle à contrecœur en sortant la clé du garage de son sac. La porte s'ouvre automatiquement, mais je n'ai pas le bip vu que je n'en m'en sers jamais parce que je n'ai pas de voiture.

Il prit la clé qu'elle lui tendait et alla ouvrir la porte lui-même. Une minute plus tard, la Porsche était garée dans le minuscule garage. En entrant, il passa devant elle et inspecta sa maison impeccablement rangée et qu'elle avait décorée selon ses goûts et sa personnalité.

Elle avait sélectionné des couleurs chaudes, chaleureuses, tout comme elle-même. Des bleus et des verts vifs, avec des touches de lavande, le tout souligné d'une jolie frise blanche. Quelques antiquités côtoyaient un mobilier plus moderne et le tout donnait un résultat très agréable. Elle avait vraiment l'œil pour les couleurs et l'équilibre. Si un jour elle en avait marre de travailler pour l'entreprise familiale des Dante, il l'embaucherait volontiers pour sa société de restauration.

Il passa dans chaque pièce, en ouvrant tous les placards et en se baissant pour examiner sous les meubles. Partout où un homme pourrait se cacher. Il ne s'attendait pas à trouver quelqu'un. La maison avait indéniablement l'air d'être vide, mais il ne voulait pas prendre de risques quand il s'agissait de la sécurité de Gianna.

— Penses-tu vraiment que David soit couché sous le lit de la chambre d'amis, prêt à me sauter dessus pour m'attaquer ? demanda-t-elle d'un air exaspéré.

Même après tous les événements de la soirée, elle ne comprenait toujours pas.

— Avec d'Angelo, tout est possible, répondit-il. Ce qui compte le plus pour l'instant, c'est que tu sois en sécurité, alors je vais fouiller la maison. Toute la maison.

Elle céda immédiatement.

— Tu as raison. Je sais que tu as raison.

Elle le suivit pendant qu'il finissait son inspection. Il avait bien du mal à se concentrer quand elle était vêtue ainsi, jambes nues sous sa veste à lui. D'ailleurs, cette tenue était bien trop grande pour elle et lui donnait un air vulnérable et négligé qui éveillait en lui un instinct protecteur, primal. Elle était encore plus pâle qu'avant. Sans un mot, il se dirigea vers sa salle de bains.

— Veux-tu prendre une douche avant de dormir ? demanda-t-il. Cela t'aidera sûrement à te sentir mieux. Ensuite, j'examinerai tes pieds pour vérifier que tu n'as pas besoin de points de suture.

Elle retira une feuille de ses cheveux et la regarda avec une grimace.

— Mes pieds vont très bien. Si les coupures étaient suffisamment profondes pour nécessiter des points de suture, je ne pourrais pas marcher. Cela dit, je prendrais une douche avec plaisir. Je suis sale et je crois que j'ai ramené la moitié de la forêt dans mes cheveux.

Elle croisa les bras d'un air obstiné, les manches de la veste de smoking beaucoup trop longues pour elle.

— Mais je refuse d'aller me coucher.

Il dut s'empêcher d'éclater de rire. On aurait dit une petite fille capricieuse.

— Tu as peur de dormir. Je comprends. Mais je te jure, Gianna, que tu es en sécurité avec moi.

Il vit ses yeux se remplir de larmes et alors, sans réfléchir, il lui tendit les bras. Elle vint s'y réfugier immédiatement.

— Constantine, si tu savais à quel point je lui ai échappé de justesse…

— Pas autant que ce que tu crois, prétendit-il en la serrant fort contre lui.

Elle était en sécurité, se rappela-t-il. Elle était quasiment indemne.

— J'avais retrouvé ta trace jusqu'à Calistoga et je n'étais pas très loin derrière vous. Je savais que d'Angelo possédait un chalet aux alentours et mon père était à deux doigts de découvrir l'adresse exacte.

— Tu as appelé Vittorio ? demanda-t-elle à voix basse. Il est au courant de ce qui s'est passé ?

— J'aurais appelé le pape lui-même si je pensais qu'il pouvait me donner l'adresse de d'Angelo. Heureusement, mon père a des contacts qui peuvent s'avérer très utiles. D'une façon ou d'une autre, je serais arrivé à temps.

Le menton de Gianna trembla et ses yeux verts débordaient d'émotion.

— Merci, murmura-t-elle.

— De rien, répondit-il en la libérant et en la poussant en

direction de la salle de bains. Essaie de ne pas t'endormir sous la douche, d'accord ?

Elle ne s'y attarda pas. Dix minutes plus tard, elle en sortit, les joues roses. Elle s'était enveloppée dans une épaisse robe de chambre en velours. Il examina ses pieds mais n'y trouva que des coupures et des égratignures superficielles. Il défit son lit pendant qu'elle enlevait la robe de chambre pour aller se mettre au chaud sous sa couette. L'espace d'un instant, la lumière derrière elle laissa entrevoir ses jambes en tranparence sous la petite nuisette de coton. Il essaya de ne pas trop s'attarder sur les courbes féminines qui apparaissaient clairement sous le fin tissu, en tentant de maîtriser la vague de désir qui montait en lui.

— Je crois que je préférerais garder la lumière allumée, dit-elle en remontant les couvertures jusqu'à son menton.

— Sans problème. Je serai juste à côté si tu as besoin de moi, dit-il en montrant du doigt un fauteuil en velours rose pale.

— Ne sois pas ridicule, Constantine. Tu n'arriveras jamais à dormir là-dessus, c'est beaucoup trop petit. Dors dans la chambre d'amis.

— Non. Je reste ici, répondit-il d'un ton autoritaire pour couper court à toute protestation de sa part. Tu dormiras mieux, *piccola*, en sachant qu'il y a quelqu'un à côté de toi. Et moi je dormirai mieux en restant à côté, là où je peux te surveiller.

Elle observa le fauteuil d'un air sceptique.

— Tu es sûr ?

— Certain. Comme ça, je n'aurai qu'à ouvrir les yeux pour savoir que tu es en sécurité. Je serai bien plus tranquille ainsi.

Ses yeux s'embuèrent de nouveau de larmes.

— Merci, Constantine, dit-elle d'une voix pleine de sanglots. Tu n'as pas idée…

Mais elle ne finit pas sa phrase et secoua la tête.

Il s'approcha d'elle et, avec toute la retenue dont il était capable, il déposa un baiser sur son front.

— Essaie de dormir.

Et elle y parvint, à son grand soulagement. Il attendit pour être sûr qu'elle dorme profondément, puis il quitta la pièce pour passer un coup de fil. Quant il eut terminé, il retourna dans la chambre. Il s'arrêta au pied du lit. Tout en observant Gianna, il se fit une promesse solennelle.

Désormais, quelles que soient les circonstances, il la protégerait. Il savait qu'une partie de ce besoin primaire provenait de cet étrange lien qui les unissait, cet Inferno, si fort qu'il ne lui laissait pas vraiment le choix. Mais c'était encore plus profond que cela. Quand elle souffrait, il souffrait aussi. Quand elle avait faim, il ressentait le besoin de la nourrir. Ce qui la rendait heureuse, il voulait le lui offrir. Ses désirs à elle et les siens étaient si intimement connectés qu'ils en étaient presque impossibles à distinguer.

Ces liens qui existaient entre eux, indéniables, l'irritaient pourtant, car il avait l'impression qu'ils lui volaient son indépendance. Il n'avait rien demandé, lui. Et, même s'il désirait Gianna, il ne voulait pas qu'elle le contrôle. Cela ne lui semblait pas naturel.

De toute façon, cela changerait rapidement.

Car il avait bien l'intention de l'épouser. Et voilà bien tout ce qu'il partageait avec David d'Angelo. Oh ! sa future épouse ne serait pas ravie quand elle découvrirait son caractère impitoyable, mais elle ne lui avait pas laissé le choix. Elle lui avait infligé l'Inferno, l'avait infecté de sa fièvre et de son désespoir. Puis elle avait eu l'audace de changer d'avis et, ce faisant, elle avait laissé d'Angelo approcher si près d'elle qu'il avait presque commis l'impardonnable.

A elle d'assumer les conséquences de ses actes. A présent, c'était la famille de Gianna qui réglerait le problème de la seule façon qui assurerait la préservation de l'honneur et des valeurs familiales en les traînant tous deux au pied de l'autel, sans leur demander leur avis.

Alors, il aurait enfin le contrôle de l'Inferno. Il trouverait un moyen pour apaiser ce feu, ou tout au moins c'est lui qui attiserait les flammes au lieu de souffrir de leur constante brûlure.

Gianna se réveilla quelques heures plus tard, haletante, après un terrifiant cauchemar peuplé de monstres et de sables mouvants qui la retenaient prisonnière alors qu'elle tentait de fuir une menace invisible. Avant même qu'elle n'ait eu le temps de reprendre son souffle, Constantine était sur le lit à ses côtés, l'attirant dans la chaleur de ses bras protecteurs.

— Du calme, la rassura-t-il. Tu es en sécurité. Il ne peut pas t'attraper.

Il déposa le plus léger et le plus doux des baisers sur le haut de sa tête. Rassurant. Compatissant. Totalement dénué de passion. Et, même si elle appréciait son côté rassurant, elle voulait au moins un peu de passion. Elle avait envie de ressentir autre chose que la peur. Elle se pelotonna contre son torse nu. La chaleur de son corps l'enveloppa, apaisant le froid qu'elle ressentait au plus profond d'elle-même, tandis que les battements réguliers et calmes de son cœur la calmaient.

— Cauchemar, expliqua-t-elle. Horrible.

— Je m'en étais rendu compte.

Elle eut l'impression qu'il avait encore déposé un baiser léger sur le sommet de sa tête, mais elle n'en était pas sûre. Cependant, cela lui donna de l'espoir.

— Ce n'était pas réel, ajouta-t-il.

— Je sais. Enfin, une part de moi le sait. Mais l'autre…

Incapable de résister, elle se colla tout contre lui, passant ses bras autour de sa taille et s'y accrochant de toutes ses forces. Heureusement, il ne la repoussa pas, mais elle sentait qu'un conflit intérieur faisait rage en lui. Elle s'en fichait. Elle était seule et elle avait peur, et elle en avait assez de ressentir cela. Et ce n'était pas comme si elle se réfugiait dans les bras de n'importe qui. Elle avait besoin de Constantine. Seulement Constantine.

— Reste avec moi, murmura-t-elle.

Il jura en italien, un son éminemment masculin prononcé à voix basse qui, en d'autres circonstances, l'aurait probablement fait rire.

— Gianna, c'est dangereux.

— Je ne te demande pas de me faire l'amour.

— Je ne sais pas si je vais être capable de m'en empêcher.

— Tu n'es pas David.

Il se raidit.

— Non, je ne suis certainement pas d'Angelo, mais je suis un homme. Tu es vulnérable. Il est tard et je suis fatigué. Et tu ne portes pas beaucoup de vêtements. Moi non plus, d'ailleurs… Admets-le, Gianna, dit-il d'un air raisonnable. Vu notre réaction quand nous sommes ensemble, c'est un mélange risqué.

Il avait raison. Mais cela ne changeait rien.

— Je te promets que je ne profiterai pas de toi, dit-elle. Mais, cette nuit, j'ai besoin d'être dans les bras de quelqu'un.

— J'aurais dû t'emmener chez tes parents, conclut-il avec un petit rire.

— Probablement, concéda-t-elle. Mais vu que tu ne l'as pas fait tu es coincé avec moi.

Il hésita pendant un moment avant de hocher la tête.

— D'accord. Allonge-toi.

Elle fit ce qu'il lui demandait. Mais à sa surprise Constantine prit soin de l'envelopper jusqu'au cou dans les couvertures avant de la prendre dans ses bras. Comme si le contact de son corps lui était insupportable.

— Sérieusement ? demanda-t-elle.

— Sérieusement, répondit-il. Rendors-toi. Il fera jour dans quelques heures.

— Pourrais-tu faire une dernière chose pour moi ?

— Est-ce que tu as faim ? Ou soif ?

— Non, répondit-elle en se collant contre lui en essayant de se rendre irrésistible à ses yeux. Pourrais-tu m'embrasser pour me souhaiter bonne nuit ?

— Tu as décidé de tester les limites de mon self-control, dit-il en italien.

— Préférerais-tu que David soit le dernier homme à m'avoir embrassée ?

Elle n'aurait pas dû dire ça. C'était mal de sa part. Mal, mal, mal.

La lumière douce provenant de la lampe sur sa table de nuit accentuait tous les traits du visage de Constantine. Il l'observait avec un regard d'une incroyable intensité, ses yeux comme deux cristaux noirs révélant les émotions qu'il essayait pourtant de toute évidence de réprimer : la colère au premier plan, le désir brûlant caché juste derrière, mais terriblement présent. Il dit autre chose en italien, très vite, les mots se bousculant. Trop vite pour qu'elle ait le temps d'en comprendre un seul. Mais elle n'avait pas besoin d'entendre les mots précis. Le message sous-jacent passait on ne peut plus clairement.

Constantine n'était pas le genre d'homme que l'on pouvait tenter impunément.

Il bougea si rapidement qu'elle n'eut pas le temps de se rendre compte de ce qu'il faisait. Il tira les couvertures, la dévoilant à son regard. Il prit son temps et l'observa à loisir. La nuisette en coton qu'elle portait ne fournissait quasiment aucune protection, le tissu était si fin qu'il révélait plus qu'il ne couvrait et moulait sa silhouette féminine.

Il prit son temps pour étudier ses seins, ses tétons pointant sous le tissu léger et trahissant son désir. Il le remarqua. Bien sûr qu'il le remarqua. Comment aurait-il pu faire autrement ? Il laissa son regard errer plus bas, vers son ventre, puis plus bas, jusqu'à l'ombre brune au sommet de ses cuisses, et elle sentit alors une vague de chaleur la submerger.

Il leva une main et, pendant une seconde, elle crut qu'il allait la toucher. Qu'il allait arracher sa nuisette tout comme il avait arraché sa robe dans le parking de la station-service. Elle retint son souffle, dans l'attente de sa caresse. Mais elle ne vint jamais. Sa main était comme suspendue dans l'air, à deux centimètres de sa peau, puis elle suivit le même chemin que son regard quelques instants plus tôt. Il ouvrit la main, écartant ses doigts, et la chaleur provenant de sa paume la brûla à travers le tissu. Pas une fois il ne la toucha, même si son corps réagit comme s'il l'avait fait.

Elle s'attendait à ce que la peur l'envahisse, mais elle n'arriva pas. Seul le désir et le besoin qu'elle avait de lui brûlaient en elle, ainsi qu'un intense plaisir. Ses seins étaient ronds et douloureux, mais surtout incroyablement sensibles. Elle sentait comme une lourdeur au plus profond d'elle-même, un poids, qui grandissait et mûrissait. Une femme qui s'apprêtait à être possédée par son homme.

Une seule émotion manquait à l'appel.

— Je n'ai pas peur, murmura-t-elle. Pas peur du tout.

Il s'immobilisa soudain, le visage impénétrable.

— Ceci est une erreur.

Mais elle, elle souriait. Elle ne pouvait pas s'en empêcher. L'expérience traumatisante qu'elle venait de vivre n'était qu'un lointain souvenir. Seul comptait maintenant le désir qu'elle voyait briller dans le regard de Constantine. Elle prit sa main et la guida vers elle.

— Mais c'est une erreur magnifique, dit-elle. Touche-moi. Touche-moi de la façon dont un homme est supposé toucher une femme.

Et il le fit. Comme s'il était incapable de se retenir, il fit glisser un doigt depuis son cou jusqu'à l'arrondi de son sein. Ses tétons se durcirent à cette caresse, la tension était telle qu'elle ne pouvait presque pas le supporter. Il passa un doigt dans le col de sa nuisette et tira dessus suffisamment pour exposer sa poitrine. Doucement, tendrement, il referma ses lèvres sur un téton et le caressa avec sa langue et ses dents. Un cri naquit et mourut dans sa gorge, sous l'intensité du plaisir.

Elle rejeta la tête en arrière et soupira avec difficulté, gémissant son nom tandis qu'il se penchait vers son autre téton. Ivre de désir, elle fourra ses doigts dans la masse épaisse de ses boucles brunes et le serra contre elle.

— Comment cela peut-il être une erreur ?

Il eut un mouvement de recul, ignorant ses nombreuses tentatives pour l'attirer de nouveau à elle. Il se contentait de la contempler, laissant monter la tension. Ils restèrent tous deux immobiles, le souffle court et la respiration bruyante dans le silence de la nuit. Puis, lentement, si lentement, il prit son visage entre ses mains. Avec douceur, il se pencha vers elle jusqu'à ce que leurs bouches ne soient qu'à quelques millimètres l'une de l'autre.

Puis, enfin, il l'embrassa, éradiquant ainsi le moindre souvenir de ceux qui l'avaient précédé et de tout ce qui s'était passé avant lui. Il prit son temps, et le baiser était lent et puissant et incroyablement profond. Incapable de résister, elle céda à cette étreinte. Elle le désirait tout autant. Peut-être plus. Elle avait attendu des mois. Presque deux années entières. Elle refusait d'attendre une minute de plus.

— Fais-moi l'amour, réclama-t-elle.

Mais, à son grand désarroi, il secoua la tête.

— Non, Gianna.

— Mais…

Il l'interrompit avec un autre baiser qui lui ôta toute sa raison.

— D'Angelo t'a droguée ce soir, murmura-t-il entre une pluie de petits baisers délicieux. Il se peut que tu en ressentes toujours les effets.

— Non, je te jure que non.

— Gianna… Tu as été droguée, attaquée, terrifiée. Tu es toujours sous le choc et tu viens de te réveiller d'un cauchemar. Cela te rend vulnérable et je ne profite pas des femmes vulnérables.

— Même si la femme vulnérable en question te dit que tu as le droit ? répondit-elle, désespérée. Parce que je te le dis : vas-y. Pas de problème. Je suis toute à toi. S'il te plaît, Constantine.

— Veux-tu que je compromette mon honneur, mon sens du devoir ? riposta-t-il.

Elle ferma les yeux.

— Etant donné ce que je ressens ? Oui, oui, je le voudrais.

Elle était en proie à un violent conflit intérieur, un conflit qui la frustrait au plus haut point. Elle avait été une Dante pendant trop longtemps, elle ne connaissait que trop bien ce sens de l'honneur, du devoir, dont parlait Constantine. Elle tergiversa encore une bonne minute avant de céder.

— Mais, quand tu le dis comme ça…

— Il n'y a pas d'autre façon de le dire.

Elle ne pouvait argumenter, pas sur un sujet aussi sérieux que l'honneur d'un homme. Ce n'était pas quelque chose que les Dante prenaient à la légère, les Romano non plus d'ailleurs.

— Peux-tu juste me prendre dans tes bras ?

— Cela, je peux le faire, dit-il en la serrant contre lui et en s'allongeant à côté d'elle. C'est mieux ainsi ?

— C'est frustrant.

— Eh bien, on est deux, répondit-il en riant.

Il l'embrassa avec une tendresse sans ambiguïté cette fois. Elle sentait toujours le tiraillement du désir, réprimé, mais brûlant et qui ne demandait qu'à être libéré.

— Rendors-toi, dit-il. Et cette fois essaye de ne pas me pousser au bout.

— Me pousser à bout, protesta-t-elle. Et ce n'est pas ce que je faisais.

— Ah non ? Et pourtant je crois me rappeler que tu as mentionné David, exprès pour m'énerver…

— Peut-être, concéda-t-elle. Bon d'accord, tu as raison. J'ai eu tort de le faire.

— Ne le refais pas. Pas avec d'Angelo.

Elle l'observa avec curiosité.

— David a dit que vous aviez un passé, toi et lui.

Le visage de Constantine se tendit immédiatement.

— C'est ainsi qu'il l'a appelé ?

— Comment l'appellerais-tu ? demanda-t-elle.

— C'est drôle. Je dirais que tu es mieux placée que moi pour répondre à cette question.

— Je ne comprends pas, répondit-elle. Que veux-tu dire ?

— Comment décrirais-tu ce qu'il a tenté de faire ce soir ?

Elle ne voulait pas prononcer le mot. Elle ne pouvait pas. Cela rendrait la chose trop réelle.

— Après que tu m'as sauvée… Tu as dit qu'il avait déjà fait ça avant. J'avais oublié, mais je viens de m'en souvenir.

— C'est l'effet de la drogue qu'il t'a donnée.

— Qui d'autre a-t-il drogué ? A qui a-t-il fait ça avant moi ?

— Ariana.

5

Gianna se redressa d'un coup.

— Oh non. Oh ! Constantine, non. Pas Ariana.

— Ne t'inquiète pas. Je l'ai trouvée à temps…

Elle éclata en sanglots.

— Il… Il… Mais tu imagines si elle était rentrée d'Italie et m'avait vue avec lui ? Elle aurait été complètement terrifiée. Je ne serais jamais sortie avec lui si j'avais su. Et je lui aurais fait payer de lui avoir fait du mal. Je te jure que je l'aurais fait. Je ne sais pas comment, mais je l'aurais fait.

— Calme-toi, Gianna, dit Constantine en se redressant sur un coude et en écartant une mèche de cheveux de son front. Elle n'aurait pas été terrifiée en vous voyant ensemble pour une seule et simple raison. Contrairement à toi, elle avait avalé toute la dose de drogue que d'Angelo lui avait donnée. Elle n'a aucun souvenir de ce qui s'est passé cette nuit-là. Ni d'avoir été droguée, ni du désastre auquel elle a échappé, ni de moi arrivant à temps pour la sauver. Je n'avais pas de raison de lui raconter les détails sordides sur le coup, et je ne l'ai pas fait depuis. Elle avait à peine dix-sept ans quand c'est arrivé.

— Dix-sept ans ? répondit-elle, les larmes roulant sur ses joues. Alors, il ne l'a pas… ?

Elle ne pouvait pas prononcer le mot.

— Non. Je suis arrivé à temps. Elle se souvient à peine de d'Angelo.

Elle eut un déclic. La remarque de David au gala quand il avait parlé à Constantine pour la première fois.

— C'est cela qu'il voulait dire quand il a dit que tu arrivais au mauvais moment.

Constantine hocha la tête.

— Je n'ai pas pu le faire payer pour ce qu'il a fait à Ariana. Mais je te jure que cette fois-ci il ne s'en tirera pas aussi facilement.

— Que s'est-il passé ? Pour Ariana ?

— Viens par là, dit-il en l'attirant de nouveau contre lui, utilisant la chaleur de son corps pour apaiser sa détresse. Je veux bien te raconter l'histoire si tu promets de dormir après.

— Je te le promets. Si j'y arrive…

— Il faut que tu comprennes quelque chose qui me met très mal à l'aise, dit-il en italien d'une voix pleine de fierté et de tristesse.

— Est-ce quelque chose de ton passé ? demanda-t-elle.

— Cela a à voir avec mon éducation.

— A la manière de la vieille aristocratie italienne ?

— Oui, c'en est la base. Les Romano ont un nom, mais pas l'argent qui va avec. Nous possédons le terrain et le palazzo, mais nous n'avons pas les moyens de les entretenir. Ma famille le possède depuis tant de générations que ce serait un sacrilège pour nous de le vendre. Donc nous avons des problèmes d'argent.

— Pourquoi ne pas essayer de trouver un travail ?

Constantine émit un petit rire sans humour.

— Nous pensons pareil, toi et moi. Malheureusement, mon père n'est pas de cet avis, il se considère au-dessus de cela. Nous avons toujours eu de l'argent. Ce n'est que récemment que nous sommes devenus pauvres. Mon grand-père a fait de mauvais investissements et mon père a terminé ce qu'il avait commencé en faisant de mauvais choix. Plus que tout, j'avais envie d'avoir ma propre entreprise, mais je n'avais pas de capital pour démarrer. Ma grand-mère – elle a écrit les livres pour enfants de Mme Pennywinkle avant qu'Ariana ne reprenne le flambeau. Tu connais Mme Pennywinkle ?

— Bien sûr ! J'adorais ces livres quand j'étais enfant, s'exclama-t-elle avec enthousiasme.

C'étaient des histoires magnifiquement illustrées, dont l'héroïne n'était autre qu'une poupée en porcelaine nommée Nancy qui appartenait à des enfants démunis. Avec chaque nouveau propriétaire naissaient des aventures excitantes et des problèmes bouleversants. A la fin du livre, Nancy avait aidé l'enfant à régler ses problèmes et passait, comme par magie, à un autre petit garçon ou petite fille dans le besoin.

— J'avais même une poupée de Nancy, ajouta-t-elle. C'était l'un de mes jouets préférés quand j'étais petite.

— Ma grand-mère, Penelope, a payé mes études avec l'argent des droits d'auteur qu'elle a gagnés grâce à ces livres. Mais je ne pouvais pas lui demander d'argent pour lancer mon entreprise. Cela aurait été…

— Déshonorant ?

— Es-tu en train de te moquer de moi ? demanda-t-il d'un air vexé.

— Pas du tout ! Au contraire, je compatis. Ma famille aussi a traversé une période difficile financièrement.

— Je crois me souvenir que Babbo m'en a parlé. C'était à cause de ton oncle Dominic, non ?

— Oui. Il avait fait des investissements imprudents, il avait voulu élargir le champ de domaines de l'entreprise trop rapidement et a presque fait couler la société. Puisque mon père ne s'occupait pas des aspects financiers de l'entreprise, il n'avait aucune idée de comment arranger les choses. Comme Luc, il s'occupait de tout ce qui touche à la sécurité. Donc, après la mort d'oncle Dominic, Sev a pris la relève et a sauvé l'entreprise. Pour lui, c'était une question d'honneur de rattraper les erreurs de son père. Pendant un moment, c'était très compliqué et nous avons dû vendre presque toute l'entreprise Dante, sauf notre activité principale, la joaillerie. Sev a mis des années à racheter tout ce que nous avions perdu.

— Alors, tu comprends, indiqua-t-il. Cela m'amène aux d'Angelo.

Et elle comprit le lien.

— Ils sont banquiers. Ils pouvaient te prêter l'argent pour lancer Romano Restauration.

Constantine eut la mine sombre.

— Oui. D'Angelo et moi nous sommes rencontrés à Oxford. J'avais le nom, il avait l'argent. Moi, je m'en fichais, dit-il avec un haussement d'épaules. Nous étions… amis. Du moins, c'est ce que je croyais. Sur le moment, je ne me suis pas rendu compte que c'était ce qu'il voulait dès le début : cultiver notre amitié. C'était son but. Il aimait se vanter de son amitié avec la famille Romano.

— J'imagine qu'à un moment il a rencontré Ariana.

— Cela s'est passé pendant des vacances que nous avons passées avec les d'Angelo quand Ariana était adolescente.

Il y avait quelque chose dans sa voix quand il en parlait, quelque chose d'incroyablement douloureux et d'intimidant. Quelque chose qu'il ne lui disait pas.

— Au début, poursuivit-il, je ne me suis pas méfié. Et je n'avais pas de raison de le faire. Quand je regardais ma sœur, je ne voyais qu'une enfant. D'Angelo, lui, voyait un jouet qu'il ne possédait pas encore. Et il avait besoin de posséder tous les jouets.

En entendant ces mots, elle pensa à tout ce que David possédait, sa Jaguar, sa Rolex, sa suite au Ritz.

— C'est toujours le cas, ajouta-t-elle après réflexion.

— Cela ne me surprend pas, répondit-il en se passant la main sur la figure dans un signe de fatigue. Un jour, d'Angelo a laissé entendre qu'il voulait fréquenter ma sœur, sortir avec elle, et j'ai explosé, j'ai réagi comme n'importe quel grand frère. Je lui ai dit qu'elle était trop jeune, qu'il y avait une trop grande différence d'âge.

— Je suppose que cela n'a pas arrêté David.

— Pas du tout. Je pense même que cela n'a fait qu'augmenter son désir.

— Parce qu'elle était le fruit interdit.

— Oui, reconnut-il. Nous nous sommes disputés. J'ai commencé à vraiment le voir, à vraiment l'écouter. Et j'ai entendu des rumeurs qui couraient sur d'Angelo et les femmes. Des rumeurs horribles, qui disaient que toutes les femmes n'étaient peut-être pas consentantes. J'ai découvert ensuite que son père faisait taire les victimes en leur versant de grosses sommes d'argent.

Constantine laissa glisser un doigt le long de son bras. Il le fit comme s'il n'y pensait pas, comme s'il ne faisait pas attention à ses gestes. La caresse, légère comme une plume, éveilla de nouveau le désir qui cascada en elle et elle ferma les yeux, essayant de se concentrer sur ses propos et non sur cette caresse.

— Que s'est-il passé ensuite ? réussit-elle à demander.

— Nous avons plus ou moins arrêté de nous voir. Mais un jour il est venu, sans s'annoncer, et m'a proposé d'organiser un entretien pour moi avec son père. Il a dit qu'Aldo envisageait très sérieusement de financer le lancement de mon entreprise de restauration. J'étais surpris, mais cela faisait des années que j'en parlais. Je me suis dit que peut-être d'Angelo avait envie de faire la paix, dit-il en secouant la tête. En regardant en arrière, je me dis que j'aurais dû me méfier de lui, et peut-être était-ce le cas, mais j'avais tellement envie que ça marche…

— Arrête, Constantine. Ce n'est pas ta faute. David est responsable de ses propres choix, pas toi.

Il ne la contredit pas, mais elle doutait d'avoir réussi à le convaincre.

— L'heure de la réunion est arrivée, poursuivit-il, et j'y suis allé dans mon plus beau costume, dossiers en main, mon argumentaire préparé et affûté. David aurait dû être présent, mais je n'ai pas été surpris qu'il ne le soit pas.

— Pourquoi pas ?

— Sa famille est – ou plutôt était – ridiculement riche. Il n'avait pas besoin de travailler et inventait toujours des excuses pour éviter de le faire. Mais, vu que nous avions été amis et que c'était lui qui m'avait pris le rendez-vous avec son père…

— Tu t'attendais à ce que David soit là quand même, conclut-elle.

— Oui, répondit-il en fermant les yeux.

Toute émotion s'était évanouie dans sa voix.

— A un moment, j'ai demandé où il était et Aldo a éclaté de rire.

— Oh non…

— A l'instant même, je l'ai su. Aldo s'est rendu compte qu'il avait commis une erreur et m'a dit de laisser tomber. Qu'il me verserait une compensation. Qu'il ne s'agissait que de deux adultes qui prenaient un peu de bon temps, qu'ils ne faisaient que s'amuser.

— J'espère que tu lui as fait regretter ses paroles, s'exclama-t-elle.

— Ne t'inquiète pas, il se souviendra de notre entretien, répondit-il avec un petit sourire. Mais j'ai mis très longtemps à trouver l'endroit où il l'avait emmenée. Je suis arrivé juste à temps.

— Et Ariana ne se souvient de rien ?

— Non. Malgré tout ce que j'ai fait pour que personne ne sache ce qui s'était passé, elle a plus tard découvert que David et certains de ses amis avaient fait des paris sur lequel serait le premier à parvenir à la séduire. Heureusement, la personne qui lui a raconté a enjolivé les détails de la soirée. Elle a compris que d'Angelo et ses amis essayaient de la faire tomber amoureuse d'eux afin de réussir à lui prendre sa virginité. Elle pense qu'ils faisaient cela à cause de son nom et de son statut.

— C'est déjà assez horrible comme ça.

— C'est vrai. Mais ce qui s'est réellement passé est encore bien pire. Il la désirait. Mais, plus que tout, il voulait me faire du mal. Je m'en serais trop voulu si Ariana avait découvert que d'Angelo essayait de se venger de moi, pour avoir mis fin à notre amitié, en se servant d'elle.

Elle posa une main sur son bras et sentit ses muscles se tendre à ce contact.

— Je pense qu'il s'agissait d'autre chose, dit-elle prudemment. Il a peut-être de l'argent mais, toi, tu as quelque chose qu'il n'aura jamais. L'honneur. Les principes moraux. Et un nom qui symbolise justement ces valeurs. Je pense que David ne supporterait pas de savoir que tu possèdes quelque chose qu'il n'a pas. Quelque chose qu'il n'aura jamais.

Constantine resta silencieux et elle comprit qu'elle était passée à côté de quelque chose. Il ne lui fallut qu'un moment de réflexion pour prendre conscience de quoi il s'agissait.

— Ce n'est pas ta faute. Tu dois avoir compris cela maintenant. Tu ne pouvais pas savoir que David avait une idée derrière la tête.

Elle avait vu juste, se rendit-elle compte lorsque la fureur éclata sur le visage de Constantine.

— Mais, justement, Gianna ! Je le connaissais. J'aurais dû savoir, ou du moins me douter, qu'il manigançait quelque chose. Je ne me pardonnerai jamais d'avoir fait passer mes propres intérêts égoïstes avant mon devoir et ma responsabilité envers Ariana. Si je n'avais pas cherché désespérément à trouver un financement pour mon projet, j'aurais deviné tout de suite ce que manigançait d'Angelo.

— Mais tu as deviné ce que voulait faire David. Et tu as sauvé Ariana, tout comme tu m'as sauvée moi, dit-elle. Avant que tu n'ajoutes quoi que ce soit, tu n'es pas responsable non plus de ce qui s'est passé ce soir. Tu ne pouvais pas savoir qu'il agirait aussi rapidement. Si c'est la faute de quelqu'un, dans ce cas, c'est la mienne. J'aurais dû écouter mon instinct… et j'aurais dû t'écouter toi.

Il déposa des petits baisers sur ses doigts. Puis il se pencha pour l'embrasser et elle céda entre ses bras, incapable de résister. Comment avait-elle pu croire qu'elle ressentirait un jour de tels sentiments pour David ? Un désir si fort, soit il existait déjà, soit il n'existerait jamais.

C'était comme pour l'Inferno. Certaines personnes étaient attirées l'une vers l'autre par une force qui les dépassait, et d'autres non. Et, même si elle savait que Constantine n'était pas le seul homme capable de déclencher l'Inferno, elle ne l'avait jamais ressenti pour quelqu'un d'autre. Etait-ce si important s'il ne ressentait pas exactement la même chose qu'elle ? Si, pour lui, ce lien, normalement indéfectible, n'avait pas eu une force suffisante pour l'empêcher de la quitter pendant tout ce temps ? Ne pouvait-elle se contenter de ce qu'il était prêt à lui offrir ?

Le baiser de Constantine se fit plus insistant, plus profond, et elle ne put retenir un gémissement de désir. Pourquoi ne la désirait-il pas autant qu'elle le désirait lui ? Et, comme une illustration de cette douloureuse évidence, il mit fin au baiser et caressa tendrement ses cheveux.

— Dors, dit-il.

— Bien sûr, répondit-elle avec ironie. Je suis sûre que l'histoire que tu viens de me raconter va me faire dormir comme un bébé.

— Essaie, insista-t-il avec un petit sourire. Si tu tiens à ma santé mentale, s'il te plaît, essaie de dormir.

— Demandé comme ça…

Elle ferma les yeux, ne serait-ce que pour ne plus le voir lui. Et, même si elle ne pensait pas pouvoir dormir, dès qu'elle se blottit contre lui, elle se sentit sombrer.

De forts coups frappés à la porte éveillèrent Gianna en sursaut le lendemain matin. Elle se redressa soudain dans son lit, désorientée. Confuse et apeurée, elle se tourna pour voir que l'autre côté du lit était vide.

— Constantine ? appela-t-elle d'une voix paniquée.

— Je suis là.

Dans la nuit, il avait dû quitter le lit pour se réinstaller dans le fauteuil. En entendant le bruit qui provenait du rez-de-chaussée, il se leva d'un bond. Il avait l'air en forme et reposé, malgré la nuit mouvementée. Son calme l'apaisa immédiatement. Il portait toujours son pantalon de costume, mais avait abandonné la veste et la chemise qu'il lui avait prêtées la veille, probablement parce qu'elle les avait laissées en boule sur le sol de la salle de bains.

Elle se souvenait vaguement de l'avoir entendu prendre une douche au petit matin, mais une barbe naissante montrait qu'il n'avait pas pris la peine de se raser et ses cheveux tombaient sur son front en boucles épaisses et indisciplinées. En dépit de tout cela, et malgré son look négligé, il était toujours aussi incroyablement séduisant.

— Ne te lève pas, dit-il en jetant un coup d'œil à sa montre. Je vais voir qui c'est.

— Et si c'était David ?

Il n'hésita pas une seule seconde.

— Dans ce cas, il regrettera amèrement de s'être jamais approché de toi.

Elle avait honte et s'en voulait d'avoir peur en pensant à David. Elle n'avait jamais ressenti cela avant. Elle ne s'était jamais considérée comme quelqu'un de faible ou de vulnérable. Il lui avait volé sa confiance en elle, son sentiment inné de sécurité et, rien que pour cela, elle ne lui pardonnerait jamais. En ce qui concernait le reste, elle trouverait un moyen de lui faire payer pour l'avoir droguée et avoir essayé de s'en prendre à elle. Car elle n'avait pas le moindre doute qu'il aurait réussi si elle n'était pas parvenue à s'échapper.

Bien décidée à ne pas céder à la couardise, elle repoussa les couvertures et enfila sa robe de chambre. Elle en ferma la ceinture avec un petit geste vif et plein de colère, puis suivit Constantine. Il ouvrait la porte d'entrée juste comme elle atteignait le bas de l'escalier. Elle fut horrifiée de découvrir que c'était Primo qui se tenait sur le pas de la porte et qui les observait chacun leur tour, Constantine ne portant rien d'autre que son pantalon et elle en robe de chambre, pieds nus et décoiffée.

Cela n'augurait rien de bon.

— Puis-je entrer ? demanda-t-il avec une extrême politesse.

Elle se passa nerveusement les mains dans les cheveux en utilisant ses doigts pour essayer de coiffer ses boucles indisciplinées. En vain. Cela ne faisait que souligner encore plus l'horrible situation.

— Bien sûr. Nous… Je ne m'attendais pas à te voir ici.

— Je vois ça, répondit-il.

— Je vais préparer le café, dit Constantine avant de disparaître dans la cuisine.

Elle ne savait pas ce qui était le pire : le fait qu'il l'ait abandonnée ou bien le fait qu'aux yeux de son grand-père il connaisse déjà suffisamment bien la maison pour savoir où était le café. Ce qui n'était pas du tout le cas. Mais c'était ainsi que cela devait paraître à Primo. Elle se sentit rougir et détourna le regard.

Ne sachant que faire d'autre, elle partit à la suite de Constantine. Elle avait la désagréable impression de voir un désastre imminent arriver droit vers elle et d'être pourtant incapable de l'éviter. Qu'importe, elle n'avait d'autre choix que d'essayer.

— Je sais ce que tu dois penser, mais ce n'est pas du tout ça, dit-elle.

— On dirait que Constantine a passé la nuit ici, répondit son grand-père.

Elle rougit encore plus.

— Eh bien… Oui, c'est vrai. Mais pas de cette façon-là.

— Et de quelle façon parles-tu, *chiacchierona* ? demanda-t-il à voix basse.

— Il… Nous… Je…

— Du lait ? Du sucre ? interrompit Constantine.

— Noir. Et assez fort pour me faire pousser des poils sur le torse, répondit Primo. A mon âge, Dieu sait que j'en ai besoin.

Elle renonça à essayer d'expliquer la situation à son grand-père. Aux yeux de Primo, aucune excuse ne serait acceptable pour justifier le fait que Constantine ait passé la nuit chez elle.

— S'il te plaît, ne le prends pas mal, dit-elle. Mais que fais-tu ici ?

— Constantine m'a appelé.

Le choc la cloua sur place pendant un instant. Puis, très lentement, elle se tourna vers Constantine pour lui jeter un regard noir.

— Tu. As. Appelé. *Primo* ?

Ne comprenait-il pas les conséquences de cet acte ?

— Oui, répondit-il d'un air imperturbable. Je lui ai expliqué ce qui s'est passé avec David. C'était mon devoir.

— Maintenant que Constantine est ton fiancé, c'est totalement normal qu'il parle avec moi de ce genre de problèmes, déclara son grand-père. J'ai passé des coups de téléphone, poursuivit-il en s'adressant à Constantine. D'après mes sources, d'Angelo a quitté le pays. Sous le prétexte de réunions urgentes.

— Cela ne me surprend pas.

— Moi non plus, répondit Primo en hochant la tête.

Exaspérée, elle leva les mains en l'air pour leur intimer le silence.

— Attendez une minute ! Oublions David deux secondes. S'il a quitté le pays, il n'est pas un problème immédiat.

— Pour moi, c'est un problème, objecta Constantine.

— Pour moi aussi, ajouta Primo.

Mais elle refusait de se laisser distraire. Elle concentra son attention sur son grand-père.

— Premièrement, Constantine n'est pas mon fiancé. Et deuxièmement c'était à moi de te parler d'hier soir, pas à lui. Je ne suis pas un délicat objet en porcelaine que l'on peut juste poser sur une étagère pendant que les hommes parlent affaires. Je suis une femme et mon destin m'appartient.

— Si tu veux que votre mariage fonctionne, dit Primo à Constantine en la montrant du doigt, je te conseille de ne pas parler à Gianna avant qu'elle ait bu au moins une tasse de café le matin, préférablement deux.

Elle serra les mâchoires pour s'empêcher de dire quelque chose qu'elle regretterait plus tard.

— Primo…

— *Ascoltare me*, Gianna Marie Fiorella.

— Petite fleur ? murmura Constantine qui avait manifestement le plus grand mal à se retenir de rire. Bizarrement, je ne t'ai jamais vue ainsi…

Elle lui jeta un regard noir avant de retourner son attention vers son grand-père.

— Je t'écoute, dit-elle.

— Aux yeux de ta famille, tu es fiancée à cet homme, répondit-il en tapant son doigt sur la table. Il t'a demandée en mariage hier soir devant nous tous. Qui plus est, il vient de passer la nuit avec toi.

— Mais nous n'avons pas…

— Il était dans ton lit ?

Ses joues s'empourprèrent.

— Primo, marmonna-t-elle.

— Je prends ça pour un oui, dit-il en hochant la tête et en buvant une longue gorgée de café. Je vais parler au prêtre pour discuter des dates disponibles et toi et ta mère vous occuperez de la robe et des fleurs. Ton Babbo aura une discussion avec Constantine sur ses devoirs en tant qu'époux. Est-ce que c'est clair ?

Elle attendit un moment pour voir si Constantine avait quelque chose d'utile à ajouter à la conversation. Elle avait encore l'espoir qu'il s'oppose à ce plan aussi ridicule que complètement rétrograde. Mais, apparemment, ce n'était pas le cas car il se contenta d'étendre ses jambes et de cacher son sourire derrière sa tasse de café fumant. Elle se redressa et resserra la ceinture de sa robe de chambre dans un geste si ferme qu'elle manqua de se couper la circulation sanguine.

Bien. Elle venait d'annoncer qu'elle était seule maîtresse de son destin, maintenant était venu le moment de le prouver.

— Je comprends pourquoi tu penses que nous devrions nous marier, Primo. Mais tu ne peux pas m'obliger à le faire. Personne ne le peut, ajouta-t-elle en observant Constantine d'un regard appuyé. Je ne suis pas comme Luc et Téa, vous ne pourrez pas me forcer à accepter un mariage dont je ne veux pas.

— Qui a dit que tu ne le voulais pas ? intervint Constantine pour la première fois. Tu sais très bien que nous y serions venus tôt ou tard. Cela a toujours été clair depuis le début de notre relation.

— *Quelle relation ?* s'exclama-t-elle. Nous avons ressenti quelques étincelles. Echangé quelques baisers. Mais nous ne connaissons rien l'un de l'autre. Certainement pas assez pour nous marier.

— As-tu ressenti l'Inferno pour cet homme ? les interrompit Primo.

Elle n'avait jamais été capable de mentir à son grand-père. Elle doutait d'y arriver à présent.

— Peut-être.

Constantine leva sa main droite en montrant sa paume.

— Absolument. Nous l'avons senti la première fois que nous nous sommes touchés… au mariage d'Ariana, ajouta-t-il pour Primo.

— Mais c'était il y a des mois ! s'exclama son grand-père. Et pendant tout ce temps rien ne s'est passé ? Comment est-ce possible ?

Enfin ! Elle montra Constantine du doigt dans un geste accusateur, mais aussi triomphant.

— C'est exactement ce que je veux dire. Comment pourrait-il s'agir de l'Inferno ? Il n'aurait jamais pu rester aussi loin si ça avait été le cas. Et certainement pas aussi longtemps.

Une pointe de colère perça dans le regard de Constantine et il se redressa de toute sa hauteur.

— Tu sais très bien pourquoi je suis parti !

Heureusement qu'elle parlait italien vu qu'il y avait recours dès qu'il était énervé. Ce qui, apparemment, arrivait souvent.

— Je n'avais pas le choix, ajouta-t-il.

— Si, tu avais le choix ! Tu as choisi de partir, répliqua-t-elle en croisant les bras d'un air de défi.

— Le choix ? Quel choix ? s'écria-t-il. Je n'avais rien d'autre à t'offrir que mon nom.

— Cela m'aurait suffi largement.

— Mais pour moi cela aurait été déshonorant de vivre de l'argent de ma femme en n'ayant rien à apporter en retour, répliqua-t-il. Ces dix-neuf derniers mois, j'ai travaillé jour et nuit pour construire mon entreprise. Et j'ai réussi. J'ai gagné assez d'argent pour déménager ici. T'ai-je demandé de venir en Italie ? Non. Parce que je sais à quel point ta famille compte à tes yeux. A la place, j'ai installé mon entreprise ici à San Francisco pour que nous puissions être ensemble et près de ta famille. Et toi, que m'annonces-tu quand je reviens ? cria-t-il. Tu me dis que tu es passée à autre chose. *Autre chose !*

— Cela faisait presque deux ans, protesta-t-elle. Etais-je censée t'attendre pour toujours ?

Mais il ignora sa remarque et poursuivit :

— Tu étais passée à autre chose avec ce salaud de d'Angelo. Un homme sans scrupules, sans honneur. Un homme qui a essayé de te droguer afin de te forcer à l'épouser.

— Et s'il y était parvenu, répondit-elle en sentant une sueur froide la gagner rien qu'à cette idée, je lui aurais répondu la même chose qu'à toi. On ne m'obligera pas à me marier. Jamais.

— Je ne comprends pas. Si tu ne veux pas te marier, alors qu'attends-tu de moi, Gianna ? demanda Constantine. Pourquoi suis-je ici ? Tout ce que j'ai fait ces dix-neuf derniers mois, ce n'était qu'une perte de temps ?

Bonne question. Elle planta ses mains sur ses hanches et jeta un rapide coup d'œil à son grand-père. Il buvait tranquillement son café, observant la scène qui se déroulait sous ses yeux avec un enthousiasme non dissimulé. Franchement, pensa-t-elle, il y avait des moments où sa famille la rendait folle.

— Et toi, hésita-t-elle, est-ce que tu as envie de te marier ?

Il étouffa un juron.

— Mais pourquoi penses-tu que je suis revenu ? répondit-il. Pourquoi penses-tu que je suis là, à écouter ces sottises, alors que je pourrais très bien te traîner au lit de force et te compromettre tellement que tu serais obligée de m'épouser ?

Elle rougit jusqu'aux oreilles. Cette fois-ci, elle n'osa pas croiser le regard de son grand-père, même si elle l'entendait clairement rire doucement. Elle leva les yeux au ciel.

— Ça suffit ! Si tu veux que nous ayons une relation sérieuse, il va falloir faire les choses normalement. A l'ancienne.

Cela l'arrêta net.

— Que veux-tu dire ? demanda-t-il.

— Je veux dire que nous devrions sortir ensemble, Constantine, répondit-elle, exaspérée. Des rendez-vous ! Sortir dîner, apprendre à se connaître, ce genre de choses... Découvrir ce que l'autre aime ou n'aime pas, pour savoir si nous sommes compatibles.

Elle montra la paume de sa main et la secoua vers lui.

— Ça, ce n'est pas synonyme de bonheur, ce n'est pas une garantie que nous serons heureux. Je le sais, car c'est un fait.

Le silence s'installa après la fin de sa tirade.

— *Chiacchierona*, j'aimerais bien savoir exactement comment tu sais que c'est un fait ? demanda Primo.

Non. Elle ne répondrait pas à cette question, ne révélerait pas le secret qu'elle gardait depuis son anniversaire de treize ans. Toute sa famille croyait aveuglément à l'Inferno. Elle ne serait pas celle qui briserait leurs illusions à propos de cette légende qu'ils bénissaient et glorifiaient.

Déterminée, elle croisa les bras et – pour la seule fois de sa vie – ne trouva plus rien à dire.

A son soulagement, Constantine vint à sa rescousse.

— Gianna a raison, dit-il à contrecœur. Même si cela fait plus d'un an et demi que nous nous connaissons, nous n'avons passé que quelques jours ensemble.

— Que proposes-tu ? demanda Primo.

— Du temps, répondit Constantine. Du temps pour que nous apprenions à nous connaître. Avant de faire le grand saut.

Elle voyait bien que Primo n'aimait guère cette idée, mais, après un moment de réflexion, il hocha la tête.

— Très bien. Je ne dirai rien de ce que j'ai appris ici ce matin, dit-il en observant fixement Gianna. Un mois, *chiacchierona*. Un mois, c'est tout. Après cela, vous vous marierez, que tu le veuilles ou non. Je te porterai jusqu'à l'autel moi-même, s'il le faut.

6

Après le départ de Primo, Gianna se retira à l'étage, sans doute pour se changer. Constantine la suivit. Il n'avait aucune intention de lui laisser le temps d'affûter ses défenses ou de trouver une faille pour contourner la volonté de son grand-père.

— Je dois me changer, lui lança-t-elle dès qu'il entra dans la chambre à coucher.

Il s'installa confortablement dans le fauteuil.

— Je ne t'en empêche pas.

Elle se tourna vers lui et planta ses mains sur ses hanches. Elle était de toute évidence en colère.

— Quel est ton problème ? demanda-t-elle. Hier soir, je me suis pratiquement jetée sur toi et tu ne voulais pas de moi, et ce matin tu ne me laisses pas la place de respirer.

— Tu as toute la place qu'il te faut, dit-il en estimant la distance entre eux. D'après mes calculs, tu as largement assez d'espace pour te changer.

— Tu sais très bien ce que je veux dire, répondit-elle d'un air exaspéré.

Mais elle sembla comprendre qu'il ne bougerait pas. Avec un soupir énervé, elle lui tourna le dos et disparut dans son placard. Curieux, il la suivit.

— *Madre di Dio*, murmura-t-il en découvrant les rangées de paires de chaussures.

— Je ne veux pas entendre un mot de ta part, répliqua-t-elle.

— Par simple curiosité, combien de paires de chaussures possèdes-tu ?

Elle se tourna vivement vers lui, tenant une paire de chaussures contre sa poitrine.

— Pas assez, rétorqua-t-elle.

Elle jeta un coup d'œil vers l'immense étagère où étaient rangés des souliers de toutes les couleurs de l'arc-en-ciel.

— En plus, ce ne sont pas toutes les miennes, ajouta-t-elle. Certaines appartiennent à Francesca. Nous faisons la même pointure.

— Dois-je en conclure que, si certaines ici sont à elle, elle en a qui sont à toi ? demanda-t-il.

Elle hésita pendant un instant, avant de concéder :

— Peut-être…

Elle était bien sur la défensive, mais il s'en moquait et continua à inspecter le placard en secouant la tête.

— Ce placard était en réalité une autre pièce de la maison ? Je n'en ai jamais vu d'aussi grand.

Le rouge qui vint colorer ses pommettes apporta la réponse à sa question.

— Cela ne te regarde pas, répondit-elle.

— Mais cela me regardera quand nous nous marierons.

Elle leva une main.

— Attends un peu ! Il n'y a pas de « quand », seulement un « peut-être » très incertain, objecta-t-elle.

Il vint se presser contre elle et la poussa contre une rangée de tailleurs de soie suspendus le long d'un mur.

— Tu as entendu Primo. Tu n'as qu'un mois de « peut-être » avant « pour toujours ».

Elle eut soudain l'air confuse.

— Je ne comprends pas pourquoi tu prends son parti, répondit-elle. C'est ridicule.

Il saisit le col de sa robe de chambre entre ses mains et l'attira contre lui.

— Tout ça, c'est ta faute, Gianna. C'est toi qui as commencé quand tu as décidé de faire de moi la victime de ton Inferno. Tu ne peux pas m'en vouloir si je finis ce que tu as commencé. Quel choix m'as-tu laissé ?

— La victime ? répéta-t-elle, visiblement surprise.

— C'est parfois l'impression que j'ai, répondit-il honnêtement. Surtout que tu ne m'as pas demandé mon avis…

— Mais je ne l'ai pas fait exprès, insista-t-elle. Ce n'est pas comme si je pouvais le contrôler. Cela arrive, c'est tout.

Au moins, les Dante racontaient tous la même chose.

— C'est aussi ce que m'ont dit tes frères, mais je ne suis pas certain de les croire, dit-il en l'observant attentivement. As-tu fait subir l'Inferno à d'Angelo ?

— Absolument pas, répondit-elle en secouant fermement la tête.

— Et pourtant tu as continué de sortir avec lui.

Elle releva le menton dans une attitude de défi.

— L'Inferno est peut-être plus intelligent que moi.

— Il est peut-être plus intelligent que nous deux, admit-il.

Par le col de sa robe de chambre, il l'attira tout contre lui. Ils se tinrent ainsi, l'un contre l'autre, pendant un interminable moment. Incapable de résister à la tentation, il captura sa bouche et les entraîna tous les deux dans un tourbillon de passion. Il la désirait encore avec une force et un désespoir tout aussi grands qu'au premier jour de leur rencontre. Le temps et la distance n'y avaient rien changé. Le désir était toujours là, plus fort que tout. Surtout quand elle lui passait les bras autour du cou et s'abandonnait totalement à cette étreinte. Il entendit ses chaussures à talons tomber sur le sol l'une après l'autre.

L'attirance explosa entre eux, chaude et moite. Plus que tout, il voulait la soulever dans ses bras, la porter jusqu'au lit et lui faire l'amour pendant des heures et des heures, des jours entiers même. Et s'il le faisait cela la forcerait à s'engager. Sa famille ne lui laisserait pas d'autre option.

Mais, s'il le faisait, il ne vaudrait pas mieux que David.

Elle ouvrit les lèvres et poussa un long gémissement rauque qui l'amena jusqu'aux limites de sa volonté. Il détacha violemment le nœud qui retenait sa robe de chambre et glissa ses mains sous l'épais velours pour la faire glisser de ses épaules. Elle tomba à ses pieds, Gianna n'était désormais vêtue de rien d'autre que de la fine nuisette de coton qu'il l'avait vue porter au lit.

— J'ai envie de toi, dit-il entre deux baisers féroces et affamés. Cela me consume, je ne peux penser à rien d'autre. Cela ne me laisse jamais de répit.

— Je sais, je sais. Je suis désolée.

Elle resserra son étreinte et laissa retomber sa tête en arrière, lui offrant ainsi sa gorge.

— Je ressens la même chose, dit-elle. Je pensais pouvoir l'ignorer ou faire semblant qu'il n'existait pas, mais je ne peux pas. C'est trop fort.

Il avait passé ses doigts autour du fin tissu de sa nuisette pour la lui retirer quand, au même moment, elle recula. La tissu se déchira et le bruit que le coton fit en s'ouvrant en deux résonna étrangement dans la petite pièce. Pendant une seconde, chacun retint son souffle. Les morceaux de tissu qui avaient, une seconde avant, constitué sa nuisette pendaient désormais de ses bras, exposant sa poitrine et son ventre. Il n'avait jamais rien vu de plus beau de toute sa vie. Il tendit la main vers elle, pour l'atteindre, pour la toucher…

Mais soudain le visage de David passa comme un flash dans son esprit. Grand Dieu, mais à quoi pensait-il ? Il poussa un juron et la relâcha avant de reculer vivement. Sans un mot, il se retourna et quitta les confins du placard.

— Habille-toi, ordonna-t-il d'une voix rauque. Je t'attends en bas.

— Constantine…

Il refusait de tourner la tête. S'il cédait à la tentation de la regarder, cela ne mènerait qu'au désastre.

— Je ne suis pas David, expliqua-t-il. Je te jure que je ne suis pas comme lui.

— Je le sais. Bien sûr que je le sais, répondit-elle d'un ton inquiet. Tu ne seras jamais comme lui. C'était juste un accident.

Il lutta contre lui-même pour réussir à se contrôler, avec chaque once de volonté qu'il lui restait.

— C'est pour ça que je quitte la pièce. Avant que je ne fasse quelque chose que je n'arriverais pas à me pardonner.

— Mais…

Il se retourna et fut poussé aux extrêmes limites de ce qu'il pouvait supporter.

— Que cherches-tu à dire, Gianna ? Que c'est acceptable de coucher avec moi mais que je ne suis pas quelqu'un que tu épouserais ?

Visiblement paniquée, elle eut un mouvement de recul et tenta de se couvrir avec les lambeaux de tissu.

— Non ! Ce n'est pas du tout ce que je dis, répliqua-t-elle.

— Alors quoi ?

Elle ferma les yeux.

— J'ai envie de toi, avoua-t-elle.

— Et j'ai envie de toi moi aussi. Mais je ne te considérerai jamais comme une simple aventure d'une nuit. Comment pourrais-je regarder Primo en face si je faisais ça ? Comment pourrais-je regarder tes frères dans les yeux ? Nous ferions mieux de nous calmer et de nous en tenir à ton projet, ajouta-t-il d'un ton plus doux. Apprenons à nous connaître mieux.

— D'accord.

Il lui fit un petit sourire.

— Dès que tu seras habillée, nous partirons puisque, clairement, Primo avait raison.

— Je déteste l'admettre, mais il a souvent raison, répondit-elle d'un air hésitant. Et après ? Qu'allons-nous faire ?

— Nous apprendrons à mieux nous connaître.

— Un rendez-vous ? demanda-t-elle.

— Rien d'aussi formel. Je pensais te faire visiter Romano Restauration. Cela m'a demandé beaucoup de travail de tout préparer sans que tu n'en entendes parler. Mais je voulais te faire la surprise pour que tout soit prêt dès mon arrivée aux Etats-Unis. Heureusement qu'Ariana était en Italie, comme ça elle ne risquait pas de faire une gaffe et de te révéler le pot aux roses. De plus, aller au bureau me permettra de me changer moi aussi, ajouta-t-il avec une petite grimace, puisque mon appartement est juste au-dessus de Romano Restauration.

Il n'osa pas rester dans la chambre un instant de plus. Il retourna dans la cuisine où il but une seconde tasse de café, appuyé contre le plan de travail. Il réussirait peut-être à regagner le contrôle de lui-même. Car, s'il comptait passer du temps avec Gianna, il aurait besoin de toute la volonté dont il était capable. Heureusement pour lui, elle ne le fit pas attendre trop longtemps et finit de se préparer en moins de dix minutes.

Elle apparut au pied de l'escalier vêtue d'un pantalon décontracté de couleur beige et d'un chemisier de soie couleur crème. Pas aussi affriolant que la nuisette, mais bien plus sûr. Elle avait attaché ses longs cheveux bruns aux reflets dorés avec une simple barrette, les boucles cascadant le long de son dos dans un joyeux abandon. Son maquillage était minimal, un soupçon de mascara et de rouge à lèvres. Il nota tout de même qu'elle avait eu la main un peu plus lourde avec le blush, sans doute pour masquer la pâleur résultant des événements de la veille.

— Je suis prête, annonça-t-elle gaiement. Mon Dieu, tu ressembles à un clochard, ajouta-t-elle en l'observant de la tête aux pieds.

Il baissa les yeux pour étudier sa chemise et sa veste qu'il avait ramassées sur le sol de la salle de bains. Elles étaient tellement froissées qu'il soupçonnait de ne pas pouvoir les récupérer.

— C'est le nouveau moi. Je l'appelle le look du lendemain matin. Qu'en penses-tu ?

— Très sexy, répondit-elle d'un ton qui ne laissait aucun doute sur la sincérité de ce commentaire.

Il vida le reste de son café dans l'évier et rinça sa tasse, puis il se retourna et lui tendit la main. Elle n'hésita pas un instant et vint entremêler ses doigts aux siens. Leurs paumes se touchèrent et aussitôt la brûlure de l'Inferno s'embrasa entre eux, éveillant une chaleur indéniable, renforçant le lien créé lors de leur première rencontre. Ni l'un ni l'autre ne firent de commentaires et ensemble ils se dirigèrent vers le garage.

Le trafic étant fluide en ce dimanche matin, ils ne mirent que quelques minutes pour arriver à Romano Restauration.

— Romano Restauration occupe les quatre derniers étages de l'immeuble en plus de l'appartement-terrasse situé au dernier étage, expliqua-t-il tandis qu'ils sortaient de l'ascenseur. Les deux étages inférieurs sont réservés à l'aspect administratif de la société : la comptabilité, les contrats, ce genre de choses. Les deux niveaux supérieurs s'occupent des relations avec les clients et des aspects plus créatifs, comme l'architecture et la décoration.

Quelques lampes éclairaient l'intérieur d'une lumière douce, la moquette gris perle et la matinée nuageuse laissant le reste de l'étage dans une pénombre soyeuse. Malgré la faible lumière, il lisait clairement les interrogations qui naissaient dans le regard de Gianna. Mais il garda ses distances et fit attention de ne pas la toucher. S'il faisait de nouveau cette erreur, il serait incapable de se retenir et de se raisonner.

— C'est très élégant, déclara-t-elle sans hésiter. J'aime beaucoup cette ouverture et le fait que tout soit fait avec goût. Cela met vraiment en valeur ta société.

— Merci, répondit-il en montrant du doigt le bureau dans le coin. Celui-là est le mien.

Elle traversa immédiatement l'open space pour aller examiner son bureau plus en détail.

— Très joli.

Elle prit une profonde inspiration et se retourna pour lui faire face. Il voyait qu'elle tentait de prendre son courage à deux mains pour lui dire quelque chose, quelque chose qu'il risquait de ne pas apprécier.

— Juste une question…

Il testa les limites de sa volonté en faisant un pas dans sa direction et décida de crever l'abcès tout de suite et d'aborder le sujet qui fâchait, celui qui pesait entre eux deux comme un épais nuage noir depuis son retour. Le sujet qui l'avait conduite droit dans les bras de d'Angelo et près, tout près, du désastre.

— Pourquoi ai-je attendu si longtemps avant de revenir ? demanda-t-il. C'est ça que tu veux savoir ?

Sa question provoqua une réaction immédiate. La détresse qu'il lisait dans ses grands yeux faillit lui faire perdre le contrôle.

— Tu avais dit que tu reviendrais.

— Et je l'ai fait.

Mais elle secoua la tête.

— Tu as attendu trop longtemps. Beaucoup trop longtemps.

— Je suis revenu dès que j'ai pu, répliqua-t-il.

— Tu n'as jamais répondu à mes e-mails ou à mes coups de téléphone. Tu ne voulais pas que l'on communique et tu as carrément refusé que je vienne te voir en Italie, dit-elle en approchant de lui. Nous aurions pu faire au moins cela, non ?

— Je t'avais prévenue et tu étais d'accord, insista-t-il.

Ne comprenait-elle donc pas ?

— Je n'osais pas communiquer avec toi ou te rendre visite, ajouta-t-il. Si tu étais venue avec moi en Italie, cela m'aurait trop distrait et je n'aurais pas pu me consacrer à mon travail et faire démarrer mon entreprise.

— Mais tu as eu le temps de faire tout cela, dit-elle avec un mouvement de la main. Tu as eu le temps de construire entièrement Romano Restauration et d'en faire une affaire rentable.

— Et pourquoi ai-je fait ça, à ton avis ? dit-il avec un accent de plus en plus fort à mesure que sa voix devenait plus grave. Pourquoi t'ai-je quittée, à ton avis ?

— Tu as dit…

Le menton de Gianna trembla dangereusement pendant un instant avant qu'elle ne réussisse à s'exprimer.

— Tu as dit que tu n'étais pas en position de prendre en charge une femme financièrement. Mais tu as aussi dit que cela changerait. Je comprends que tu aies voulu apporter plus à notre relation que seulement ton nom. Je le comprends vraiment.

— Mais, si tu le comprends, alors…

Elle l'interrompit avec un vif mouvement de la main.

— Tu as dit « bientôt », s'écria-t-elle avec colère. Bon sang, Constantine, cela fait plus d'un an et demi. Ce n'est pas « bientôt ».

Il ne trouva rien à redire contre cet argument. Chaque mois qu'il avait passé loin d'elle lui avait semblé durer une année.

— Je sais, ma belle. Je le sais. Mais je ne pouvais pas faire autrement. S'il y avait eu un autre moyen… N'importe quel autre moyen qui m'aurait permis de le faire, je l'aurais fait. S'il te plaît, crois-moi.

— Je voulais seulement être avec toi. Nous aurions pu trouver un moyen, en Italie ou ici.

Gianna fit un pas de plus dans sa direction et il dut faire un immense effort pour réprimer son désir et régler cette histoire, une bonne fois pour toutes, de la façon la plus primale qui soit.

— Même si je n'avais qu'une envie, celle d'être avec toi, je ne suis pas le genre d'homme capable de vivre de la générosité d'autrui. J'ai vu mon…

Il hésita et changea d'avis au dernier moment.

— J'ai vu d'autres gens vivre ainsi. Mais je ne peux pas. Je ne le pourrai jamais. Tu comprends cela, n'est-ce pas ?

Elle releva le menton.

— Est-ce que je comprends que ta fierté est plus importante que tout le reste ? Ne t'inquiète pas, tu me l'as fait comprendre très clairement.

Il sentit la colère l'envahir.

— Que crois-tu que j'aie fait pendant l'année et demie qui vient de s'écouler ? Quand Lazz et Ariana se sont mariés, je venais juste de réussir à réunir suffisamment d'argent pour monter mon entreprise à Florence. J'ai travaillé jour et nuit pour bâtir une petite société modeste et honnête, pour la faire prospérer afin de la relocaliser ici. Penses-tu que ce genre de choses se fasse en deux jours ? Penses-tu qu'il ait été facile d'acquérir les contacts nécessaires pour me créer un réseau suffisant pour venir m'installer ici ? Penses-tu que j'aurais pu faire tout cela en seulement dix-neuf mois si je ne m'étais pas concentré à cent pour cent sur mon entreprise ?

Elle se rapprocha encore et cela provoqua une intense réaction chez lui, aussi forte que s'il avait reçu un coup. Son parfum délicieux. Ses courbes généreuses. Sa beauté dévastatrice.

— J'aurais pu travailler avec toi, murmura-t-elle. J'aurais pu t'aider.

— Tu m'aurais distrait, objecta-t-il. Si j'avais su que tu m'attendais dans mon lit, je n'aurais pas accompli un dixième de ce que j'ai réussi à faire, parce que je n'aurais jamais eu envie de quitter tes bras.

Elle sourit et il vit les larmes briller dans ses yeux verts.

— Eh bien, nous aurions été pauvres, mais, au moins, nous aurions été ensemble.

Il secoua la tête.

— Gianna, il faut que tu me laisses être un homme. Tu ne peux pas tout contrôler dans notre relation.

Elle se raidit.

— Que veux-tu dire par là ?

Il observa la paume de sa main d'un air sombre. Il était toujours étonné de voir qu'il n'y avait pas de trace physique pour témoigner de ce fameux Inferno. Il passa son pouce dans sa paume, par habitude. Il avait beau frotter, il ne pourrait jamais effacer ce qu'elle lui avait fait.

— Tu as commencé tout ça la première fois que tu m'as touché, dit-il en lui tendant la main qu'elle avait infectée. Mais je compte bien le finir.

Elle s'immobilisa, comme la proie sentant la présence du prédateur pour la première fois.

— Comment ? demanda-t-elle.

Faisant fi de tout, il couvrit le reste de la distance qui les séparait et entrelaça ses doigts à ceux de Gianna, utilisant la brûlure de l'Inferno pour l'attirer à lui.

— Tu m'as attrapé, tu m'as possédé. Que tu veuilles

toujours de moi ou non n'a aucune importance. Tu as initié quelque chose qui ne peut être arrêté par un simple « j'ai changé d'avis ». Il est trop tard. Tu seras mienne.

La bouche de Gianna se crispa.

— Tu as raison. Il est trop tard. Je ne suis pas quelqu'un que l'on peut prendre ou laisser de côté dès que l'humeur nous prend.

— Est-ce que tu as eu l'impression que je te laissais de côté quand je t'ai demandée en mariage ?

— Ce que tu as dit au gala ? C'était une demande en mariage, ça ? ironisa-t-elle. C'était seulement la façon la plus intelligente que tu aies trouvée pour annihiler toute concurrence.

— Tu parles de David ? demanda-t-il.

— Bien sûr que je parle de David.

Il secoua la tête.

— Tu sais très bien qu'il n'est pas mon concurrent et qu'il ne pourra jamais l'être.

— Nous le savons *maintenant*, riposta-t-elle.

— Cela aurait été très facile de me débarrasser de lui sans te demander en mariage devant toute ta famille.

Cette phrase la fit hésiter.

— Comment ? demanda-t-elle avec une sincère curiosité.

Il lui sourit tendrement.

— Tout simplement en étant avec toi. David aurait vu ce que tout le monde voit quand toi et moi sommes ensemble. Chaque fois que l'on se touche, l'air qui nous entoure menace de s'enflammer. Ce n'est pas quelque chose que nous pouvons cacher ou ignorer.

— Essaie.

— Bon sang, Gianna ! Que diable attends-tu de moi ? s'exclama-t-il en se passant une main dans les cheveux dans un geste exaspéré.

— Rien. Je n'attends rien de toi.

— Et c'est moi qui suis trop orgueilleux, rétorqua-t-il.

Incapable de se retenir un instant de plus, il l'enveloppa dans ses bras, priant pour ne pas perdre le contrôle. Elle finirait peut-être un peu défaite et froissée, mais, s'il parvenait à garder le contrôle de lui-même, cela n'irait pas plus loin.

— J'ai passé des mois entiers à travailler jour et nuit et à faire tout ce dont j'étais humainement capable pour te retrouver le plus rapidement possible.

Les yeux de Gianna s'emplirent de larmes. Des larmes de regret.

— C'était tellement long.

— Je sais, je sais. Je suis désolé, dit-il en déposant un baiser sur ses lèvres. Je suis revenu dès que je l'ai pu, je te le jure.

Il ne put s'empêcher d'approfondir le baiser et elle enlaça ses bras autour de son cou.

— Tu m'as tellement manqué, avoua-t-elle. Tu n'as pas idée à quel point ton silence m'a blessée. La nuit, allongée dans mon lit, je n'arrivais pas à dormir, je pensais à toi et j'avais mal.

Il ferma les yeux. Sa franchise l'atteignait comme une flèche décochée en plein cœur.

— Je suis tellement désolé. Je n'ai jamais voulu te faire souffrir, ce n'était pas mon intention. Tu m'as énormément manqué. Mais je suis là maintenant. Ne laisse pas ta fierté nous séparer plus longtemps.

Enfin, ils avaient suffisamment d'intimité pour qu'il puisse libérer son désir et il ne pouvait même pas en profiter, pas après la promesse qu'il avait faite à Primo. Ou, du moins, pas tant que Gianna ne s'était pas totalement engagée vis-à-vis de lui et qu'elle ne soit devenue son épouse. Il dut se contenter d'un autre baiser langoureux, plein de promesses. Plein de désir. Un baiser qui joua avec les limites de son self-control. Elle entrouvrit les lèvres et ses mains remontèrent le long de sa nuque et vinrent se perdre dans ses cheveux. Le gémissement qu'elle poussa trahissait tout son désir, l'invitant à franchir l'étape suivante, irrévocable.

— Nous ne pouvons pas, murmura-t-il contre sa bouche. Nous devons prendre notre temps pour faire les choses bien.

Il fut soulagé de la voir sourire au lieu de s'énerver.

— Penses-tu que nous en soyons capables ?

— Il vaudrait mieux, sinon j'aurai une horde de Dante à mes trousses.

— Je ne dirai rien si tu ne dis rien…

— Veux-tu dire que tu es prête à porter mon alliance ? A m'épouser ?

Mais il n'avait pas besoin d'entendre sa réponse, il le savait très bien.

— Non, je le vois bien, ajouta-t-il en lui volant un baiser avant de l'écarter fermement de lui. Allez viens. Allons visiter l'appartement. J'ai besoin de me changer.

Il l'entraîna chez lui et la laissa s'installer dans le salon avec sa belle vue sur la ville tandis qu'il disparaissait dans sa chambre pour se raser et se changer. Lorsqu'il la rejoignit, peu de temps plus tard, il la trouva en train d'examiner la maquette en 3D de l'immeuble Diamondt qu'il avait réalisée pour la présentation à la famille, ainsi qu'un épais cahier de dessins détaillant les divers aspects de la rénovation.

— C'est magnifique, s'exclama-t-elle. J'adore la façon dont tu as mêlé leur nom avec les rénovations de l'immeuble. Est-ce que ces vitres biseautées seront faites avec du verre au plomb ?

— Tu as l'œil ! On trouve beaucoup de vitres de verre au plomb dans la région de Seattle. Vu que cet immeuble est ancien, cela semblait convenir. Nous avons aussi prévu d'installer un immense vitrail dans le hall.

— J'aimerais beaucoup le voir. Je suis sûre que ce sera superbe.

— Nous sommes toujours en train de négocier le contrat donc, à moins qu'il n'y ait un problème, je n'irai là-bas que quand il sera prêt à être signé. Mais, à ce moment-là, tu pourras m'accompagner si cela te fait plaisir.

Peut-être serait-elle alors sa femme, pensa-t-il, mais il se garda bien d'énoncer cette pensée à haute voix.

— Merci. Cette offre est très tentante.

Elle continua d'étudier la maquette pendant quelques

minutes et il vit qu'elle fronçait les sourcils. Cela n'augurait rien de bon.

— Qu'y a-t-il ?

— J'avais oublié. C'est quand j'ai lu le nom Diamondt que je m'en suis souvenue, murmura-t-elle, perdue dans ses pensées. J'ai l'impression que tu avais raison. On dirait que cette drogue que David m'a donnée m'a affectée plus que je ne le pensais.

Il l'observa, de plus en plus inquiet.

— De quoi te souviens-tu ?

— De quelque chose que David a dit sur un diamant. J'avais prévu de te poser la question dès que je te verrais, dit-elle en frissonnant. Je ne pensais pas que ma fuite serait si dramatique ou si effrayante, sinon j'y aurais pensé plus tôt. As-tu déjà entendu parler d'un diamant du nom de Brimstone ?

Figlio di puttana ! Il lutta pour contrôler la colère dans sa voix.

— On peut dire ça. Es-tu en train de me dire que David a entendu parler de Brimstone ?

Elle hocha la tête.

— Il avait l'air de penser que j'étais censée savoir de quoi il s'agissait. D'ailleurs, il était certain que tu l'avais en ta possession ou que tu t'en étais servi pour financer Romano Restauration... Ou que tu voulais m'épouser afin de l'obtenir.

Elle pencha la tête de côté et l'observa intensément de son regard vert jade.

— Qu'a-t-il de particulier, ce Brimstone, mis à part le fait que ce soit un diamant ? Et pourquoi David tente-t-il de le trouver ?

— J'imagine qu'il le veut parce qu'il vaut dans les dix millions de dollars, répondit-il en haussant les épaules. Peut-être même plus. Et, pour répondre à ton autre question, Brimstone est la raison pour laquelle ton cousin Lazz et Ariana se sont mariés aussi discrètement. Très franchement, c'est une longue histoire et je viens de me souvenir que nous avons sauté le petit déjeuner, dit-il en indiquant la direction de la cuisine. Préparons-nous quelque chose pendant que je te raconterai tout ce que je sais de Brimstone.

— Maintenant que tu le dis, je me rends compte que je suis affamée.

Elle le suivit dans la cuisine, en prenant le temps d'observer en détail la grande pièce qu'elle occupait. Puis, elle fit comme chez elle et alla inspecter le contenu du réfrigérateur.

— On dirait que tu as de quoi faire une omelette. Et peut-être... Ouais. Une salade de fruits ?

— Malheureusement, cela a l'air beaucoup trop sain.

Elle sortit du frigo un paquet de bacon et un morceau de fromage.

— C'est mieux comme ça ? demanda-t-elle.

— Beaucoup mieux.

Il vint l'aider à tout préparer pendant que le bacon cuisait dans la poêle.

— Alors, vas-y. Tu allais me parler de Brimstone. Qu'est-ce que c'est ? D'où vient-il ? David avait l'air de penser qu'il avait disparu.

— Là-dessus, il a raison. Il a disparu, répondit-il en coupant une pêche bien juteuse. Voyons voir... Par où commencer ?

Elle lui lança un petit sourire en coin.

— Par là où commencent tous les contes de fées, dit-elle. Il était une fois...

— Il était une fois, répéta-t-il, une adorable princesse italienne du nom d'Ariana, qui était la prunelle des yeux de son père. Un jour, quand la princesse Ariana n'avait que six ans, un prince venu d'un pays lointain vint lui rendre visite. Il s'appelait Lazzaro Dante.

— *Sérieux ?*

— Sérieux, répondit-il. Comme dans tous les contes de fées, dès l'instant où Lazzaro et Ariana se touchèrent, quelque chose d'étrange se produisit entre eux.

Gianna laissa tomber son couteau sur le plan de travail et se retourna pour l'observer, bouche bée.

— Tu te moques de moi ? Ils ont senti l'Inferno ? Si jeunes ? Je ne pensais pas que c'était possible.

— Selon mon père, c'était une forme naissante de l'Inferno. Mais, oui. Quelque chose s'est passé entre eux. Pour je ne sais quelle raison, Dominic a pété les plombs quand il a compris ce qui se passait et a ordonné de faire faire un contrat de mariage. Il voulait s'assurer que ma sœur et ton cousin seraient fortement encouragés à se marier quand ils seraient plus âgés.

— Sans blague ? s'exclama-t-elle, médusée.

— Personne ne t'a jamais raconté cela ? demanda-t-il, surpris.

— Euh, non ! Crois-moi, quelqu'un paiera pour cet oubli. Tout ce que je sais, c'est qu'ils ont ressenti l'Inferno quand ils se sont rencontrés en Italie et qu'ils ont décidé de se marier.

— Ah, mais ils ne se sont pas réellement rencontrés en Italie. Ce n'est qu'une histoire qu'ils ont racontée pour expliquer leur mariage éclair et pour que tes grands-parents et ma grand-mère ne découvrent pas la vérité sur le contrat et la véritable raison de leur mariage. Ils devaient se marier rapidement afin de remplir les termes du contrat.

Gianna ramassa son couteau.

— Attends. Là, tu m'as perdue.

— Le contrat stipulait qu'ils devaient se marier avant le vingt-cinquième anniversaire d'Ariana. Quand le contrat a refait surface, ils ont négocié les termes du mariage par téléphone et par e-mail. Ils ne s'étaient même pas revus avant la cérémonie du mariage.

— Mais c'est… c'est barbare, s'exclama-t-elle. Tu es en train de me dire qu'ils étaient obligés de se marier à cause d'un stupide contrat qu'ont signé ton père et mon oncle Dominic ? Pourquoi ne l'ont-ils pas tout simplement déchiré ?

Il hésita un moment.

— Il y avait bien une mesure incitative qui était dans l'intérêt de toutes les parties concernées.

Et il vit qu'elle faisait le lien, une lueur de compréhension brilla dans ses yeux.

— Brimstone, souffla-t-elle.

Il hocha la tête.

— Dominic savait que ma famille avait des problèmes d'argent. Il a donc offert à mon père la moitié de Brimstone quand Lazz et Ariana se marieraient.

— Et s'ils décidaient de ne pas se marier ?

— Brimstone serait jeté dans l'océan et aucune des deux familles ne l'obtiendrait, conclut-il.

— Grand Dieu, murmura-t-elle. De la barbarie à la folie pure.

— Nous pensons la même chose, *piccola*. Mon père, qui peut se montrer un peu barbare sur certaines choses, est tout à fait raisonnable quand il s'agit d'argent. Il n'a pas hésité une seule seconde avant d'accepter l'offre, répondit-il sans pouvoir retenir une pointe d'amertume dans sa voix. Après tout, qu'avait-il à perdre ?

— Oh, Constantine…

Il se remit à décapiter les fraises, en utilisant un petit peu plus de force qu'il n'était nécessaire.

— Ne t'inquiète pas. En réalité, nous n'avons jamais réussi à vendre Ariana. Même s'ils se sont mariés, une fois le moment venu de partager le diamant, nous avons découvert qu'il avait disparu.

Gianna étouffa un petit éclat de rire.

— Ariana et Lazz auraient au moins pu s'assurer que le diamant était bien là avant de prendre la peine de se marier.

Constantine se raidit.

— Mon père n'a informé Ariana de sa disparition que quelques minutes avant le mariage. Les Dante ne s'étaient pas encore rendu compte de son absence. Tu vois, Dominic avait fait l'erreur de confier le diamant à mon père. Je pense que cela avait été arrangé au cours des négociations pour le contrat. En fait, ma grand-mère…

— L'auteur des livres de Mme Pennywinkle ?

— Oui. Elle a surpris la conversation entre Babbo et Dominic à propos du contrat. Elle était scandalisée.

— Comme toute personne normale…

— Exactement, répondit-il.

Comme il avait terminé de préparer la salade de fruits, il mit la cafetière sur le feu, puis il se rappuya contre le plan de travail pour observer Gianna. Elle était en train de faire sauter des oignons, des champignons et des épinards dans de l'huile d'olive. Elle versa les œufs battus dans la poêle en ajoutant le bacon coupé en petits bouts.

— En bref, poursuivit-il, elle a volé Brimstone et l'a cousu dans une poupée Nancy.

— J'avais une poupée Nancy, s'exclama Gianna. Le diamant est peut-être dans ma poupée.

— J'en doute, répondit Constantine. Elle l'avait placé dans la poupée originale, le prototype. Ariana a offert cette poupée à un enfant dans le besoin peu de temps après avoir épousé Lazz.

Les yeux de Gianna s'écarquillèrent.

— Oh, mon Dieu. J'imagine qu'elle ne savait pas que Brimstone était à l'intérieur.

— Non, elle n'en avait aucune idée. De toute façon, elle et Lazz étaient tombés amoureux et avaient décidé de laisser le destin décider de la suite.

Elle fit un petit sourire.

— Comme c'est romantique.

— Stupide, riposta-t-il.

— Chacun son opinion, répliqua-t-elle en haussant les épaules. Mais je comprends que la perte du diamant ait déçu ta famille, ajouta-t-elle avant de penser à quelque chose. Au fait, aurais-tu pris l'argent de Brimstone pour démarrer ton entreprise ?

Il hésita.

— J'aurais été très tenté. Mais je ne crois pas que je l'aurais fait. Brimstone ne m'appartenait pas et, cet argent, je ne l'avais pas gagné, je ne méritais donc pas d'en tirer un quelconque profit. Donc, non… Si les Romano avaient eu leur part de Brimstone, cela n'aurait rien changé aux dix-neuf mois qui viennent de s'écouler, si c'est ça que tu me demandes. Nous aurions été séparés de toute façon.

— Bon sang, murmura-t-elle.

— Quoi ?

Elle avait l'air vraiment contrariée.

— Je commence à comprendre ton point de vue dans toute cette histoire. C'est vraiment énervant.

L'amusement vint se mêler à une profonde tendresse et une grande affection. Il aimait sa franchise et son honnêteté. Il appréciait le fait qu'elle soit capable d'admettre qu'il pouvait avoir raison, même quand ils n'étaient pas d'accord sur quelque chose. Il se réjouissait également de voir qu'elle était tout aussi scandalisée que lui quand il lui avait parlé de Brimstone et du contrat de mariage. C'était une bonne chose qu'ils soient d'accord sur certaines questions de morale.

— D'ailleurs, ne perdons pas de vue le fond du problème.

Un instant, elle parut perdue par son abrupt changement de sujet puis elle comprit.

— David.

— Oui. Malheureusement, d'Angelo est très bien informé. Il sait que Brimstone a disparu.

— Pas vraiment. Il n'a pas de preuves, ce ne sont que des soupçons, objecta-t-elle.

— Mais une fois qu'il comprendra qu'aucune des deux familles ne l'a…

— Il essaiera de le retrouver, conclut Gianna.

Perdue dans ses pensées, elle plia les omelettes d'un geste précis puis les déposa sur leurs assiettes avant de râper un peu de fromage par-dessus.

— Je me demande si David est au courant que Brimstone a été cousu dans une poupée, reprit-elle en se tournant vers lui. J'espère qu'il n'est pas en train de courir partout à la recherche de poupées Nancy à éventrer…

Il fit la grimace avant de commencer à mettre la table.

— Je n'avais pas envisagé cette possibilité.

— Nous devrions peut-être le faire. Et nous devrions peut-être aussi essayer de découvrir où se trouve le diamant avant lui.

Elle remplit deux bols de salade de fruits tout en réfléchissant.

— Une dernière question, ajouta-t-elle après réflexion.

— Seulement une ?

— Pour l'instant, répondit-elle en riant. Pourquoi penses-tu qu'oncle Dominic se soit donné tant de mal pour s'assurer que Lazz et Ariana se marieraient ? Franchement, établir un contrat de mariage me semble un peu exagéré. Il ne pouvait pas savoir vraiment si ce qu'ils avaient ressenti enfants était une forme de l'Inferno. Après tout, ils étaient très jeunes…

Il haussa les épaules. La question de Gianna n'était pas absurde, mais en même temps avec la famille Dante ce genre de choses n'était pas si extraordinaire.

— Apparemment, Dominic avait décidé qu'épouser quelqu'un qui n'était pas son âme sœur d'Inferno serait désastreux et il ne voulait pas que Lazz et Ariana vivent la même chose que ce qu'il avait vécu avec sa femme, Laura.

Il vit Gianna se raidir tout à coup.

— Non, ce n'est pas du tout ça. Toi ou ton père avez dû mal comprendre.

Il secoua la tête.

— Non, je ne crois pas. Ton oncle et ta tante n'avaient-ils pas prévu de divorcer juste avant leur mort ?

— Si, mais ils avaient absolument ressenti l'Inferno l'un pour l'autre. En dépit de cela, même s'ils étaient des âmes sœurs, cela n'a pas marché entre eux, répondit-elle en posant les assiettes sur la table et en prenant bien soin d'éviter son regard. C'est ce que j'essaye de t'expliquer depuis le début. L'Inferno n'est pas la garantie d'un mariage heureux. C'est pour cela que je veux m'assurer que nous soyons compatibles avant de nous engager vraiment ensemble.

— *Che cavolo !* s'exclama-t-il en saisissant son menton pour la forcer à lever la tête et à le regarder dans les yeux, vibrant pratiquement de fureur. Es-tu en train de me dire que tu m'as infligé l'Inferno, mais que nous pourrions ne jamais connaître de véritable bonheur ensemble ?

— Oui, répondit-elle avec une profonde tristesse. C'est exactement ce que je suis en train de te dire.

7

Le mélange de colère et d'indignation qui brûlait dans les yeux de Constantine effraya Gianna.

— Pourquoi nous as-tu fait cela ? demanda-t-il en italien.

A son tour elle laissa exploser sa mauvaise humeur.

— Tu dis cela comme si j'avais eu le choix, mais je ne l'ai pas eu. Ça arrive, c'est tout. C'est l'Inferno qui choisit, pas moi.

— C'est vraiment très pratique, ce don, rétorqua-t-il. Tout ce que tu as à dire pour échapper à la critique, c'est que ce n'est pas ta faute. C'est la faute de l'Inferno.

— Mais ce n'est pas ma faute. C'est l'Inferno, répliqua-t-elle, furieuse. Crois-tu vraiment que, quand je t'ai vu dans toute ta magnificence, j'ai décidé… Pourquoi pas ? Et si je lui infligeais cela pour le reste de notre vie ?

— Je ne sais pas, répondit-il, approchant son visage tout près du sien. L'as-tu fait ?

Elle réprima un cri de frustration.

— Nous ne nous étions jamais rencontrés avant quand c'est arrivé ! Nous ne nous étions jamais dit un mot. Pourquoi aurais-je voulu me lier à un homme que je ne connaissais même pas ?

Elle s'interrompit un instant, mais leva la main pour le stopper avant qu'il ne puisse ajouter une autre repartie pleine de sarcasme.

— Ne comprends-tu donc pas ? reprit-elle. C'est ainsi que fonctionne l'Inferno. J'en suis tout aussi victime que toi. Penses-tu que j'aime ne pas être maîtresse de mes décisions ? Que j'aie envie de laisser une étrange brûlure électrique décider à ma place que tu es l'homme de ma vie ?

— Etant donné que tu étais prête à choisir d'Angelo au lieu de moi, je pense que tu ferais mieux de te fier à l'Inferno, rétorqua-t-il.

— Oh ! C'est bas…

Il l'interrompit sans hésitation, tout en essayant de contenir sa colère.

— Laisse-moi voir si j'ai bien compris. Ce que toi et moi avons ressenti, c'était l'Inferno.

Elle croisa les bras et le dévisagea d'un regard furieux.

— Oui.

— Mais un jour tu pourrais serrer la main d'un autre homme et ressentir l'Inferno pour lui ?

Constantine avait mis le doigt sur ce qu'elle détestait le plus dans toute cette situation.

— Moi, je ne voudrai que toi, et aucune autre femme, pour le restant de mes jours, ajouta-t-il. Mais toi, tu pourrais infliger l'Inferno à plusieurs hommes… Est-ce correct ?

Elle rougit et hocha la tête.

— Je crois bien, oui.

Avant cette conversation, elle ne s'était pas rendu compte à quel point il était furieux contre l'Inferno ou contre ce qui s'était passé entre eux. Bien sûr, elle avait grandi avec la légende de l'Inferno, mais pas lui. Elle avait entendu Primo et Nonna raconter le « conte de fées » de leur première rencontre depuis son plus jeune âge, avait assisté au bonheur de ses parents, tout comme elle avait vu la souffrance que son oncle Dominic et sa tante Laura n'étaient pas parvenus à cacher. Cela offrait un tableau plus que confus.

Ses cousins et ses frères n'avaient jamais cru à la « bénédiction » ou à la « malédiction » familiale, comme ils l'appelaient pour rire. Ils n'y avaient jamais accordé la moindre foi jusqu'à ce qu'eux-mêmes en soient les victimes. Pendant tout ce temps, elle avait observé cela avec une certaine distance, tandis que, un par un, ses cousins et ses frères étaient tombés, incontestablement et irrémédiablement, amoureux. Elle n'avait jamais rien dit de ce qu'elle avait découvert le jour de son treizième anniversaire, ne voulant pas briser les illusions de bonheur que promettait l'Inferno.

Si seulement ils savaient…

Les années étaient passées et elle avait attendu de voir si une femme Dante était capable de ressentir l'Inferno, de le partager avec le compagnon de son choix, pas vraiment certaine de vouloir en faire l'expérience. Puis c'était arrivé. Ce qu'elle n'avait pas prévu, c'était la réaction hostile de Constantine. Cela apaisa un peu sa colère.

— Tu hais l'Inferno, n'est-ce pas ? demanda-t-elle tristement.

— Je déteste que cela m'ait enlevé ma capacité de faire des choix, avoua Constantine d'un ton un peu plus calme. Que je n'aie plus le contrôle de moi-même ou la capacité de déterminer mon propre destin. Que je sois incapable de décider si oui, non ou peut-être et que je sois tout simplement propulsé vers l'avant comme un vairon dans les rapides d'une rivière déchaînée.

Elle avait du mal à dissimuler la douleur qu'éveillaient en elle les propos de Constantine. Pendant tout ce temps, elle pensait qu'il la désirait. Et, pendant tout ce temps, il avait haï ce désir, tenté de le refouler. Maintenant qu'elle le savait, elle se sentait obligée de lui offrir une alternative. C'était la seule chose honorable qu'il lui restait à faire. Elle recula d'un pas afin qu'il ne soit pas influencé par leur proximité. C'était ridicule, en fait. S'ils avaient ressenti la brûlure constante de l'Inferno alors que des milliers de kilomètres les séparaient, ce n'était pas quelques pas de plus ou de moins qui allaient y changer quoi que ce soit.

— Préférerais-tu ne pas ressentir l'Inferno ? se força-t-elle à demander. Si je pouvais le défaire, voudrais-tu que je le fasse ?

Elle fut soulagée de voir qu'au lieu d'accepter immédiatement son offre il hésitait.

— Tu peux le faire ?

— Je ne sais pas, avoua-t-elle. Je n'ai jamais essayé.

— Si tu y parvenais, je ne ressentirais rien pour toi ?

Elle secoua la tête, incapable de lui répondre honnêtement.

— Je n'en ai aucune idée. C'est possible.

Il observa la paume de sa main pendant plusieurs longues minutes, frottant son pouce au centre pendant qu'il réfléchissait.

— C'est difficile pour moi d'imaginer ne plus avoir envie de toi, d'être avec toi, dit-il en relevant la tête pour la regarder. Et toi ? Si tu enlevais l'Inferno, le ressentirais-tu toujours pour moi ?

Elle se mordit la lèvre pour l'empêcher de trembler.

— Je pense que je ne le ressentirai plus pour toi quand je le sentirai pour quelqu'un d'autre.

Ses yeux s'emplirent de larmes et elle cligna des yeux pour les ravaler. Elle était terrifiée à l'idée que cela puisse lui arriver. Elle ne pouvait même pas imaginer aimer quelqu'un d'autre que Constantine.

— Tout ce que je sais, c'est que je n'ai jamais voulu personne d'autre que toi. Je n'ai jamais ressenti l'Inferno pour un autre homme que toi. Malgré tout, je ne peux te faire aucune promesse pour l'avenir.

— Mais c'est la vie, pas vrai ? répondit-il plus doucement. Les gens tombent amoureux et se marient. Pour certains, cela dure toute la vie. Pour d'autres… pas forcément, ajouta-t-il en haussant les épaules.

Il était temps d'aborder la question la plus compliquée.

— Est-ce qu'on continue pour voir où cela nous mènera ? demanda-t-elle en sentant une boule se former dans sa gorge. Ou vaut-il mieux tout arrêter tant que nous le pouvons encore ?

La question flotta entre eux pendant un moment qui parut une éternité.

— Je ne peux pas, dit-il.

Ces quatre mots, seulement ces quatre mots, qui résonnaient comme s'ils venaient d'être arrachés au plus profond de son âme. Pendant une seconde, elle crut que son monde s'était arrêté de tourner, puis il ajouta :

— Je ne peux pas te laisser partir.

Elle s'avança sans s'en rendre compte, sans prendre conscience de ce qu'elle faisait, et elle se jeta dans ses bras.

— Oh, Constantine.

Elle leva son visage vers lui et l'embrassa. Profondément. Avec urgence. Des baisers désespérés. L'emportant loin, si loin qu'elle ne savait plus où elle était. Que plus rien n'existait que lui. Sa bouche. Ses caresses. La brûlure constante de l'Inferno. Ils auraient sûrement franchi cette dernière étape, irrévocable, si son estomac n'avait pas gargouillé bruyamment à ce moment-là. Elle recula un peu en éclatant de rire, un rire qu'ils partagèrent.

— O.K., *piccola*, dit-il en replaçant une mèche de cheveux derrière son oreille. Voici ce que nous allons faire. Nous allons passer le mois qui vient à essayer de tenir la promesse que nous avons faite à Primo. Nous allons apprendre à nous connaître. Ensuite, nous déciderons ce que nous voulons faire de cet Inferno.

Elle eut tout le mal du monde à contenir son soulagement. Elle avait eu si peur qu'il demande à ce qu'elle le libère de l'emprise de l'Inferno, malgré l'intense désir qu'ils ressentaient l'un pour l'autre. Cela voulait dire beaucoup, pensa-t-elle, qu'aucun d'entre eux ne remette en question la passion dévorante qu'ils partageaient. Au moins, cet aspect de leur relation n'avait jamais été mis en doute.

S'ils parvenaient à mettre un terme à cet Inferno, le fragile bourgeon de confiance qui se développait entre eux serait étouffé dans l'œuf. La passion n'aurait pas le temps de se transformer en quelque chose de plus profond et permanent. En allant de l'avant, ce petit bourgeon aurait le temps d'éclore et elle se rendit compte à quel point elle avait envie de le voir fleurir pour découvrir quelle fleur en résulterait. Le résultat serait spectaculaire, elle n'en avait aucun doute.

La joie explosa en elle et elle lui adressa un large et radieux sourire.

— D'accord. C'est ce que nous allons faire. Nous allons apprendre à nous connaître.

Elle indiqua, d'une main tremblante, la table et lui fit la leçon gentiment :

— Eh bien, qu'attends-tu ? Assieds-toi et mange. Le petit déjeuner refroidit.

Les deux semaines qui suivirent passèrent à la vitesse de la lumière. Gianna et Constantine respectèrent scrupuleusement l'accord qu'ils avaient passé d'apprendre à se connaître, un peu maladroitement au début. En tout cas, c'est ce qu'elle ressentit au cours de leurs premiers rendez-vous, au restaurant, au cinéma ou bien tranquillement chez elle.

Heureusement, passé les premières minutes, la gêne disparaissait. A sa place, la passion explosait, une passion qu'ils avaient le plus grand mal à contenir. Elle aurait aimé pouvoir dire qu'il n'y avait rien de plus entre eux que du désir à l'état pur, mais cela aurait été un mensonge. La vérité, c'était qu'elle appréciait vraiment Constantine.

Elle aimait beaucoup sa façon de penser et de voir la vie. Elle trouvait son travail particulièrement fascinant, surtout la branche décoration de Romano Restauration, étant donné qu'elle avait souvent recours à ce genre de compétences quand elle organisait un événement ou préparait une réception haut de gamme pour les Dante. Constantine possédait également un calme et un tact qu'elle appréciait, quand il prenait le contrôle d'une situation, il faisait toujours attention à ne froisser personne. Et, même si elle avait vraiment envie de lui en vouloir de la maintenir à une certaine distance, elle ne pouvait pas lui reprocher son sens de l'honneur, car il faisait partie intégrante de l'homme qu'il était vraiment, au fond de lui.

Assise derrière son bureau, elle tapota son stylo sur le contrat pour un traiteur qu'elle était censée valider tandis qu'elle analysait sa relation avec Constantine. Il était le genre de personne qui voulait tout le temps tout contrôler et, même cela, ça ne la dérangeait pas. Ils se complétaient bien. Elle avait tendance à être un peu tête en l'air parfois et était souvent très impulsive, surtout dans sa vie privée – David en était l'exemple parfait. Mais, au travail, chaque détail comptait et elle avait besoin de tout superviser. Son travail pour Dante le nécessitait.

Le téléphone sonna et elle décrocha, la tête ailleurs, mais elle s'anima en entendant l'accent sexy de Constantine.

— Comment se passe ta journée, *piccola* ? demanda-t-il.

Le seul son de sa voix la troublait au plus profond d'elle-même, faisant battre son cœur.

— Mieux, maintenant que tu appelles, admit-elle.

— Alors je suis désolé de te dire que je suis sur le point d'empirer ta journée.

— Ce soir ? devina-t-elle, incapable de cacher sa déception.

On frappa doucement à la porte et Juice, un vieil ami de la famille, passa sa tête chauve par la porte de son bureau. Il avait été adopté par les Dante quand il avait travaillé pour la société de sécurité privée de son frère, avant que Luc ne reprenne la partie coursiers de l'entreprise. Juice était une sorte de détective privé et se spécialisait dans les recherches sur le passé des individus. Il était capable de trouver ce que les autres voulaient cacher et tout ce qui était stocké dans le cyberespace. De temps en temps, il aidait les Dante. Et elle espérait qu'il le ferait une fois encore. Elle lui fit signe d'entrer et de s'asseoir sur la chaise face à elle.

— As-tu besoin de modifier nos projets ? demanda-t-elle à Constantine.

— J'ai bien peur de devoir les annuler. J'ai des modifications de dernière minute à apporter à une proposition.

— Oh non, répondit-elle avec compassion. Ce n'est pas pour le projet Diamondt, j'espère.

— Si, malheureusement.

— Mais tu as travaillé si dur. Et les plans que tu as conçus pour la restauration sont magnifiques. Quel est le problème ?

— Un désaccord familial. Apparemment, un gendre possède suffisamment des parts de sa défunte épouse pour qu'ils aient besoin de son accord sur mon projet de restauration avant de pouvoir signer le contrat définitif.

— Ils auraient pu te parler de lui un peu plus tôt…

— Tu as absolument raison, répondit-il. Maintenant, je suis obligé de faire de nombreuses altérations qui, je l'espère, conviendront à tout le monde. Il faudra peut-être même que je prenne l'avion pour aller voir Moretti afin de résoudre un problème.

— Moretti ? C'est le nom du gendre en question ? demanda-t-elle car ce nom lui disait quelque chose. On dirait que les Diamondt et les Dante ont des choses en commun. Nous avons aussi nos petites disputes familiales qui doivent être résolues avec fermeté. Dans notre cas, c'est Primo qui s'en occupe.

— Rien à voir, lui assura-t-il. Les Dante s'aiment et se querellent en conséquence. Les Diamondt me font plutôt penser aux Borgia. Et malheureusement ils n'ont pas de Primo pour arranger les choses, alors qu'ils en auraient bien besoin, crois-moi !

— A ce point-là ? s'exclama-t-elle en pouffant de rire. D'accord, je te laisse te remettre au travail. Seras-tu disponible demain ? Dois-tu travailler ce week-end ?

— Non, je suis libre les deux jours. Réfléchis à ce que tu aurais envie de faire.

— C'est d'accord, répondit-elle en jetant un coup d'œil à Juice tout en gardant un ton léger et décontracté. A plus tard.

Il resta silencieux un moment, puis demanda :

— Tu n'es pas seule, c'est ça ?

— Bien deviné.

— Ta famille ?

Elle adressa un clin d'œil à Juice pour l'inclure dans sa conversation.

— Un vieil ami de la famille.

— Tu me donnes envie de te dire quelque chose qui te fera rougir, répondit Constantine d'un ton malicieux.

— Si tu le fais, tout le monde ne parlera que de ça pendant longtemps, le prévint-elle.

— Ah, répondit-il d'une voix rauque.

Elle dut faire un véritable effort pour s'empêcher de tressaillir à ce son grave et sexy.

— Un vieil ami de la famille, hein ? J'imagine que tu n'es pas la seule *chiacchierona*, alors…

— Ça ne lui plairait pas de se faire appeler ainsi. Mais ça lui ressemble, parfois… Vu son métier, il doit savoir quand parler et quand tenir sa langue.

Il éclata de rire.

— Dans ce cas, je ne te ferai pas rougir. Je te rappellerai plus tard afin que nous puissions poursuivre cette conversation en privé.

Malgré ses bonnes intentions, il avait tout de même réussi à la faire rougir, ce qui n'avait pas échappé à Juice qui l'observait d'un air amusé.

— Je l'espère bien, cela en vaudra vraiment la peine, crois-moi, rétorqua-t-elle.

— C'est moi qui rougis maintenant.

Et, sur ces mots, il raccrocha, la laissant toute songeuse, un sourire béat aux lèvres.

— Je vois que les rumeurs sont fondées, déclara Juice de sa voix de basse. Est-ce bien Constantine Romano qui t'a fait rougir comme un coquelicot ?

— C'est bien lui, répondit-elle avec un grand sourire.

— C'est sérieux ?

Elle hésita avant de hocher la tête.

— Je crois, oui.

— Je suis content pour toi. Alors, quoi de neuf, Gianna ? Il paraît que tu as du boulot pour moi.

— En effet, répondit-elle.

Elle jeta un coup d'œil et vit que la porte était restée ouverte. Mieux valait que personne ne surprenne leur conversation, décida-t-elle, et elle se leva pour aller la fermer.

— Serait-ce possible que cela reste seulement entre toi et moi ? demanda-t-elle.

— Je ne peux pas répondre à cette question sans connaître les détails.

Elle poussa un soupir.

— Je comprends. Je voudrais que tu retrouves un diamant. Il a disparu il y a à peu près un an et demi.

— Tu parles de Brimstone, c'est ça ?

Elle l'observa, bouche bée.

— Tu as entendu parler de Brimstone ? s'écria-t-elle, une fois remise de sa surprise.

— J'entends parler de beaucoup de choses, répondit-il d'un air malicieux. La plupart dont tu n'as jamais entendu parler.

— C'est injuste, maugréa-t-elle. J'imagine que tu ne peux pas me dire où il se trouve ?

— Non, je ne le peux pas.

— Tu ne peux pas ou tu ne veux pas ? insista-t-elle.

— Je ne peux pas, répéta-t-il doucement. Je ne sais pas où il est.

— Pourrais-tu te renseigner ?

Il ne répondit pas tout de suite, mais se contenta de l'observer d'un regard intense. Pas étonnant que Luc ait embauché Juice, il était brillant, capable de trouver n'importe qui ou n'importe quoi. Et, quand il voulait, il pouvait être l'un des hommes les plus intimidants qu'elle ait jamais rencontrés de sa vie.

— Pourquoi veux-tu le trouver ? demanda-t-il.

— Quelqu'un d'autre est à la recherche du diamant et je pense que les Dante devraient le trouver avant.

— Logique.

— Encore une chose… fit-elle. En plus de trouver Brimstone, il y a quelqu'un que je voudrais chercher. Il s'agit juste de le localiser, pas de l'approcher ni de faire quoi que ce soit, se hâta-t-elle d'ajouter. Je veux juste savoir où il est.

— Si tu parles de David d'Angelo, tu n'es pas la seule.

Elle aurait dû s'en douter.

— Luc ? devina-t-elle.

Il compta sur ses doigts en même temps qu'il égrenait les noms un à un.

— Luc. Rafe. Draco. Ton père. Primo. Plusieurs cousins. A peu près tout le clan Dante.

— Que lui feront-ils une fois qu'ils l'auront trouvé ? demanda-t-elle, soudain alarmée.

— Ils le feront disparaître, répondit-il simplement.

Il attendit quelques secondes, puis un grand sourire se forma sur son visage sombre.

— Mon Dieu, tu es trop crédule. Je plaisante, Gianna. Ils veulent la même chose que toi, l'avoir à l'œil, savoir où il est, découvrir ce qu'il cache et s'assurer qu'il ne profite pas d'une autre pauvre femme. Ils veulent le faire payer… légalement. Après ce qu'il t'a fait, tu ne trouves pas cela normal ?

— Oh ! répondit-elle, interdite.

Pendant un instant, elle avait carrément cru qu'ils voulaient faire disparaître David. Cela lui avait fait peur. Se sentant un peu ridicule, elle s'éclaircit la gorge.

— Je vais voir ce que je peux faire concernant Brimstone, dit Juice. Autre chose ?

— C'est tout, répondit-elle. Selon toi, quelles chances avons-nous de le retrouver ?

— Pas mauvaises, répondit-il. Et toi, quelles chances y a-t-il pour que toi et Constantine sautiez le pas ?

— On sort tout juste ensemble, Juice.

Il pencha la tête sur le côté pour l'observer d'un air dubitatif.

— J'ai entendu dire que vous étiez fiancés.

— Non. On sort ensemble, c'est tout.

— O.K., dit-il en se levant et en se dirigeant vers la porte. Mais il faut que tu saches que j'ai misé cent dollars sur ce week-end.

— Pardon ? demanda-t-elle sans comprendre de quoi il parlait.

— Nous avons parié combien de temps cela vous prendrait, à toi et Constantine, avant d'officialiser les choses, expliqua-t-il. J'ai parié sur ce week-end. Si je gagne, cela pourrait augmenter tes chances pour que je retrouve Brimstone.

Et, sur ces mots, il quitta son bureau.

Elle mit deux bonnes minutes à reprendre suffisamment son souffle pour répliquer. Quand ce fut fait, elle cria :

— *Rafe !*

Gianna avait été touchée par les déboires professionnels de Constantine, elle décida donc d'aller acheter à manger et de le lui apporter à Romano Restauration afin qu'il ait quelque chose à se mettre sous la dent pour le dîner. Elle ne resterait pas, se jura-t-elle. S'il avait une demi-heure à lui accorder, elle se laisserait convaincre de rester juste le temps de lui tenir compagnie pour le dîner. Mais, autrement, elle ne resterait pas.

Elle prit un taxi jusqu'à l'immeuble qui abritait le bureau de Constantine. La réceptionniste était déjà partie mais l'agent de sécurité lui fit un petit signe de la tête, il la reconnaissait à cause de ses fréquentes visites. Il appela même l'ascenseur pour elle et lui tint la porte avec un sourire sympathique. Elle entra et utilisa la clé que Constantine lui avait confiée pour accéder à son appartement. Le repas qu'elle était allée chercher dans un bon restaurant, l'Oriental Pearl, emplissait l'espace de sa délicieuse odeur.

Comme il n'était pas dans son appartement, elle en déduisit qu'il était toujours au bureau. Elle s'en était doutée à vrai dire, mais elle voulait prendre quelques choses avant d'aller le rejoindre. Attrapant un plaid sur le dos du canapé, elle prit également des serviettes en papier, une bouteille de vin et deux verres. Au dernier moment, elle se rappela aussi de prendre l'ouvre-bouteilles et se dirigea vers l'étage inférieur. Elle ne fut pas surprise de le trouver assis derrière son bureau, concentré sur son travail.

Comme il ne l'avait pas encore remarquée, elle profita de cette occasion pour l'observer à sa guise. D'habitude, il sentait sa présence. Mais il était sans doute bien trop pris par ce qu'il faisait, même l'Inferno ne suffisait pas à l'en extraire.

Ses cheveux, aussi noirs que l'encre de chine, tombaient sur son front en boucles indisciplinées. Il inscrivit une note dans la marge de la page sur laquelle il travaillait, la lampe de bureau éclairant intensément son visage.

Il était si beau. A la fois élégant et incroyablement viril. Les traits de son visage étaient eux aussi incroyablement masculins – son nez droit, sa bouche large et sensuelle, son menton et sa mâchoire volontaires et ses pommettes hautes et nobles. Mais, ce qu'il avait de plus irrésistible, c'étaient ses yeux. Foncés. Intenses. Directs et honnêtes.

Quelque chose au plus profond d'elle-même se serra. Elle ferma les yeux, incapable de se cacher plus longtemps la vérité, comme une évidence. Si elle n'était pas encore complètement amoureuse de cet homme, elle n'en était vraiment pas loin. La fierté légendaire des Dante l'avait empêchée de l'admettre auparavant, mais elle ne pouvait plus se mentir. Plus maintenant. Elle l'avait désiré dès le premier instant où elle l'avait rencontré. Sa famille l'appelait peut-être l'Inferno, mais elle savait reconnaître le désir quand elle le ressentait.

Au cours de la douzaine de jours qu'elle avait passés avec lui, ses sentiments avaient évolué. Ils avaient grandi et s'étaient approfondis. La moindre petite poussée suffirait à la faire tomber dans le gouffre. Elle éclata presque de rire à cette pensée. Si cela ne tenait qu'à Constantine, ce ne serait pas une poussée mais un tacle qui les ferait basculer de « peut-être » à « pour le meilleur et pour le pire ».

Elle sut à l'instant même où il sentit sa présence. Il s'immobilisa, comme un prédateur qui vient d'apercevoir sa proie. Il ne bougea pas, ne parla pas. Il leva seulement les yeux pour la regarder. Elle l'imita, se contentant de l'observer sans bouger et sans rien dire. Elle le laissa la dévorer du regard, tandis qu'elle soutenait cette troublante inspection.

— Es-tu réelle ? demanda-t-il avec un sourire lent. Ou es-tu seulement un rêve délicieux ?

— Bien réelle, répondit-elle en levant le sac de nourriture. Mais délicieuse aussi. As-tu quelques minutes pour dîner ?

Son sourire s'élargit.

— Tu pourrais peut-être me nourrir pendant que je continue de travailler.

— Là, tu rêves.

Il éclata de rire.

— Cela valait la peine d'essayer. Tu as froid ? demanda-t-il en voyant la petite couverture qu'elle tenait à la main.

— Non. Je pensais que nous pourrions pique-niquer, répondit-elle en enlevant ses chaussures. Enlève tes chaussures et viens me rejoindre.

Il hésita et secoua la tête.

— Je n'enlève pas mes chaussures.

— Quoi ? Jamais ?

— Jamais, répondit-il d'un air sombre. On ne peut pas être prêt à partir à la seconde même si on ne porte pas ses chaussures.

Cette pensée ne l'avait jamais effleurée.

— Je ne sais pas s'il va se passer quelque chose dans la demi-heure qui vient, mais je te fais confiance, finit-elle par dire.

— Merci.

Mais elle savait à présent que quelque chose n'allait pas. En regardant en arrière, elle se rendit compte que, même quand ils avaient passé des soirées détendues chez elle, Constantine n'avait jamais retiré ses chaussures. Il rangeait toujours ses affaires au même endroit, en un petit tas bien ordonné, pour pouvoir les récupérer en une seconde avant de partir.

Ils étaient bien différents sur ce point. La moitié de ses possessions à elle étaient éparpillées chez chacun des membres de sa famille vivant dans la région de San Francisco. La version italienne de *mi casa es su casa*. Elle aurait attribué l'obsession de Constantine à une petite bizarrerie de sa personnalité si elle n'avait pas perçu une ombre qui passait sur son visage. Quelque chose n'allait pas et elle décida de ne pas oublier de découvrir ce que c'était quand le moment serait venu. Inutile d'en faire toute une histoire ce soir, décida-t-elle. Pas quand il était en plein milieu d'une crise au travail.

Elle lui adressa donc un grand sourire pour lui montrer qu'elle était de bonne humeur.

— D'accord. Tu peux garder tes chaussures si tu trouves cela plus confortable. Tu as faim ? ajouta-t-elle en lui tendant le sac contenant le dîner du restaurant.

— Que nous as-tu apporté ? demanda-t-il, visiblement ravi du changement de sujet de la conversation.

— Tout, répondit-elle avec un grand sourire.

La demi-heure qui suivit s'avéra un moment d'enchantement. Ils mangèrent et rirent ensemble, utilisant les baguettes pour se faire goûter mutuellement des bouchées savoureuses. Le décor du bureau disparut autour d'eux pendant qu'ils étaient assis sur la douce couverture qu'elle avait installée sur le sol. La lumière provenant de la lampe de bureau de Constantine les atteignait à peine, jetant sur leur pique-nique improvisé une lueur paisible et lointaine.

— Est-ce que ce sera toujours ainsi ? demanda-t-elle tandis qu'elle remplissait leurs verres de vin.

— Comment ? s'enquit-il, ses baguettes en l'air à mi-chemin de sa bouche.

— Amusant, romantique, génial, répondit-elle avec un haussement d'épaules.

A ces mots, le regard de Constantine trahit un plaisir intense.

— Etant donné la personne avec laquelle j'ai la chance d'être amusant, romantique et génial, cela ne devrait pas être trop difficile, rétorqua-t-il pour son plus grand plaisir. As-tu réfléchi à ce que tu as envie de faire ce week-end ?

Elle hésita.

— Il y a une chose…

— Dis-moi.

— Ma famille possède une maison à environ trois heures de route au nord de San Francisco. Elle donne sur un grand lac. On peut pêcher ou faire du bateau. Avec les années, nous avons acheté tous les terrains qui l'entourent, c'est donc très tranquille. Ariana t'en a peut-être parlé ? demanda-t-elle, incertaine. Chaque été, toute la famille se réunit là-bas pour une grande fête.

— Ça a l'air génial. Cette grande fête a-t-elle lieu ce week-end ?

— Non, ce sera dans quelques semaines, mais je pensais que nous pourrions y aller tous les deux, juste pour le week-end…

— Je ne suis pas sûr que ce soit ce que Primo avait en tête quand il nous a donné un mois pour apprendre à nous connaître.

— C'est vrai, admit-elle en se mordant la lèvre. Mais j'aimerais quand même y aller.

Il l'observa pendant un moment et elle se demanda s'il pouvait lire la vérité sur son visage, s'il se rendait compte qu'elle avait une raison cachée pour y aller.

— Si cela te fait plaisir, bien sûr que nous irons passer le week-end au bord du lac. Avons-nous besoin de demander sa permission à Primo ? demanda Constantine.

Elle secoua fermement la tête.

— Mes frères, mes cousins et moi avons carte blanche pour y aller quand on veut. Nous pouvons nous installer dans la maison principale ou bien dans un des petits chalets au bord du lac. Tu pourras décider ce que tu préfères quand nous arriverons sur place.

— Qu'y a-t-il, Gianna ? demanda-t-il soudain.

Elle tira ses jambes contre sa poitrine et les entoura de ses bras, posant son menton sur ses genoux. Tout en faisant bien attention de ne pas croiser son regard.

— Je voudrais juste t'emmener là-bas sans que toute ma famille soit là.

— Et… ?

Elle poussa un soupir, décidant de lui dire toute la vérité.

— Et je voudrais que tu m'aides à surmonter ma peur de l'eau sans que toute ma famille s'en rende compte.

Il se redressa d'un coup.

— *Accidenti !* Evidemment que je t'aiderai si je le peux. Mais je n'ai pas les qualifications nécessaires pour ce genre de choses. Sais-tu ce qui a causé cette phobie ? demanda-t-il. Tu t'en souviens ?

Elle se blottit contre lui.

— Cela a commencé après la noyade d'oncle Dominic et de tante Laura. Depuis, l'eau me terrifie, je n'arrive plus à me baigner.

Il réfléchit pendant un moment.

— Ils se sont noyés pendant qu'ils faisaient du bateau, n'est-ce pas ? Cela ne s'est pas passé sur le lac ?

Elle secoua la tête.

— Je n'aurais jamais pu retourner au lac si cela s'était produit là-bas, répondit-elle.

Il fronça les sourcils.

— Pourquoi ta famille ne t'a-t-elle pas aidée à surmonter cette peur ?

— Ils ne sont pas au courant, avoua-t-elle. Je le leur ai caché pendant toutes ces années. Quand nous sommes en vacances, je bronze et je barbote au bord de l'eau. Mais je passe la plupart de mon temps là-bas à lire, marcher ou à faire toute autre activité qui n'inclut pas de se baigner. Accepterais-tu d'essayer de m'aider ? demanda-t-elle en scrutant son visage.

— Pour toi ? Je ferais n'importe quoi.

Elle émit un son qui était entre un soupir et un éclat de rire, tant elle était soulagée.

— Je ne sais pas si je dois me réjouir ou regretter de t'en avoir parlé ?

Il leva son visage vers le sien.

— Je vote pour te réjouir, dit-il en déposant un petit baiser sur ses lèvres.

Ce soir-là, elle resta bien plus longtemps qu'une demi-heure et Constantine ne se remit au travail que beaucoup plus tard.

Lorsque Constantine passa chercher Gianna tôt le lendemain matin, un simple regard lui suffit pour comprendre qu'elle avait mal dormi. Il prit son petit sac de voyage et le mit dans le coffre de sa Porsche.

— Nous ne sommes pas obligés de le faire, tu sais, déclara-t-il tandis qu'ils roulaient vers la campagne. Tu as le droit de changer d'avis.

Elle cacha ses yeux cernés derrière ses lunettes de soleil, mais son menton levé bien haut était une réponse suffisante. Elle mènerait à bien son projet, qu'importe la difficulté.

— Tu peux remercier David, dit-elle.

Il lui jeta un regard surpris et incertain.

— Explique-toi.

— Il m'a fait peur. Il m'a même terrifiée. En résultat, cela m'a permis de découvrir quelque chose sur moi-même, dit-elle en se tournant vers lui pour l'observer par-dessus ses lunettes de soleil. Je n'aime pas avoir peur.

— Je te protégerais de d'Angelo. Je te le jure.

Elle hocha la tête et cela lui fit incroyablement plaisir.

— Je le sais. Parce que tu es comme ça. C'est qui tu es. Tu me protégeras. Mais le truc, c'est que…

Elle tourna tout son corps vers lui et tapa son index dans la paume de sa main dans un geste qui trahissait toute sa détermination.

— Même si j'étais terrifiée, j'ai quand même trouvé un moyen de m'enfuir, conclut-elle.

— Oui, tu as réussi à le faire, répondit-il avec toute son admiration.

— Si je peux surmonter ma peur de David, je peux surmonter ma phobie de l'eau. Et c'est ce que je vais faire, affirma-t-elle en remontant ses lunettes de soleil sur l'arête de son nez d'un geste décisif. Avec ton aide, évidemment.

— J'ai pensé à une solution possible, répondit-il en lui adressant un petit sourire.

— Ah oui ? Laquelle ?

— Je te distrairai.

— Hum… Je ne suis pas certaine que cela fonctionne.

Je ne vois pas ce que tu pourrais faire qui me distrairait suffisamment.

— Bien sûr que si.

— Quoi donc ?

— Cinq mots : pas de maillot de bain.

Elle éclata de rire et elle se sentit se détendre instantanément.

— D'accord, ça pourrait peut-être marcher…

Il voyait bien qu'elle pensait qu'il plaisantait. Dans un peu plus de deux heures, elle se rendrait compte qu'il était parfaitement sérieux. Il sourit en pensant à ce qui les attendait.

Il était très, très sérieux.

8

Il était midi quand ils arrivèrent dans la résidence secondaire des Dante. Constantine gara la voiture sur l'allée de gravier entre un grand atelier et une grange tout aussi grande. Il s'étira et en profita pour observer autour de lui.

— C'est impressionnant, dit-il à Gianna. Et très beau. Reposant.

Elle sourit, clairement heureuse de sa réaction.

— Nous nous y plaisons.

Le bâtiment principal, un grand chalet de bois plein de recoins, surplombé par deux cheminées de bois, était perché sur les bords du lac. Deux ailes plus modernes avaient été rattachées de chaque côté du bâtiment. Sur les berges du lac, une jetée avait été construite, un garage à bateaux occupait un côté de la courbe de la rive et les Dante avaient fait mettre du sable fin et blanc pour former une plage. A l'orée des bois, il aperçut quelques petits chalets individuels.

Gianna remarqua qu'il les observait et indiqua du doigt celui qui se trouvait le plus près.

— Pour les couples mariés qui préfèrent avoir un peu d'intimité au lieu d'être sous le même toit que tout le reste de la famille.

— Et si le couple en question n'est pas marié ?

Elle lui jeta un petit regard espiègle et rejeta la tête en arrière vers la maison principale.

— La maison a deux ailes, je te rappelle. Chacun la sienne !

— Entre ces deux options, où préférerais-tu dormir cette nuit ? demanda-t-il.

Ses yeux se plissèrent et elle se mordit la lèvre tandis qu'elle réfléchissait. Il ne savait pas pourquoi mais elle semblait avoir du mal à se décider.

— Dans le premier petit chalet, je crois, décida-t-elle finalement. Comme ça, nous n'aurons pas à ouvrir la grande maison. Et puis le chalet a deux chambres.

— Allons-nous utiliser les deux ?

Elle fit mine de nettoyer ses lunettes de soleil, tâche qui nécessitait manifestement toute son attention.

— Que se passera-t-il si nous n'en utilisons qu'une ? demanda-t-elle en essayant d'avoir l'air décontractée, ce qui échoua misérablement.

— Nous annoncerons nos fiançailles dès notre retour, répondit-il très sérieusement.

— D'accord, dit-elle.

Elle ouvrit la portière arrière de la voiture pour en sortir les courses de nourriture qu'ils avaient faites sur le chemin et se dirigea vers le chalet.

Il resta un instant dubitatif. D'accord… Que voulait-elle dire par là ?

— D'accord, nous pourrons annoncer nos fiançailles ? lança-t-il derrière elle. Ou, d'accord, nous dormirons dans deux chambres différentes ?

— Oui, répondit-elle par-dessus son épaule.

Il attrapa le restant des sacs avec un large sourire et la suivit, appréciant la vue qu'elle lui offrait. Ses longues jambes parcouraient sans mal la distance, le balancement féminin de ses fesses attirant son regard. Ses cheveux tombaient dans son dos en boucles lâches, les rayons de soleil se perdant dans les glorieuses mèches brunes et dorées. Que dirait-elle si elle savait qu'il avait acheté une bague de fiançailles Eternity chez Dante… juste au cas où ? Paniquerait-elle ou sauterait-elle de joie ?

Il le découvrirait peut-être bientôt.

Après un déjeuner rapide, Gianna lui fit visiter la propriété et ils se promenèrent le long des berges du lac. Il savait qu'elle repoussait le véritable objectif de leur visite, mais il ne voulait pas la pousser à faire quoi que ce soit. A elle de décider quand elle se sentirait prête, elle le lui dirait.

Ils retournèrent au chalet en fin d'après-midi pour boire une tasse de café sur la terrasse et il se renversa sur sa chaise en posant les pieds sur la rambarde de bois. Le chalet était niché sous un bosquet de cèdres, à environ cinquante mètres du lac. A environ deux cents mètres de la rive flottait un radeau, lentement balancé par les vaguelettes poussées par le vent. De là où il était assis, il avait une vue imprenable sur l'eau bleue du lac et la forêt derrière, les montagnes de la Sierra Nevada s'élevant majestueusement dans la distance. C'était une vue magnifique qu'il serait content de voir plus régulièrement. Pas étonnant que les Dante aiment cet endroit. Quelle chance ils avaient eue de pouvoir acquérir tous les terrains alentour. Il ne put s'empêcher de se demander combien d'années cela leur avait pris.

— Il se fait tard, lança Gianna.

— Nous avons encore plusieurs heures avant la tombée de la nuit, répondit-il d'une voix nonchalante.

Elle but sa dernière gorgée de café et reposa sa tasse sur la table avec un bruit sec.

— Finissons-en.

Sans un mot de plus, elle disparut dans le chalet. Il n'avait pas besoin de demander d'explication, il savait très bien à quoi elle faisait allusion, aussi se dirigea-t-il vers sa chambre afin d'enfiler son maillot. En cinq minutes montre en main, il fut de retour sur la terrasse.

Gianna le rejoignit sur la terrasse quelques minutes plus tard, vêtue d'un maillot une pièce vert anis, dont la couleur accentuait encore plus la teinte extraordinaire de ses yeux. Le décolleté carré était sobre, mais laissait deviner la naissance de sa poitrine généreuse. Elle avait noué un paréo bleu et vert autour de sa taille qui couvrait le haut de ses cuisses. Il ne pensait à rien d'autre qu'à la vitesse à laquelle il pourrait lui enlever le paréo et le maillot de bain.

Elle lui jeta un regard interrogateur par-dessus l'épaule.

— Quoi ?

Il lui adressa un sourire lent et sensuel.

— Nous n'avions pas dit que nous nous baignerions nus ?

Elle partit en courant, ses boucles se balançant dans son dos.

— Il faudra que tu m'attrapes avant.

Un petit chemin menait directement à l'étendue de plage la plus proche de la jetée et du garage à bateaux. Elle descendit les quelques marches prudemment avant de prendre le chemin à toute vitesse. Le prédateur en lui s'éveilla et il partit à sa poursuite. Il l'aurait rattrapée sans problème si elle ne s'était pas abruptement arrêtée au bord de l'eau. Se rappelant soudain pourquoi ils étaient là, il s'arrêta à côté d'elle en faisant attention de ne pas faire de mouvements trop brusques pour ne pas l'effrayer plus.

— Tu n'es pas obligée d'y aller, dit-il doucement pour la rassurer.

— Je sais, mais j'en ai assez de repousser, répondit-elle d'un air grave.

D'un geste sûr, elle défit son paréo et le jeta sur le sable.

— Faisons un essai, nous verrons bien comment ça se passe, ajouta-t-elle d'un air décidé.

Il resta juste à côté de Gianna. Elle entra dans l'eau jusqu'à la taille. Un instant, elle paraissait tout à fait normale et, le suivant, elle avait le souffle court et semblait mal à l'aise, tournant sur elle-même sans savoir que faire. Avant qu'il n'ait le temps de la faire sortir de l'eau, elle trébucha et disparut sous la surface.

Il plongea, la rattrapa et la souleva dans ses bras. Mais le mal était fait. Blottie contre lui, elle cracha l'eau qu'elle avait avalée, pleurant de terreur. Il la porta jusqu'au chalet et droit dans la salle de bains. Il alluma ensuite l'eau chaude de la douche et, sans la lâcher, il entra dans la grande cabine toute carrelée de mosaïque.

— Je vais bien, je vais bien, gémit-elle.

— Je sais, mais nous allons rester un peu ici, jusqu'à ce que tu ailles encore mieux, répondit-il.

Il la posa sur ses pieds, repoussa les cheveux mouillés qui tombaient devant ses yeux et se contenta de la tenir dans ses bras tout contre lui en attendant que ses sanglots s'apaisent. Il sentit les battements de son cœur ralentir, tandis que l'eau chaude aidait à dénouer ses muscles tendus et à calmer ses tremblements. Enfin, elle rejeta la tête en arrière et plongea son regard dans le sien.

— Bon sang, murmura-t-elle.

— Ça ne s'est pas passé comme tu le voulais ? demanda-t-il tendrement avec un petit sourire.

Elle passa une main sur son visage.

— On pourrait dire ça, oui.

— Pensais-tu réellement que ta phobie disparaîtrait dès la minute où tu entrerais dans l'eau ?

— Oui, grogna-t-elle. Je le pensais. C'est une réaction totalement irrationnelle. Ce n'est pas moi qui suis morte noyée.

— Clairement.

— Je n'ai même jamais eu le moindre accident, poursuivit-elle. Il n'y a aucune raison pour que j'aie peur de l'eau à ce point.

Il n'aimait pas le suggérer, mais vu les circonstances…

— As-tu envisagé d'aller voir un psy ? demanda-t-il.

— Non. Avant ce qui s'est passé avec David, je ne voulais même pas admettre que j'avais un problème.

Elle tendit la main derrière lui pour couper l'eau et essora ses cheveux avec sa main.

— Je veux que tu saches que c'était inacceptable, ajouta-t-elle.

— La douche ?

— Non, répondit-elle avec un petit sourire. La douche était plutôt agréable.

— Je pourrais rallumer l'eau et nous pourrions passer plus de moments agréables, suggéra-t-il.

Le sourire de Gianna s'élargit.

— Merci, mais non.

Elle sortit de la cabine de douche, prit sa serviette et lui lança l'autre. Elle se sécha rapidement, visiblement en colère.

— Je te le dis, Constantine, avant de partir d'ici, j'aurai réussi à surmonter ma peur. Quand j'étais enfermée, prise au piège, dans la voiture de David, je savais que, si je laissais la peur prendre le dessus, je n'arriverais pas à agir, alors j'ai résisté. Je ne vais pas laisser une phobie ridicule m'empêcher de profiter du lac.

Il se sécha plus lentement, sans cesser de l'écouter.

— Je n'en doute pas. Pas si tu as décidé que tu le ferais.

— Exactement, répondit-elle en hochant fermement la tête. J'adorais nager quand j'étais plus jeune. Je passais toute ma journée sur le radeau au centre du lac et je m'amusais à plonger et à faire des pirouettes. Bon sang, j'étais douée, s'écria-t-elle en jetant sa serviette au sol.

— Es-tu prête à y retourner ou préfères-tu attendre demain matin ?

Un instant, Gianna vacilla. Il vit le moment exact où elle prit sa décision, car son visage prit alors une expression obstinée.

— Non. Maintenant. Tant que je suis toujours en colère. Avant que je ne me souvienne d'avoir peur.

Elle quitta la salle de bains presque en courant. Il la suivit aussitôt, bien décidé à passer chaque seconde à ses côtés. Cette fois, il serait prêt. Cette fois, elle ne boirait pas la tasse.

Dès que leurs pieds touchèrent le sable, il prit sa main dans la sienne. Plus loin sur le lac, le radeau se balançait, la chaîne en métal le reliant à l'ancre grinçant au rythme de l'eau. Ils marchèrent jusqu'au bord de l'eau où il la força à s'arrêter.

— Pas si profond, cette fois-ci. Et pas si vite.

Elle hocha la tête. Prenant une profonde inspiration, elle pénétra dans l'eau jusqu'aux genoux. Puis, lentement, elle se baissa, laissant l'eau la mouiller complètement. Il fit de même. Il sentit ses doigts se serrer autour des siens et sa respiration se faire plus rapide.

Fermant les yeux, elle murmura :

— C'est comme si j'étais dans un bain.

Elle s'assit par terre, l'eau clapotant contre sa poitrine.

— Ce n'est rien de plus que cela, répéta-t-elle. Exactement comme si je prenais un bain dans une grande baignoire.

Il vint se coller derrière elle et entoura ses bras autour de sa taille. Il l'attira entre ses jambes et la força à redresser son dos contre son torse.

— Je pense soit à Hawaii soit à l'Alaska, dit-il d'un air pensif.

Gianna sursauta de surprise.

— Quoi ?

— Pour notre lune de miel. Essaie de suivre mon raisonnement… L'Alaska nécessite beaucoup de vêtements parce que, même l'été, il peut faire frais. Mais il y a des paysages magnifiques et beaucoup de nudité devant un bon feu de cheminée.

— As-tu perdu la tête ? s'exclama-t-elle en lui envoyant de l'eau dans la figure. Nous ne sommes même pas fiancés !

— L'avantage d'Hawaii, c'est que nous n'aurons pas besoin de beaucoup de vêtements, donc encore plus de nudité…

— Je commence à percevoir un thème récurrent, répondit-elle sèchement.

— C'est notre lune de miel, quand même ! La nudité sera obligatoire.

Elle leva la main gauche et l'agita devant son visage.

— Regarde ! Pas de bague. Pas de bague égale pas de fiançailles. Pas de fiançailles égale pas de lune de miel.

Bon d'accord, pensa-t-il. Mais avait-elle remarqué qu'elle ne paniquait pas ? Il était peut-être un peu trop tôt pour lui faire remarquer ce petit détail. Il laissa sa main glisser lentement de sa taille et remonter jusqu'en dessous de sa poitrine. Du pouce, il caressa doucement son sein. Plusieurs fois.

— Nous pourrions toujours commencer par la lune de miel, suggéra-t-il. S'en débarrasser en premier et s'occuper des fiançailles et du mariage ensuite.

Elle tressaillit.

— Et ton honneur dans tout ça ?

Elle avait parlé d'un ton légèrement désespéré, comme si elle se le rappelait à elle tout autant qu'à lui.

— Une partie de moi ne peut s'empêcher d'y penser. Mais une autre…, répondit-il en secouant la tête.

— Tu devrais peut-être te recentrer sur cette partie-là de toi-même.

Au lieu de lui répondre, il la souleva et la tourna face à lui. Les jambes de Gianna se refermèrent automatiquement autour de sa taille tandis qu'en même temps ses bras vinrent se nouer autour de son cou. Elle plongea son regard dans le sien, un drôle de petit sourire jouant au coin de ses lèvres.

— Tu penses que je ne sais pas ce que tu es en train de faire, mais tu te trompes, dit-elle.

— Et que suis-je en train de faire ?

— Tu me distrais, répondit-elle en penchant la tête de côté. Et si j'essayais, moi, de te distraire à la place ?

Il n'eut pas le temps de répondre. Elle captura sa bouche dans un baiser profond et affamé. Ses lèvres s'ouvrirent pour l'attirer plus loin. Il n'avait pas besoin d'une deuxième invitation. Il se plongea dans sa chaleur sucrée, leurs langues s'engageant dans un bref duel, s'accouplant lentement, pour leur plus grand plaisir.

Avec une extrême prudence, et tout en la tenant fermement contre lui, il avança plus profondément dans l'eau. Puis il laissa sa main glisser le long de son ventre vers le haut de sa jambe, où le tissu satiné de son maillot de bain laissait place à la douceur satinée de sa peau. Il fit glisser son doigt le long de la couture et pénétra en dessous.

Gianna blottit son visage contre son épaule et émit un son qui menaça de lui faire perdre la raison. Une supplication désespérée et ô combien féminine. Un chant de sirène qui révélait un désir infini. Il n'eut d'autre choix que d'y répondre, d'essayer de lui donner ce qu'elle désirait. Il trouva son sexe, chaud, humide, et le caressa. Longuement. Tendrement. Il sentait qu'elle perdait tout contrôle entre ses bras et le cri merveilleux qu'elle poussa résonna à la surface du lac.

Elle mit un long moment à retrouver son souffle, suffisamment pour parler.

— Je n'en peux plus d'attendre, Constantine, réussit-elle à articuler.

— Moi non plus.

Plus que tout, il voulait tenir sa promesse et ne pas la toucher avant que sa bague ne sertisse son doigt ou, mieux encore, son alliance. Mais il avait atteint le maximum de ses capacités. Il ne pouvait plus résister une seconde de plus. Avec Gianna toujours blottie contre lui, il retourna vers la rive.

Avant le coucher du soleil, il posséderait Gianna.

Gianna se laissa porter jusqu'à l'intérieur du chalet. La force et l'assurance de Constantine réveillèrent en elle ce qu'elle avait de plus féminin. Il ouvrit d'un coup de pied la porte de sa chambre et y entra. Un parfum de forêt et de bois de cèdre embaumait la pièce d'odeurs délicatement épicées. Il faisait sombre et frais, la lumière de la fin d'après-midi filtrée par les voilages aux fenêtres illuminait le lit d'une lueur rosée.

Il la posa enfin sur ses pieds et recula d'un pas. Elle comprit pourquoi. Il voulait qu'elle soit certaine, qu'elle prenne sa décision sans que ses caresses ne l'influencent. Ce qu'il ne comprenait pas, c'était qu'il était la seule chose dont elle était certaine. Entre ses bras, elle avait bien l'intention de tout oublier, de ne penser à rien d'autre qu'elle et lui. Avec les rayons du soleil couchant qui les enveloppaient et l'intimité de leur havre de paix au milieu des montagnes, ce moment ne serait qu'à eux deux. Rien qu'une journée particulière pour être ensemble sans se soucier du bien et du mal, de l'Inferno ou des attentes de leurs familles.

Constantine continua de garder ses distances. Enfin il prit la parole :

— Tu es sûre, Gianna ?

— Oh oui, oui, oui.

Elle avait beau savoir qu'ils désiraient tous les deux cela plus que tout, elle aperçut quelque chose dans son regard, le plus bref soupçon de regret. Elle n'avait nul besoin de deviner de quoi il s'agissait. Elle alla se blottir contre lui et poussa un soupir de soulagement quand il la prit dans ses bras. Le moment était venu d'abandonner sa fierté et de suivre son cœur.

Il était temps.

— Même si j'ai très envie de faire l'amour avec toi, Constantine, nous ne pouvons pas continuer plus loin, dit-elle en lui caressant tendrement le visage. Pas tout de suite. Je crois qu'il y a quelque chose que tu dois dire avant pour que cette nuit soit vraiment parfaite. Une nuit dont nous pourrons nous souvenir toute notre vie. Une nuit sans regrets ni souillure.

Le visage de Constantine s'illumina d'un sourire, le plus beau sourire qu'elle ait jamais vu. Tout doucement, il caressa sa joue du revers de la main.

— Merci, murmura-t-il.

Il prit ses mains entre les siennes et posa un genou à terre. Si cela avait été quelqu'un d'autre que lui, cela lui aurait paru un geste désuet, presque ridicule. Mais, à ce moment précis, c'était incroyablement romantique.

— Gianna Marie Fiorella Dante, me ferais-tu l'honneur de devenir ma femme ?

— Oui, Constantine. J'accepte de t'épouser.

Il se releva et prit son visage entre ses mains.

— Tu en es sûre ?

Elle avait du mal à contenir ses larmes, de joie, pas de tristesse.

— Certaine, répondit-elle d'une voix qui tremblait. Je n'aurais pu choisir d'homme plus parfait pour un moment plus parfait.

Il l'observa d'un regard attendri, dans lequel elle lut son désir pointant de nouveau à la surface.

— Je ne sais pas si j'arriverai à rendre cette nuit parfaite, mais je te jure que je ferai de mon mieux.

Constantine l'embrassa avec une passion indéniable, la marquant ainsi à jamais de son sceau de la façon la plus délicieuse qui soit. Ce baiser allait au-delà de la simple exploration, c'était une prise de possession simple et directe. Sans urgence, mais lente, profonde et généreuse.

Le souffle de Gianna se fit plus haletant, le désir montant en elle comme une marée poussée par la tempête, le besoin comme une vague géante prête à déferler sur la côte. Il éclata, emportant tout sur son passage, et elle s'agrippa à lui de toutes ses forces. Leurs langues entamèrent un duel forcené et il plongea ses mains dans ses cheveux, utilisant la masse folle de boucles épaisses pour l'ancrer à lui.

— Enfin, murmura-t-il. Tes cheveux m'ont rendu fou toute la journée, mais plus maintenant. Maintenant, tu ne peux plus t'échapper…

Ses lèvres s'écartèrent en un sourire lent.

— Pourquoi voudrais-je m'échapper ? Je suis exactement là où j'ai envie d'être : au lit avec toi.

Il dit quelque chose en italien. Quelque chose de sombre et d'exigeant. Quelque chose qu'elle ne comprit pas.

— Enlève ton maillot de bain, traduisit-il.

Elle releva le menton, dans un geste de défi.

— Enlève-le-moi.

— Avec plaisir, répondit-il tandis qu'un éclair sombre traversait son regard.

Ses doigts quittèrent ses cheveux pour glisser jusqu'aux bretelles fines de son maillot de bain. Il les abaissa centimètre par centimètre, avec une lenteur insoutenable. Une brise fraîche entra par la fenêtre ouverte et caressa délicatement son dos. Son maillot glissa, s'arrêtant au niveau de ses hanches. Il tira légèrement dessus et, enfin, il tomba à ses pieds.

Elle se tint nue devant lui, sa peau rosie par la lueur bienveillante du soleil. Elle avait souvent pensé qu'elle se sentirait nerveuse, lorsque le moment serait enfin venu, pudique même, ou encore gênée, mais il n'en était rien. Elle était là avec lui, celui avec qui elle devait être. A sa place.

— A ton tour, dit-elle.

Mais il avait les yeux rivés sur elle.

— Je suis un peu occupé, répondit-il.

Il referma la main autour de l'un de ses seins et caressa son téton de la pointe rugueuse de son pouce.

— Je n'ai jamais rien vu d'aussi beau, dit-il.

Elle frissonna à son toucher, le plaisir intense se propageant en elle tel un feu de brousse, jusqu'au plus profond de son intimité, et elle se sentit, à cet instant, plus féminine qu'elle ne l'avait jamais été. Sa féminité semblait brûler en elle, brûler d'une chaleur qui lui donnait envie de fondre et se dissoudre entre ses bras.

Elle secoua la tête pour dissiper le brouillard sensuel qui l'enveloppait.

— Désolée, mais il me semble que tu dois être nu toi aussi pour faire ce que tu as en tête, répondit-elle avec un sourire malicieux. En plus, ce n'est que justice.

— La justice est un concept subjectif, répliqua-t-il. Mais, dans ce cas précis, je dois bien avouer que tu as raison.

Il semblait pourtant incapable de s'arrêter, de se détacher de sa poitrine et une sensation de délicieuse agonie lui fit perdre la tête. Elle étouffa un cri et l'attira contre elle avec violence, embrassant chaque centimètre de son corps qui était à sa portée. Elle avait besoin de le toucher, la largeur infinie de son torse, les muscles saillants de ses abdominaux… Un étalage sans fin de peau brûlante, d'une beauté insoutenable. Et il était tout à elle.

Mon Dieu, il avait un corps digne d'un athlète, pour un homme qui passait tout son temps assis derrière un bureau. Mais peut-être n'était-ce pas le cas. Peut-être mettait-il plus souvent qu'à son tour la main à la pâte, aidant aux travaux de construction. Il était tellement musclé qu'on l'aurait cru sculpté dans le marbre.

Incapable de résister, elle déposa un baiser juste au-dessus de son cœur et il émit un grognement sourd.

— Tu vas me rendre fou, *piccola*, murmura-t-il.

Elle tendit la main vers son caleçon de bain, mais il l'arrêta d'un geste.

— Vu mon état, je pense qu'il vaut mieux que je le fasse moi-même, dit-il.

D'un geste rapide, il enleva son maillot de bain. Il était chargé de désir et elle frissonna devant la vision de son sexe dur qui semblait se dresser vers elle. Comme s'il avait senti sa nervosité, il la poussa doucement vers le lit, rejetant les couvertures dans le même temps. Elle tomba en arrière sur l'épais matelas, le drap de coton doux comme du velours contre son dos. Il vint se placer devant elle, hésitant pendant un moment qui lui parut durer une éternité. Très lentement, il se baissa au-dessus d'elle, se pressant contre elle et la couvrant d'une chaleur délicieuse.

— Constantine !

Son nom lui échappa dans un soupir de supplication, demandant quelque chose qu'elle ne parvenait pas à exprimer à l'aide de mots. Elle voulait plus. Elle n'en avait pas assez. Il n'était pas assez près, pas assez rapide… juste pas assez.

— Plus. Je veux plus…

— Je vais te le donner, je te le jure, répondit-il en la caressant. Mais pour ta première fois nous devons aller lentement. Prudemment. Et nous devons nous protéger.

Elle voulut le contredire, mais elle ne pouvait pas. Elle était trop prise par le moment. Il disparut brièvement, la laissant seule. Quand il revint, elle se rendit compte qu'il tenait un préservatif… Il avait dû en apporter un, juste au cas où. Il la rejoignit sur le lit, sa bouche cherchant immédiatement la sienne, la tendresse de leur baiser aux antipodes du désir féroce qui les animait. Il y avait une familiarité dans ce baiser, comme si, instinctivement, chacun comprenait les besoins et les désirs de l'autre et avait la ferme intention de les satisfaire. Cela les entraîna vers une nouvelle étape de leur intimité. Une étape inattendue. Passionnée, mais généreuse. Excitante, mais ouverte et vulnérable.

Il caressa sa poitrine et joua avec ses tétons à l'aide de sa bouche, en les mordillant. Il chuchotait en même temps des mots d'amour absolument délicieux, dans un italien qui les rendait encore plus exquis. Il pressait des petits baisers lentement, le long de sa poitrine, de son ventre, et encore plus bas. Elle s'agrippa à ses épaules, pour l'arrêter.

— Non, dit-il en entrelaçant ses doigts à ceux de Gianna. Laisse-moi te découvrir tout entière.

Il se redressa, laissant les derniers rayons du soleil éclairer son corps exposé. Elle plongea son regard dans le sien et son cœur se mit à battre la chamade, résonnant dans ses tympans, tandis qu'elle attendait, nerveusement, sa réaction pour voir ce qu'il allait faire ensuite. Un sourire releva lentement les coins de sa bouche, plein d'amour et de désir. Sans la quitter des yeux, il abaissa de nouveau sa tête sur son ventre et l'embrassa, glissant lentement plus bas.

Les baisers qu'il déposait sur son ventre la firent frissonner. Elle avait l'impression qu'une chaleur liquide naissait sur sa peau au contact de ses baisers, son souffle brûlant attisant les flammes qui semblaient la parcourir.

— Je ne peux pas me rassasier de toi, murmura-t-il. Je ne pense pas pouvoir réussir un jour.

Ses mots étaient comme une flèche décochée en plein cœur, si beaux et si douloureux. Sans l'Inferno, ils lui auraient fait tellement plaisir. Mais elle ne saurait jamais si sa réaction provenait du lien qu'avait créé l'Inferno entre eux ou si elle venait sincèrement du cœur de cet homme.

A mesure que le désir augmentait, des larmes emplirent ses yeux et se mirent à couler. Elle désirait cet homme. Elle voulait l'aimer et être aimée de lui. Elle l'attira vers elle, tirant de toutes ses forces, car elle avait besoin de ses baisers rassurants. Il obéit à sa demande silencieuse et remonta le long de son corps, la friction de leurs peaux éveillant un désir brut, encore plus fort. Cela avait-il tant d'importance de savoir où s'arrêtait l'Inferno et où commençait la réalité ? Elle prendrait ce qu'il lui donnerait. Elle s'en réjouirait. Elle s'y abandonnerait. Et elle lui donnerait tout en retour.

Elle prit son visage entre ses mains et captura sa bouche.

Puis, elle enroula ses jambes autour de sa taille, attisant les flammes qui explosèrent en un désir au-delà de tout ce qu'elle aurait jamais pu imaginer. Elle avait l'impression qu'il coulait dans ses veines, hors de contrôle, emplissant son cœur et son âme. Elle fit glisser ses mains vers son sexe en érection et enroula ses doigts autour de lui.

— Je t'aime, dit-elle en pressant doucement. S'il te plaît, Constantine, ne me fais pas attendre plus longtemps.

— *Cavolo !* As-tu idée de ce que tu me fais endurer ? s'exclama-t-il d'une voix haletante dans un italien si lent et désespéré qu'elle avait du mal à le comprendre.

— Comment pourrais-je le savoir puisque c'est la première fois ? répondit-elle avec un petit sourire coquin.

— Tu apprends vite, *piccola*, dit-il d'un air menaçant. Laisse-moi te rendre la pareille.

Avant qu'elle n'ait le temps de répondre, il introduisit un doigt dans son sexe comme il l'avait fait dans le lac et la caressa lentement et langoureusement. Elle arqua le dos avec un petit cri, voulant désespérément qu'il la possède mais pas certaine de savoir comment le contraindre à le faire. Elle sentit de nouveau l'émoi révélateur, la tension impuissante qui s'apprêtait à la faire tout abandonner. Ce fut à ce moment-là qu'il lui écarta les jambes et se glissa en elle.

— Appelle ça le destin. Appelle ça l'Inferno, dit-il. Toi et moi étions destinés à nous rencontrer. Cela n'aurait jamais pu se terminer autrement.

Et il plongea en elle, doucement mais avec force. Sans rien céder. Il s'enveloppa dans la chaleur de son corps. Il bougea avec elle en un rythme primal, aussi vieux que l'humanité elle-même. Mais ce n'était pas qu'un simple acte sexuel. C'était tellement plus. Elle sentait le lien entre eux dans son cœur, dans son sang, dans ses os, dans son âme. Là où autrefois ils avaient été séparés, vides et seuls, ils étaient dorénavant unis par un lien indestructible.

Elle céda à la passion du moment, en dégusta chaque seconde, espérant que cela ne finirait jamais. Mais la vague qui montait en elle ne pouvait être endiguée. Elle augmentait, de plus en plus vite, l'entraînant à sa suite. Elle sentit l'étrange émoi d'un peu plus tôt, puis une pression dure et compacte. Incapable de se retenir plus longtemps, elle explosa de plaisir, en sécurité dans les bras de Constantine.

Il prit de la vitesse, ses mains enfouies dans ses cheveux, les yeux brillants du feu de la passion. Il jouit, lui aussi, juste après elle. Et, tandis que les derniers rayons du soleil s'invitaient dans la chambre, il accueillit l'arrivée de la nuit avec un cri de pur plaisir.

Dans la transition infinie entre le jour et la nuit, ils ne firent qu'un. Changés à jamais. Unis pour toujours. Mariés pour la vie.

Constantine n'avait aucune idée du nombre d'heures qui s'étaient écoulées quand il s'éveilla. L'obscurité était noire, dense et riche, semblant indiquer le milieu de la nuit, l'heure la plus noire et la plus silencieuse. Il quitta le nid chaud qu'ils avaient créé tous les deux dans le lit et se retira dans sa chambre. Il ne lui fallut pas longtemps pour trouver son sac de voyage dans le noir et pour trouver ce qu'il y cherchait. Puis il retourna auprès de Gianna. A sa place.

Elle dormait profondément. Il discernait à peine sa silhouette endormie, la pâleur de sa peau reflétant la faible lueur de la lune qui brillait doucement par la fenêtre. La masse épaisse de ses cheveux s'étalait sur son oreiller et dans son dos. Elle avait un bras tendu en travers du lit, comme si elle le cherchait lui, même dans son sommeil le plus profond.

Doucement, il prit sa main et glissa sa bague à son doigt. Malgré l'obscurité, elle scintilla, envoyant aux quatre coins de la pièce des reflets de feu. Puis elle sembla s'apaiser, comme si elle était satisfaite car leur union définitive était quasiment complète. Il se rallongea à côté d'elle, heureux, et se rendormit.

Il se réveilla de nouveau, juste avant l'aube, alerté par le vide à côté de lui. En un éclair, il avait jailli hors du lit. Il n'avait pas besoin de faire le tour du chalet pour savoir qu'elle n'y était plus. Un coup d'œil à l'extérieur lui suffit pour s'assurer que la Porsche était toujours garée dans l'allée, là où il l'avait laissée. Il ne restait plus que les bois et le lac. Dès qu'il pensa au lac, il comprit.

La peur s'empara de lui.

Il partit en courant, traversant le chalet à toute vitesse, et sortit sous le porche. Il ne perdit pas de temps à dévaler les quelques marches et sauta par-dessus la rambarde pour atteindre la plage en un temps record. Le croissant de lune se couchait au loin, illuminant le lac de ses derniers rayons argentés qui se reflétaient à la surface. Une tête apparaissait plus loin, approchant progressivement du radeau ancré au centre.

Il plongea dans l'eau et nagea aussi vite qu'il le pouvait pour l'intercepter. Il la rattrapa juste comme elle atteignait le radeau. Elle se hissa et il vit qu'elle était tout aussi nue que lui, et elle se laissa tomber sur les planches de bois, haletante. Il l'imita, mais resta à distance pour ne pas céder à son envie de l'étrangler.

Quand il eut repris le dessus sur sa colère, il demanda :

— As-tu perdu la tête ?

— Sais-tu que tu parles toujours italien quand tu es énervé ?

— Je ne suis pas énervé, s'écria-t-il. Mais à quoi pensais-tu, Gianna ?

D'accord, il n'avait peut-être pas complètement repris le contrôle de sa colère, mais vu les circonstances c'était compréhensible, non ?

Elle se redressa. Elle n'avait pas encore repris son souffle et sa poitrine se soulevait et se baissait d'une façon bien tentante.

— Je pensais que j'avais besoin de vérifier si j'avais réussi à surmonter ma peur, répondit-elle.

— Pourquoi ne m'as-tu pas réveillé ? Pourquoi être sortie toute seule ?

— Si je t'avais demandé de venir avec moi, je n'aurais pas su si c'était grâce à toi que je n'avais pas peur, ou si j'avais vraiment réussi à dépasser ma peur de l'eau, dit-elle d'une voix apaisante comme si elle faisait la leçon à un enfant capricieux.

— Et si ça n'avait pas été le cas ? demanda-t-il d'une voix forte. Tu aurais pu te noyer !

Elle eut l'audace de sourire.

— Mais je serais morte heureuse, répondit-elle.

— Tu crois que c'est une blague ?

Le sourire de Gianna disparut devant sa fureur.

— Bien sûr que non. Je suis désolée de t'avoir effrayé, dit-elle en lui tendant la main. Regarde ce que j'ai trouvé à mon doigt en me réveillant.

Elle essayait très clairement de changer de sujet, mais il avait atteint les limites de sa patience.

— *Piccola*, ne vois-tu pas que ton caractère impulsif t'apportera de très sérieux ennuis ? David, cette baignade… S'il te plaît, je t'en supplie. Si tu ne veux pas me faire perdre la tête, essaie de réfléchir avant d'agir, d'accord ?

Elle haussa les épaules, un geste qui eut seulement pour effet de faire se soulever sa poitrine.

— Je veux bien essayer. Mais je ne te promets pas d'y arriver.

Remarquant la direction qu'avait suivie son regard, elle se pencha vers lui.

— Mais pas tout de suite… j'ai bien l'intention d'être encore impulsive, très bientôt…

— *Dio*, murmura-t-il.

— Je te préviens donc que je suis sur le point de plonger du radeau et de nager jusqu'à la rive où je ferai impulsivement l'amour au premier homme qui réussira à m'attraper. Ou préférerais-tu que je résiste à mon impulsivité ?

— Résiste si tu veux, répondit-il en l'attrapant entre ses bras. Par contre, moi, je ne résisterai pas.

Ensemble, ils tombèrent dans l'eau. Ils mirent très, très longtemps à atteindre la plage. Mais quand ils sortirent de l'eau Gianna n'en avait plus du tout peur.

9

Gianna et Constantine rentrèrent en ville à temps pour se joindre au dîner hebdomadaire du dimanche soir de la famille Dante chez Primo. Elle fut heureuse de voir que Juice était présent quand elle montra à tous sa bague de fiançailles, étant donné que cela voulait dire que Rafe avait perdu son pari.

Leur grande nouvelle fut dignement fêtée avec des vivats, tandis que toute la famille inondait Gianna et Constantine de bises et de félicitations avec des rires et de nombreux toasts portés à leur santé.

Quand vint le tour de Juice, il l'observa d'un air inquiet.

— Ecoute, Gianna, j'espère que tu ne m'as pas trop pris au sérieux quand j'ai dit que j'aurais plus de chances de retrouver Brimstone si tu te fiançais ce week-end.

— Quoi ? s'exclama-t-elle à voix basse. Tu veux dire que je n'étais pas obligée d'accepter d'épouser ce type, finalement ? Tu aurais quand même retrouvé Brimstone pour moi ? Juice, comment as-tu pu ?

Il eut l'air effaré.

— Mon Dieu, c'est pas vrai ! Attends, donne-moi une minute, répondit-il en se passant une main sur le visage. Ecoute, laisse-moi parler à Primo. Je lui expliquerai tout, je te le jure. Peut-être qu'il se contentera de me torturer au lieu de me tuer.

Elle le laissa souffrir pendant quelques secondes encore avant de faire un grand sourire.

— C'est trop facile de te faire marcher, Juice. Mais je

plaisante, dit-elle en lui faisant une petite tape amicale sur le bras. Disons que c'est ma vengeance pour notre dernière rencontre.

— Je le mérite, tu as raison, répondit-il en hochant la tête d'un air philosophe. Vous, les Dante, vous ne rigolez pas !

— Ne l'oublie pas pour la prochaine fois…

Les semaines qui suivirent passèrent à la vitesse de la lumière. Constantine et elle avaient décidé de se marier le plus vite possible. Pourquoi attendre ? Ils avaient été séparés pendant trop longtemps et se désiraient tellement que de longues fiançailles leur semblaient non seulement inutiles mais cruelles.

Après l'avoir annoncé à sa famille, Gianna fut prise dans un tourbillon de choses à faire entre les achats et les préparatifs pour le mariage, tandis que Constantine travaillait jour et nuit pour Romano Restauration afin de pouvoir prendre des vacances et profiter de leur lune de miel. Entre les propositions pour de futurs projets et les rénovations de l'immeuble Diamondt, sans parler du temps que leur prenait tout ce qu'il y avait à faire pour le mariage, elle avait souvent l'impression qu'ils n'avaient jamais un moment à eux deux. Heureusement, le projet Diamondt et Juice vinrent à sa rescousse.

— Tu te souviens quand je t'avais dit que j'aurais peut-être besoin de m'envoler pour Seattle avec Gabe Moretti ? lui demanda Constantine un soir alors qu'ils étaient en train de dîner en amoureux.

— Bien sûr, répondit-elle en essayant de se souvenir des détails qu'il lui avait racontés. Projet Diamondt. Gendre. Femme décédée. Il possède ses parts de l'entreprise familiale.

Il lui fit un petit salut admiratif de la tête.

— Impressionnant.

Elle remplit leurs verres de vin.

— Y a-t-il une chance pour que tu y ailles bientôt ? demanda-t-elle.

— Eh bien, oui, répondit-il d'un air inquisiteur. Aurais-tu la possibilité de faire une pause dans les préparatifs du mariage pour m'accompagner ?

— Une très forte possibilité, même, renchérit-elle. En fait, j'étais sur le point de te poser la même question. J'ai une piste pour Brimstone. Juice m'a appelée aujourd'hui pour m'en parler. La poupée Nancy serait à Seattle.

Il l'observa d'un air soupçonneux.

— Ne me dis pas que tu comptes y aller toi-même pour enlever sa poupée à une pauvre petite fille qui ne se doute de rien ?

Elle éclata de rire.

— C'est un peu l'idée. En espérant que David ne soit pas arrivé avant moi.

Elle n'osait pas lui parler de ce qu'elle avait prévu de faire avec Juice et ses frères. Si Constantine l'apprenait, il tuerait dans l'œuf cette idée brillante et elle ne pouvait pas le laisser faire cela. De plus, contrairement à sa baignade matinale dans le lac, elle n'agissait pas, dans ce cas précis, de manière impulsive. Elle, Juice et ses frères agissaient au contraire très, très prudemment.

L'expression de Constantine s'assombrit tout à coup.

— J'en déduis que tu es au courant du retour de David.

— Il se fait discret d'après ce que j'ai entendu, répondit-il avec un hochement de tête. Cela a probablement beaucoup à voir avec des rumeurs qui circulent en ville sur des incohérences comptables.

— J'imagine que cela veut dire pas de suite au Ritz, répondit-elle avec un sourire sans humour.

Avec un peu de chance, la prochaine suite qu'il occuperait serait située dans un établissement pénitentiaire.

— Et ta famille, qu'ont-ils prévu de faire de lui ?

— Je sais ce qu'ils auraient envie de lui faire…

Elle savait aussi ce qu'ils avaient décidé de faire, se garda-t-elle bien d'ajouter.

— Ils ne sont pas les seuls, ajouta Constantine d'un ton glacial.

— Pour l'instant, nous attendons, répondit-elle en insistant sur le pronom. Juice s'occupe de ce problème. Le connaissant, il trouvera forcément quelque chose pour le faire tomber.

Elle se rendait compte que Constantine avait envie de faire quelque chose, de trouver un moyen pour faire payer David lui-même. Heureusement, Juice et Luc s'occupaient déjà de cet aspect-là du plan. Avec un peu de chance, tout serait résolu très bientôt et tout le monde serait content. Ainsi, elle n'aurait pas besoin de s'inquiéter du fait que Constantine se charge lui-même de régler son compte à David. Cette idée même la faisait frissonner. Elle ne pouvait prendre ce risque. Pas avec le caractère de Constantine.

— J'ai entendu dire que la Fédération internationale des banques avait décidé de retirer la récompense qu'ils comptaient donner aux d'Angelo.

Elle se pencha vers Constantine et lui prit la main, sa bague de fiançailles brillant de mille feux à son doigt.

— Oublie David. Parlons de notre voyage à Seattle. Devras-tu passer beaucoup de temps en réunion ?

— Je ferai en sorte que nous ayons un maximum de temps à passer ensemble, tous les deux, répondit-il en repoussant son assiette à moitié remplie. D'ailleurs… Je pense que nous pourrions faire des choses bien plus intéressantes que manger. La nourriture peut attendre. Mais, ça, ça ne peut pas.

— Et, « ça », qu'est-ce que c'est exactement ? demanda-t-elle avec un sourire malicieux.

— Je vois que tu as besoin que je te rafraîchisse la mémoire.

Il la souleva de sa chaise et la porta jusqu'à sa chambre.

Gianna et Constantine s'envolèrent pour Seattle le vendredi soir. Ils avaient réservé une chambre au Crown, un hôtel flambant neuf qui venait d'ouvrir juste à côté de la jetée et du centre-ville. Il avait réussi à obtenir une suite avec une vue magnifique sur les montagnes.

Après un dîner tardif, ils se retirèrent dans leur chambre et se déshabillèrent en silence. La pièce était sombre, illuminée seulement par les lumières de la ville et la pleine lune filtrant au travers des nuages qui flottaient juste au-dessus des Olympic Mountains.

Elle ne put s'empêcher de lui sauter au cou pour un baiser qui exprimait tout le désir et la frustration qui semblaient définir leur relation jusqu'à ce moment. Le corps de Constantine était dur et musclé contre le sien. Ce baiser n'était pas différent de tous ceux qu'ils avaient déjà échangés. Elle ne se contenta pas de céder, elle s'abandonna littéralement à lui. Cela avait toujours été ainsi entre eux. Et, pour elle, cela ne pourrait jamais être autrement.

— Il n'y a que toi. Tu es le seul homme pour moi, dit-elle.

— Et à l'avenir ?

La question pesa entre eux et elle ferma les yeux face à son regard sombre.

— Je suis désolée. J'aimerais pouvoir répondre à ta question, murmura-t-elle.

— Ce n'est pas grave, répondit-il dans un italien qui révélait ce qu'il pensait. Et ça ne change rien au fait que nous sommes liés l'un à l'autre. Nous l'avons été depuis le premier moment où nous nous sommes touchés.

C'était vrai. Elle se sentait prendre vie dès qu'elle était dans ses bras. Qu'il l'embrassait. Elle avait l'impression de sentir ses terminaisons nerveuses s'embraser, vibrer d'excitation, la poussant à faire des choses qui l'auraient profondément choquée… normalement.

— Pourquoi ? grommela-t-il. Pourquoi toi et personne d'autre ?

Elle secoua la tête, pour essayer de dissiper le brouillard sensuel, en vain. Elle comprenait sa question. Elle se l'était posée maintes fois.

— Je ne sais pas pourquoi, avoua-t-elle.

Elle savait seulement qu'être dans les bras de Constantine était juste. Plus encore, cela lui était nécessaire. Nécessaire à son existence, qu'elle le veuille ou non. Constantine glissa ses mains dans ses cheveux et l'attira plus près, tout contre lui, approfondissant leur baiser. On aurait dit un homme affamé, même si cela ne faisait que quelques jours depuis la dernière fois qu'ils avaient passé la nuit ensemble. Il plongea son regard dans le sien comme s'il était sur le point de déguster un festin de roi. Alors, elle laissa échapper un gémissement de capitulation.

Enlacés, ils se laissèrent tomber sur le lit. Il caressa ses seins, titillant doucement ses tétons si sensibles qu'ils en étaient presque douloureux. Ses doigts rugueux se frayèrent un délicieux chemin le long de son ventre, puis sa bouche suivit le même trajet. Lorsqu'il eut atteint son sexe, il la souleva en prenant ses fesses à pleines mains. Il la mena ensuite droit au paradis, avec sa bouche, avec sa langue, et elle ne put rien faire d'autre que d'exploser de plaisir. Encore et encore.

Puis, enfin il la pénétra.

C'était au-delà de tout ce qu'elle avait ressenti auparavant. Il prononçait des mots doux dans une langue qui mélangeait l'anglais et l'italien, des mots de supplication, d'amour… Elle s'agrippa à lui, bougea avec lui, et lui donna du plaisir comme il lui en avait donné. Haut, plus haut, toujours plus haut. Ensemble, ils parcoururent les cieux avant de se laisser tomber dans l'abandon le plus total.

Epuisés, ils se blottirent l'un contre l'autre et ils dormirent ainsi, dans un sommeil plein de doux espoirs et de rêves, entrelacés l'un dans l'autre, comme s'ils ne formaient plus qu'un.

Gianna s'éveilla en plein milieu de la nuit. La pleine lune disparaissait peu à peu derrière les Olympic Mountains, dont les sommets étincelaient d'une lueur rosée. Constantine était toujours allongé contre elle et, tandis que la lune illuminait la chambre de ses rayons argentés, elle semblait sculpter ses muscles dans du granit.

Elle sentit quand il s'éveilla lui aussi. Son souffle changea et se fit plus profond et il la serra un peu plus fort contre lui.

— A quelle heure dois-tu te lever demain ? demanda-t-elle.

— Tôt.

— Quand as-tu rendez-vous avec Moretti ?

— Pas trop tôt, répondit-il avec un petit rire en déposant un petit baiser dans son cou. Avant, il faut que j'aille voir l'immeuble afin de finaliser ma présentation. Tu pourrais me rejoindre là-bas vers 16 heures ?

Elle frissonna sous ses caresses.

— A l'immeuble Diamondt ?

— Bien sûr, dit-il en mordillant le lobe de son oreille. Je pourrais te présenter à Moretti. Vu que ce sera la première fois que lui et moi nous rencontrerons en personne, cela nous aidera peut-être à sympathiser.

— D'accord.

— Et toi ? demanda Constantine.

— Je vais aller voir l'adresse que m'a donnée Juice.

Elle s'efforça de se détendre, ce qui n'était déjà pas facile puisqu'il n'arrêtait pas de la toucher. Quand bien même, elle ne pouvait pas risquer qu'il devienne suspicieux en la voyant aussi tendue.

— J'aimerais mieux que tu attendes un peu pour que je puisse t'accompagner, murmura-t-il contre son oreille.

Grand Dieu, non, pensa-t-elle. Ce serait un désastre.

— Pas le temps, se hâta-t-elle de répondre. Nous prendrons l'avion juste après ta réunion, tu te rappelles ?

Il réfléchit pendant une minute, en continuant de la caresser distraitement d'une main. Malheureusement, elle n'arrivait pas à faire abstraction des sensations qu'éveillaient ses caresses. Elle se retourna dans ses bras pour lui faire face et passa sa jambe par-dessus celles de Constantine.

— Bon, d'accord, ajouta-t-il enfin. Mais je veux que tu m'appelles juste après avoir parlé à cette femme, d'accord ?

— Sans problème, répondit-elle en déposant un petit baiser sur sa bouche.

Elle ne lui laissa pas le temps de répondre quoi que ce

soit d'autre. Plus tôt cette conversation se terminerait, mieux ce serait. Evidemment, dès qu'il s'allongea au-dessus d'elle, elle fut bien incapable de parler, ou de réfléchir d'ailleurs…

Ils s'abandonnèrent de nouveau l'un à l'autre, s'abandonnèrent à la nuit. Ses petits gémissements de plaisir répondant aux demandes rauques de Constantine. Son cri de jouissance à son rugissement de satisfaction. Dans la nuit, ils brûlèrent, naviguant sur les vagues de la passion jusqu'au lever du soleil.

Le lendemain matin, Gianna découvrit que Constantine était parti depuis longtemps. Il avait laissé une unique rose rouge sur l'oreiller à côté d'elle, qu'elle ramassa en souriant. Encore mieux, il avait préparé le café pour elle. Elle le dégusta avec plaisir tout en se préparant pour la journée qui l'attendait. Elle passa un rapide coup de fil à Juice et à Luc pour faire un point de dernière minute, puis enfila le pantalon et la veste rouge vif qu'elle avait choisis exprès pour sa mission de la journée.

Ensuite, elle descendit au rez-de-chaussée de l'hôtel et demanda au concierge des indications très précises pour se rendre à l'adresse qu'on lui avait donnée. Elle appela également un taxi, demandant qu'il vienne la chercher dans demi-heure. Elle retourna ensuite dans sa chambre et resta assise, comptant les minutes qui s'écoulaient, avant de redescendre dans le hall de l'hôtel. Ce qu'elle espérait, c'était que cette attente aurait donné suffisamment de temps à David pour soudoyer le concierge et obtenir l'adresse et, si cela ne marchait pas, pour qu'il la suive jusqu'à sa destination. Quand Luc et Juice le verraient, ils déploieraient leurs hommes tout autour de la maison et seraient prêts à le prendre au piège, la main dans le sac, quand David déciderait d'agir.

Vu qu'il était midi un samedi, le trajet jusqu'à White Center ne prit pas longtemps. Le taxi traversa lentement le quartier dont les rues étaient bordées de petites maisons.

Certaines maisons paraissaient assez miteuses, mais la plupart étaient bien entretenues avec de belles pelouses et des parterres de fleurs.

Au dernier moment, elle se souvint qu'elle devait appeler Constantine.

— J'ai trouvé la maison. Enfin, je crois que je l'ai trouvée.

— Donne-moi l'adresse.

— Pourquoi as-tu besoin de l'adresse ? s'enquit-elle.

— Pour que je sache où envoyer la police si je n'ai pas de tes nouvelles dans la demi-heure qui suit, répondit-il.

Elle soupira et fit ce qu'il lui demandait.

— Tu n'as pas besoin de t'inquiéter, Constantine, le rassura-t-elle. Je n'en ai pas pour longtemps et je t'appellerai dès que j'aurai terminé.

— Que veux-tu dire ? demanda-t-il vivement.

— Eh bien, tu sais… Expliquer la situation à Mme Mereaux ne me prendra pas longtemps. Je suis sûre que Primo sera prêt à lui verser une somme généreuse pour récupérer Brimstone et voilà tout.

— Gianna…

— Oh ! quelqu'un est à la fenêtre. Je dois y aller. Je t'appelle dès que je termine.

Elle raccrocha avant qu'il ne puisse ajouter quoi que ce soit et sortit du taxi.

Constantine fixa son téléphone portable d'un air dubitatif. Quelque chose clochait, mais il ne savait pas quoi. Il observa le groupe de personnes étudiant les plans étalés sur une table au centre du hall de l'immeuble Diamondt. Obtenir ce contrat était d'une importance vitale s'il voulait continuer d'accroître Romano Restauration. Cela expliquait peut-être pourquoi il avait été si distrait ces derniers temps. Si distrait qu'il n'avait pas accordé suffisamment d'attention à toute cette histoire sur Brimstone.

Mais maintenant qu'il y réfléchissait…

Il comprit soudain et poussa un juron, priant pour qu'il se trompe. Il composa le numéro de Luc. Pas de réponse.

Le numéro de Juice. Pas de réponse.

Rafe, Draco. Pas de réponse.

Il lança une vague excuse aux hommes qui l'attendaient et partit en courant aussi vite qu'il le pouvait. Pourquoi sa future femme le faisait-elle toujours courir ? Pire même, pourquoi était-il toujours terrifié qu'il lui arrive quelque chose d'horrible ?

Gianna frappa à la porte de la résidence des Mereaux. Un instant plus tard, une femme métisse, à peine plus jeune qu'elle-même, lui ouvrit et l'invita à entrer. Elle observa Gianna d'un air nerveux.

— Combien de temps sommes-nous supposées attendre ? demanda-t-elle avec un fort accent cajun de Louisiane. Je n'ai pas vraiment l'habitude de ce genre de chose.

Gianna lui sourit pour la rassurer.

— Moi non plus. Je pense que nous devrions juste discuter quelques minutes. Moi, c'est Gianna.

— Mia, répondit la jeune femme en lui serrant la main.

— Je suis surprise que Juice vous ait permis de faire ça, Mia. Il a tendance à se montrer très protecteur envers les innocents, comme il nous appelle. Il a été forcé de me demander de participer, sinon David n'aurait jamais mordu à l'hameçon. Mais vous…

— Pas le choix, répondit Mia avec une grimace. Ils avaient déjà trouvé une autre femme qui était prête à se faire passer pour moi, mais M. d'Angelo les a pris de vitesse. Il a failli surprendre M. Juice ici même dans le salon.

— David est déjà venu ici ? demanda Gianna, choquée.

— Oui, répondit Mia en s'écartant pour laisser entrer Gianna. Heureusement, M. Juice a eu le temps de se cacher dans ma cuisine et ma voisine était là pour garder ma fille, Bebelle, toute la journée. Elle a cinq enfants et ils sont tous à la maison. Ce M. d'Angelo ne pouvait pas faire grand-chose avec tous ces témoins. Alors, il a inventé une excuse, disant qu'il s'était trompé d'adresse, et il est parti. Puisqu'il m'a vue, j'ai insisté pour être là jusqu'à ce qu'il soit arrêté.

Gianna ferma la porte derrière elle.

— Je suis vraiment désolée, Mia. Nous pensions tous que David se contenterait de me suivre. Il a dû obtenir l'adresse du concierge et venir directement ici. Et nous qui pensions avoir tout prévu !

— C'est ce qu'a dit M. Juice, dit Mia en rougissant légèrement. Il voulait tout annuler mais je l'en ai empêché. Je ne veux pas courir le risque qu'il revienne un autre jour, pensant que la poupée serait toujours ici. Ma Bebelle ne serait pas en sécurité.

— Ne vous inquiétez pas, ce ne sera pas long. Nous allons simplement laisser David prendre la poupée et nous aurons rempli notre partie de la mission.

Gianna passa un bras autour des épaules de Mia et lui fit un petit câlin pour la rassurer.

— Etes-vous nerveuse ?

— Un peu, répondit-elle. C'est pour Bebelle que je m'inquiète le plus, mais M. Juice m'a assuré qu'elle serait en sécurité chez ma voisine.

Gianna ne put s'empêcher de sourire en voyant l'intérêt que Mia portait à Juice.

— Eh bien, si Juice l'a dit, alors vous pouvez le croire.

— Puis-je vous offrir quelque chose à boire ?

— Non merci.

Elle vit la poupée Nancy posée sur le canapé du salon et se retourna vers Mia pour lui demander :

— Je peux ?

— Bien sûr.

— Comment l'avez-vous eue, d'ailleurs ?

Mia haussa les épaules.

— C'était peu de temps après la mort de mon mari. Bebelle ne faisait que pleurer parce que son père lui manquait trop. Un jour, cette petite fille étrange est allée la voir et lui a donné sa poupée. Elle a dit que Bebelle en avait plus besoin qu'elle. Que c'était une poupée magique et qu'elle la rendrait heureuse. Elle lui a dit que, quand ça irait mieux, elle devrait la donner à un autre enfant qui en aurait besoin, répondit Mia avec de grands yeux. Vous pensez qu'elle avait raison ? Qu'elle rendra ma Bebelle heureuse ?

— Oui, je le crois.

Gianna saisit la poupée entre ses mains et, à cet instant précis, on frappa à la porte. Elle se redressa vivement, sachant parfaitement qui se trouvait sur le pas de la porte.

Constantine composa le numéro de portable de Gianna pour ce qui lui semblait la centième fois depuis qu'il avait hélé son taxi. Le conducteur roulait aussi vite qu'il l'osait, le généreux pourboire qu'il avait reçu avait réussi à le convaincre de faire plusieurs infractions au code de la route. Cela ne changeait rien au fait que, quand il aurait remis la main sur sa future femme – et ses futurs beaux-frères – il leur dirait sa façon de penser. Il essaya encore de rappeler Luc, puis Juice, mais aucun des deux ne décrochait.

Il laissa la fureur prendre le dessus sur la panique. C'était le seul moyen pour qu'il ne perde pas complètement la tête. N'avaient-ils pas déjà parlé de son caractère impulsif quand ils étaient au lac ? Ne lui avait-il pas expliqué clairement que c'était un trait de caractère qu'il n'appréciait pas ? Il comprenait à présent d'où cela lui venait. Cela devait être une anomalie génétique qui affectait toute la famille Dante. Il n'avait aucune idée de pourquoi cela touchait Juice aussi, mais il supposait qu'une exposition trop prolongée aux Dante la rendait contagieuse.

— C'est cette rue-là, indiqua le chauffeur. Mais la police l'a bloquée. Nous arrivons peut-être trop tard ?

Constantine avait dû lui répondre en italien car le chauffeur l'observa d'un air très confus. Il réfléchit un instant pour essayer de trouver les mots en anglais, mais n'y parvint pas. Tant pis. Il sortit son argent et envoya quelques billets au chauffeur. Il sortit de la voiture en courant.

S'il vous plaît, mon Dieu, non. Pas Gianna. Il ne survivrait pas sans elle. Elle était son âme sœur, son cœur, sa vie. Il l'aimait plus qu'il n'aurait cru possible d'aimer quelqu'un. Si quelque chose lui arrivait…

La police l'arrêta à quelques maisons de l'adresse que lui avait donnée Gianna. Il lui fallut un temps fou pour se faire comprendre, pour trouver les bons mots dans la bonne langue pour convaincre les policiers qu'il devrait se trouver de l'autre côté des barricades. Que sa future femme était concernée. Qu'elle avait besoin de lui, et seulement lui.

Un peu plus loin, quelqu'un lui fit signe de venir et il le rejoignit en courant. Luc était là, parlant à un officier de police. Gianna n'était nulle part. Il était sur le point de bondir sur son futur beau-frère, mais Gianna choisit ce moment pour sortir de la maison et courir droit dans ses bras.

— Constantine ! Tu ne croiras jamais ce qui s'est passé, s'exclama-t-elle, blottie contre lui.

— Je vais te dire ce qui va se passer, grommela-t-il en la serrant si fort contre lui qu'il était à deux doigts de l'étouffer. Je vais aller mettre une bonne raclée à ton frère.

— Non, écoute, ne fais pas ça, dit-elle en saisissant son visage entre ses mains pour le forcer à la regarder dans les yeux. Constantine, écoute-moi ! Ils ont arrêté David, il est aux mains de la police. Grâce à Brimstone, je crois qu'il ne s'en tirera pas aussi facilement.

Luc approcha, arborant un grand sourire.

— Tu aurais dû être là, Romano, dit-il en lui donnant une tape dans le dos. Tu aurais pu nous aider à capturer d'Angelo.

— Laisse-moi partir, Gianna, demanda Constantine.

Mais elle s'agrippa encore plus à lui.

— Pas si tu comptes frapper mon frère, répondit-elle.

— Je t'ai dit laisse-moi partir.

Luc les observait tour à tour d'un air confus.

— Je ne comprends pas. Quel est le problème ?

— Quel est le… ?

Constantine dut faire un effort incroyable pour se contrôler et reprendre suffisamment son souffle pour parler. Il attrapa Gianna par la taille et la poussa un peu plus loin.

— Que penserais-tu si je mettais Téa en danger comme tu as mis Gianna aujourd'hui ? Que ferais-tu à l'homme qui l'aurait utilisée ainsi sans t'en avoir parlé d'abord ?

Luc resta immobile, comme cloué sur place.

— Tu as absolument raison, Constantine, répondit-il. Je m'excuse. J'avais tellement hâte d'attraper d'Angelo que je ne me suis même pas rendu compte du danger que ma sœur courait.

Constantine ferma les yeux, sentant sa colère retomber rapidement.

— Tu pensais que j'étais au courant, conclut-il.

Le frère de Gianna lui lança un regard compatissant.

— Ouais. Désolé. J'aurais dû y penser. Gia a sept grands frères et cousins, qui lui ont tous montré un très mauvais exemple. Elle a tout appris de nous, malheureusement…

— Je le saurai pour la prochaine fois…

— Cela n'excuse pas le fait que j'aurais dû t'en parler directement, ajouta Luc.

— Es-tu très en colère ? eut-elle l'audace de demander.

— Furieux. Mais nous en parlerons plus tard, répondit-il. Là, il faut vraiment que je retourne à l'immeuble Diamondt où tout le monde doit se demander pourquoi j'ai disparu.

— J'ai déjà tout raconté à la police, dit Gianna. Je peux partir avec toi, si tu veux.

Si il voulait ? Il dut se mordre la langue pour ravaler tout ce qu'il était sur le point de répondre.

— Je ne veux pas, dit-il simplement. J'insiste.

Elle avait l'air très penaude tout à coup, elle devait enfin comprendre à quel point il était furieux.

— Génial, répondit-elle en lui faisant un grand sourire forcé. On y va ?

Mais Constantine avait renvoyé le chauffeur de taxi. Luc intervint immédiatement et fit signe à Juice, qui se tenait sur la petite marche devant la porte de la maison de Mia Mereaux.

— Tu peux utiliser notre voiture de location pendant que nous allons au poste de police pour tout finaliser.

Constantine et Gianna s'installèrent dans la voiture et il réussit à tenir plusieurs minutes avant de s'arrêter brusquement sur le bord de la route.

— D'accord, explique.

Gianna poussa un soupir.

— Je suis désolée, Constantine. Je savais que si je te parlais de ce que nous avions prévu de faire tu ne serais pas d'accord.

— Pas d'accord ? répéta-t-il. As-tu perdu la tête ? Evidemment que je n'aurais pas été d'accord ! Jamais je ne t'aurais laissée approcher de d'Angelo après ce qu'il t'a fait la dernière fois.

— Mais ne vois-tu pas que je devais lui faire face tout comme j'ai dû faire face à ma phobie de l'eau ? répondit-elle avec obstination. Luc et Juice m'auraient protégée. Et la police était prévenue à l'avance. Toute la zone était bouclée. Je l'ai fait, Constantine. Je l'ai regardé droit dans les yeux et je me suis rendu compte qu'il n'était qu'un minable.

Il lutta pour contenir sa mauvaise humeur et essayer de voir les choses de son point de vue à elle.

— Ce qui me gêne, ce n'est pas ce que tu as fait, mais comment tu l'as fait. As-tu réfléchi un seul instant à la façon dont j'allais réagir ? Nous sommes censés être une équipe, Gianna.

— Tu as raison, je suis désolée. Je promets de ne plus rien te cacher à l'avenir, répondit-elle. En même temps, il y a peu de chances que quelque chose comme ça m'arrive de nouveau.

— Non, et je compte bien le faire comprendre très clairement à chacun des membres de ta famille, dit-il en l'attirant contre lui pour la tenir dans ses bras. As-tu eu peur ?

— Pas du tout, répondit-elle avec un grand sourire. Bon d'accord, peut-être un peu, mais alors juste un tout petit peu.

— D'Angelo t'a suivie jusqu'à la maison des Mereaux ?

— Plus ou moins. Il est arrivé quelques minutes après moi.

— Il ne t'a pas fait de mal, ni à cette femme ?

— Non. Mia s'est comportée comme une battante. Il est entré et a exigé qu'elle lui donne la poupée. Luc nous avait dit quoi répondre pour que ce soit un cas de vol très clair, répondit-elle. Ou était-ce un cambriolage ? Je ne sais pas… Ils ont tout enregistré avec un micro. Puis David a déchiqueté cette pauvre poupée et en a sorti Brimstone. Mon Dieu, il était énorme. Et, parce qu'il vaut tellement d'argent, le voler est un crime d'autant plus grave. Heureusement, je ne pense pas qu'il puisse se sortir de cette situation aussi facilement qu'il a pu se tirer de tous ses autres problèmes par le passé.

— Non, ne t'inquiète pas. En plus, son père et lui sont accusés de détournement de fonds.

— Ils le méritent ! s'exclama-t-elle.

Il jeta un coup d'œil à sa montre.

— Moretti devrait arriver dans peu de temps. Je dois retourner à l'immeuble Diamondt.

— Je viens avec toi ? demanda-t-elle.

— Toi, *piccola*, tu ne me quitteras plus de tout notre séjour à Seattle, répondit-il avec un regard déterminé.

— Je me doutais que tu dirais cela, répliqua-t-elle en soupirant.

Gianna et Constantine arrivèrent à l'immeuble Diamondt peu après 16 heures. A la surprise de Gianna, la première personne qu'elle vit en entrant dans le hall de l'immeuble fut son cousin Sev.

— Severo Dante, que diable fais-tu ici ? s'écria-t-elle.

L'homme sursauta en l'entendant et se retourna vivement pour lui faire face. La personne qui se tenait devant elle était aussi grande que son cousin et ses cheveux étaient tout aussi noirs. Il avait également les mêmes yeux, presque dorés, que son cousin et son grand-père, Primo. Les traits de son visage étaient durs et épais, ce qui ne faisait pas de lui quelqu'un de beau, mais qui lui conférait un air de puissance. Il était vêtu d'un costume sombre qui soulignait la largeur de ses épaules et ses jambes musclées.

Elle eut un mouvement de recul involontaire, car elle était soudain très intimidée.

— Excusez-moi, bredouilla-t-elle. Je vous ai pris pour mon cousin, ajouta-t-elle en cherchant Constantine du regard avant de lui tendre une main hésitante. Vous ne seriez pas parent de la famille Dante ? Vous pourriez vous faire passer sans problème pour un membre de ma famille. La ressemblance est frappante.

Il ne parla pas pendant un long moment. Puis d'une voix aussi profonde et dure que son apparence il demanda :

— Qui êtes-vous ?

Elle laissa retomber sa main.

— Je suis Gianna Dante. Constantine Romano est mon fiancé, expliqua-t-elle en essayant de masquer sa gêne.

Il la dévisagea d'un air hostile. Heureusement, elle sentit la main de Constantine se poser sur son épaule.

— Tout va bien ?

Moretti hésita puis secoua la tête.

— Je suis satisfait de tout ce que j'ai vu ici. Envoyez-moi le contrat, dit-il en gardant son regard fixé sur Gianna.

Et il se retourna et partit d'un pas vif.

— Que diable s'est-il passé ? demanda Constantine.

— Je crois que je me souviens où j'ai entendu le nom Moretti, murmura Gianna, encore sous le choc. C'est le nom de la femme qui a eu une aventure avec mon oncle Dominic. Celle pour laquelle il voulait quitter ma tante Laura. Oh, Constantine, je crois que Dominic a fait plus qu'avoir une simple passade avec elle. Beaucoup plus.

10

— Tu penses sérieusement que Gabe Moretti est un Dante ? demanda Constantine d'un air incrédule.

— Je ne sais pas, répondit Gianna. Tu l'as vu toi-même. On dirait le frère jumeau de Sev, non ?

— Ne tire pas de conclusions trop hâtives, prévint Constantine. Tu es très douée pour ça.

Elle se retourna vers lui, les mains fermement plantées sur ses hanches.

— Dis-moi que tu ne vas pas me ressortir cela chaque fois.

Mais il ne se laissa pas impressionner par son mouvement d'humeur. Le temps était venu de gérer son caractère impulsif une bonne fois pour toutes.

— Je te promets de ne pas te le reprocher si tu me jures de ne pas agir sans réfléchir.

— J'imagine que cela veut dire que tu veux que je te soumette chaque décision que je prendrai ? Quelle attitude délicieusement préhistorique, répondit-elle avec un sourire sarcastique. Ai-je besoin de ton approbation pour ma tenue ? Pour mes chaussures, ma coiffure ?

— Ce n'est pas ce que je voulais dire et tu le sais très bien, grommela-t-il. Même Luc a dit que j'aurais dû être informé de ce que tu comptais faire aujourd'hui. Toi-même tu as admis que la seule raison pour laquelle tu ne me l'avais pas dit, c'était parce que tu savais que je désapprouverais. Alors ne mc fais pas passer pour un homme des cavernes, Gianna. Imagine si la situation avait été inversée et que ça avait été moi dans cette maison. Si Juice et tes frères t'avaient caché notre projet. Admets-le. Tu aurais été furieuse.

Pendant un instant, il pensa qu'elle allait le contredire. Puis elle poussa un soupir et hocha la tête.

— Non, tu as raison. J'aurais dû t'en parler. J'aurais voulu que tu m'en parles si ça avait été toi.

Il ne put s'empêcher de sourire. C'était dans des moments pareils qu'elle l'impressionnait. Son sens de la justice. La franchise avec laquelle elle était capable d'avouer ses erreurs. Seulement quelques-unes des qualités qu'il adorait chez elle.

— Merci de ton honnêteté.

— Oui, mais rappelle-toi que je n'ai pas encore l'habitude d'être un couple, une équipe comme tu dis.

— Moi non plus, répondit-il en plaçant sa main sur sa nuque et en l'attirant à lui pour l'embrasser. Regarde les choses du bon côté. D'Angelo est en prison et je ne pense pas qu'il en sortira avant un bon moment. Je viens de remporter un très gros contrat. Et tu as peut-être un nouveau cousin.

Elle fit la grimace.

— Je ne suis pas sûre que ce soit possible de voir ce dernier point du bon côté.

— Seul le temps nous le dira, répondit-il. Maintenant que nous sommes une équipe, comment penses-tu que nous devions gérer cette possibilité ?

— Je n'en ai aucune idée, avoua-t-elle.

— Vas-tu en parler à Primo ?

— Et lui dire que son fils a peut-être eu un enfant hors mariage ? s'exclama-t-elle en frissonnant. L'idée même m'effraie.

— Préférerais-tu y réfléchir un petit moment ?

— Quoi ? Et ne pas agir impulsivement pour une fois ? répondit-elle en souriant. Moi ?

Il dut s'empêcher d'éclater de rire.

— Je sais que ce sera difficile.

— Pas tant que ça, je pense. Honnêtement, je crois en effet que j'aimerais mieux y réfléchir un peu avant de faire quoi que ce soit.

Constantine laissa son regard se diriger vers la porte par laquelle Gabe Moretti était sorti quelques minutes auparavant.

— Je pense que tu ne seras pas la seule.

Les semaines suivantes passèrent à une vitesse folle. Gianna aurait dû être sur un petit nuage, mais il y avait une ombre au tableau. Pas une seule fois Constantine n'avait prononcé ces deux mots magiques qu'elle avait partagés avec lui la nuit où ils avaient fait l'amour pour la première fois : *Je t'aime.* Il la désirait, cela ne faisait aucun doute. L'Inferno brûlait entre eux et les liait l'un à l'autre, c'était également évident. Mais l'amour, le vrai ? Un amour qui ne serait pas influencé par l'Inferno ?

Elle ne pouvait tout simplement pas en être sûre.

Son désir et son envie de s'engager envers elle en l'épousant pourraient très bien provenir de l'Inferno ou de son sens de l'honneur, maintenant qu'ils avaient fait l'amour. Avait-il de véritables sentiments pour elle ? C'était une conversation qu'ils devraient absolument avoir avant le mariage, décida-t-elle.

Mais les jours et les semaines passèrent et elle ne parvenait pas à aborder le sujet avec lui. Malgré le fait qu'elle avait réussi à faire face à toutes ses autres peurs, elle n'arrivait peut-être pas à se décider à confronter celle-ci et à trouver les mots justes. S'il lui avouait qu'il ne l'aimait pas vraiment, que tout ça c'était à cause de l'Inferno, elle ne le supporterait pas.

Si c'était le cas, elle serait forcée d'annuler le mariage, chose que toute sa famille – y compris Constantine – désapprouverait. Désapprouver ? Pire encore. Elle connaissait sa famille. Ils avaient beau être les gens les plus généreux et les plus aimants qu'elle ait jamais rencontrés, ils n'hésiteraient pas à la traîner devant l'autel et à trouver un prêtre qui la marierait, qu'elle dise « Je le veux » ou non. Etant donné qu'elle et Constantine avaient ressenti l'Inferno, ils ne lui laisseraient pas le choix. S'ils apprenaient en plus qu'ils avaient couché ensemble…

Et les journées continuaient à passer.

La nuit précédant son mariage, Primo organisa une fête en son honneur.

— Je crois qu'il voulait éviter que nous n'organisions l'enterrement de vie de garçon de Constantine, chuchota Rafe à Gianna avec un clin d'œil.

Elle éclata de rire.

— Primo est comme ça, il a besoin de tout contrôler, de tout savoir…

Mais elle s'interrompit soudain. Il y avait une chose que Primo ne savait pas. Elle ne lui avait pas encore parlé de Gabe Moretti. Dès leur retour de Seattle, Constantine et elle s'étaient renseignés discrètement sur lui. Du moins, elle espérait qu'ils avaient été discrets. Ils avaient fini par découvrir que Gabe Moretti était bien le fils de Cara Moretti. Et, même si ce simple fait ne suffisait pas à prouver que Dominic Dante soit son père, la ressemblance suggérait néanmoins cette possibilité. Possibilité ? Probabilité, même. Après en avoir reparlé une dernière fois avec Constantine, elle avait décidé de tout raconter à son grand-père.

Elle le trouva, comme d'habitude, dans la cuisine. La pièce était désertée et elle savait que lui proposer son aide ne servirait à rien. Dans sa famille, la cuisine était le domaine de son grand-père.

— Alors, *chiacchierona*, pas trop nerveuse pour demain ? demanda-t-il, son éternel cigare coincé entre les dents.

— Un peu, avoua-t-elle.

Il plongea une cuillère dans la casserole et goûta la sauce.

— Qu'est-ce qui te rend le plus nerveuse ?

— Constantine et moi ne nous connaissons pas depuis très longtemps.

Primo haussa les épaules.

— Vous avez les soixante prochaines années pour apprendre à vous connaître. Avec l'Inferno, vous savez déjà que votre union sera passionnée, heureuse et réussie. C'est tout ce qui compte, non ?

Elle sourit tristement. Elle ne serait peut-être pas aussi nerveuse si elle croyait réellement, au fond d'elle, que l'Inferno durait toujours. Elle leva la tête, sur le point de révéler à son grand-père ce qu'elle avait découvert le jour de son treizième anniversaire. Mais, quand elle plongea son regard dans ces yeux dorés, des yeux remplis d'amour, de compréhension et d'une certitude absolue dans le monde tel qu'il le connaissait, elle ne put se convaincre de le faire.

— Constantine et moi avons rencontré quelqu'un à Seattle, dit-elle à la place. Je ne savais pas si je devais t'en parler. Mais je pense que c'est mieux.

Primo sortit deux bouteilles de sa bière maison du réfrigérateur. Il la déboucha et en plaça une devant elle. Il vint s'asseoir à côté d'elle.

— Cet homme… Il ressemble beaucoup à Sev. Et à toi.

Primo ferma les yeux.

— Son nom ?

— Gabe Moretti. Il n'avait pas l'air heureux de me rencontrer, dit-elle en attendant que son grand-père se remette avant de continuer. Qui est-ce ? Fait-il partie de la famille ?

— Je crois que c'est le fils de ton oncle Dominic.

— Qu'il a eu avec la femme pour laquelle il voulait quitter tante Laura ? demanda-t-elle.

— Nous ne devrions pas avoir cette conversation la veille de ton mariage, dit doucement Primo. Nous en reparlerons une autre fois. Merci de m'en avoir parlé.

A l'expression de Primo, elle savait qu'elle ne pouvait espérer en tirer d'autres informations.

— Je te prends au mot. Si Constantine doit faire des affaires avec cet homme, il y a de grandes chances pour que je le revoie, et sûrement dans peu de temps. J'aimerais bien en savoir plus la prochaine fois que je le verrai.

Primo hocha la tête.

— En attendant, ne dis rien à personne. *Mi hai capito*, Gianna Marie ?

Elle lui adressa une petite grimace.

— Oui, je comprends. D'ailleurs, je me doutais que tu dirais cela. Je vais en parler à Constantine, dit-elle en se levant.

Le reste de la soirée se déroula exactement comme elle l'avait souhaité, plein de gaieté, de rires et, plus important que tout, de la chaleur de sa famille réunie. Après dîner, toute la famille se rassembla dans le jardin de Primo pour se raconter de vieilles histoires. Ses grands-parents racontèrent, chacun leur tour, l'histoire de leur première rencontre, la première fois qu'ils avaient ressenti l'Inferno. Gianna s'éclipsa et alla s'isoler, triste de les entendre perpétuer tous les mensonges sur l'Inferno.

Demain, elle serait une femme mariée, se dit-elle. Ferait-elle partie des chanceux, comme ses parents et grands-parents ? Ou Constantine et elle connaîtraient-ils le même sort qu'oncle Dominic et tante Laura ?

— Ça va ? demanda Constantine en l'entourant de ses bras.

— Oui, répondit-elle en se blottissant contre lui avec un soupir de bonheur.

— Nerveuse pour demain ?

— Tu dois être la dixième personne à me poser cette question.

— C'est sûrement pour cela que tu es nerveuse.

Elle éclata de rire.

— Ça doit être ça. Je ne vois pas d'autre raison pour laquelle je pourrais être nerveuse…

— Moi non plus, répondit-il avec une certitude incroyable. Tu sais que je te veux plus qu'aucune autre femme que j'aie connue.

Pas exactement une déclaration d'amour, mais ce n'était pas loin. Avec le temps, peut-être prononcerait-il les fameux mots. Avec le temps, peut-être les penserait-il vraiment. Elle entendit Rafe, derrière eux, riant avec Luc. Il approcha et donna une tape amicale dans le dos de Constantine.

— Prêt pour demain ? Si tu te dégonfles, sache que ma voiture est garée devant la maison, tu peux encore t'enfuir.

Constantine fit mine d'y réfléchir pendant quelques instants avant d'éclater de rire.

— Ce ne sera pas nécessaire. Gianna est la seule femme avec qui j'aie envie d'être. La seule femme avec qui je voudrais partager ma vie.

— Tu n'auras pas le choix de toute façon, répondit Rafe en riant. L'Inferno s'en chargera pour toi.

Le regard sombre de Constantine se concentra soudain sur elle et une envie de pleurer l'envahit tout à coup.

— C'est ce que j'ai compris, murmura-t-il. Espérons que l'inverse sera vrai aussi.

Le jour du mariage était arrivé et il faisait beau et chaud. Gianna eut l'impression que la matinée passait comme dans un rêve. Quelqu'un vint la coiffer, puis disparut comme par magie. Il en fut de même pour le maquillage. Tandis que ses demoiselles d'honneur – quelques amies de l'université, ses sœurs et ses cousines par alliance – riaient et blaguaient, Nonna et sa mère essayaient de lui faire garder les pieds sur terre. Ou peut-être étaient-ce les mots que Rafe avait prononcés la veille qui jetaient un voile noir sur son rêve éveillé.

Tu n'auras pas le choix de toute façon. L'Inferno s'en chargera pour toi.

La robe qu'elle avait choisie était faite de dentelle ancienne et avait une longue traîne. La touche finale à sa tenue était une tiare en diamants qui maintenait son voile en place. Elle avait adoré la choisir, adoré les essayages, mais maintenant elle ne ressentait plus qu'une immense appréhension. Le trajet jusqu'à la chapelle ne dura pas longtemps, du moins c'est l'impression qu'elle eut. Une minute, elle était chez ses parents, la suivante, elle pénétrait dans l'église. Toutes les femmes se dirigèrent dans la pièce de la mariée pour attendre le début de la cérémonie. On lui avait dit que Constantine et ses garçons d'honneur étaient également arrivés et attendaient dans une pièce non loin. Elle entendait vaguement des voix masculines provenant du bout du couloir.

— Comment te sens-tu ? Ça va ? demanda Ariana d'un air inquiet.

Lazz et elle étaient venus spécialement pour l'occasion avec leur bébé, Amata.

Gianna réussit à faire un petit sourire.

— Bien sûr. Pas de problème.

Enfin, sauf un…

Tu n'auras pas le choix de toute façon. L'Inferno s'en chargera pour toi.

C'était injuste, pensa-t-elle. Elle avait beau aimer Constantine de tout son cœur, c'était injuste de le piéger ainsi, contre son gré. De le forcer à l'épouser. Elle savait qu'il l'aimait vraiment, mais elle ne voulait pas de l'amour Inferno. Elle voulait qu'il l'aime pour elle-même. Parce qu'il l'avait choisie. Parce qu'il avait décidé qu'elle était la seule pour lui.

Elle se leva d'un bond.

— Il faut que je parle à Constantine.

L'espace d'un instant, toutes les femmes de la pièce retinrent leur souffle. Puis, tout le monde commença à parler en même temps. Elle ne comprenait pas un mot de ce qu'elles disaient. Mais cela n'avait aucune importance. Elle se dirigea vers la porte.

Sa mère l'intercepta, mais Gianna secoua la tête.

— Arrête, *mamma*. Je ne le ferais pas si ce n'était pas important.

— Cela porte malheur, protesta Elia. Tu dois attendre l'échange des vœux. Regarde, ton Babbo est là. La cérémonie va commencer. Il est temps que j'aille m'asseoir à ma place dans l'église.

Mais Gianna secoua la tête, d'un air déterminé.

— Cela ne peut pas attendre. Il faut que je parle à Constantine tout de suite. Avant le mariage.

Elia se retourna vers son mari.

— Alessandro, appela-t-elle d'une voix désespérée. Viens parler à ta fille.

Mais Gianna s'était déjà enfuie. Sa mère la suivit, le reste des femmes sur leurs talons. Gianna trouva la pièce où attendait Constantine sans difficulté. La porte était ouverte. Des rires d'hommes en provenaient, mais ils se turent tous lorsqu'ils l'aperçurent se tenant dans l'ouverture de la porte.

Constantine se leva brusquement, l'observant d'un air inquiet.

— *Piccola* ? Que fais-tu ici ? Est-ce que quelque chose ne va pas ?

— Il faut que je te parle. C'est très important.

Elle jeta un coup d'œil gêné à ses frères et ses cousins. Elle aimait autant qu'ils n'entendent pas la suite.

— En privé ? ajouta-t-elle.

Ils ne voulaient manifestement pas partir, mais ils le firent pour elle. Un par un, ils quittèrent la pièce.

— *Dio*, regarde-toi, murmura Constantine. Je n'ai pas de mots pour te décrire.

Elle sentit les larmes lui monter aux yeux et son menton trembler.

— Que se passe-t-il ? Pourquoi es-tu ici ?

— Je t'aime, répondit-elle. Il fallait absolument que je te dise cela en premier.

Il l'observa tendrement et sembla se détendre. Il vint vers elle et tendit la main mais s'arrêta.

— J'ai peur de te toucher, dit-il en l'attirant lentement contre lui. Maintenant, dis-moi ce qui ne va pas.

Elle ferma les yeux. Il n'avait toujours pas prononcé les mots fatidiques, ce qui ne fit que faciliter sa décision.

— Il faut que je fasse quelque chose avant que nous ne nous mariions.

— Je ne comprends pas. Faire quoi ? demanda-t-il d'un air confus en jetant un coup d'œil à la porte fermée. Tu es sûre que ça ne peut pas attendre ?

Elle faillit céder, faillit se raccrocher à cette bouée de

sauvetage qu'il lui envoyait. Mais elle avait fait face à toutes ses autres peurs. Il était temps de faire face à celle-ci.

— Non, ça ne peut pas attendre.

Elle tendit les mains et vit qu'elles tremblaient, le diamant de sa bague de fiançailles scintillant de mille feux.

— Donne-moi ta main. Ta main droite, précisa-t-elle.

La main qui avait été touchée par l'Inferno.

Il avait l'air tellement confus qu'elle en avait le cœur brisé, surtout qu'elle savait qu'il n'avait aucune idée de ce qu'elle s'apprêtait à faire. Elle prit sa main, ferme et chaude, entre les siennes qui étaient gelées. Elle dut faire appel à toute sa détermination pour prononcer les mots qui devaient l'être.

— Je te libère, dit-elle d'une voix tremblante.

Elle se souvenait vaguement d'avoir entendu son oncle dire cette phrase trois fois. La troisième fois serait-elle la bonne ? Juste au cas où, elle ajouta :

— Je te libère. Je te libère.

— Qu'as-tu fait, Gianna ? demanda-t-il comme s'il soupçonnait quelque chose.

— Je t'ai libéré de l'Inferno, répondit-elle.

— Tu as fait *quoi* ?

Les larmes se mirent à couler. Elle ne pouvait plus les retenir désormais.

— Non ! s'écria-t-il en retirant vivement sa main. Non, tu n'as pas fait ça. *Rends-le-moi !*

— Je ne crois pas pouvoir.

Constantine courut ouvrir la porte.

— Allez chercher Primo ! Tout de suite ! cria-t-il.

Et il referma la porte en la claquant et se retourna pour l'affronter.

— Pourquoi nous as-tu fait ça, Gianna ? Pourquoi essayer de nous détruire ? Aujourd'hui, en plus.

Elle se laissa tomber sur une chaise, baissa la tête et caressa d'une main tremblante la belle dentelle de sa robe. Une si belle robe devait marquer une occasion très spéciale. Et voilà ce qu'elle en avait fait. Ce qu'elle *leur* avait fait.

Lentement, elle leva les yeux et se força à croiser le regard furieux de Constantine.

— Je l'ai fait parce que tu n'es pas le seul à croire en la valeur de l'honneur. Je refuse d'utiliser l'Inferno pour te forcer à m'épouser. Je veux que tu m'épouses parce que tu m'aimes, pas parce que tu n'as pas le choix. Tu as dit toi-même que tu n'aimais pas que l'on t'enlève le contrôle de ta propre vie. Tu as même dit que pour toi l'Inferno était comme une infection. Tout ce que j'ai fait, c'est que je t'ai rendu le contrôle, j'ai guéri une infection.

A cet instant précis, la porte s'ouvrit à la volée et Primo entra dans la pièce. Un seul regard à Gianna et Constantine lui suffit pour juger de la gravité de la situation et il ferma la porte derrière lui.

— Que se passe-t-il ? demanda-t-il en italien, signe qu'il était vraiment inquiet. Qu'y a-t-il ?

Constantine se tourna vers Primo en pointant un doigt accusateur vers elle.

— Elle a repris l'Inferno. Dites-lui de me le rendre.

Primo ne réagit pas au début, puis il ouvrit grand la bouche et les observa d'un air ébahi. Rejetant la tête en arrière, il éclata d'un rire tonitruant.

— Te le rendre ? répéta-t-il en essuyant les larmes qui coulaient sur ses joues. Est-ce une blague ?

— Non, c'est très sérieux, répondit Constantine entre ses dents. Elle m'a libéré. Je veux que vous l'obligiez à me rendre l'Inferno.

Primo tapota ses poches pour trouver un cigare.

— Le rendre, répéta-t-il en riant.

— Primo, tu ne peux pas fumer ici, c'est interdit par la loi, dit-elle.

— Pfff, ces lois ne s'appliquent pas à moi. Ils font une exception pour les grands-pères, dit-il.

Mais il n'alluma pas son cigare. Il le coinça entre ses lèvres et regarda Gianna droit dans les yeux.

— *Spieghi lei.*

Elle ne voulait pas s'expliquer. Elle ne pouvait pas. Ne

pouvait pas dire à son grand-père qu'elle aimait tant la vérité sur son fils et sa belle-fille.Ne pouvait pas lui dire ce qu'elle savait sur l'Inferno.

— Primo…

— *Subito !*

Elle haussa les épaules, elle ne pouvait pas éviter l'inévitable.

— Constantine dit la vérité. J'ai repris l'Inferno. Je l'ai libéré de son emprise.

Primo leva les yeux au ciel.

— *Santa Maria, Madre di Dio.* Mais qu'est-ce qui te prend, Gianna ? On ne peut pas reprendre l'Inferno, s'écria-t-il en semblant hésiter entre le rire et la colère. Où as-tu entendu de telles sottises ?

Elle hésita. Mais un seul regard à son grand-père suffit à la convaincre qu'il aurait sa réponse, d'une manière ou d'une autre.

— Oncle Dominic et tante Laura.

Primo se tendit visiblement.

— Dominic, répéta-t-il.

Soudain, il tourna sur lui-même et alla ouvrir la porte.

— Allez chercher Severo. Maintenant, ordonna-t-il.

Son cousin Sev entra quelques instants plus tard. Sa femme, Francesca, et la sœur de Constantine, Ariana, le suivirent. Trente secondes plus tard, les parents de Gianna entrèrent aussi, ainsi que sa grand-mère, Nonna. Ils s'installèrent sur une chaise non loin de Gianna. Rapidement, toute la famille fut présente.

— Cela nous concerne tous, déclara le père de Gianna. *La famiglia.*

Et cela voulait tout dire.

Primo hocha la tête à contrecœur. Il vint s'asseoir à côté de Gianna et prit ses mains dans les siennes. Constantine s'assit derrière elle, une main rassurante posée sur son épaule. La famille les encercla tous les trois, et l'espace d'un instant ce fut comme si elle pouvait ressentir physiquement tout l'amour que lui portait sa famille. C'était comme s'ils lui envoyaient des ondes.

— Tu as souvent été une *chiacchierona* quand tu n'aurais pas dû l'être, dit Primo gentiment. Mais, aujourd'hui, c'est peut-être un moment où tu aurais dû parler plus et où, à la place, tu as choisi de ne pas en dire assez. Reprends du début, Gianna.

Elle jeta un rapide coup d'œil à Sev. Avec celle de ses grands-parents, c'était sa réaction à lui qui l'inquiétait le plus.

— C'était le jour de mon anniversaire de treize ans. La veille de la mort d'oncle Dominic et de tante Laura.

A l'unisson, certains membres de la famille firent le signe de la croix.

— Nous étions chez ton oncle pour célébrer cette occasion tous ensemble, intervint Primo. Je me souviens de ce jour-là.

Elle serra un peu plus fort la main de son grand-père. Derrière elle, Constantine pressa son épaule en un geste de réconfort.

— Même à cet âge-là, j'étais déjà folle des chaussures.

— Maman aussi, murmura Sev.

— Oui. Pour mon cadeau, elle me dit d'aller choisir dans son placard la paire qui me ferait plaisir, dit Gianna en soupirant. Je n'avais jamais vu autant de belles chaussures.

Constantine émit un petit rire de dérision, qui eut pour effet de la faire réagir au quart de tour.

— Crois-le ou non, elle avait encore plus de paires de chaussures que moi. Et son placard… J'ai dû y passer une heure entière à les essayer une par une, incapable de me décider, quand oncle Dominic et tante Laura sont entrés dans la chambre. J'étais tout au fond du placard, ils ne savaient pas que j'étais là, tante Laura avait dû oublier. Ou peut-être pensait-elle que j'étais déjà partie. Ils… ils se disputaient.

Le visage de Sev s'assombrit.

— Ils se disputaient très souvent juste avant…, dit-il en secouant la tête. Continue, Gianna.

— Oncle Dominic lui a dit qu'il comptait la quitter et demander le divorce. Tante Laura s'est mise à pleurer. Elle a dit… Elle a dit « Et l'Inferno alors ? Tu m'as dit que cela durerait toujours ».

Elle avait une grosse boule dans la gorge désormais. Sev ne bougeait pas. Primo avait les yeux fermés. Nonna porta une main tremblante à sa bouche.

— Je suis désolée, murmura Gianna. Je suis vraiment désolée de devoir vous dire cela.

— Continue, dit Primo.

— Oncle Dominic a dit qu'il avait ressenti l'Inferno pour quelqu'un d'autre. Je ne me rappelle plus s'il a dit son nom. Il a dit que cela arrivait parfois. Qu'il n'y pouvait rien.

L'incrédulité se lisait sur les visages de ses cousins et de ses frères. Elle n'osait même pas croiser leurs regards pour voir comment ils prenaient cette nouvelle, ni ceux de leurs femmes d'ailleurs.

— Tante Laura pleurait toujours, mais elle était aussi en colère. Elle lui a dit qu'il lui avait juré, avant leur mariage, qu'il avait ressenti l'Inferno pour elle. Que Primo lui avait dit que cela n'arrivait qu'une fois dans une vie. Qu'elle ne l'aurait jamais épousé s'ils n'avaient pas ressenti l'Inferno l'un pour l'autre.

— L'Inferno n'arrive qu'une seule fois dans une vie, dit doucement Primo.

Gianna secoua la tête et l'observa tristement, la douleur d'être celle qui brisait ses illusions était pire que tout ce qu'elle avait vécu dans sa vie.

— Oncle Dominic a dit que tu ne savais pas parce que tu ne l'avais jamais ressenti pour quelqu'un d'autre comme ça lui était arrivé. Il a dit que les Dante peuvent le ressentir pour plus d'une personne, mais qu'il pouvait arranger les choses. Lui reprendre l'Inferno, comme ça tante Laura arrêterait de l'aimer. Il a pris sa main et l'a libérée de son emprise.

— *Quoi ?* s'écrièrent plusieurs personnes en même temps.

— Il l'a libérée, répéta Gianna. Et ça a marché.

Pour la première fois de toute sa vie, elle entendit Primo jurer. Elle était tellement choquée qu'elle resta bouche bée. Son grand-père regarda son petit-fils Sev.

— Cela me fait de la peine de dire cela à propos de mon propre fils, mais Dominic a menti.

Gianna secoua la tête avec force.

— Non, non. Il n'a pas menti. Il est parti après cela et tante Laura a appelé une amie. Elle a dit que l'Inferno était parti. Elle a dit qu'elle l'avait senti quitter son corps quand Dominic l'avait libérée. Et elle s'en réjouissait. Elle était contente que l'Inferno ne puisse plus la forcer à aimer quelqu'un contre son gré. Elle a dit qu'elle pouvait maintenant partir faire du bateau avec lui pour parler du divorce et que cela ne l'empêcherait pas de prendre sa décision, dit-elle en pleurant. Je suis désolée, je ne voulais pas vous en parler, je ne l'ai jamais dit à personne. Vous étiez tellement heureux. J'ai tout gâché.

Constantine la prit dans ses bras et la tint très fort contre lui.

— Chut, *piccola*. Tu n'as rien fait de mal.

— Si. J'ai tout gâché. Je t'ai libéré. L'Inferno est parti. Tu ne m'aimeras plus.

— Est-il parti ? demanda-t-il tendrement. Depuis tout à l'heure, je t'écoutais parler et ma paume me brûlait et me grattait comme d'habitude. Plus important même, je n'ai jamais dit à une femme que je l'aimais. Jamais, répéta-t-il en prenant une profonde inspiration. J'ai même résisté à l'envie de te le dire. Par fierté, je suppose. Comme pour me défendre de quelque chose que je ne pouvais pas contrôler.

Elle lutta pour se libérer de son emprise, mais Constantine refusait de la lâcher.

— Tu ne veux pas m'aimer, n'est-ce pas ? demanda-t-elle.

— Je ne veux pas être contrôlé par l'amour, objecta-t-il. Tellement de choses étaient contrôlées par les autres, par les circonstances, par les difficultés financières de ma famille, que je ne supportais plus de lutter une fois encore contre quelque chose d'inéluctable. Ce que je n'avais pas compris avant aujourd'hui, c'est que l'amour ne veut pas dire céder tout contrôle, expliqua-t-il en plongeant son regard dans le sien. Cela veut dire offrir son cœur à quelqu'un qu'on aime et en qui on a une confiance absolue. Et cela, je le fais de mon plein gré, en toute connaissance de cause. *Ti amo, piccola*. Je t'aime.

Les larmes roulaient le long des joues de Gianna.

— Je ne comprends pas. J'ai repris l'Inferno.

Il enlaça ses mains aux siennes.

— Arrête et écoute ton cœur. L'Inferno y est toujours ou pas ?

Elle retint son souffle. Oui. Oui, il était là. Elle ne comprenait plus rien. Elle baissa les yeux et observa, ébahie, leurs mains enlacées.

— Je le sens toujours. Comment est-ce possible ? Je t'ai libéré.

Sev vint s'accroupir devant Gianna.

— Tu aurais dû nous en parler depuis longtemps. Nous aurions dû t'expliquer la vérité, dit-il d'un regard plein de tristesse. Mes parents n'ont jamais ressenti l'Inferno l'un pour l'autre. Mon père a épousé ma mère pour sa fortune, non parce qu'il l'aimait. Il aimait une autre femme, Cara Moretti. C'était elle, son âme sœur.

— Mais tante Laura a dit qu'elle ressentait l'Inferno.

— Je suis sûr que *mamma* le pensait. Mais Babbo ne l'a jamais aimée, pas comme elle aurait dû être aimée, en tout cas. Cela ne changeait rien au fait qu'elle l'adorait. Je crois qu'elle voulait ressentir l'Inferno. Elle a dû s'en convaincre. Mais ce n'était pas vrai.

Durant toutes ces années, depuis son treizième anniversaire, Gianna n'avait jamais envisagé la possibilité que son oncle ait pu mentir à sa tante. Qu'il ait pu faire quelque chose d'aussi horrible à sa femme. Et pourtant c'était le cas. Elle plaignait Sev, cela avait dû être très dur pour lui, de savoir cela à propos de son père. Elle jeta ses bras autour du cou de son cousin.

— Je suis désolée. Je suis tellement, tellement désolée.

— Je le savais déjà, répondit-il en lui tapotant le dos. Du moins, en partie. Je ne m'étais jamais rendu compte qu'il s'était servi de l'Inferno pour la convaincre de l'épouser. Mais cela ne me surprend pas tellement, étant donné ce que je sais déjà de lui.

Primo et Nonna, eux aussi, avaient l'air particulièrement

affectés par cette déclaration, surtout sa grand-mère. Mais, sous toute sa tendresse, Gianna savait que sa grand-mère abritait une grande force.

— Aujourd'hui est une occasion heureuse, pas triste, déclara cette dernière. Nous avons terminé. Il est l'heure de vous marier.

— Non, dit Constantine en se levant. Nous n'allons pas nous marier. Pas tout de suite.

La panique envahit Gianna.

— Constantine ?

— Tu m'as libéré. J'en déduis que tu voulais être libérée aussi.

— Non, non, c'est faux, s'empressa-t-elle de répondre.

— Alors pourquoi m'avoir libéré ?

— Ne comprends-tu pas ? Je ne voulais pas que tu m'épouses parce que tu n'avais pas le choix, parce que ton honneur ou l'Inferno t'y obligeaient. Je veux que tu m'aimes moi, dit-elle d'une voix qui se brisa. Juste moi.

Constantine ferma les yeux. Il prit sa main et, avant qu'elle ne devine ce qu'il était sur le point de faire, fit glisser sa bague de fiançailles de son doigt et la lui enleva. Toute la famille retint son souffle.

— As-tu une seule fois regardé ta bague ? demanda-t-il.

— L'enlever ? Avant notre mariage ? répondit-elle avec horreur.

— Bien sûr que je veux dire l'enlever, dit-il d'un ton exaspéré.

— Oh non, cela porte malheur, s'écrièrent toutes les femmes à l'unisson.

Il poussa un soupir.

— D'accord… Mais je l'ai choisie avec beaucoup d'attention. Sev peut l'attester.

— Il a mis des heures, ajouta son cousin en hochant vigoureusement la tête. Il a voulu voir absolument tous les modèles de la gamme Eternity avant de choisir celle-ci.

— C'est parce que toutes les bagues ont des noms,

expliqua Constantine. C'est en partie ce qui les rend si spéciales. Il fallait qu'elle ait le nom parfait.

Il leva la bague et la pencha pour faire lire à Gianna les minuscules lettres gravées à l'intérieur de l'anneau. Ses yeux étaient toujours remplis de larmes et elle mit un moment avant de réussir à déchiffrer les mots. *Avant tout… l'Amour.* Ses pleurs redoublèrent.

— C'est vrai ?

— Oui, c'est vrai, *piccola*. L'honneur, c'est très important pour moi, tu le sais. Mais toi tu es tout pour moi, mon âme sœur, répondit-il en replaçant sa bague de fiançailles à son doigt. Tu n'es pas Laura et je ne suis pas Dominic. C'est notre amour qui rend notre mariage honorable. Sans l'amour, les vœux que nous prononcerons seraient vides de sens.

Gianna se jeta dans les bras de Constantine.

— J'avais peur que tu te sentes piégé. Qu'un jour tu m'en veuilles.

Il la serra fort contre lui.

— Est-ce que tu te souviens quand je t'ai dit que je n'aime pas enlever mes chaussures, même quand je ne fais rien ?

— Oui, répondit-elle, confuse.

— Il y a une raison à cela.

Il jeta un regard gêné à la famille de Gianna avant de croiser celui de sa sœur, Ariana. Sur le visage de sa belle-sœur, Gianna lut de la compassion, ainsi que le fait qu'elle comprenait, elle, de quoi il parlait.

— Nous avons grandi sans argent. Ma grand-mère Penelope nous aidait autant qu'elle le pouvait, mais cela ne suffisait pas, pas pour entretenir un terrain aussi vaste que le nôtre. Sais-tu comment nous survivions ?

Gianna secoua la tête, bouche bée.

— Mon père utilisait notre nom de famille, avoua Constantine avec difficulté. Nous vivions de la charité des autres, dont les d'Angelo. Nous monnayions notre illustre patrimoine et notre compagnie contre de la nourriture et des lits. Pour des prêts qui n'étaient jamais remboursés.

— C'est pour cela que tu ne voulais pas m'épouser alors que tu n'avais rien, comprit-elle.

Il confirma sa déduction d'un hochement de tête.

— Et c'est pour cela que je ne retire pas mes chaussures.

— Je ne comprends pas quel est le rapport, répondit-elle.

— Nos séjours ne se terminaient pas toujours bien, expliqua-t-il à voix basse, la honte se lisant clairement sur son visage et dans son attitude. Nous avons donc vite appris à être toujours prêts à partir rapidement. Fuir par une froide nuit d'hiver pieds nus dans la rue est une expérience qu'on n'oublie pas facilement. On apprend très vite à ne pas refaire cette erreur.

— Oh ! Constantine, murmura-t-elle, les larmes aux yeux.

Il s'écarta d'elle et retira d'abord une chaussure, puis l'autre. Il traversa la pièce, ouvrit la fenêtre et jeta ses chaussures au-dehors. Puis il retourna auprès d'elle.

— Tu es tout ce que je veux. Tout ce que j'ai toujours voulu. Comprends-tu, à présent, *piccola* ?

Il saisit son visage entre ses mains et l'embrassa avec toute la passion qu'il avait si longtemps réprimée.

— Je n'ai plus besoin de garder mes chaussures à portée de main désormais car j'ai enfin trouvé mon véritable chez-moi. C'est avec toi que je dois être et je ne partirai jamais. Mon sens de l'honneur m'a lié à toi. Notre amour est ce qui nous unira pour toujours.

Primo se mit debout et leva son verre.

— *Salute ! Alla famiglia !*

Le reste de la famille reprit ce toast en chœur tandis que Constantine la soulevait dans ses bras. En procession, ils quittèrent la pièce et entrèrent dans la chapelle, riant et pleurant. Ils descendirent l'allée qui les menait à l'autel.

Ils étaient les Dante. *La famiglia*. Cela voulait tout dire.

La famille de l'Inferno.

Le cœur de l'Inferno.

Les âmes sœurs enfin trouvées.

Les âmes sœurs enfin liées – unies pour la vie.

Retrouvez en octobre 2020, dans votre collection

GENTLEMEN

Un envoûtant patron, Jennifer Hayward - N°7

Après des années de travail acharné, Bailey est enfin promue directrice marketing de Stone Industries. Et ce, même si son patron, Jared Stone, a tout fait pour l'empêcher d'y parvenir. L'occasion pour elle de lui prouver sa valeur. Sauf que, dans l'avion qui les conduit vers la France où ils doivent négocier un important contrat, Bailey surprend quelque chose d'inhabituel : le regard brûlant que pose sur elle son envoûtant patron...

Inaccessible Mr. Gray, Barbara Dunlop

En ce soir d'investiture du président des États-Unis, Cara devrait plus que jamais se concentrer sur sa mission d'attachée de presse de la Maison-Blanche. Mais, hypnotisée, elle ne parvient pas à détacher son regard de Max Gray, le célèbre reporter. Et comment le pourrait-elle, après leur étreinte fiévreuse ? Hélas, elle travaille pour le gouvernement, secoué par un grave scandale, et lui est journaliste ! Max, elle le sait, lui est interdit...

La promise du prince, Kate Hewitt - N°8

Elle fera une union de convenance. Ce destin, Liana l'a accepté depuis longtemps. Pourtant, lorsqu'elle rencontre son futur époux, le prince Alessandro Diomedi, toutes ses certitudes s'effondrent. Elle s'était préparée à un mariage sans amour, mais de là à partager la vie de cet homme qui ne voit en elle qu'une intrigante attirée par la promesse d'un titre royal... D'autant qu'Alessandro ne la laisse pas aussi indifférente qu'elle l'aurait souhaité...

Séduite par le milliardaire, Maxine Sullivan

Jenna a toujours détesté les hommes comme Adam Roth : riches, sûrs d'eux et arrogants. C'est donc uniquement pour sauver son frère de la faillite qu'elle accepte de rencontrer ce businessman sans scrupules. Pourtant, même si elle s'attend à tout de la part d'Adam, elle est abasourdie par le marché que celui-ci lui propose : il ne l'aidera à sortir sa famille de l'ornière qu'à la seule condition qu'elle joue le rôle de sa fiancée...

Composé et édité par HarperCollins France.

Achevé d'imprimer en juillet 2020.

CPI
BLACK PRINT

Barcelone

Dépôt légal : août 2020.

FSC
www.fsc.org
MIXTE
Papier issu de sources responsables
FSC® C108412

Pour limiter l'empreinte environnementale de ses livres, HarperCollins France s'engage à n'utiliser que du papier fabriqué à partir de bois provenant de forêts gérées durablement et de manière responsable.

Imprimé en Espagne.